CSSCI 来源集刊

Dialogue Transculturel

跨文化对话

第36辑

主　编　乐黛云　〔法〕李比雄

执行主编　钱林森

商务印书馆 创于1897 The Commercial Press

2016年·北京

图书在版编目(CIP)数据

跨文化对话.第36辑/乐黛云,(法)李比雄,钱林森主编.—北京:商务印书馆,2016
ISBN 978-7-100-12613-7

Ⅰ.①跨… Ⅱ.①乐…②李…③钱… Ⅲ.①东西文化—比较文化—文集 Ⅳ.①G04-53

中国版本图书馆CIP数据核字(2016)第240643号

跨文化对话
第36辑
主　　编　乐黛云　〔法〕李比雄
执行主编　钱林森
副 主 编　〔法〕金丝燕　陈越光

商务印书馆出版
(北京王府井大街36号　邮政编码100710)
商务印书馆发行
北京冠中印刷厂印刷
ISBN 978-7-100-12613-7

2016年10月第1版　　开本787×960　1/16
2016年10月北京第1次印刷　　印张29½
定价:79.00元

《跨文化对话》

由北京大学跨文化研究中心
南京大学比较文学与比较文化研究所
中国文化书院跨文化研究院
北京论坛
与“欧洲跨文化研究院”共同主办

并列入法国夏尔－雷奥波·梅耶人类进步基金会（FPH）
面向未来的文化间文库

《跨文化对话》网址：

http://www.pkujccs.cn

北京师范大学民俗典籍文字研究中心资助出版

《跨文化对话》学术委员会

Membres du Comité Scientifique/Members of the Academic Committee

张异宾　南京大学哲学教授

Zhang Yibin

Professeur de philosophie, Université de Nanjing
Professor of philosophy, Nanjing University

杜维明　哈佛大学历史学教授，北京大学高等人文研究院院长

Du Weiming

Professeur d'histoire, Université Harvard, Directeur de l'Institut des hautes études en sciences humaines, Université de Pékin
Professor of history, Harvard University, Dean of Institute of Advanced Humanistic Studies, Peking University

庞朴　中国社会科学院历史学研究员

Pang Pu

Directeur des études d'histoire, Académie des Sciences Sociales de Chine
Historian Research fellow of Chinese Academy of Social Sciences

赵汀阳　中国社会科学院哲学研究员

Zhao Tingyang

Directeur des études philosophiques, Académie des Sciences sociales de Chine
Philosophy Research fellow of Chinese Academy of Social Sciences

欧洲 / Europe/Europe (par ordre alphabétique du nom)

皮埃尔·卡蓝默　夏尔—雷奥波·梅耶人类进步基金会执行主席，瑞士—法国

Pierre Calame

Président de la Fondation Charles Léopold Mayer pour le Progrès de l'Homme, Suisse-France
President of the Charles Leopold Mayer Foundation for Human Progress, Switzerland-France

安东·唐善　巴斯德学院基因与遗传研究部主任，法国

Antoine Danchin

Directeur du Département Génomes et Génétique, Institut Pasteur, France
Director of the Department Genomes and Genetics, Pasteur Institute, France

恩贝托·埃柯　文学批评家，欧洲跨文化研究院学术委员会主席，意大利

Umberto Eco

Essayiste, président du Conseil Scientifique de l'Institut International Transcultura, Italie

Literary critic, president of the Academic Committee of Transcultura International Institute, Italy

克萨维·李比雄　法国科学院院士，法兰西学院教授，法国

Xavier Le Pichon

Membre de l'Académie des Sciences, Institut de France, Professeur au Collège de France, France

Member of the Academy of Sciences, Institute of France, professor at the Collège de France, France

利大英　法国里昂三大中文学教授，法国

Gregory B. Lee

Professeur de littérature chinoise, Université Lyon 3, France

Professeur of literatry, University Lyon 3, France

卡梅罗·利松—托罗萨纳　西班牙皇家学院院士，康普鲁登塞大学人类学系教授，西班牙

Carmelo Lison Tolosana

Membre de l'Académie Royale d'Espagne, Professeur au Département d'Anthropologie, Université Complutense de Madrid, Espagne

Member of Spanish Royal Academy, Professor of Department of Anthropology, Complutense University of Madrid, Spain

阿兰·海伊　语言学教授，国际词典学联合会主席，法国

Alain Rey

Professeur de Linguistique, Président de l'Association Internationale de Lexicographie, France

Professeur of Linguistic, lexicographer, President of the International Lexicography Association, France

卷首语

本期着重推介的是法国八十余岁高龄的汪德迈院士数十年来的精心之作《中国思想的两种理性：占卜与表意》。汪德迈院士强调，作为科学原型的史前中国占卜技术所展开的思维，并非宗教性的神学，而是准科学性的占卜学。他把中国文字的创造归因于龟卜兆纹的外推法。认为由这种文字所承载的文言文离自然语言相当远，且十分系统规范化，体现着另一种高度抽象性。而中国文化起源于用文言文记录与卜辞有关的各种资料，与西方文化起源于古典神话的口述很不相同。他指出西洋思维不受印欧语言的语义系统限制，因其为字母文字，可以任意创造所需的概念，而中国思维受文字系统限制，不创造文字以外的概念，因此有客观性的保证。同时，中国的文字的“能指”意义与文字发音并不一致，“能指”直接与词意“所指”相连，故而文字的“能指”意义可以向书写伸延。从这个文字系统发展起来的中国传统科学（尤其医学），与西洋传统科学（尤其物理学）的特性不同。西方思维的特性是“因果关系性的系统思维”，而中国传统科学的特性乃是“相关性的系统思维”。在与西方的比较研究中，汪先生提出一个重要概念：即中国思想的宇宙相关性。它是“宇宙——而上”的，不是“形——而上”的。这一论题是整部书的核心。现代以降，中国叹中国哲学无“形而上”之超验性者众，但未有言中国思想非重“形”因果，但重“宇宙性”者。而中国思想对这“宇宙性”的理解就在于其“相关性”。汪德迈院士在这篇文章中所谈问题极深，翻译尤为困难！他自己对这篇首次推介和诠释的文章十分重视，为有准确的译文，他特亲自选定巴黎阿尔多瓦大学新晋升的特级教授金丝燕担任全权翻译，并亲自和译者琢磨讨论过很多个早晨。这里发表的《文化转场：

汪德迈对中国思想的研究》就是这多次讨论的结晶。

在对跨文化方法论的研究中，本期还发表了巴黎高师教授米歇尔·艾斯巴涅的《文化迁变的概念》一文。作者强调任何一个文化客体从一个背景进入到另一个背景，必然导致其意义的转变，以及产生一种语义再化（résémantisation）的动力。而这一切，我们只有通过考虑其转移的历史载体才能充分认识到。法文“迁变”与一般所说的“变迁”不同，“迁变”更多地意味着变形（métamorphoser）。它不是指文化产物（biens culturels）的流通，而更多的是指对文化产物的重新诠释。因此，在人文社科领域，应当更多用杂交（métissage）与混合（hybridité）代替简单的比较和观察。我们必须把文化“迁变”更多地当作是多极的、多个语言区域之间复杂的相互作用。“迁变”研究将揭示出文化区域的层叠交错（imbrication）。米歇尔·艾斯巴涅教授的文章提出了许多发人深省的思考，对跨文化方法论的研究很有启发。

戴锦华教授主持的“从印刷媒体到数码媒体的转型”是本刊很少接触过的一个正在发展中的前卫栏目。戴锦华教授从“未来”的维度切入。她所说的“未来”，并非专指时间。因为在她看来，时间尽管看似某种自然的、物理的维度，但却更多是某种人类心智的或观念的“事实”。例如“中国时间”指某种自然循环：日出日落、春播秋收、生死轮回。“基督教时间”则是指某种有开端与终结的时段，即线性时间。在这类时间观念中，未来意味着将至与必至。戴锦华指出历史从不是关于过去的，而是关于未来的。未来视野、未来想象决定了历史的纵深、位置与价值。目前，所谓“地球末日四乘客”，即“生态危机、生物遗传学革命的后果、体系本身的不平衡（知识产权问题以及即将到来的对原材料、食物和水的争夺），以及社会分化和排外问题的爆炸性增长。”这四种前景严重威胁着人类的未来，而人类对真切危机情势的“集体性盲目拒绝”和未来视野被末日幻想所充斥和阻断，正是当前社会文化症候的突出表征。在文学和社会生活方面则表现为崇拜自恋纵情的偶像、言情/罗曼司使现实完全坍塌了……这一切拒绝了对未来的展望，与其共在的，只有科幻——这一在最浅表意义上拥有未来想象专利的文体，这一文体已陡然由通俗文化生产场域“提升”到思想与理论的场域。

那么，我们/人类社群是否仍渴望拥有明天呢？拥有怎样的明天？如果答案是肯定的，那么，问题便成了我们将如何拥有明天？拥有怎样的明天？未来必然成为对历史，尤其是20世纪历史的再度叩问。历史的寻访意味着对未来的呼唤。因为唯有未来愿景方可令历史获得意义的纵深，也唯有历史的深度方能撑起未来的可能。在此，20世纪60年代的世界与中国的历史，在新的坐标和参数下，对我们产生了新的资源意义。事实上，中国对任何场域的介入，都必然将其快速放大并改变。而中国自身发展的可持续，亦不可能复制任何欧美国家的路径。因此，中国必须是未来的，拥有未来，创造未来。戴锦华教授用“二次元宅”这个约定俗成的称谓，来命名某种仍在生成过程之中并将持续演化的新型文化主体，尝试从主体与媒介技术的关系、主体与媒介文化的关系、主体与主体之间的关系这三个方面，来探讨这种新型文化主体在新媒介环境中所具有的特定属性。

戴锦华教授带领她的团队在她所主持的这个专栏中对崭新的现实、崭新的未来、崭新的理论展开了各方面的预测和探索。专栏的每一篇都值得认真阅读。

比较诗学也是本期一个重要栏目，主持人周荣胜教授鲜明地提出：学术界普遍认为比较诗学研究的重心就是“中国古代文论与西方文学理论的比较研究”以及“中国古代文论话语的现代转化”等，但是，前者天然地蕴涵着二元对立的思维方式，后者天然地蕴涵着本质主义的思维方式，比较诗学的学术空间因此被封闭。如果不突破二元对立和本质主义的思想束缚，比较诗学的新天地难以拓展。周荣胜认为比较诗学首先是世界视域的诗学研究，不仅仅是中西文论的比较，更不应该限制在古典文论的范围内。比较诗学还有更广阔的领域，比如，国际诗学关系研究、跨文化诗学研究以及跨学科诗学研究等。其中，诗学翻译及翻译批评研究应是最有前景的领域。周荣胜提出比较诗学研究最关键的一步是如何摆脱二元对立的惯性思维、有效地提出某个具体的诗学问题。如《管锥编》将中国文化拆解成无数单位观念，以无数的单个引文为出发点，然后不分东西古今，不分学科界限，就一个个的单位观念进行打通研究，从而让我们以一种综合型的新眼光进入中国文化。比较诗学的理想格局应像钱锺书先生研究“诗可以怨”“通感”“包孕时刻”等问题一样，每次都采用跨文化和跨学科的视域去解决某一个问题，这个问题在单一的国别诗学领域内没有解决好，或者没有提出来，或者不可能提出来，而一旦比较学者在比较诗学内提出并充分解答，其成果的力量足以让它们自行返回到国别诗学内的工作者那里，照出国别诗学单一视域的局限，照出诗学问题的别样解答。这就是比较诗学所要解决的首要问题。

“侨易学”是跨文化研究方法的新尝试。本刊第 33、34 辑连续两次推出“侨易学的观念”圆桌笔谈，本辑又推出“作为方法论的侨易学”专栏文章，值得一读。

目　录

Table des Matières / Contents

卷首语

Avant-propos / Prologue

跨文化对话方法论探索

Méthodologie de la recherche de trans-cultures / Methodology of Cross-Cultural Studies

专 论

Critiques spéciales / Treatises

对话与访谈

Dialogues et interviews / Dialogue and Interview

从印刷媒体到数码媒体的转型

Transformation de média-presse à média digitale / Transformation from Print to Digital Media

作为方法论的侨易学

Méthodologie de Qiaoyi / Qiaoyi Study as a Method

比较诗学专栏

Rubrique spéciale de la poétique comparée / Column of Comparative Poetics

纪念罗兰·巴特百年诞辰

Centenaire de Roland Barthes / Commemorating the 100th Anniversary of the Birth of Roland Barthes

文化随笔

Essais / Cultural Essays

说东道西

A tors et à travers / Miscellaneous Talks

要籍时评

Commentaires actuels / Updated Comments on Key Bibliographies

新书快递

Expresse de nouveaux livres / New Book Express

信息窗

Actualités/ Information

跨文化对话方法论探索

Méthodologie de la recherche de trans-cultures

Methodology of Cross-Cultural Studies

文化转场：汪德迈对中国思想的研究

〔法〕金丝燕

星期天，2015 年 11 月 15 日，上午九点半，汪德迈先生推开索尔邦广场一侧的“书桌”咖啡馆，在紧靠吧台的老位置坐下：“快速”，他点道，“快速”（Expresso）是法国人说的“紧咖啡”（café serré）。年轻的老板米郎亲自招待，米郎是塞尔维亚人，在亚洲住过。

“坐地铁来，空无一人，除了我。”汪先生说。两天前巴黎遭遇恐怖袭击，但我们的周日工作坊照常开始。十一点半，一位女士到我们桌旁：“我多么感动。在这样的情况下，你们还在继续文化思考。”转身走了。苦难催醒人心里的妙觉。

第二天，阿尔多瓦大学举办法国国家教育部委托的北部学区汉语教师培训因国家进入紧急状态被取消。培训项目负责人、法国国家汉语总督学白乐桑与我，依旧乘清晨高速地铁去学校，我们照常上课。车上，给白乐桑看汪德迈新著《中国思想的两种理性—占卜与表意》（北京大学出版社）的排版本，白乐桑很兴奋：“等了好久啦，汉译本。翻译与知性对话交错，一个独特的跨文化工作坊。为什么不写呢？”于是，我为此书写此文。

法国汉学家汪德迈（Léon Vandermeersch），1928 年 1 月 7 日出生于法国北部的 Wervicq-Sud 村。1945 年就读于巴黎东方语言文化学院，学汉语与越南语，同时在巴黎索尔邦大学学哲学与法律。1948 年获得汉语本科文凭，1950 年获得越南语本科文凭，1951 年获哲学硕士与法律学博士。1962 年获法国高等社会研究院法家研究硕士，1975 年以中国古代体制论文获得法国国家博士。

汪德迈先后师从法兰西学院汉学家戴密微（Paul Demiéville）、日本京都大学人文科学研究所重泽俊郎(Shigezawa Toshio)、小川环树(Ogawa Tamaki)、吉川辛日(Yoshikawa Kôjirô)、香港大学饶宗颐，后曾再返日本同志社大学(Université Dôshisha)师从内田智雄(Uchida Tomoo)。20世纪50年代，他先后在越南西贡(Lycée Petrus Truong Vinh-Ky，1951–1954)、河内(Lycée Albert Saraut，1955–1956)任中学教师，受聘为法国远东学院(Ecole Française d'Extrême-Orient)研究员，在河内大学西贡法学院(Centre de Saigon de la Faculté de droit de Hanoï，1952–1954)、法国远东学院任职，曾任河内路易・飞诺博物馆(Musée Louis Finot de Hanoï)馆长(1956–1958)。之后在京都(1958–1960)、香港(1962–1963)任职，并再次居京都(1964–1965)。1960年代以后历任爱客思–普罗旺斯大学(1966–1973)、巴黎第七大学(1973–1979)、巴黎高等社会科学研究院(1979–1993)中国语言与文化讲师、教授、研究员。期间曾担任日佛会馆(Maison franco-japonaise)馆长(1981–1984)、法国远东学院院长(1989 –1993)。

汪德迈为法兰西学院金石美文学院（Académie des Inscriptions et Belles-Lettres）通讯研究员。其研究着力于甲骨文、儒家和法家思想、中国古代政治制度、中国思想史以及受中国文化影响的亚洲其他国家的文化史（韩国、日本、越南）。出版专著 8 部[①]，发表论文 100 多

---

① 已出版 8 部专著如下：

Les Miroirs de Bronze du Musée de Hanoï（《河内博物馆藏铜镜》）, Paris, EFEO/Maisonneuve, 1960。

La Formation du Légisme. Recherche sur la constitution d'une philosophie politique caractéristique de la Chine ancienne（《法家的形成，古代中国特有的政治哲学形成研究》）, Paris, EFEO/Maisonneuve, 1965, 1987 再版。

Wangdao ou La Voie Royale I. Structures cultuelles et structures familiales（《王道（I），文化与家庭结构》）, Paris, EFEO/Maisonneuve, 1977。

Wangdao ou La Voie Royale II. Structures politiques et Rites（《王道（II），政治结构与礼仪》）, Paris, EFEO/ Maisonneuve, 1980.

Wangdao ou La Voie Royale（《王道》），二集，Paris, You Feng, 2009。

Le Nouveau Monde Sinisé（汉译本书名：《新汉文化圈》，南昌，江西人民出版社，1990），Paris，PUF，1986，友丰，2004 年再版。

Etudes Sinologiques（《汉学研究》），Paris，PUF，1993。

Les deux raisons de la pensée chinoise-Divination et Idéographie（《中国思想的两种理性：占卜与表意》），Paris，Gallimard，2013。

篇。获法兰西学院儒莲奖（Prix de Stanislas Julien）、法兰西学院金石美文学院奥马乐奖（Prix du duc d'Aumale）、法国荣誉军团骑士勋章（Chevalier de l'ordre de la Légion d'Honneur）、法国教育荣誉勋位（Officier de l'Ordre des Palmes académiques）、日本神器金银星（Etoile d'or et d'argent de l'Ordre du Trésor sacré du Japon）。

汪德迈先生基于对中国思想史的深入研究，认为，21世纪的中国可以以其悠久而丰富的思想与经验为世界寻求新的社会模式提供参照。中国思想源于中国文字，中国文字的起源为占卜，占卜对中国思想模式的形成起到决定性作用。晚年的汪德迈，思想清晰、年轻，充满学术活动，著述不断。2013年出版的中文版新著《中国思想的两种理性：占卜与表意》集毕生研究之思想之大成。他对此书的思路做如下概述：

1. 作为科学原型的史前中国占卜技术所展开的思维，并非宗教性的神学，而是准科学性的占卜学。

2. 中国文字的创造归因于龟卜兆纹的外推法。

3. 文言文离自然语言相当远，十分系统和规范化（六书系统的文字代替自然产生之词，卜辞类似数学的方程式句构，代替自然语言句构），体现另一种高度抽象性。

4. 西方文学起源于古典神话的口述（如《伊利亚特》和《奥德赛》），中国古代文学起源于占卜学，并用文言文记录与卜辞有关的各种资料。

5. 西洋思维完全不受印欧语言的语义系统的限制，因其为字母文字，可以创造所需要的概念，但容易陷入空虚概念的语言游戏；中国思维受文字系统的限制，不创造文字以外的概念，不容易进行改革，可是有客观性的保证。

6. 中国传统科学（尤其是中医学）的特性乃相关性系统思维，西洋传统科学（尤其物理学）的特性乃因果关系性系统思维。

7. 中国是礼学传统，西方是权理传统。

8. 西方思想在启蒙运动中形成现代性，而中国的现代性起源于与外来文明的冲突，其启蒙始于五四运动。

汪德迈在《中国思想的两种理性：占卜与表意》一书的《导论》中谈到萨满教的魔力思想信仰被理性化为占卜学，而西方的神父们努力将信仰理性地化为神学，作者对这个观点为汉译本加注说："这一不可见的灵力是自然而上的，超自然的，而非形而上的。它是与中国人的宇宙观相关的。"在与西方的比较研究中，汪先生提出，对中国思想的"宇宙性"理解就在其"相关性"。汪德迈在第八章论述"文学"之于人，"与皮纹对于虎、森林中树叶间的风声的相似，但这些表述并非比喻，而是相关性。"

从这里展开，汪先生认为，宇宙的显现的最高境界是"文"，它有广义与狭义两层，宇宙间一切都为文之美："山与川、树与花，龙与凤，星宿与四季的运行，一切都在显现无声的天之法则，使宇宙如此之美的文，是广义的文。 然而，宇宙之最精雕细作的美来自于人之才能 ：这就是广义的文所包含的狭义上的文。在这一哲学里，文学的话语是人的一个本体特性。此乃中国文化之所以赋予文学一个不见于任何其他文化的身份。"汪先生在此处为汉译本加入一句补文说："在中国文化里，思想的精华，不以哲学系统，而以文学之美，即以文学方式来表述。"希腊哲学与中国文学均为人类思想的精华之体现。在中国，庄子正是以文学触及思想的最深处的古代哲学家。

在汉译本第八章，汪先生提出："中国文学修辞学的关键乃体系化的互为文本性（通过引文等办法， 各作者的文章互相 交流，与西方另置注的做法不同，中国文本承继将注与疏同置的传统，这是中国文言互为文本性的结果）"。在这个观点的后面，他为汉译本补充道："在西方希伯来《圣经》传承中，原文与注释的分离，是出于对作者文字的个人特性之价值的尊重。在中国传统中，作者个人的特性不在文本本身，而在作者融入经典（卜占传统的文本）之功力，我称之为哲学性诠释的能力，这一力量从卜占的神奇中延伸出原本被遮蔽的形而上的意义。"

汪德迈进一步提出，中国文学的起源独一无二，来自占卜学之“文”，它为表意—表形文字，是非自然语言，具有高度的抽象性和科学性。他提出：“在中国文言文里，逻各斯幻象不是话语的幻象，而是中国文化特有的‘文’这个表意字，它没有实体化为对某一创始者的记写，而成为道，成为事物之象理的超现象投射。对发萌于萨满、与宇宙相合，而非人神合一的中国世界观来说，创世的思想是陌生的。在那里，道是超自然的理性，只有圣者（初始为萨满师）直接为之。它由龟占与蓍草数字占所得诸象，通过相关性模拟显示。”论及于此，汪先生为汉译本补文道：“这就是‘卜’璺抱含‘卜’璺的超越性的文言。”他在西方汉学史上首次提出，中国“文”之“言”具有超验性。这一超验性就在于中国文字的占卜性和非自然性。在该书第八章，汪先生指出：“在其他表意文字里，由于发音（指该读音就是口语本身）与文字能指和词意所指在同一层面，文字理性化的寻求得以向发音伸延，并通过强化语言的第二层链接（发音）而非其第一层链接（语义）简化文字体系。这导致字母文字普遍取代表意文字。在中国表意文字里则相反，文字的能指意义与文字发音并不一致，能指直接与词意所指相连，故而文字的理性化被出色地导向第一层链接，从文字的能指意义向书写伸延。”

汪先生将自然语言与中国的非自然语言做对比，认为自然语言笔录口语，而文言书写文字，因而造成两种写本的巨大差异。前者把词语当作现实的“逻各斯幻象”，话语通过文字实体化。实体化在人格化的神学中得到伸展。而在中国的“文”之“言”中，没有话语的幻象，而有“文”之道，有事物之象理的超现象投射。

汪先生对中国文字起源传说有自己的观点。他认为，文字初始阶段尚无文学，但它出现于占卜学发展第三阶段中的甲骨文辞，即由龟卜兆璺变成数字卦，而时被囚于羑里、名为西伯，亦称“伯昌”者，就是这一阶段的参与者。文王之“文”是数字卦。只是后来以神话方式把数字卦转为文字之“文”。在此书的第一章中，汪先生为汉译本补充道："在这一点上，我与中国注释家们不同。他们都着力于'卜''墨''色''体'之不可思议的技术含义，而我认为，他们代表的是主卜事者如卜人与当权者对整个占卜的不同观点。"

由此产生汪先生的一个重要论点，中国文字的神话性起源是人为假设的。他在本书第八章论道："根据有关中国'文'理的奠基著作《说文解字》，如我们所见，在假设的文言史中，即圣帝伏羲'仰则观象于天，俯则观法于地，视鸟兽之文，与地之宜，近取诸身，远取诸物'直入物理而创的占卦里面，表意字为最初形式。第二位圣帝神农由此雏形发展出结绳制以统其事[①]。随后，第三位圣帝黄帝之史仓颉，将卦象与鸟兽蹄迒之迹相应，分理之可相别异，初造书契。神话扭曲了中国文字与殷代卜兆的真正传承关系，它有意将蓍占而非骨占作为该文字的起源。"自周以降，中国史官将殷商在中国文字起源上的贡献消隐了。

中国文字与思想的宇宙而上的关系，决定了中国文化中人与社会的关系：人面对的是宇宙，而非社会。因而中国社会不重法制，不需要神父类的宗教。汪先生为汉译本加入如下论述说："道教否定儒家礼制，推崇回归大自然，而儒家修正大自然，通过礼仪建立一个人性的道德的自然（根据天人合一的道理，它本身就是大自然的发展）。"

这一与宇宙的关系使得一种独特的社会关系在中国产生，这就是本书第九章中谈到的"家庭哲学"。汪先生为汉译本加注说："这一'家庭哲学'与'社团主义'决然不同。社团主义以宗族为界，远离外族人。中国的"家庭哲学"则相反，将家庭作为模式，向整个社会伸延。它指出如何按照个人所处的家庭位置，以同样的方式，对待外族的每一个人。比如，在两个同事之间，应该以兄弟的关系处之。在两位同村人之间，应该以堂兄的关系处之，如此等等。我们看到，儒家哲学是如何将家庭模式延展为普遍的社会模式，而不是用家族封闭自己。在这一意义上的社会关系，其联接是由同一家族所有成员之间的渊源

---

① 南美史前文化里也有结绳，其发音为："*qipu*"，可能是从东亚传到那里的。

关系所产生的自然感情。这一自然感情通过礼仪伸廷到对社会其他成员的行为上。”

此书的翻译始于作者的法文著述接近完稿之时，译者得以直接跟随作者的思考进程开展工作。在两年半的时间内，汪先生每周日上午九点半准时到达，或在译者当时的维克多·古然街（rue Victor Cousin）寓所，或在索尔邦大学一侧的索尔邦广场“书桌”咖啡馆（L’écritoire）工作。无论风雨、四季、节假日，从不间断，除了汪老去香港、北大讲学的那段时间。

“书桌”咖啡馆是作者与译者双方对话的听者。汉译本乃作者在原书基础上的增写，所增内容有87处，对此译者在译本中已一一标明，以为后来学者研究汪德迈思想提供参考。

2015年8月，汉译本完稿，送交北大出版社初艳红责编，随即，汪德迈先生应中国西夏文专家、法兰西学院2013年儒莲奖获得者李范文先生的邀请，去敦煌看石窟。晚间散步，石窟、沙漠和天际作伴。汪老说：“若天继续给我光明，我将写一本小书，书名是《中国教我们什么？》。”

文化迁变的概念

〔法〕米歇尔·艾斯巴涅　解　静　译

任何一个文化客体从一个背景进入到另一个背景，必然导致其意义的转变，以及产生一种语义再化(résémantisation)的动力。而这一切，我们只有通过考虑其转移的历史载体才能充分认识到。因此，尽管文化迁变的研究发展自某些特定的领域，我们仍然可以说，该研究与绝大多数的人文研究相关。抛开这个极简主义式的定义，便可以规避掉由术语本身暗含的一些错误线索。迁变，并不是输送（transporter）。迁变，更多地意味着变形（métamorphoser）。“迁变”这一术语，在任何情况下都不能简化为那个没有很好界定且极为平常的文化交流（échanges culturelles）问题。“迁变”，它不是指文化产物（biens culturels）的流通，而更多的指对文化产物的重新诠释。

文化迁变的概念是从 19 世纪德国的德法关系的研究背景中发展而来[①]。所以，在人文科学的发展中，德国作为参照，有着结构性的

---

① 见 Michel Espagne et Michael Werner (textes réunis et présentés par), *Transferts. Les relations interculturelles dans l'espace franco-allemand (xviiie-xixe siècles)*, Paris, Éditions Recherche sur les Civilisations, 1988; Michel Espagne, *Les Transferts culturels franco-allemands*, Paris, PUF, 1999 http://geschichte-transnational.clio-online.net/transnat.asp. 译者按：与“transfert culturel”概念有着密切关系的概念史与跨民族研究起源于德国，并且也正如文中作者所指出的那样，“transfert culturel”本就发展自 19 世纪德国的德法关系研究。所以，我们有理由相信法国的“transfert culturel”一词应该源自德语的“Kulturtransfer”一词。德语“Kulturtransfer”一词的法语译法有两种，一为“transition culturelle”，一为“transfert culturel”，法国学界多采用第二种法语译法。中国学界在翻译法语“transfert culturel”时，多译为“文化交流”或“文化迁移”。德语“Kulturtransfer”一词，若中文直译应为“文化迁移”，而中国学界在翻译该词时又多译为“文化交流”。但鉴于此处本文作者已在第一段中明确指出不应该将文化的“迁变”（transfert）简化为文化的“交流”(échange)。也正如作者所强调的，“transfert”不是“输送”(transporter)，更多的是一种“变形”（métamorphose）。而这种“变形”必然是建立在文化的迁移之上的。

地位。从不断地通过阐明法国哲学与黑格尔及谢林的关系来构建法国哲学框架的维克托·考辛（Victor Cousin）开始，到奏响了第二帝国的盛会的雅克·奥芬巴赫（Jacques Offenbach），德国成为了法国精神生活的组成部分。实证主义与圣西门主义也未能免于一场带有罗曼语研究特点或者古代科学研究特点的渗透。①

要进入这个参照，一方面需要意识到，德国文化区域所发生的改组要比对这个文化区域的客观认知更为重要，另一方面需要探索迁移（translation）的载体。当专注于定义新生意义的阐释型的研究与关于两国之间转移的所有载体的历史社会学调查相遇时，文化迁变便开始存在。我们可以在圣西门主义那里找到对黑格尔的一种认知迹象的同时，也能观察到这些迹象所产生的全然独特的重构，以及密切关注到那些频繁出现的普鲁士的大学，正是通过它们知识元素得以传播。关于文化迁变的研究必须假设我们可以将一个文化对象归为己有，并且能使它从其构成的原型中解放出来，也即是说一种搬移（transposition），即便它与文化对象的原型相去甚远，也与其原型具有同等的正当性。因此，在人文社科领域，“比较”作为向不同区域开放的附加原则失去了它的意义，而应当由对杂交（métissage）与混合（hybridité）形式②的观察所代替。从文化迁变的范畴来思考，也导致“比较”的恰当性变得相对化。实际上，后者为了记录它们的相似之处与不同之处，趋向于一种整体的对立化，但却一点也没有考虑到做比较的观察者，为了让二者对立而进行的收集，实际上投射了其自己的范畴体系，也

所以，译者在这里将“transfert culturel”译为“文化迁变”，意在以“迁”言“迁移”，以“变”言“变形”。

① 正是在圣西门主义者里面我们找到了黑格尔的首批法国学生。19世纪的法国对古代德国科学的参考，通过约瑟夫·丹尼尔·吉尼奥（Joseph Daniel Guigniaut）（1825–1851）翻译克鲁泽尔（Creuzer）的“象征”的伟大壮举便可辨认出来。（译者按：“象征”可能指代克鲁泽尔所著的《古代民众的象征与神话》一书。）

② 应该从“混杂”的角度去理解与两个文化本体相遇有关的语义再化，因为两个文化整体本身就是早前相遇与语义再化的结果。参见《分流，文化普遍性的人类学》，让·卢普·安塞尔著（Jean-Loup Amselle, *Branchements. Anthropologie de l'universalité des cultures*, Paris, Flammarion, 2001）。

制造了一些由他简化的对立，而通常他自己就属于对立二者当中的一方。建立于印欧语系的比较语法之上的比较主义尤其具有局限性。通过比较历史着手研究欧洲以外的疆土似乎尤为棘手，一般而言就是通过疆土、文化或者文学发生关系来进行研究，但这种情况下它们之间一种根本的质的不同已被悄然地预设。

同样，影响范畴，词源学足以呈现它的不可思议的维度，它必须被一种可从历史上确认的接触以及由这些接触所引起的适应与再诠释的批评方法所替代。同样应该做的是避免传播中真实性的概念，或者避免传播中原初概念对复制概念的优越性。我们知道，谢林（Schelling）的弟子克劳泽（Krause），引致了西班牙社会一个思想流派的产生——克劳泽主义，这个被弃置在德国哲学以外的主义，实际建立在对（谢林的）文本的粗略认知之上。现实仍然是，这个附带地标志着谢林的形而上学向政治思想的纪律性的转变的自由思想形式，与促使它生成的动因（谢林的思想）是同样正当的。我们不考量克劳泽主义对谢林的忠诚程度，我们也不评判荷尔德林（Hölderlin）对索福克勒斯（Sophocle）所做的那些颠倒文本段落的翻译的精确程度。至少，在一个传统被引入与重建之前，对它的认知可以是非常简短的。

所有可能从一个国家、民族、语言或者宗教的空间到另一个空间去的社会群体都能够成为文化迁变的载体。运输商品的商人同样也传递了象征或者知识。翻译者、一个外国文化区域的专家教师、因政治或者经济或者宗教原因流亡并移居他国的人、回复订单的艺术家以及外国雇佣兵，都构成了文化迁变的载体，也应该考虑到他们作为不同的媒介所起到的作用。不过，我们同样可以很好地回想起那些建立在诸如书籍或艺术品等物品流通之上的迁变。图书馆史、外国收藏品创建史、出版品传播史、翻译史，与收藏史及艺术品跨民族国家市场史[①]一样，都属于文化迁变研究的一部分。当我们从人媒介进入到书

---

① “transnational”其拉丁词源为“trans”（跨越，超越）与“natio”（部族）。现在“nation”一词已经演化为“国家”“民族”之义。并且，大多数情况下，在欧洲语境里面讲“民族”就

籍或者档案媒介，文化迁变的问题便会遇到“记忆”的问题。事实上，图书馆或者档案馆趋向于固化同一性（identité），因为它们的管理模式常常需要我们为之建立历史。它们通常遵循一种合理的原则被组建。这一原则与群体（大多数时候是国家或者民族）的同一性表现相一致。对文化迁变变得谨慎，就意味着至少以一种可能的方式去审查，通过研究那些常常被边缘化的引入元素，去审查图书馆和档案馆的集体记忆结构。毕竟，一个外来记忆元素的流动绝不会是偶然。当我们要在输入方（contexte d’accueil）的记忆层里寻找外来元素时，通常会遇到这个背景下千头万绪的记忆信息。这就应该区分尚且无用的累加记忆（mémoire accumulé）与有效记忆（mémoire effective）。

一个文化的迁变从来不是只发生在两个语言、两个国家或者两种文化区域之间的，这里几乎总会涉及第三者。所以，我们必须把文化迁变更多地当作是多极的、多个语言区域之间复杂的相互作用。如果我们忽略掉启蒙运动的英国根源以及它在俄国的延伸部分，就会使法国启蒙运动进入德国变成一个狭窄的现象。着手凯特琳二世时期的俄国文化，就要理解沙皇俄国、德国女皇时期的文化、她对法国的兴趣，以及她透过法国文学的滤镜所看到的一个意大利，这几者之间的相互作用。不过，如果说确认那些众多文化空间的相遇地点很容易的话，这些地点我们可以用一种新逻辑主义的观点去把它们看作“全球化的门户”（portail de globalisation），我们也仅仅能对那些数量有限的术语的相遇进行描述。而要呈现一种交汇的全貌仍然是不可行的。

即使当我们着手于两个文化区域之间的迁变时，无论如何我们都不能把其中任何一个视作是同质的和原初的——因为它们当中的任何一个都是之前“迁移”（déplacement）的结果，都有一段持续的混合的（hybridation）历史。当我们试图描述德法之间的文化迁变时，很

暗含“国家”的意思。因为现代欧洲对国家的定义便是建立在一个统一的民族的认知上的。但是，中国这个多民族融合的国家显然不符合这种认知。所以译者选择将“ransnational”译为“跨民族国家”。——译者注

应该记住，无论法国还是德国，都不是实体（essence）。它们作为整体（entité）还是具有争议的，一种描述的必要性迫使我们假设一个短暂时间内存在着一个系统，这个系统将会对德国或者法国，古希腊文化或者拉丁文化进行洗礼。但我们立刻就会努力证明这些整体是铸就在“引入”（importation）之上的，对于法国而言是德国，对于拉丁文化而言是希腊文化，或者对于经院哲学而言是阿拉伯国家，对于中国佛家而言是印度，等等。文化迁变研究揭示出文化区域的层叠交错（imbrication）。所以说，文化区域只是一种临时样态（configuration provisoire），但对于理解文化流通现象还是有必要的。

人文科学通常与受限于特定语言空间的民族叙事相一致。它们在引入与引入所伴随的重组的基础上制造同一性。有系统地重审这些同一性的构建，为文化迁变研究提供了广阔的调查田野，其范围将可能是人文科学的跨民族国家史。

即使是哲学，和数学一样，也追求一种原则的普世性。在面对承载概念的语言时，哲学也追求一种概念的独立性。哲学在 19 世纪的发展显然带有德国的印记——法兰西第三共和国世俗的意识形态的形成也有赖于一种革新的康德主义。无论夏威容（Ravaisson）的谢林（Schelling）还是科耶夫（Kojève）的黑格尔（Hegel），自然都与他们所依靠诠释的本源不一致。更有意义的是确定他们的诠释中添加了什么，但尤其要观察的是意欲创建一种民族国家公民道德的知识传统建立于引入的参照的基础上。如果对胡塞尔（Husserl）的引入不是先于那些在其基础上所转化的其他形式的流传，现象学将可能变得难以理解。此外，在这一点上，法国哲学并不是唯一的。马提亚斯 · 格鲁特（Martial Guéroult）早已揭示费希特（Fichte）对法国革命的主张和对他那个时代在法国所谈论的政治立场的选取。当代法国哲学有重要意义的边缘部分，用英文讲就是“一种心灵哲学”，很大程度上产生于奥地利哲学的英文翻译。毫无疑问，这一边缘部分的倾向与构建一种同一性符合一样的纲要。这种同一性，想要通过一个以引进文化为参照的系统来实现它的普世化。此外，这个系统的核心概念里有很大一部分被忽视了的语言学上的锚固（ancrage linguistique）。

在艺术史上，有一种迁变模式被服务于由德国阐释学在意大利的应用，也被服务于对前期年代层在后期年代层当中的组成部分的研究（历时性的迁变，比如文艺复兴里的中世纪）。当海因里希·沃尔夫林（Heinrich Wölfflin）将其艺术史的基本概念应用于意大利时，他仅仅只是将德国心理学范畴搬到了另一个地方[①]。当卡尔·贾斯蒂（CarlJusti）把类似于威廉·狄尔泰（Wilhelm Dilthey）诠释学的范畴应用到委拉斯开兹（Velázquez）的艺术上，或者他那个时代的委拉斯开兹现象上时，也没有太大的不同。[②]当安东·斯普林格（Anton Springer）在德国中世纪艺术当中，观察到根据新背景的需要而被重新诠释的古代的痕迹时，他仅仅分析了文化的迁变，而他的这些观察被在佛罗伦萨旅居期间的阿比·瓦尔堡（Aby Warburg）读到后当作范例。[③]

作为科学的人类学非常注重文化之间的关系，注重它们之间的接触以及赋予文化活力的相互渗透的形式。尤其值得注意的是，美国人类学的奠基者之一的弗朗茨·博厄斯（Franz Boas），就是从明登（Minden）移居到美国的德国人。在美国，他将格林兄弟（Frères Grimm）民间童话收集的考察模式应用到西海岸的印第安人研究，特别是对夸夸嘉夸族（Kwakiutl）[④]的研究当中。重要的是收集印第安语的故事，并且，在进行分析确认它们所揭示的印第安社会之前，便将其记录下来。这尚属首次。当博厄斯研究民族之间的相互影响（contamination）时，他力求观察那些可认出的历史性接触以证实那些系统的复现（récurrence systémique），与那些结构上的同源。他并

① Heinrich Wölfflin, *Kunstgeschichtliche Grundbegriffe* (Munich, Bruckmann, 1915).

② Carl Justi, Diego *Velazquez und sein Jahrhundert* (Bonn, Cohen, 1903).

③ Anton Springer, *Bilderaus der neuerenKunstgeschichte* (Bonn, A. Marcus, 1867).

④ 北美西北部太平洋沿岸的原住民族——译者注

不试图做比较，但是力求观察层叠交错的发生，并且追踪那些相互影响。不仅仅博厄斯的生平与学术历程是一个值得注意的文化迁变的案例，他所发展出来的方法也尤为适用于此种现象。博厄斯以一种清晰的方式，让人类学文化迁变的观念变得更为具体。他的作品在这一视角下的细致分析之所以让人信服，那是因为他的众多亲近弟子都是来自欧洲日耳曼地区的移民，并且他们都参与了一个大规模的外来知识向美国的转移。总体而言，根据博厄斯所传递的观念，语言是一个文化的主要标签。这一观念承自于洪堡特（Humboldt）。并且通过海曼·施泰因塔尔（Heymann Steinthal）和某些斯拉夫学生所起的媒介作用，我们可以在整个欧洲尤其是俄国追踪到它的踪迹。在那里，这一观念成为了人类学与语言学形式主义基石的一部分。当列维-斯特劳斯（Lévi-Strauss）（尤其是雅各布森（Jakobson）将他与博厄斯联系在一起）来到美洲，遇见博厄斯，人类学上基本迁变的两种形式交汇了。

文学上，强调翻译（尽管在书店里大量存在，也总是被认为是一个外来的，有些周边的元素）；强调文学传统之间的衔接手法；强调每个文化所构建的外来圣殿（尤金·梅尔基奥尔·德·沃格于埃（Eugène-Melchior de Vogüé）认为，托尔斯泰（Tolstï）即使没有成为法国作家，至少成为了法国外国文学圣殿里的核心作家。）；强调那些用非母语写作的作家（从用德语写作的土耳其裔作家费希顿·赞莫格路（Feridun Zaimoglou），到用法语写作的俄裔作家安德烈·马金尼（Andrei Makine），再到用英语写作的索马里作家努鲁丁·法拉赫（Nuruddin Farah））。从这一角度看，文学史可以通过不局限于民族国家元素的交替连续性的视角被重新审视。斯特凡·乔治（Stefan George）深受其所翻译的马拉美（Mallarmé）的启发，荷尔德林深受卢梭（Rousseau）的启发，所以在德国的抒情诗史当中，我们不应该试图重构那些不将这些外来传入考虑在内的演变关系。安德烈·舍尼埃（André Chénier）与席勒（Schiller）对于同一时期的俄国文学也是一个道理。这样一来，整个文学史必须重新写。

关于民族国家的（或者范围更大一点的）文学文化的认知，一般被邻近的文化区域的科学所限定，比如德国的罗曼语语文学或者法国的斯拉夫语语文学。这些科学产生于被研究的文学的空间与观察者自己的视野二者之间的折衷。除此以外，这些科学还可以成为引入的对象。如果我们认为，比如说德国的罗曼语语文学（就像弗里德里希·克里斯蒂安·迭斯（Friedrich Christian Diez）所体现的那样）的方法是将罗曼文化视为整体，其标志性的语文学对象的理解方式明显借自德国传统，那么，加斯东·帕里（Gaston Paris）将其引入法国，且优先应用于法国中世纪研究，这样一来就与研究对象本身——罗马尼亚（romania）的重新诠释相呼应了。

因为文学史见证了文化的迁变，所以从文化迁变的视角审查文学史是极具意义的。同样重要的是，在所有的欧洲国家，文学史都成为了民族国家的构成中不可或缺的一部分。从《罗兰之歌》（*Chanson de Roland*）一直到《伊戈尔远征记》（*Dit du prince Igor*），没有一个欧洲国家民族可以离开奠基文本而存在，这个奠基文本我们同样可以在那些遥远的空间当中找到（例如《金云翘》（*Histoire de Kieu*）之于越南文学，《豹皮骑士》（*Le Chevalier à la peau de panthère*）之于格鲁吉亚，吉尔伽美什史诗（épopée de Gilgamesh）之于古代）。不过，很明显的是，这些部分常常与外来的引入有关。爱沙尼亚史诗，克列茨瓦尔德（Kreutzvald）所作的《卡列维波埃格》（*Kalevipoeg*），便是后赫尔德时代（post-herdérienne）的德国传统下培养出来的语文学家之手笔。这些，我们同样可以在芬兰大型史诗，隆洛特（Lönnrot）的《卡勒瓦拉》（*Kalevala*）当中感受到。在弗里德里希·奥古斯特·沃尔夫（Friedrich August Wolf）对荷马史诗的解读当中存有的莪相（Ossian）诗歌的残篇，其实是一个民族的成果。从莪相和赫尔德（Herder）开始，缔造民族的作品模式被整个欧洲所接受。从文化迁变的角度对文学史的回顾，便能让那些被认为是奠定了国家民族文学的原型的流传更为突显。

其实，某些人文科学一上来就会超出国家民族的界限。东方学（orientalisme）就是例子，能够从19世纪初发展起来：就像亚洲学报（*Journal asiatique*）这本期刊能够被看成是德法对于近东尤其是阿拉伯、土耳其与波斯的文化文学的探索的核心刊物。这个新学科的中心人物，西尔维斯特·德·萨西（Silvestre de Sacy），在亚洲研究方面算是“德国的大师”（《*praeceptor Germaniae*》），因为在19世纪前半叶，大多数东方研究教席的主持者都是他的学生。在法国与德国发生的一切，我们可以很轻松地再加上英国、意大利和俄国。这些国家不再试图创建隔离东方的科学，它们试图拥有一个共同的认知，这一共同认知建立在对两方面的妥协之上，一方面是他们研究对象自身的复杂性与多样性，另一方面是他们自身的概念框架。

关于文化迁变的研究是跨国家民族文化史学的一部分。但它不能仅仅局限在就现代欧洲国家民族空间之间层叠交错形势的分析。它能够很好地找到其他的应用的场地。为了成为远东权力的标志，中国的皇廷使用了基督教传教士所传入的欧洲数学，这完全符合一个文化迁变的现象，正如普鲁士人在明治时期日本的社会改革中所起到的作用一样。我们习惯于将罗马帝国或者古希腊世界看作是同质的整体，古代如此，到现代仍然如此。但是，考古学很早以前便已经观察到了混杂的现象，它所寻找的是埃及与希腊之间，美索不达米亚数学与希腊数学之间，诸多难以勾勒的转移。视野的转化，会引导我们将古代看作是适应于环地中海文化的元素的一连串的重新占有的背景。在现今土耳其的海岸上，那些曾经的古希腊城市住满了卡利亚人（Cariens）、吕基亚人（Lyciens）以及适应了当地文化的吕底亚人（Lydiens）。而安纳托利亚（Anatolie）的赫梯古国城市（Villes hittites）的那些考古遗迹，足以证明外来的美索不达米亚殖民的存在。不过，层叠交错并不是只有唯一的意义。古代文化与其周边居民的相遇也会使新的文化实体得以出现，从希腊-伊朗-佛教文化的巴克特里亚或者索格底亚那

（la Bactriane ou la Sogdiane gréco-irano-bouddhiques）[①]，到罗曼高卢文化皆是如此。

现代欧洲的自我认知所基于的社会的早期历史是迁变的结果，这让重新审问欧洲的统治地位变得合理。马丁·贝尔纳（Martin Bernal）的《黑色雅典娜》（*Black Athena*）的假说使谢克·安塔·迪奥普（Cheikh Anta Diop）关于黑色埃及的作品（《黑人民族与文化》（*Nations nègres et culture*），1954）更为可信，后者旨在指出，在非殖民化的早期，古代非洲的文化遗产就存在于欧洲文明的中心。所以，文化迁变的问题可以包含一部分后殖民的研究方式。但它并不仅仅停留于此。当一位中世纪文化研究者阐明由大师埃克哈特（maître Eckhart）所代表的德国神话，其智力理论实际上是借自阿威罗伊[②]（Averroès），以及阐明了希腊哲学绕道伊斯兰思想成为了希腊研究的经典课题的时候[③]，这些都不是后殖民的问题，而是概念体系的流传问题。这些概念根据输入方的背景而改变了它们的意义[④]。

文化迁变的史学研究使中心的观念变得尤为相对化。非常清楚的是，历史一旦超越了国家民族或者文化区域的界限（为了融入那些更大的同心圆，历史是发散的），它就会将它所属的文化区域自身作为参照的中心。18世纪最后的三分之一[⑤]，当全球通史开始在哥廷根大学被撰写时，当阿拉伯半岛、印度或者中国都被这场人类历史的总体

---

① 中亚某些已经灭绝的语言（粟特语、吐火罗语）几乎只能通过其他语言的翻译资料才被证实。

② Kurt Flasch, *D'Averroès à Maître Eckhart. Les sources arabes de la «mystique» allemande*, Paris, Vrin, 2008.

③ Philippe Büttgen, Alain de Libera, Marwan Rashed, Irène Rosier-Catach (éd.), *Les Grecs, les Arabes et nous. Enquête sur l'islamophobie savante* (Paris, Fayard, 2009).

④ 加尔西拉索·德·拉·维加（Garcilaso de la Vega）为了描绘他原初的文化而使用的柏拉图主义的方法导致了一个双重投射：柏拉图主义范畴对印加民族历史的投射，为了坚定柏拉图主义原型的印加的例子的投射。Carmen Bernand, *Un Inca platonicien. Garcilaso de la Vega* (Paris, Fayard, 2005).

⑤ Luigi Marino, *Praeceptores Germaniae: Göttingen 1770–1820* (Göttingen, Vandenhoeck & Ruprecht, 1995); Hans-Erich Bödeker, Philippe Büttgen et Michel Espagne (éd.), *Göttingen vers 1800. L'Europe des sciences de l'homme* (Paris, Le Cerf, 2010).

扫测纳入其中时，我们认为欧洲是中心，并且认为周边文化以进入历史的方式融入进一个整体，这个整体的中心有着清楚的界定——欧洲的。我们不禁要想，所谓“《通史》”（*Global History*），其自身就是以盎格鲁–撒克逊人（anglo-saxon）为中心而构建的。在历史进程里，其他的中心也可能存在。我们想到了中华帝国，想到了中国皇帝们在地图绘制上的苛求——中国必须呈现在已知世界的正中。我们想到了凯末尔主义（kémaliste）的土耳其，它习惯于将安那托利亚（Anatolie）绘制在世界地图的中心，它自身便在土耳其世界的正中，它与阿尔及利亚一侧的距离与它到到中亚一侧的距离相等。[①] 对中心的重新审视，是关于文化迁变的研究的一个基础部分。

视野中心的根本的相对性，导致了总体（global）与个别（particulier）的相遇。每一个特殊个体必须有一个通向总体的路径。下面是这种相遇容易发生的地方：城市中心、大学、图书馆，这些我们认为是“总体性门户”（portails sur la globalité）。研究这些地方（关于这些地点，我们避免给出一份限定的名单），显然构成了文化迁变研究中的重要目标。我们可以想一个地方，比如哥廷根图书馆，这是日耳曼国家的主要图书馆，也是18世纪以来第一个收集法语、英语、意大利语和德语科学文献用来培养一种人类的普世科学的教学的中心。而用另一种方式，我们可以想起那些汇聚了众多民族的城市，比如维尔纽斯/维尔纳/维尔诺（Vilnius/Wilna/Wilno），一座同时拥有犹太、德国、波兰、立陶宛、卡拉派（karaïte）和俄罗斯等众多文化的城市，它是犹太文化的传播地，也是波兰以及立陶宛的民族文学的发生地。这些“总体性门户”，将文化迁变与地点的范畴结合了起来。

一次文化的迁变有时就是一次翻译。只需要看看任意一个语言里的一本小说的版本与它在另一个语言里的翻译，观察一下占有封面四分之一的附带介绍、插画、尺寸、那些系列的背景效果甚至排版，便

---

① Étienne Copeaux, *Une vision turque du monde à travers les cartes de 1931 à nos jours* (Paris, CNRS Éditions, 2000).

知道一个翻译在任何情况下都不是一个对等物。当它只是简单地从原型旦获取灵感而不去说明的时候，就如同某些拉丁作家从希腊原型里获取灵感那样，它更不是对等的。卢克莱修（Lucrèce）绝不是德谟克利特（Démocrite）的对等物。翻译让一个事实更为显然，概念根植于语义的背景当中，与翻译有关的语义背景的转移体现了意义的一次新的构建。但翻译同样也属于历史社会学或者书籍史的研究范畴，这些领域的研究明显依赖于与文化迁变有关的研究。就翻译者们的群体传记学（étude prosopographique）的研究将我们引向对语言获取模式的探问，以及对选择搬移（transposer）书籍的标准的探问。重要的是分析出版社的策略，分析它们的运作模式以及翻译作品所遇到的反响。从七十士译本（traduction des Septante）到 19 世纪康德（Kant）的早期翻译，费尽周折才有了德文文本，以及弗里德里希・戈特洛布・伯恩（Friedrich Gottlieb Born）晦涩的拉丁文版本与温琴佐・曼托瓦尼（Vincenzo Mantovani）的意大利语版本。就翻译现象的非语言学的分析是文化迁变研究的主轴之一。

通过连接对个别（particulier）以及对普遍（universel）的描述，这个研究提供了一个理解全球史或者说至少大的跨国家民族的大体轮廓的途径。对于整体的观察应该从具体情况甚至是独特性出发。观察两个文本层与两个变体的更替的语文学家或者遗传学家所做的细致严谨的工作，往往伴随着与修正着关于概念的“环球航行”（circumnavigation）的思考。任何一个地球平面球形图都不可以简略地绘制江河与海岸。正是语言的多样性能够推断出翻译的语义转移。文化迁变研究更多的是一个进展中的理论，而不是学说的一次尝试，它将成为人文社会科学的一种新视点。

汉学家罗亚娜《求道》一书之比较研究方法与框架批判 *

钱　爽

斯洛文尼亚卢布尔雅那大学人文学院汉学教授兼亚洲与非洲研究学系主任、欧洲中国哲学学会（The European Association for Chinese Philosophy，EACP）主席罗亚娜（Jana S. Rošker）女士于 2008 年在香港中文大学出版社出版其英文专著 *Searching for the Way: Theory of Knowledge in Pre-modern and Modern China*（中译书名为《求道——近现代中华知识论》），全书史论结合，平铺直叙，全面展示二千五百余年以降中华知识论之发展变迁史，为不可多得之中华知识论史宝贵研究资料。

一　全书概览——揭弊

罗氏一书除“绪编”（Introduction）外，凡三编，共廿六章。全书以知识论史为线索，以中华哲学人物为节点，纵分综论中华先秦诸子、宋明清儒、近现当代三阶段之知识论史。其中，编上之章二凡五节，述先秦诸子知识论，主要围绕“名”（name）“实”（actuality）之辨或“言”（language）“实”（reality）之辨，论及孔子、墨子、荀子、韩非、老子、孟子、公孙龙、惠施、后墨与庄子凡十家先秦诸子；自编上章三至编中章十六，述宋明清儒知识论，主要围绕求知之目的与求知之方式，论及朱熹、邵雍、周敦颐、二程、陆九渊、王守仁、

* 本文是北京市社科基金重点项目《中西哲学比较研究史论》（15ZXA005）的阶段性成果之一。

钱德洪、王艮、王畿、李贽、顾宪成、高攀龙、王夫之、颜元、李塨、戴震凡十七位宋明清儒；自编下章十七至编下章廿六，述近现当代知识论，主要围绕中西知识论之比较研究，论及康有为、梁启超、谭嗣同、严复、王国维、胡适、冯友兰、张岱年、李泽厚、牟宗三、熊十力、张东荪、金岳霖、冯契、贺麟、孙中山、毛泽东、夏甄陶、胡军、张耀南凡廿名近现当代诸学者。

该书为欧西汉学知识论研究之新作，且儒释道三教圆融之思想贯穿始终，由此可见罗氏作为欧西学者，其能够摆脱西洋哲学之固有思维定式框架，而展现其中华系统思维之开放与成熟，颇令人叹为观止。

然余须对罗氏一书之书名定位先做一番批评。罗书书名之副标题为“近现代中华知识论”，观其书之具体内容，便可发现，罗氏所谓“近现代”之历史分期定位，始自宋明，迄至当下。盖因罗书之篇幅，于宋明知识论始为其详部，之前之先秦知识论为其略部是也。吾人不禁发问，何以罗氏所谓之“近代”，竟以宋明为其肇始？余窃以为，此殆罗氏仍深受西式历史分期定位框架及西式中华哲学史分期定位框架之禁锢局限所致。张耀南先生有云：

> 胡适《中国哲学史大纲》（1919）把“中国哲学史”分成古代哲学（自老子至韩非）、中世哲学（自汉至唐）、近世哲学（自北宋至明清）三个阶段，其中“近世哲学”在时间上是指北宋到晚清约一千年。这个划分法是从哪里来的呢？我们查日人远藤隆吉所撰《支那哲学史》（1900—1902），就是这样的三分法：“古代哲学”述先秦诸子，“中古哲学”述前汉至唐，“近世哲学”述北宋至明清。①

而日人如此之分期定位框架缘何？葛兆光先生有云：

① 张耀南：《我们现在需要的是“全盘化西”——论“中西哲学比较研究”之“拐点”》，载《北京行政学院学报》，2009年第2期，第92页。

明治大正年代，也就是中国的晚清民初时代，当中国哲学史或思想史界还在艰苦转型的时候，日本的中国哲学史研究已经完成了相当大的转向。……西方哲学的分类方式代替了原来传统的理解框架，这构成了日本近代重新书写中国思想史和哲学史的开端。①

由是可见，罗氏如此之历史分期定位框架及中华哲学史分期定位框架恰源自其生活之西洋语境，其虽意欲摆脱西洋中心论之话语，然由于其潜移默化受西洋文化之浸染，故其欲完全摆脱此霸权性话语甚难，吾人于其论述中将多少见其西化之端倪。此副标题所衍生之西式历史分期定位框架及西式中华哲学史分期定位框架即是一明证也。

此外另综观全书格局，所憾之处亦在所难免。余以为罗氏撰写中华知识论史之过程中，由先秦诸子直逾至宋明清儒，竟越过中华两汉、魏晋及隋唐时期，而未能评述两汉经学、魏晋玄学及隋唐佛学（尤指禅宗）之知识论变迁史。吾人须知此三期知识论思想架构承前启后、继陈开新，乃重要之桥介也。其所处之时代，亦面临比较研究之格式选择，于今之比较研究裨益匪浅。尤以禅宗化印佛为此三期知识论发展之造极，且所流芳中华后世知识论之发展（尤指宋明清儒知识论及近现当代知识论之发展）者亦尤甚也。惜乎罗氏未能有幸于本书中一展中华禅宗知识论之奥义，吾人竟不得知禅宗知识论之大全。或因罗氏研究功力、知识储备及理解能力有限而竟未能成，此殆本书之一憾事也，然岂非亦是学者今后重塑此书思想之一大契机及契点乎！

二　“绪编”发微——罗氏比较研究路径管窥

“绪编”为罗氏一书之总纲者也。罗氏开宗明义：

① 葛兆光：《道统、系谱与历史——关于中国思想史脉络的来源与确立》，载《文史哲》，2006年第3期，第51页。

> 认识并比较异域文化，总与语言、传统、历史及社会化进程中所存在之差异问题相关。诠释非欧西文化之各方面及各成分，总受诠释者本人及被诠释对象所处之政治、经济与地理状况所影响。①

罗氏以为，世界异域之人类所具有之知识具有文化制约性（the cultural condition of cognition）。欲对非西洋文化加以研究并分析，须跳出西洋固化之格式，进入对象文化或目的文化之情境、语境，方可得崭新之成果，切勿将西洋格式泛化甚至滥用，否则将遗殆无穷。故罗氏极力反对西洋知识论乃独一无二且普遍有效之认识论话语：

> 西洋知识论并非独一无二且普遍有效之认识论话语。②

罗氏同时告诫中西双方学者在研究东方（特别是中华）知识之过程中宜突破由欧西形式逻辑这一方法论所建构之东方主义讨论语境：

> 汉学作为一门学科建立在对东方主义讨论之语境中，……其方法论乃欧西形式逻辑。科学分析法本身乃某些特定历史发展进程及与其相关社会组织与社会结构之产物，倘对科学分析这种方法不加以批判便运用之，此势必为一罔殆之举。③

罗氏建议，今之学者应冲破已有既定认识论模式之禁锢，突围当下比较研究所遭遇之瓶颈，以开研究中华认识论之新道，变僵化沉暗之比较研究焕然一新：

---

① Jana S. Rošker, *Searching for the Way – Theory of Knowledge in Pre-Modern and Modern China*, Hong Kong: Chinese University Press, 2008, p. xiii.

② 同上，p. xiv。

③ 同上，p. xiii。

避免吾人在认识现实时陷入机械二元论困境之中，亦为打破所预设之认知模式禁锢注入新动力。[①]

本书之绪编乃罗氏全书思想之理论。余以为，罗氏欲开新道以求研究中华认识论之新路径，此新道能辟之前提乃异域文化之殊异语境的各自阐述：

凡跨文化研究事实上皆建基于对依各自语言与文化所表达之主题加以认知式反思。[②]

罗氏发现并重视殊异之历史、语言和文化背景这些特殊条件将导致相异之知识论体系立于世，此立场已跳出所谓“西化”比较研究路径——即“以西化中，援中入西”[③]之比较研究路径之束缚。显然，罗氏于绪编所示之思想，已进入更高层次所谓“并置”比较研究路径——即“中西并尊，或中西并斥”[④]之比较研究路径之境界：

研究中若未考虑不同历史、语言和文化背景所决定之特殊条件，则吾人将不可避免导致对所考察之对象产生误释。[⑤]

是故吾人可将罗氏比较研究定位为“并置”比较研究路径。基于此“并置”之比较研究路径，罗氏便展开全书之研究论述。而本书下文之编上章一内容则是展开完全研究论述之前对“并置”这一比较研

---

① Jana S. Rošker, *Searching for the Way – Theory of Knowledge in Pre-Modern and Modern China*, p. xiv.

② 同上，p. xiv。

③ 张耀南：《我们现在需要的是“全盘化西”——论“中西哲学比较研究”之“拐点”》，第 91 页。

④ 同上。

⑤ Jana S. Rošker, *Searching for the Way – Theory of Knowledge in Pre-Modern and Modern China*, p. xiii.

究路径之综合运用及论证是也。

三　编上章一发微——罗氏比较研究应用管窥

罗氏一书之编上章一，章题为“中华传统思想中的认识论——一般特征”（“*Epistemology in traditional Chinese thought-General characteristics*”），乃基于绪编所立论之“并置”比较研究路径之总括运用也。此章之运用，统摄全书编上与编中所详述之中华传统知识论（而编下廿六章乃编下所详述之中华传统以后知识论之总评与新启展望是也）。既为“并置”比较研究路径之一般性运用，则吾人可于章一全文中遍寻罗氏以“并置”比较研究中西知识论之踪迹也。

罗氏于章一开章便表示，欲研究中华近现当代知识论何以至此，关键在于溯中华传统知识论之源。而溯源之关键，则在于回归中华自身之传统，撇开以西洋框架套用于中华传统研究之思维定式。以重现中华传统之独特本色：

> 当下研究中有关中华古典和当代文本之认识论视角及其在传统和现代中华思想语境中之作用的讨论，已日益通过重掘并运用中华传统中特有之方法路径与传统范畴，取得了颇有成效之发展。①

此乃“并置比”研究肇始之基本原则是也。罗氏基于此并置比原则以为，中西二者虽为异质文明，但并未意即由西洋所生发之知识论乃中华所尚付阙如者是也。恰恰相反，中华文明亦自成一套知识论，所不同者惟表述或形式各有殊异耳，然其旨归则与西洋知识论者同。故以并置比路径观之，西洋之知识论与中华之知识论，百虑而一致，殊途而同归者是也：

---

① Jana S. Rošker, *Searching for the Way – Theory of Knowledge in Pre-Modern and Modern China*, p. 2.

这并不自然意味着中华古典哲学家不关注与知识论相关之问题。[①]

罗氏进一步采用并置比路径，引中西哲人讨论“不知”为例，以彰明异质之中西文明竟生发同旨归之“不知”之论：

这种关注在诸多方面都与言必称古希腊之认识论基础不尽相同，但处在世界不同地域者却几乎在同一时期形成了若干相同之格言，其中每一格言皆可支持任一严格意义之认识论。是故吾人惟需推敲苏格拉底之一名言即可。苏格拉底这位名哲——其中不无某种达观因素——在此格言中承认其彻底之无知，同时即否认了获取任一对“真”知之先天可能性。[②]

中华古代哲学家亦得出与苏格拉底相似之结论，如中华古典道家两位大师亦在同一方面阐明了真知之本质。[③]

古希腊苏格拉底之格言“我以不知为不知”，与中华先秦老子之格言“知不知，尚矣”，与庄子之格言“故知止其所不知，至矣”（《老子·七十一章》），并言“不知”之“至知”（《庄子·齐物》），或有不谋而合之缘，然中西表述亦各有特色。故中西有关“不知”之表述皆可视为讨论知识之端倪也。罗氏以为，中华有先秦式“不知”之说，西洋有希腊式“不知”之说，互为并立之说，亦可相通，亦可相鉴。是故余窃以为，罗氏言外之意在于告诫学者不可简而言惟西洋知识论为普世之独有体系是也，须知中华知识论之特色及其地位亦与西洋不分伯仲，然今之学者竟未能明辨之。由是，罗氏明言：

① Jana S. Rošker, *Searching for the Way – Theory of Knowledge in Pre-Modern and Modern China*, p. 2.

② 同上，p.2。

③ 同上，p. 3。

中华古代思想中存在清晰而全面之认识论基础。[①]

罗氏在其并置比路径之引导下，严厉批判当下学界所盛行之以西释中、以西贬中、以西化中之霸权话语体系，并反批西洋哲学界指责中华无知识论之言论实乃五十步笑百步者是也：

> 总之可明确的是，中华经典论述中未曾有过具有明确定义之“知识论”这一学科，欧西古代哲学亦是如此。……“认识论”乃由欧入华之概念，其内涵与欧西思维方式紧密相连。倘吾人拟从中华传统文化与独具中华特色之推理方式视角来评价这些具有“西化”色彩之认识论内容，则吾人敢言这些内容实际上仅是受完全狭隘框架所限之“西洋”知识论而已。[②]

由是，罗氏指出，中华知识论同于西洋知识论皆各有其特性、风格及价值，两大知识论体系万不可偏废其一，失其一则其谬千里。而互相殊异之两大知识论体系恰应相辅相成以彰显人类文明之丰富多彩。是故中华知识论乃另辟西洋知识论之径，新开世界知识论之法，故切不可否认中华知识论之存在特色及深刻意义：

> 通常而言，中华古代思想家解决有关认识过程及有关知识与认识本质之问题虽与那些盛行于世并后来成为具有“欧式思想”风格之思想典范话语大相径庭，但这并不意味着中华古代思想家未谈及有关认识过程及有关知识与认识本质之问题。
>
> 故当吾人云传统中华无知识论时，意即传统中华无“欧西认识论”，或曰传统中华无狭义认识论。[③]

---

① Jana S. Rošker, *Searching for the Way – Theory of Knowledge in Pre-Modern and Modern China*, p. 3.

② 同上，p. 4。

③ 同上，pp. 4–5。

基于此，罗氏提出其并置比之论点（甲）——西洋知识论着重直接认识，中华知识论则重视间接认识：

> 中华大地对知源问题之探究则主重间接认识，换言之，所谓间接认识即可由教学相长而得之认识，而由感知和推理所产生之认识在中华大地仅是次要者。①

由此并置比之论点（甲），罗氏衍生而出其并置比之论点（乙）——西洋知识论具有纯粹之科学性，中华知识论则具有功利实用之道德性：

> 欧西传统中关于知识本质之问题……建基于科学世界观而成。而中华传统思想则在更广泛之意义上理解知识本质问题，认为知识之本质亦（或主要是）源自道德内涵。②
>
> 建立在中华经典之上之大多数理论之基本内容根植于实用主义和功利主义伦理学。③

进而基于并置比之论点（甲）与（乙），罗氏提出其并置比之论点（丙），该论点亦是贯穿罗氏全书并置比较研究之基本原则之一④——即中华知识论重整体主义法，而西洋知识论重主客二分法：

> 建立在中华经典之上之形式方法乃建基于整体性世界观。⑤

---

① Jana S. Rošker, *Searching for the Way – Theory of Knowledge in Pre-Modern and Modern China*, p. 4.

② 同上，p. 4。

③ 同上，p. 5。

④ 余以为，贯穿罗氏全书之并置比较研究基本原则有如下六性，即整体性（holism）、整全性（integrity）、整合性（incorporation）、互系性（correlativity）、互补性（complementarity）与互容性（compatibility），这些并置比较研究基本原则亦是罗氏经由并置比较而得中华知识论异于西洋知识论之独有特性也。

⑤ Jana S. Rošker, *Searching for the Way – Theory of Knowledge in Pre-Modern and Modern China*, p. 5.

整体性路径……乃中华传统思想主要特点之一。①

中华传统知识论建基于“消解”能动之认识主体，此迥异于西洋认识论。②

综上，吾人可整理得出罗氏有关中西知识论并置比较研究之三大论点，分别是：

（一）西洋知识论着重直接认识，尤以感知与推理见长；而中华知识论则重视间接认识。两大知识论体系在认识路径上有所殊异，但具有互补性；

（二）西洋知识论求真，具有纯粹之科学性；中华知识论求善，具有功利实用之道德性。西洋知识论求知，而中华知识论求用。两大知识论体系在知识来源上有所殊异，亦具有互补性；

（三）中华知识论重整体主义法，主合而斥分；而西洋知识论重主客二分法，主分而斥合。两大知识论体系在方法论上亦有所殊异，一合一分，相得益彰。

罗氏遂于余下之章一部分详述论点（丙）中所阐述中华知识论所主之整体主义法为何者是也。其之所以花大篇幅阐释整体性世界观，盖因此整体性观乃罗氏全书后文至要之立足点也，须在立论之篇章中明晰之基本义理，以待作为后文具体思想内容之佐证及引申。

罗氏表示，整体主义（holism）既有对立性（opposition），然更具互补性（complementarity），二者皆不可轻其一，而又尤以后者（互补性）为中华整体主义有别于西洋主客二分之特色也。故所谓整体主义，其基础便是既二元对立而又互补合一之和谐规则：

整体性路径……严格说来建基于二元对立概念之互补性基础

① Jana S. Rošker, *Searching for the Way – Theory of Knowledge in Pre-Modern and Modern China*, p. 6.

② 同上，p. 5。

之上。[①]

此和谐规则之假设乃中华古代哲学话语之主要思想准则。[②]

和谐规则乃认识过程之基本假设，它是先天适用的。[③]

显然，中西双方于世界观上之所以有整体主义与主客二分之殊异，罗氏以为其原因便在于相并置之异域文化之异质所致：

文化因素总是影响认识论思想基础，故这些认识论思想基础之滥觞乃特定之社会结构及具体之社会条件，且前者与后者相符。[④]

这种由中华文化所独特生发之整体主义路径，最显著之表现、亦是其得以成立之基础，便是“天人合一”。故所谓整体主义，一言以蔽之，可曰即“天人合一”者是也：

整体性路径……建基于天（具有宇宙性）人（具有社会性）合一。[⑤]

在此框架中，人被视为宇宙和社会统一体中所不可或缺之一部。凡人类活动皆反映在这一包罗万象之存在统一体内形色多样之复合物中，而此存在统一体囊括并同化每一个体之差异。[⑥]

罗氏进一步将“天人合一”之思想展开并详述之。在她看来，“天人合一”思想于知识论层面乃由三个“合一”（unity）之子层面构成，即：知行合一、内外合一与名实合一。此三者乃“天人合一”思想（或

① Jana S. Rošker, *Searching for the Way – Theory of Knowledge in Pre-Modern and Modern China*, p. 6.

② 同上，p. 8。

③ 同上，pp. 8–9。

④ 同上，p. 7。

⑤ 同上，p. 6。

⑥ 同上，p. 6。

云中华整体主义）于知识论领域之三大独特表现是也。

由于“天人合一”，故外界之“知”与内生之“行”彼此亦应基于“天人合一”之思想而彼此合一，从而以“行”新“知”，以“知”引“行”，知行交相互补是也：

> 在此整体性世界观及对人类生存之理解中，知识总是先天与其具体应用相联系；无“行”便无“知”。同时，认识亦总因任一（相互）行为所致之实际结果而发生改变。天人一体之整体观对于理解“知”“行”间密不可分之联系具有基础性意义。①

因此，罗氏以为“知行合一”乃理解中华“天人合一”思想之重要路径是也，而“天人合一”之思想本身亦含摄“知行合一”于其中：

> 理解天人不分之要领在于理解“知行终始不相离”。理解“知行终始不相离”便可理解天人不分，反之亦然。②

“知行合一”使吾人之外知与内行相符相资、并进并成，进而罗氏又由求“知”践“行”走向察“外”体“内”之“内外合一”。故“内外合一”乃“知行合一”基础上之更高追求，吾人通过知行而晓吾人之定位（position）与使命，从而以能动之主观性（subjectivity）姿态实现人生或生命价值意义上之“天人合一”。此即“内外合一”之要旨也：

> 种种知识亦与实际之自我实现有必然联系。吾人认为，这种实际之自我实现乃一源于反思外在环境及人在其中之定位之基本需要。当这种定位与认识宇宙统一体有关时，该定位所具有之不

---

① Jana S. Rošker, *Searching for the Way – Theory of Knowledge in Pre-Modern and Modern China*, p. 6.

② 同上，p. 7。

确定性乃人类求知之因素。同时，这种不确定性亦赋予人类根据其与世界及处于存在整体中完全结构化之相互关系之有机联系从而行事决断之可能性。①

就本质而言，该观点关注天人相与之际：外部环境被这一互动关系所囊括，而天与人则是外部环境之一部；此外还包括至精微之主观性，该主观性交织而成独特人格及每一个体之存在。②

尽管“内外合一”已达至知识论层面“天人合一”之高层境界，然罗氏并不以为此“天人合一”之论证考究已达造极究竟，故其转而反思“知行合一”与“内外合一”之可能性与合理性基础——感知与认知层面之理解力（understanding）何以使前两种“合一”（即“知行合一”与“内外合一”）成立之来源：

人类之反思建基于对处在世界整体之个体进行自身定位之个体意识；没有任一个体乃是“从外部”被推入这个世界中的，盖因每个个体之生长皆为存在总体之一部。每一个体皆受特定之人的理解力所制约，此理解力不啻在感官知觉这一层面上受限，亦受限于认知层面，即此理解力在受语言左右之思维层面上受限。③

而罗氏以为，理解力之所以成立者，其关键便在于“言”（language）与“实”（actuality）关系之恰当也：

语言之标准化（及由认知所反映之知识标准化）必须与存在

① Jana S. Rošker, *Searching for the Way – Theory of Knowledge in Pre-Modern and Modern China*, p. 7.

② 同上，p. 7。

③ 同上，p. 8。

所具有之结构规则性相一致方可实现。[①]

中华言实之辨，亦可云名（name）实之辨（盖因“名”自“言”出，故“名”可察“言”，而“言”亦可观“实”）。罗氏以为，倘“言”“实”关系或“名”“实”关系得到充分考究，则吾人便寻得把握中华知识论之“知行合一”与“内外合一”真蕴之门，从而亦为明晓中华整体主义之“天人合一”观提供可能性：

> 在此语境中，和谐规则已自然而然同语言问题及语言与现实之关系问题相联系。故旨在为认识社会提供一形式框架之普遍语言结构，便是实现此和谐规则之先决条件。……因此毫不奇怪，用以明确中华古典认识论基本之形式假设而做出之基本分类，同有关语言结构和现实结构间所具有之规则问题密切相关。[②]

而罗氏于章一文末立一论点，云“名”“实”二者实乃合一也，文中以“互补性”（complementary）一词明示之。也即罗氏主张中华知识论之“名实合一”，此便是“天人合一”思想于知识论层面之第三重“合一”观是也：

> 该分类通过“名”与“实”之二元互补性关系加以表现。[③]

综上，吾人可整理得出罗氏有关论点（丙）之中华传统知识论层面整体主义（“天人合一”）观之“三合一”：

（一）“名实合一”，全书后文先秦诸子知识论之主论题，具思辨意义；

---

① Jana S. Rošker, *Searching for the Way – Theory of Knowledge in Pre-Modern and Modern China*, p. 9.

② 同上，pp. 8–9。

③ 同上，p. 9。

（二）“知行合一”，全书后文宋明清儒知识论之论题一，具实践意义；

（三）“内外合一”，全书后文宋明清儒知识论之论题二，具伦理意义。

故此书之编上章一者，乃著者罗氏运用“并置”比较研究路径所运用之成果也。

四 余论概说——罗氏比较研究方法与框架批评

综观罗氏绪编及编上章一之文字思想，所贯穿始终者，乃其“并置”之比较研究方法与框架也。所谓“并置比”，或主张中西并立，互具特色，全无相通之处，乃世上两种全异之知识论，并立共尊于“东”“西”之极。此之谓“死并置”者是也；或主张在中西之上共置所谓“普世知识论”或“世界知识论”，中华知识论与西洋知识论皆其子知识论一支，互有交流之通、各色之异。此之谓“活并置”者是也。余窃以为罗氏上文所述之“并置”比较研究方法与框架，当属后者“活并置”者是也。

反观今西洋汉学研究之中华研究论述者，“西化比”研究路径数见不鲜，或仍是当今西洋汉学研究之主导路径。所谓“西化比”，或主张全盘西化，罔顾中学，视中学为材料，死套于西学框架之中，以为中学仅为西学之一特例耳。此之谓“死西化”者是也；或较为灵活温和，非将中学全盘视为材料而硬套入视为框架之西学中，而采用西学以阐释或批判中学，从中学生出西学义理以“正”中学、开“西”意。此之谓“活西化”者是也。昔及今之西洋汉学者，其“死西化”或“活西化”者众，盖自晚明西洋耶稣会士入华传教启中西交流肇始至今以降，求“西化比”之西人迭出不穷。而罗氏竟乃欧西汉学界中已跃出“西化比”之方法与框架，转而入西洋汉学界鲜而出新之“并置比”者，余窃以为罗氏之比较研究思想乃欧西汉学界之出类拔萃者是也。

然余亦以为罗氏比较研究方法与框架所美中不足者，乃其“并置比”非为究竟之比较研究方法与框架也。“西化比”之不行自不待言。然“并置比”以中观中，以西观西，不足以使中华纳西洋，仅可有中西之通，此举不可树立吾中华文化之自信、中华民族之复兴，故余以为此亦未可也。诚如张耀南先生所云：“考察明末以降四百余年的‘中西哲学比较研究’，我们发现这门学问已经来到‘全盘化西’的‘拐点’上：止步于‘以西化中’已经没有出路，止步于‘中西并尊’已经没有出路，止步于构建‘普世哲学’已经没有出路；只有‘全盘化西’，才是中国哲学之唯一出路。……‘中西哲学比较研究’现在已被逼到‘格式转换’的‘拐点’上：摆脱‘以西化中’之格式，摆脱‘中西并尊’之格式，摆脱‘普世哲学’之格式，彻底转换到‘以中化西’、‘援西入中’之格式上来，彻底转换到‘全盘化西’之格式上来；彻底实现‘马克思主义哲学中国化’、‘西方哲学中国化’以及‘中国哲学中国化’。”① 是故余窃以为，若以“化西比”之方法与框架观中西知识论之比较，深入挖掘中华知识论之博大奥义，则吾人可化西洋知识论于中华框架、融西洋知识论于中华框架，使西洋知识论为中华知识论之一部，以中华之话语诠释西洋知识论，恐为今之学界比较研究路径之“哥白尼式革命”是也。

所谓“化西比”，或将中学中所具有之零散格式强行用于西学之中进行阐释，企图将西学所采用之格式全盘换作中学格式加以解读，以此来进行化西，从西学中生出中学义理以“正”西学，开出“中”意。此之谓“死化西”者是也；或融通中西诸法，吸取中华哲学之成果，从中独创出自己之框架，曰“三款六式”者是也，以此全新框架将西学纳入其中加以解读。此之谓“活化西”者是也。余窃以为采“化西比”者，当以“活化西”为其比较研究之方法与框架，从而消化西洋知识论为中华知识论之一部也。

---

① 张耀南：《我们现在需要的是“全盘化西”——论“中西哲学比较研究”之“拐点”》，第95页。

余以下试举若干例证，以明“三款六式”之格式进行“活化西”之可行也，进而突破罗氏之比较研究书写格式，从原书思想中试开其中之“新意”是也。

（一）以中华“不知”论之“三款”化西洋之“不知”论

罗氏于书中有云：

> 处在世界不同地域者却几乎在同一时期形成了若干相同之格言，其中每一格言皆可支持任一严格意义之认识论。是故吾人惟需推敲苏格拉底之一名言即可。苏格拉底这位名哲——其中不无某种达观因素——在此格言中承认其彻底之无知，同时即否认了获取任一对“真”知之先天可能性。①

罗氏遂举苏格拉底与老子、庄子二例，以明中西先哲对“无知”皆有殊途同归、百虑一致之看法。苏格拉底曾有言：“我以不知为不知。”老子曾云：“知不知，尚矣。”庄子亦云：“故知止其所不知，至矣。”罗氏以为，苏氏与老庄皆表达出“无知”乃得知之最高境界，此可谓中西知识论之共通处：

> 中华古代哲学家亦得出与苏格拉底相似之结论。②

余以为，罗氏恰是采用并置比较研究路径，方得出中西知识论某些结论之“相似”观点。然以余之化西比较研究路径观之，中华所谓“无知”“不知”“弃智”者，其有三款之内蕴，即感性层面之“不知”、理性层面之“不知”与灵性（悟性）层面之“不知”三款；而西洋所谓“不知”者，恐惟及感性层面之“不知”与理性层面之“不知”耳。故老庄所言之“不知”，其框架广于苏氏所言之“不知”。苏氏之“不

---

① Jana S. Rošker, *Searching for the Way – Theory of Knowledge in Pre-Modern and Modern China*, p. 2.

② 同上，p. 3。

知”更主要体现于理性层面，以“精神助产术”之法运用理性对语所得，即西洋所谓“辩证法”（dialectic）之表现是也。而老子言“不知”，则立足于感性、理性与灵性（悟性）三款而言，故老子之“不知”可有三种释法焉，窃以为万不可断取其任一而发挥也。

陈鼓应先生曾云：“知不知：这句话可以有好几种解释，最通常的解释是：一、知道却不自以为知道；二、知道自己〔有所〕不知道。”① 余以为，陈先生所言之“自己〔有所〕不知道”，便是感性层面之“不知”；其所言之“不自以为知道”，便是理性层面之“不知”。然余以为于中华知识论层面而言，仍尚阙灵性（悟性）层面之“不知”一款。是故余以为老子之“知不知”当有第三种释法，即曰“知道却自愿放弃而回到不知道”，此所谓“自愿放弃而回到不知道”便是灵性（悟性）层面之“不知”，与后世佛典所谓“去执”有承续之关联是也，乃超越感性与理性层面之更高“不知”。

反观苏氏“我以不知为不知”，则属陈先生所言之“自己〔有所〕不知道”与“不自以为知道”之层面，未达至“自愿放弃而回到不知道”之层次。盖因苏氏曾云：“我是智过此人，我与他同是一无所知，可是他以不知为知，我以不知为不知。我想，就在这细节上，我确实比他聪明：我不以所不知为知。”② 是故苏氏之“不知”涉及感性与理性层面，非如老子之“不知”有感性、理性、灵性（悟性）三款层面是也。有学者以为老子之“无知”乃“反智”之举，余窃以为不可将“反智”与“弃智”“愚民”等相互释，盖因老子之“无知”应有三款层面，此乃“反智”一语所不及且不当也。故余以为老子之“反智”，非“反对人之有智”，实乃“反对人以有智为上智”者是也。

然以“化西比”之视角观之，可得吾中华之“不知”观可消化、容纳西洋之“不知”观，其视阈之广博出新甚于“并置比”。以化西

① 陈鼓应：《老子注释及评介》，北京：中华书局，1984年，第328页。

② 〔古希腊〕柏拉图著、严群译：《游叙弗伦·苏格拉底的申辩·克力同》，北京：商务印书馆，1983年，第56页。

比较研究路径观，则不可得中西两种“不知”论乃“相似”之结论耳。

（二）以中华“知源”“知序”之“三款”化西洋之“知源”“知序”

罗氏于书中有云：

> 中华大地对知源问题之探究则主重间接认识，换言之，所谓间接认识即可由教学相长而得之认识，而由感知和推理所产生之认识在中华大地仅是次要者。①

余以为，以“化西比”之视角观之，罗氏此言论亦有待商榷。

其一，罗氏以为吾中华有关“知源”问题侧重间接认识。然吾中华先秦圣哲子墨子曾将认识之起源（知源）分为亲知、闻知和说知“三款”，遂在有关认识之起源（知源）的问题上亦形成了“三款”之框架也。

以“墨辩”为例：

《墨子·经上》云：“知，闻、说、亲。”《墨子·经说上》云：“知，传受之，闻也；方不障，说也；身观焉，亲也。”

余以下图明示“知源”问题中所含之“三款”框架：

<table>
<tr><td rowspan="3">知源“三款”</td><td>直接知源：“亲知”</td></tr>
<tr><td>间接知源：“闻知”</td></tr>
<tr><td>直接与间接之合知源：“说知”（“亲”、“闻”之合）</td></tr>
</table>

其二，罗氏以为吾中华所谓“闻知”（即罗氏所言间接认识）惟教学相长之方式耳。然余窃以为，吾中华之“闻知”有“死”“活”二式。

以“墨辩”为例：

《墨子·经说上》有云：“闻，或告之，传也；身观焉，亲也。”

“死闻知”即墨子所谓“亲闻”是也；“活闻知”即墨子所谓“传

① Jana S. Rošker, *Searching for the Way – Theory of Knowledge in Pre-Modern and Modern China*, p. 4.

闻”是也。“亲闻”与“传闻”之方式，不惟教与学二种，其形式之丰富多样、灵活多变，吾人概莫能穷尽之，岂能云“所谓的间接认识就是一种可以通过教学相长而获得之认识”耶！

其三，罗氏以为吾中华有关“知序”问题中并不重视感知与推理。然吾中华先秦圣哲子墨子曾将认识之过程（知序）分为感性认识、理性认识和灵性认识（悟性认识）“三款”，遂在有关认识之过程（知序）的问题上亦形成了“三款”之框架也。

以“墨辩”为例：

《墨经·经上》云：“知，接也。”《墨经·经说上》云：“知，知也者以其知过物而能貌之，若见。”

《墨经·经上》云：“恕，明也。”《墨经·经说上》云：“恕，恕也者以其知论物，而其知之也著，若明。”

《墨经·经上》云：“虑，求也。”《墨经·经说上》云：“虑，虑也者以其知有求也，而不必得之，若睨。”

余以下图明示此认识过程之“三款”框架：

认识过程（知序）“三款”	感性认识：接知（“知，接也”）
	理性认识：心知（“恕，明也”）
	灵性认识（悟性认识）：悟知（“虑，求也”）

荀子亦对认识过程（知序）有其论述，伍非百先生曾将墨荀二子相较而言：

> 荀墨两家皆从有知处立论。荀子曰：“心有征知，征知则缘耳而知声可也，缘目而知形可也。”又曰：“五官薄之而不知，心征之而无说，则人莫不然谓之不知。”（正名）“五官薄之”，即墨辩“遇物而能貌”之知也。“心征有说”，即墨辩“论物而著”之知也。二者皆不能离物而有知。又曰：“凡所以知，人之性也。可以知，物之理也。以所以知人之性，求可以知物之理。”其言人有所以知之性，即墨辩之第一知也。材也者，所以知也而必知。物有可

以知之理，即墨辩之第二知也。以其知遇物而能貌之。又曰“所以知之在人者谓之知。知有所合谓之知。”其第一知，即“知材”之知；第二知，即“知明”之知。荀墨二家皆从有知处说起。于人则人有“所以知”之性，于物则物有“可以知”之理，可谓战国末期名家正宗。[①]

然荀子所言“知序”，惟详言及感性认识与理性认识，未详及灵性认识（悟性认识）。其所言及之灵性认识（悟性认识），惟有“情然而心为之择谓之虑”（《荀子·正名篇》）一句似耳。而中华之禅宗，于弘扬灵性认识（悟性认识）方面却有其造极之造诣是也。故墨荀二子相较，虽荀子有承续墨子知识论者，然墨子当为认识过程（知序）之“全”也。

吾先圣子墨子不啻重视由感知（感性认识）和推理（理性认识）所产生之认识，亦相当重视由直觉或直观所发轫之所谓灵性认识（悟性认识）。三者兼重，方乃中华知识论“知序”之全貌也。而中华知识论之灵性认识（悟性认识），恰乃西洋知识论所不见长者也。是故言“由感知和推理所产生之认识在中华大地仅是次要者”仍可待商榷之。

（三）以中华分类法之“三款”化西洋之二分法

罗氏于书中有云：

欧西之方法乃是由对外在认识客体之理性认识所界定，亦是由分析主客体并对其严格二分所界定；而中华古典认识论话语则由一基于整体性世界观、非理性且直观之探究方法所界定。[②]

罗氏以为，于分类法上，西洋着重二分法；而中华则不强调分，

① 伍非百：《中国古名家言（上）》，北京：中国社会科学出版社，1983 年，第 26 页。

② Jana S. Rošker, *Searching for the Way – Theory of Knowledge in Pre-Modern and Modern China*, p. 6.

强调合。然余以为，中华之“分–合”关系亦有“三款”（及“六式”），即：重“分”（纯“分”与重“分”轻“合”）、重“合”（纯“合”与重“合”轻“分”）、兼（重或轻）“分合”。而既中华有分类法，则余以为中华之分类法亦有“三款”是也。

会以为中西逻辑在分类方法上，西洋主“二分法”，中华则“二分”“对分”“三分”兼重而无偏废也：

所谓“二分法”，譬如“动物–非动物”“人–非人”，此分类方法定要将事物以“二分”之形式划分毕尽。如《老子》四十九章云：“善者，吾善之；不善者，吾亦善之；德善。信者，吾信之；不信者，吾亦信之；德信。”其中“善–不善”“信–不信”即此“二分法”是也；

而所谓“对分法”，譬如“善–恶”“大–小”“阴–阳”“水–火”，以“对”为“分”，此分类方法并非将事物划分毕尽，所划分之二者只是对应关系，二者之合非全体也；

所谓“三分法”，即源自《易》之六爻卦象，犹近于吾化西宗之“三款”也，凡划分除两端外亦持中者，如“上–中–下”“地–人–天”即此“三分”之法也。

是故中华知识论不啻主“合”，亦有其“分”，且“分”自有其“三款”是也。

（四）以中华知行观之“三款六式”化西洋之“知”“行”二元观

罗氏于书中有云：

> 在此整体性世界观及对人类生存之理解中，知识总是先天与其具体应用相联系；无“行”便无“知”。同时，认识亦总因任一（相互）行为所致之实际结果而发生改变。天人一体之整体观对于理解“知”“行”间密不可分之联系具有基础性意义。①

① Jana S. Rošker, *Searching for the Way – Theory of Knowledge in Pre-Modern and Modern China*, p. 6.

罗氏所言“知识总是先天与其具体应用相联系”，以中华传统术语而言可谓是“知行合一”观。于罗氏看来，中华知识论之“知行合一”有两种表现，其一乃“无‘行’便无‘知’”；其二乃“认识亦总因任一（相互）行为所致之实际结果而发生改变”，意即“有‘行’则有‘知’”。

余以为，古今中西认识论者论“知”“行”关系，不外言及二类关系也。其一乃侧重于“知源”（认识之产生与来源）方面而言“知”“行”关系，其二乃侧重于“知旨”（认识之目的与作用）方面而言“知”“行”关系。前者或曰“知行先后”之关系（知行分合即属此关系是也），后者或曰“知行轻重”之关系（知行难易即属此关系是也）。然余亦以为，无论“知行先后”，抑或“知行轻重”，此二类“知”“行”关系在中华认识论中亦构成“三款六式”之框架是也。

所谓“知行先后”者，其“三款六式”之框架如下图所示：

<table>
<tr><td rowspan="6">“知行先后”关系
“三款”</td><td rowspan="2">主“知”先</td><td>有知无行（死式）</td><td rowspan="6">“知行先后”关系
“六式”</td></tr>
<tr><td>知先行后（活式）</td></tr>
<tr><td rowspan="2">主“行”先</td><td>有行无知（死式）</td></tr>
<tr><td>行先知后（活式）</td></tr>
<tr><td rowspan="2">“知”“行”并主</td><td>知行相分（死式）</td></tr>
<tr><td>知行相生（活式）</td></tr>
</table>

所谓“知行轻重”者，其“三款六式”之框架如下图所示：

<table>
<tr><td rowspan="6">“知行轻重”关系
“三款”</td><td rowspan="2">重“知”</td><td>纯粹重知（死式）</td><td rowspan="6">“知行轻重”关系
“六式”</td></tr>
<tr><td>重知轻行（活式）</td></tr>
<tr><td rowspan="2">重“行”</td><td>纯粹重行（死式）</td></tr>
<tr><td>重行轻知（活式）</td></tr>
<tr><td rowspan="2">兼“知”“行”</td><td>知行兼轻（死式）</td></tr>
<tr><td>知行兼重（活式）</td></tr>
</table>

凡古今中西认识论者，其有关“知”“行”关系问题之观点讨论，所侧重者不外乎于此二类“三款六式”之框架中是也。

就中西哲学之融合而言，所融合之法不外有三：一曰西化，二曰并置，三曰化西。吾人万不可视“化西”为排斥中西哲学会通、规避试探异质性文明之自我封闭行径，“全盘化西”亦非等同于“全盘守旧”“全盘复古”。今人视“西化”为中西哲学会通方式之一部者盛，视“并置”为中西哲学会通方式之另一部者众，独视“化西”为中西哲学隙离，然反视其为中西哲学会通方式之又一部者鲜且寡矣。

试想中西哲学，譬犹清水浊墨两相融合：或以水化墨而呈水之清色，或以墨化水而呈墨之浊色，虽有清浊之分，但断不可言水与墨两无相融，唯存水墨以彼化此而融或以此化彼而融之理耳。中西哲学会通亦是如此：或以西化中而呈西色，或以中化西而呈中色，但断不可言中哲与西哲两无会通，唯存中西哲以彼化此而通或以此化彼而通之理耳。至此，尚有水墨泾渭分际者乎？曰几稀，未见有上水下墨、层次绝明之先例。

“并置”亦同，尤于今日全球化之多元态势，中西分明之象断然已无。即便有以油水之分喻“并置”者，亦须知理想中之油与水上下层际分明无误，然现实之油水从无油上水下绝明分层而居之状，定是水中夹油、油中带水。是故窃以为，“并置”一说为最和谐而少争议之理想之说，然颇不现实；而欲言中西哲学会通者，唯有“西化”与“化西”乃最现实却最具争议之道。而吾国之学者，究竟取“西化”之道以彰西色？抑或取“化西”之道以显中色？

以余观之，道理自然从后者出。是故取“化西”之道，一可壮中华哲学之自信；二可使西人明晓，中华哲学之奥义，绝非西洋哲学之框架可包罗之，彼自有其中赜理以待中华思维框架探明，不可强植西学语境以阐，而使中学内涵滋生狭偏之误。罗氏既为欧西学者，其文明母体毕竟在西，故其已能超越“西化”而入“并置”阶段，实属不易之先进者，不可强求作为欧西人之罗氏入“化西”之境界。然吾国学者不同，其文明母体尚在中，若失其本失其大而随西人入“西化”，此实不可取也。

试问今之西人何时同今之华人浩浩汤汤般从西，而随华人入“华化”而从华耶？概率鲜稀矣。故“化西”于今仍争议丛生，颇有误解，惟广大学者恒念于此，其真理当自明而彰，误读当不攻自破。

参考文献

〔古希腊〕柏拉图著、严群译:《游叙弗伦·苏格拉底的申辩·克力同》, 北京: 商务印书馆，1983 年。

陈鼓应：《老子注释及评介》，北京：中华书局，1984 年。

伍非百：《中国古名家言》，北京：中国社会科学出版社，1983 年。

葛兆光:《道统、系谱与历史——关于中国思想史脉络的来源与确立》, 载《文史哲》，2006 年第 3 期，第 48–60 页。

张耀南:《我们现在需要的是“全盘化西”——论“中西哲学比较研究”之“拐点”》，载《北京行政学院学报》，2009 年第 2 期，第 90–96 页。

Jana S. Rošker, *Searching for the Way – Theory of Knowledge in Pre-Modern and Modern China*, Hong Kong: Chinese University Press, 2008.

从跨文化交际理论角度探究阿拉伯企业文化特点

王博君　妮　莎

一　引言

企业文化指在一定社会与历史条件下，通过企业管理与经营活动形成的具有企业特色的物质与精神形态，其所蕴含的行为准则与价值观等被该企业成员认可。作为社会文化的一个有机组成部分，企业文化是现代意识与民族文化在企业内部的综合表现与反映，其发展与变迁离不开社会文化。企业文化的概念包含社会文化环境、价值观、文化观念、企业制度、企业精神、行为准则、道德规范、企业产品等，其中企业文化的核心主要体现为企业价值观。

企业的经营管理理念由企业文化所决定。当一家企业确定其企业经营管理理念时，就必须对企业文化的影响力予以考量。由于东西方文化存在差异，在企业经营管理上从理念到执行上都存在着明显不同。如受到社会文化影响，西方国家企业推崇个人奋斗与个人价值的实现，并在企业管理中采用理性管理的方式，如订立复杂周密的企业管理制度与组织机构等。而另一方面东方国家的企业文化则偏向于人性化的管理方式，如强调集体观念与员工忠诚等。东西方社会文化的不同催生出了两种不同的企业经营管理理念。

阿拉伯国家当前主要采用混合经济体制，阿拉伯国家中企业类型分为国有企业、私有企业、合资企业等，企业的文化和经营管理模式因其模式的不同而不同，但由于阿拉伯企业都具有相同的社会历史背景、社会文化、地理环境，特别是受到伊斯兰教的深刻影响，因此阿拉伯企业文化都普遍具有伊斯兰属性。本文通过综述主要跨文化交际理论成果，分析总结了伊斯兰社会文化影响下阿拉伯企业文化的特点。

二　涉及阿拉伯企业文化的主要跨文化交际理论成果综述

（一）霍夫斯塔德（Geert Hofstede）五大文化维度理论

五大文化维度理论是跨文化交际理论中最具影响力的一个理论，它由荷兰管理学者霍夫斯塔德提出。[①] 该理论是通过在 20 世纪 70 年代，针对 IBM 公司分布在 40 个国家和地区的 IBM 员工（大部分为工程师）进行文化价值观调查，从而对由此获得的 116 000 个问卷数据进行因子分析与聚类分析得出，得出了阿拉伯企业管理特征的数据。（见表 1）[②③]

霍夫斯塔德是最早总结阿拉伯企业文化特点的学者之一，其五大文化维度理论为研究人员及学者提供了跨文化比较的工具。五大文化维度理论关注点在于国家社会文化差异与其差异对本国企业与企业管理者行为带来的影响。其五大文化维度的分类研究涉及了社会与个人之间的关系、社会是否公平、个人主义与集体主义、注重事业或生活等维度，并对处理社会文化冲突等问题提出了相关建议。基于五大文化维度理论，可以将阿拉伯企业文化概括为如下：

1. 权力距离维度

权力距离是指一个社会对组织机构中权力分配不平等的情况所能接受的程度，即权力观念。阿拉伯国家具有很高的权利距离指数。这样的社会显著特征表现为将财富、权力、地位、能力合而为一，并且这一特征由于文化而得到了强化。权力以家族、朋友关系、使用权力的能力、神权为基础建立。

---

① 徐晓萍，《跨文化管理》，清华大学出版社，2011 年，第 32 页。

② Geert Hofstede, Culture's Consequence: International Differences in Work-Related Values [M]. Newbury Park, CA: McGraw-Hill Ltd., p.430, 1980.

③ Geert Hofstede, Software of the Mind: Surviving in a Multicultural World [M]. Lodon: McGraw-Hill Ltd., p.230, 1991.

表 1 霍夫斯塔德的国家文化模型中阿拉伯企业文化特点数据

	权力距离	个体主义与集体主义	男性化与女性化	不确定性规避	长期导向与短期导向
阿拉伯国家	89	52	58	51	—
英语国家					
澳大利亚	25	98	72	32	48
加拿大	28	93	57	24	19
英国	21	96	84	12	27
美国	30	100	74	21	35
远东					
中国	89	39	54	54	100
新加坡	77	26	49	49	69
拉丁美洲					
阿根廷	35	59	63	78	—
哥伦比亚	70	9	80	64	—
墨西哥	92	42	91	68	—
委内瑞拉	92	8	96	61	—

说明：0 至 100 分，由低到高表示。

2. 个体主义与集体主义维度

这一文化维度所涉及的社会基本问题是个人与他人之间关系的紧密度，即集体观念。根据霍夫斯塔德的理论，阿拉伯社会在这一维度中处在折中位置。

3. 男性化与女性化维度

这一文化维度所涉及的社会基本问题是社会整体追求物质还是强调人际和谐，表现为在社会中男性与女性的地位与分工，即性别观念。阿拉伯社会偏向于男性化社会，其国内性别地位与分工存在明显区分，多数阿拉伯国家中女性的工作仅限于家庭中。

4. 不确定性规避维度

这一文化维度是指社会中人们对于事务不确定性的容忍程度，即风险观念。面对西方文化入侵所产生的不确定性，阿拉伯人不害怕全球化带来的西方文化，同时也不愿意被西方文化所同化。总体来看，阿拉伯国家适度规避不确定性，并且强调血缘关系与家族的重要性。由于深刻的伊斯兰教信仰，阿拉伯人信奉真主是宇宙的唯一主宰，并且认为人类只能被动地接受与适应自然，无法改造自然。因此，这种特点便导致阿拉伯人不依赖于个人的能力与科技创造，而是更多依靠真主安拉的意志。

5. 长期导向与短期导向维度

这一文化维度是指社会整体着眼于当前利益还是放眼于长远利益，即时间观念。霍夫斯塔德的研究中并没有对阿拉伯社会时间观得出结论。

（二） 强皮纳斯（Trompenaars）的文化架构理论

在对 50 个国家超过 15 000 名员工进行调研后，荷兰跨文化管理学者强皮纳斯提出了文化架构理论，模仿霍夫斯塔德的五大文化维度理论，强皮纳斯使用了七个维度来诠释其理论（见表 2）[①]，每一个维度表示一个方面的社会价值观，并且在这一价值观中存在两个极端对立面，但是一个国家的文化极少会出现这样的极端情况，一般会处于一种中间的状态，并向某一极端状态倾斜。基于强皮纳斯的文化架构理论，可以将阿拉伯企业文化概括为如下：

1. 普遍主义与特殊主义维度

从管理学的角度来说，普遍主义认为一种好的企业管理模式是适用于全世界的；而特殊主义则更为重视在特定情况下采取特殊企业管理方式，很少会考虑到总体的社会规范。而对于阿拉伯企业来说，其在重视企业管理现代化的同时还坚持维护传统价值观念。由此来说，虽然阿拉伯企业制定了复杂的规章，但其企业的内部员工从上到下并不按照其规章执行工作；虽然企业内部将业绩作为人员聘用与晋升的参考依据，但是社会关系网却是实际上的依据标准。

---

① F. Trompenaars, Riding the Waves of Cultrue (London: Nicholas Brealey Publishing Ltd., 1993).

2. 个人主义与集体主义维度

该维度与霍夫斯塔德五大维度理论中的个人主义与集体主义相一致。

3. 情绪内敛与情绪外露维度

情绪内敛的文化强调藏而不露、谨言慎行；而情绪外露的文化则偏向爱憎分明、喜怒形于色、袒露情感。阿拉伯人情感较为丰富，属于情绪外露型文化。在企业进行产品或形象推广时，阿拉伯企业偏向于使用精致的词语来进行描绘，并变换音调，通过手势与表情的辅助达到增强说服力的效果。

4. 关系特定与关系弥散维度

该维度可以很好地反映不同文化中个体在人际交往方式上的差别。对于企业文化来说，关系特定的文化表现为工作事务与其他事务存在明显分界线，不可混淆；而关系弥散的文化则表现为工作与生活等方面相互融合，在商业谈判中表现在会谈前半部分往往谈及工作之外的话题，而在会谈最后阶段才正式进入主要议题。阿拉伯企业在进行商业活动中往往是双方首先建立彼此之间的联系，在双方友好关系的基础上达成交易，而就事论事的做法并不被阿拉伯企业所采用，因此阿拉伯企业文化属于关系弥散型。

5. 注重个人成就与注重社会等级维度

对于注重个人成就的文化，在其文化中个体的社会地位以及对该人的评价是根据其最近所取得的业绩决定的。而对于注重社会等级的文化，个体的社会地位与他人对该个体的评价由该人的血缘关系、年龄、性别、教育背景、社会关系等因素决定。在阿拉伯企业中，企业的管理决策由公司高层决定，并且专制的管理模式占主导地位。下属必须尊重、服从上级的指令，在阿拉伯企业中职务、资历比能力更为重要。

6. 次序时间观与同序时间观维度

这一维度表现在看待时间的不同方式。对于时间次序与同序的问题，阿拉伯企业偏于传统，属于过去主导型。在商务约会中阿拉伯人约定的往往是一个模糊的时间，他们可能会在约会中迟到很久，由于约会的人在同一时间还有其他工作，因此等待的阿拉伯人并不因此而懊恼，反而认为约会的人晚到方便了其处理其他突发事件。与西方企业相比，阿拉伯企业在时间上更加灵活，企业中可以同时召开多个会议，而会议议题却无任何关联。

7. 顺从自然与改造自然维度

该维度旨在说明社会文化中对于环境的态度。顺从自然的文化认为自然环境是无法被战胜的，人们只能顺从自然而无法去改造它；改造自然的文化认为影响人生活的主要问题来源于人自身，因此其价值观与行为动机从自身产生。阿拉伯企业的管理属于顺从自然的文化。根据强皮纳斯的研究，在向阿拉伯人提问“是否值得尝试改造自然（如天气）？”时，调查结果显示仅有9%的埃及人和巴林人、11%的阿曼人、18%的科威特人选择“值得”。[①] 其原因在于阿拉伯社会的价值观念表现为部落化、遵循传统，并以社会为中心。

表2　强皮纳斯的文化架构理论中阿拉伯企业文化特点归纳

	阿拉伯企业	中国企业	美国企业
普遍主义与特殊主义维度	特殊主义	中庸	普遍主义
个人主义与集体主义维度	强集体主义	集体主义	个人主义
情绪内敛与情绪外露维度	强情绪外露	中庸	微情绪外露
关系特定与关系弥散维度	强关系弥散	强关系弥散	关系特定
注重个人成就与注重社会等级维度	强注重社会等级	注重社会等级	强注重个人成就
次序时间观与同序时间观维度	强同序时间观	同序时间观	次序时间观
顺从自然与改造自然维度	强顺从自然	强顺从自然	微改造自然

① F. Trompenaars, Riding the Waves of Cultrue (London: Nicholas Brealey Publishing Ltd., 1993), p.11.

三　根据主要跨文化交际理论成果对阿拉伯企业文化特点的总结与归纳

上述跨文化交际理论虽然对基于伊斯兰社会文化的阿拉伯企业文化特点做出了不同程度上的描述，但是鉴于其所进行比较的文化维度不同，因此分析得出的结论会有所不同。

但从总体上来看，伊斯兰教深刻地影响了阿拉伯社会文化，前文所述的跨文化交际理论所得出的结论与阿拉伯社会中深刻的伊斯兰信仰是分不开的。对于传统的阿拉伯企业，伊斯兰思想是它们的经营哲学，并且其认为阿拉伯企业文化是建立在现代商业理念与伊斯兰理念基础上而形成的。阿拉伯国家中私企占比很高，而受到部落会议与家族会议影响，大部分阿拉伯私有企业都采用家族管理模式。这些家族企业的特殊主义文化情结体现尤为明显，即依赖于传统习俗来保证企业的发展，而并不倚重法律法规与内部规章制度。这样使得阿拉伯企业形成了集权式宗族管理的特点，企业的运作更像一个关系弥散的大家庭，企业中的员工是具有不同辈分的家庭成员，企业中领导层则负责处理家庭成员的纠纷。对于阿拉伯企业文化特点具体分析如下：

（一）企业发展战略

受到伊斯兰文化影响，阿拉伯人在工作与生活中表现出很强的顺从自然态度，并没有过多通过自身能力改造自然的意识。因此，从经济上就表现为利用石油、天然气、矿产等资源出口作为阿拉伯国家经济支柱，科技实力非常薄弱，没有成形的工业体系。阿拉伯国家过于重视石油产业的发展，而忽视了其他产业，进而使得许多阿拉伯企业无法实现多元化经营。虽然石油产业的快速发展使得部分阿拉伯国家成为石油富国，但这种单一化的企业发展战略也带来了诸多风险。在意识到了这一问题后，阿拉伯企业也开始了从一元化到多元化发展战略的转型，即：起于单一专业化发展，发展于多元化发展。由于近 30 年来经济全球化的展开，国际市场的竞争日趋激烈，阿拉伯企业也顺应全球化的潮流实施国际化战略，积极主动参与国际商品与技术交流。

（二）企业组织框架

根据霍夫斯塔德的权力距离维度理论，阿拉伯国家有很高的权利距离指数。对于阿拉伯企业这一理论则表现在，大部分阿拉伯企业采用家族管理模式，在企业组织结构上往往呈现金字塔形模式。虽然金字塔架构管理模式内部信息沟通方便，便于统一管理，但是其缺点也尤为明显，即企业权力过度集中。企业的重大决策往往由公司总裁一人做出，而且上层向员工下达的信息多为命令，员工对公司决策的话语权很低，而且公司管理者往往将企业视为自己的大家庭，这种“家庭”管理模式使得企业内部产生普遍存在的权威，进而造成企业决策者的决策失误无法被其他员工指正。同时，在私营企业内部，繁琐的上下级汇报制度与各个部门之间由于维护自身利益而相互隐瞒信息的行为相互纠缠，进而造成办公效率低下与重要信息交流缺失。

（三）企业人力资源

西方企业中的人力资源管理普遍强调制度约束的重要性，而阿拉伯企业由于受到深刻的伊斯兰宗教文化影响，阿拉伯人可以接受差距很大的权利距离，阿拉伯企业中往往采用个人的影响力来从上至下进行人力资源管理。阿拉伯企业虽然制定了周密的规章制度用于人力资源管理，但是公司上下并不倾向于严格遵守上述规定，而是注重采用施加人性化的管理方式，以此将上下级之间的工作关系提升至友情关系，并为员工提供一定权限以发挥其自身创造力，从而营造出和谐宽松的工作环境以保持员工对企业的忠诚，并激发员工的个人创造力，从这一方面来说则又体现了强皮纳斯对阿拉伯国家属于关系弥散型文化与特殊主义文化的评价。

阿拉伯企业在人力资源管理方面主要体现了宽容的特点，其强调通过公关途径协调公司内部人力关系。这样的做法旨在打造一种员工忠诚于企业的家庭式企业文化。因此，阿拉伯企业内部员工具有较高忠诚度。企业内部管理也注重员工的奉献，而不注重个人工作业绩。在企业内部人员的任免与选拔方面，人力资源部门往往并不注重个人能力，而更多地倚重资历、经验、社会关系，从这点来说也反映了强皮纳斯对阿拉伯企业强集体主义文化的理论。

（四）企业财务

在特殊主义的文化背景下，阿拉伯企业普遍缺少现代化的财务管理制度，而仍基于传统的财务管理方式将财务管理建立在诚信基础上，从而使得理性因素与感性因素纠缠在一起，因此使得其财务管理无法适应激烈的国际竞争环境。虽然人性化的财务管理制度在一定程度上使得企业的“家庭”氛围更浓，但现代化市场经济的快速发展使得这一关系弥散型文化财务管理模式的种种问题逐渐凸显。随着大批学习了西方先进企业管理经验的留学生归国与经济全球化的日益深入，阿拉伯企业在与西方企业的深入合作中逐渐学习并采用了更为高效的财务管理模式，从而使得立足传统具有现代管理意识的阿拉伯企业出现，为阿拉伯经济发展注入了新的血液。

（五）企业形象

阿拉伯企业管理者普遍认为商场上的竞争其核心表现为企业形象的竞争，在他们看来，打造企业品牌形象比一时获利更为重要，在这点上则体现出了情绪外露文化的特征。在进行企业形象宣传时，阿拉伯企业偏向于使用精致的词语来对企业形象与产品进行描述。从事企业管理的阿拉伯家族将企业的形象与知名度视为生命，并且在企业发展过程中逐渐意识到须以“诚信、豁达、努力、自律、涵养等”作为价值规范来支撑企业品牌形象。

在伊斯兰社会文化的深刻影响下，阿拉伯企业追求声望与利润的共同获得，对某些企业管理者来说，企业的形象比商业利润更为重要。在企业获得利润后，部分资金又会转而投入到企业品牌形象的建设中，以此来发展企业。而在企业形象建设中，诚信则被视为阿拉伯企业所奉行的一个基本宗旨。《古兰经》强调："信道的人们啊！你们要敬畏真主，要和诚实的人在一起。"[①] 伊斯兰教教义给现代阿拉伯企业传递的文化信息即体现在通过诚信来提供优质产品与服务，从而树立诚信的企业形象。

阿拉伯企业在公共关系方面，则体现了强皮纳斯的特殊主义理论，即企业在管理与发展上注重拓宽社会关系网来保证企业自身在竞争中存活与发展，阿拉伯知名企业往往将其自身利益与国内王室、贵族和政府连接在一起，以此增强企业竞争实力，并谋求互利共荣。而这类企业一旦失去了权力的支持，那么企业在经营中将陷入困境。因此，如何与阿拉伯王室和贵族维持良好的关系就成为了阿拉伯企业在公共关系工作上的首要问题。

一国企业的文化在很大程度上都受到其本国传统文化的影响，因而不同的国家、民族、历史在其发展过程中变产生了不同的社会文化，社会文化进而决定了该国家内企业文化的核心内容。阿拉伯企业文化正是在发展了 1 400 多年的伊斯兰教文化与阿拉伯民族文化基础上形成的，其企业文化中的民族特殊性体现得极为明显（见表 3）。

与西方国家知名企业相比，阿拉伯企业的内部管理依然沿用传统的经营模式，其企业文化与现代经营管理理念存在差距。阿拉伯国家的经济模式为地租型经济，即通过出口资源来获得利润支撑经济发展，这一模式并非按照正常市场规律发展而来。因此，相对滞后的企业文化与依赖资源出口而暴富两者之间产生了明显对比。在经济全球化浪潮的影响下，阿拉伯企业也通过对其本民族传统文化与西方文化进行比较开始了企业文化模式上的转型，在阿拉伯伊斯兰文化的基础上学习外国先进企业文化优点，并致力于寻找阿拉伯伊斯兰文化与现代企业管理模式之间的契合点，以期振兴阿拉伯经济。

① 马坚译，《古兰经》，第 9 章第 119 节，1981 年版。

表 3　根据霍夫斯塔特的国家文化模型与强皮纳斯的文化架构理论对阿拉伯企业文化特点的总结与归纳

<table>
<tr><td rowspan="15">伊斯兰社会文化影响下的阿拉伯企业文化</td><td rowspan="2">高权力距离指数（霍夫斯塔特理论）</td><td>企业组织结构呈现金字塔形模式</td></tr>
<tr><td>企业从上至下进行人力资源管理</td></tr>
<tr><td rowspan="3">特殊主义（强皮纳斯理论）</td><td>企业制定了严密规章但并不严格执行，而是依赖于传统习俗进行企业管理</td></tr>
<tr><td>在企业发展与人力资源管理方面，企业注重社会关系</td></tr>
<tr><td>财务管理建立在诚信基础上，从而使得理性因素与感性因素纠缠在一起</td></tr>
<tr><td>强集体主义（强皮纳斯理论）</td><td>企业内部管理也注重员工的团队奉献，而不注重个人工作业绩</td></tr>
<tr><td rowspan="2">强情绪外露（强皮纳斯理论）</td><td>非常注重企业品牌形象</td></tr>
<tr><td>在企业进行产品或形象推广时，阿拉伯企业偏向于使用精致的词语来进行描绘</td></tr>
<tr><td rowspan="2">强关系弥散（强皮纳斯理论）</td><td>企业人力资源管理具有“家庭’氛围</td></tr>
<tr><td>企业财务资源管理具有“家庭’氛围</td></tr>
<tr><td rowspan="2">强注重社会等级（强皮纳斯理论）</td><td>企业的管理决策由公司高层决定，下属必须尊重、服从上级的指令</td></tr>
<tr><td>在阿拉伯企业中职务、资历比能力更为重要</td></tr>
<tr><td rowspan="2">强同序时间观（强皮纳斯理论）</td><td>阿拉伯企业在时间上更加灵活</td></tr>
<tr><td>在商务约会中阿拉伯人约定的往往是一个模糊的时间</td></tr>
<tr><td>强顺从自然（强皮纳斯理论）</td><td>阿拉伯企业发展模式单一，主要以资源出口为经济支柱</td></tr>
</table>

程抱一与法国新批评

刘天南

一　法国新批评与程抱一

法兰西学院史上第一位亚裔院士程抱一[①]之所以能成为中西文化摆渡人，一定程度上归功于法国结构主义与符号分析学，以及这些流派的关键性代表人物对其的影响。

（一）结构主义与符号分析学

与程抱一几乎同时代兴起的新批评主要是指法国结构主义和符号分析学。“新批评”实际出现于20世纪40、50年代，到60、70年代极为兴盛。它主要指利用一种哲学性思维重新审视古典文学，它是一种新的文学研究方法，与传统学院式的侧重对文本内容和历史联系的分析方法相对立。

根据法国历史学家多斯（François Dosse）的归纳，结构主义可以分为三类：一类主要是由人类学家列维-斯特劳斯（Claude Lévi-Strauss）建立的科学结构主义方法，随后由拉康在60年代进一步拓

① 程抱一，原名程纪贤（1929–　），祖籍江西南昌，1929年生于山东济南，毕业于重庆立人中学，1947年进入南京金陵大学，1948年通过其父程齐保获得联合国教科文奖学金，赴法留学两年。1949年中国内战，程抱一最终选择继续留在法国。1960年程抱一获得汉学家戴密微的帮助。1962年他注册于法国高等研究实践学院，1969年获得硕士学位。1977年、1979年他先后发表了两部重要的关于中国诗画研究的著作，奠定了其在中国古典诗画研究方面的专家地位。1971年程抱一加入法国国籍，选择法文名“François”，先后任教于巴黎第七大学与巴黎东方语言学院中文系，教授中国古诗词，同时进行中国绘画和美学研究。2002年，程抱一以其所有法文作品的精湛当选法兰西学院院士，是法国历史上第一位亚裔院士。程抱一著作早年主要为中、法两国诗歌翻译，随后转入中国古典诗画研究、中国美学研究、中西美学比较研究、小说研究，晚年以诗歌和思辨性杂文创作为主。晚年程抱一仍然笔耕不辍，深受法国人的爱戴。

展；一类为罗兰·巴特在文学和诗学方面的符号结构主义分析方法；还有一类是以德里达、福柯为代表的建立在哲学、思辨和历史学基础上的结构主义[①]。而符号学分析方法几乎与结构主义同时产生。符号分析学在文本分析时，不局限于所指，而是把重心放在能指上。它是对符号本身的观察和质问。面对这两种分析方法，程抱一总结："结构主义和符号分析学是一种态度，一种眼光，一种方式。它们不是哲学，却与哲学相关。即便发展到后来的拉康的精神分析学，也与结构主义、符号学以及语言学紧密相连[②]。"由此可见结构主义与符号分析学的密切关系。

与这两种新思潮同路成长的程抱一在 60、70 年代有幸结识了法国知识界的领军人物：汉学家戴密微[③]、法国哲学家贝尔热[④]、结构主义创始人之一罗兰·巴特[⑤]、符号语言学家李嘉乐[⑥]以及两位结构主义精神分析大师克里斯蒂娃[⑦]和拉康[⑧]，他们在程抱一的人生道路上画上

---

① 当代语言学家米尔纳（Jean-Claude Milner）又把结构主义分为两类：即 1920 年代兴起至 1960 年代结束的语言科学领域的结构主义；1960–1970 年代的罗兰·巴特和福柯两位大师建立的哲学性的结构主义。

② 程抱一著，涂卫群译，《中国诗画语言研究》，凤凰出版传媒集团，江苏人民出版社，2006 年 8 月，第 5 页。其他出自本书的引文均简写为"涂卫群译，p..."。除此之外的中文引文均为笔者本人的译文。

③ 戴密微（Paul Demiéville 1894–1979），法国汉学家，敦煌学重要学者，法兰西学院院士。先后在巴黎东方语言学院教授汉学，在法国高等研究实践学院教授佛学并担任研究主任职务。

④ 贝尔热（Gaston Berger 1896–1960），法国哲学家，主要受胡塞尔的影响，并对性格学有较深研究。他是"社会展望学"（la prospective——关于研究促进现代社会发展的因素及对未来社会展望的科学）概念的创立者。

⑤ 罗兰·巴特（Roland Barthes 1915–1980），法国当代文学评论家，结构主义创始人之一，是法国当代思想界先锋人物。

⑥ 李嘉乐（Alexis Rygaloff 1922–2008），法国汉语语言学的奠基人，李嘉乐早年曾在北京大学师从老舍和罗常培，20 世纪 40 年代对北京方言进行过研究，随后作为年轻汉学家在"中法汉学研究中心"（1941–1953）工作。李嘉乐同时也是敦煌文献的发现者、法国探险家伯希和（Paul Pelliot）的高徒。

⑦ 克里斯蒂娃（Julia Kristeva 1941–　）保加利亚裔法国哲学家、精神分析学家、女性主义者、作家、巴黎第七大学退休教授。她也是互文性理论（intertextualité）的创立者。其学术著作在当今国际批评分析、文化理论和女性主义领域具有重大影响，是后现代主义的宗师。

⑧ 拉康（Jacques Lacan 1901–1981），法国精神分析学大师，深受弗洛伊德、索绪尔等的影响。

了永恒的印记。

（二）程抱一与结构主义、符号分析学大师

灯塔之师——戴密微、贝尔热。法国著名汉学家戴密微是程抱一人生路上的第一位恩师。20 世纪 50 年代末 60 年代初，戴密微在法兰西公学院（Collège de France）讲授“道家哲学”课程，程抱一是他课堂上最为忠实的听众之一。由于早年熟读过奥地利作家里尔克（Rainer Maria Rilke）的作品，在大师的课堂上，程抱一指出：道家思想在某种程度上与里尔克的《俄耳甫斯十四行诗》有相似之处，随后并进行了引证。他的发言立即引起了这位汉学家的注意，由此两人进一步展开对话。随后，戴密微为程抱一先后推荐了哲学家贝尔热与精神分析学家拉康，前者让其获得人生第一份正式的工作，后者为其学术生涯的思维训练提供了最为深远的影响。此外，在程抱一的中国诗画研究法文创作中，戴密微提供了大量的法语语言和汉学方面的指导。

而由戴密微推荐的贝尔热与程抱一的交往与合作是短暂而影响深远的。当年贝尔热刚建立“展望研究中心”，需要一名懂中文的助理协助其编目汉法词典。当时无一文凭的中国青年开始让这位高级学者些许犹豫，但他扎实的中国文化功底很快说服了贝尔热。利用这份工作，程抱一开始系统阅读语言学方面的书籍。然而不幸的是，贝尔热在他们认识的一年半之后发生车祸离世。多年以后，程抱一在说起贝尔热时，仍然不忘他的影响：

> 在物质生活上，至 1960 年，即在我到了法国的第十一年，才真正有了着落。多亏汉学家戴密微对我的引荐，我才被贝尔热录用为助理，协助其在他刚刚成立的“展望研究中心”工作。贝尔热不管是其人品还是其思想对我的影响都是极为深远的。（Le dialogue., p.31）

拉康对程抱一的结构主义符号学诗学研究颇为欣赏，甚至受程抱一的影响，他曾赠言程抱一：“精神分析者应该做的阐释也应该是诗性的”。

事实的确如此。而实际上，贝尔热也是第一位将胡塞尔哲学介绍给程抱一的学者，并引起程抱一对现象主义哲学的注意。这在他的美学著作《对美的五次沉思》（2006）中，则可看出其频繁应用现象主义对美进行阐释和解读。

研究方法启蒙之师——罗兰·巴特与李嘉乐。1960年，程抱一在贝尔热的葬礼上结识了结构主义大师罗兰·巴特和汉语语言学家李嘉乐，他们是程抱一结构主义和符号分析学方法的启蒙者。

罗兰·巴特时任法国高等研究实践学院“符号社会学，象征与文学描写研究”系的主任，同时也是该院的“汉语研究中心”的创始人之一。闻悉程抱一尚无工作着落，罗兰·巴特热忱邀请这位青年到其研究所工作。因此在此后的多年里，程抱一有幸学习结构主义和符号学研究方法。1967年，在其硕士论文答辩会上，罗兰·巴特作为答辩委员会成员之一，他肯定了程抱一的论文在一定程度上符合结构主义理论研究方法。而这篇论文也进一步开启了程抱一与法国同时代精英对话的大门：

> 这篇先后受到罗兰·巴特、克里斯蒂娃和雅可布森（Roman Jakobson）的肯定和赏识的论文，将引领我在1970年代在大学任教的同时进行两部里程碑式的写作：《中国诗语言研究》（1977）与《虚与实：中国绘画语言研究》（1979）。这两部作品均由门槛出版社出版。而它们所产生的巨大反响，又使我得以进一步与同时代的法国重要人物进行对话：拉康、吉尔·德勒兹（Gilles Deleuze），伊曼努尔·列维纳斯（Emmanuel Levinas），马帝尼（Henri Maldiney），米肖（Henri Michaux），索莱尔斯（Philippe Sollers）、西蒙·莱斯（Simon Leys）……[①]（*Le dialogue*., p.33）

① 西蒙·莱斯（Simon Leys）为李克曼（Pierre Ryckmans，1935–2014）的笔名，著名汉学家，作家和文学评论家。

罗兰·巴特在其《批评与真理》的论述中谈道：新批评具有“客观性”“趣味性”和“条理清晰性”的特征，并指出“新批评的‘新’不在于它的判断，而在于区分；新批评只需研究语言本身，并重新区分作者和批评家的关系。”（BARTHES，Œuvres completesII, pp. 757–804）程抱一汲取了这种新批评方法，在其诗画研究中，他同样严格地遵照了对汉语语言结构、汉字字形符号等能指本身的研究。

汉语言学家李嘉乐是法国高等研究实践学院“东亚语言研究中心”的创始人之一。程抱一在该中心从事有关词汇方面的工作长达15年之久，孕育了他在汉语诗学方面的研究功底。李嘉乐则是程抱一学术生涯的第一位正式导师，程抱一在其指导下完成了《唐朝张若虚诗歌形式分析》。此篇硕士论文从1963年开始写起，至1968年答辩，1970年在法国出版。该论文的感谢信中首先提到李嘉乐：

> 这份由李嘉乐指导的论文是为了获取法国巴黎高等实践学院的文凭。谢和耐（Jacques Gernet）和罗兰·巴特为本论文提供了翔实的帮助。另外，在写作过程中，我也参考了戴密微和迪埃尼（Jean-pierreDiény）的宝贵意见。在此我对他们表示诚挚的谢意。（*Analyse formelle*., p.7）

学术生涯之贵人——克里斯蒂娃。程抱一的这篇仅139页的硕士论文随后不久即引起了克里斯蒂娃的注意，而她当时已是具有较大影响力的精神分析及结构主义、符号学等流派创始人之一。1973年，克里斯蒂娃亲自上门跟素未谋面的程抱一对话，并鼓励其继续用结构主义和符号学分析方法对中国古典诗词绘画进行深入研究。她把程抱一介绍给了法国门槛出版社的总编辑瓦尔（François Wahl），瓦尔很快允诺为程抱一出版其将来用结构主义和符号学理论写成的中国古典诗画研究作品。然而，《中国诗语言研究》在历经了近五年才完成。而《虚与实：中国绘画语言研究》又推后两年才开始发表。这两本书一经发表，立即引起轰动，成为一版再版的畅销书，并被一些热爱中国文化的文化人士如马克·吕布（Marc Riboud）等奉为“圣经”。这两本书同时进一步引起了如语言学家雅可布森和人类学家列维·斯特劳斯等重要学者的关注。而著作的完成也离不开这一系列大师们的帮助，克里斯蒂娃当属其中之一：

> 在我的恩师中，我尤其要感谢戴密微和李嘉乐在汉学方面给我提供的帮助，感谢罗兰·巴特，雅可布森和克里斯蒂娃在符号学研究方面的指导。同时我也不能忘记李克曼（Pierre Ryckmans）、艾乐桐（Viviane Alleton）、傅汉思（Hans Frankel）、刘若愚（James Liu）、宇文所安（Stephen Owen）、高友工（Yu-kung Kao）、林顺夫（Shuen-fu Lin）和孙康宜（Kang-i Sun Chang）给我提供的永远受益的建议。（*L'écriture poétique.*, p.7）
>
> 克里斯蒂娃是我人生中的一个重要的贵人……在思潮上，我与当时的“如是”（Tel Quel）先锋派作家紧密联系在一起，与索莱尔斯，尤其是克里斯蒂娃和罗兰·巴特，以及其他一些与《如是》杂志有密切联系的知识分子。（FRANCHINI Anne）

文学创作启发之师——拉康。程抱一与拉康的结识归功于戴密微的引荐。拉康从来没有到过中国，但是对中国文化却有着极为深厚的兴趣。他在二战期间已开始在巴黎东方语言学院跟随戴密微学习汉语。1970 年，程抱一在恩师戴密微的引荐下成为拉康的汉语老师。两人讨论主题也不仅局限于汉语，而更多的是对道家学说、中国美学等方面的深入辩论和探讨。拉康对程抱一就孟子和道家学说进行各种角度的提问，并要求程抱一对文本进行一字一句的翻译。他们的互相启发式讨论一直持续了三年多。然而，也正是这种翻译和解说，使程抱一能够进一步研习和提升对中国古典文化的认识与解读。这从程抱一对拉康的回忆中可以看出：

> 当时我正深入于我的研究，专注于在不同的汉语语言应用中

> 使用现象学方法或者符号学方法进行解释。我与贝尔热、列维纳斯、罗兰·巴特和克里斯蒂娃的对话已足以说服我直接交流的重要性。但是与拉康的对话却有另一番韵味。拉康以他如此坚决和开放的方式对文本进行不断的提问，他的提炼解读要点的能力如此之强，这一切都使我的解读和判断能力得到了增强。（*Lacan et la pensée chinoise*, p.133）
>
> 然而，在这种深入于汉语文化的情境中，我们一点儿也不怀疑他的知识渴求中充满乐趣，他的深邃的思维中充满启发，以及在他的理论的最核心处，这样或那样的理念有如此的反响，甚至更加延伸的发展。（出处同上，p.134）

拉康对程抱一的影响是深远且多面的：

首先，对中国古籍的相关概念的各种用法和解释进行反复的研读使程抱一深刻领悟了中国文化的精神，并使其能够在日后灵活运用“氤氲”“阴阳”“气蕴”“虚实”“气韵”“天–地–人”三元论等核心概念解说中国诗词、绘画、美学。而这也正是程抱一关于中国古诗词和绘画两本著作的核心思想：

> 而拉康其实也是第一个通过教授我关于“主体–客体”“想象–象征”“能指–所指”“借代–隐喻”等方法激发我对中国古典诗词进行系统的思考的大师。（正由于他给我的前期铺垫使我后来能得到雅可布森、罗兰·巴特以及克里斯蒂娃的宝贵建议）。（*François Cheng et Jacques Lacan, L'Âne n°4*）

其次，拉康让程抱一发现并深入研读清代画家石涛，使其在学术生涯中逐渐转向对具体的中国古典绘画和名家进行解读和分析，如《石涛，人间趣味》（1998）等近10部关于中国绘画、书法和中西绘画比较的著作。随后，在2006年，在经过多年的中国古典绘画研究之后，他出版了《对美的五次沉思》，这是一部关于中西美学的对比和论述的重要著作。在其著作《虚与实：中国绘画语言研究》中，程抱一也讲述了拉康对其的影响：

> 在此我想对我的老师拉康先生表示衷心的感谢，感谢他让我重新发现老子和石涛。感谢戴密微帮我修改这部文稿……。（*Vide et plein*. p.7）
>
> 我充分利用我与拉康交流的机会进一步窥探了他深邃的、对真实及其严格和忧虑的思想，他对自己言语的斟酌以及对自己能力不足的意识（对儒家思想认识的不足）。而更让我触动的是，他展示了一个作为非汉学家却有着巨大的深挖并揭示中国文化精髓的能力。我的第二部著作《虚与实》便是一个见证。（*François Cheng et Jacques Lacan, L'Âne n°4*）

再次，程抱一还通过拉康进一步深入了对禅学的思考。二战期间，拉康与戴密微同样关注东方的宗教思想。而戴密微本人就是一个禅学专家[①]。拉康本人也极有可能想借助东方的佛教思想来摆脱西方犹太基督教义传统的束缚。而后，受这两位大师的感染，程抱一日后的美学著作始终不忘对禅宗思想、禅宗美学的论述。甚至在中国古诗词研究方面，程抱一也通过研究诗人的哲学宗教思想来解读作品。如他将唐代诗人李白、杜甫和王维分别列为“道家”“儒家”和“佛学”的杰出诗人代表，并多次在不同场合引用甚至吟诵王维的《寻隐者不遇》。

最后，拉康的“意念”思维也对程抱一产生了深远的影响。拉康认为潜意识的组成已经是一种语言，而“实存（réel）、想象（imaginaire）和象征（symbolique- 指广义的语言）”是人和内心以及外界所产生的关系定位缺一不可的三大项。受拉康的影响，程抱一关于“真美”的

① 戴密微是第一个翻译并评论《临济禅师语录》（Paris, Fayard, 1972）的法国学者。《临济禅师语录》的解读也成为当年戴密微在 1958 年至 1959 年在法兰西讲学院的主要讲学专题。

阐释就是建立在“意念”基础上——“真美源于内心的意念，源于对美的追求。”（*Cinq méditations*., p. 23）

二　程抱一的结构主义与符号分析学文学创作

1960 年到 1980 年间，程抱一在一系列结构主义、符号分析学大家的影响下完成了对中国古典诗词和绘画的研究和写作。同时，从 80 年代开始，他尝试使用法语进行诗歌创作，并获得巨大成功。

（一）程抱一结构主义诗画学术研究

如上文所述，1969 年通过的《唐朝张若虚诗歌形式分析》硕士学位论文是程抱一首次使用西方结构主义方法对中国古典诗词进行个案研究。这篇论文分为三部分，引言是对作者及其所处的唐诗盛世时代进行介绍，正文由“对诗歌形式的哲学性点评”与“对诗歌内容的内容点评”两部分相同的结构构成，最后以中国唐诗的总体特征的概括结束。利用结构主义和符号分析学方法，程抱一对诗歌的选词、句子的结构、排比、意向、主题等进行了细致的分析。同时，他又通过对诗歌的韵律因素与语义联系在一起分析。他对整篇诗词的研究也是逐段、逐行至逐词，具体规则是：

> 面对分析对象时，分清层次，明确视角。在每一层次，辨认出具有表意价值的构成单位，寻觅出它们之间的对比牵连以及对比牵连的种种关系，然后穿过这些关系承托出表面意义背后的引申寓意。（涂卫群译，p.6）

1972 年，程抱一在《如是》杂志上发表了第一篇论述中国诗词语言的文章。①

① 参见 Chen Chi-hsien, Analyse du langage poétique dans la poésie chinoise classique, in *Tel Quel*, Printemps, 1972.

1977 年，在他出版的《中国诗语言研究》中，结构主义方法得到了最为充分的运用和体现。结构主义创始人之一雅可布森提出“语言是以经济、精简为本的制度”。从这个角度出发，程抱一从中国古典诗歌中找到了最好的例证。因为从音韵学角度，汉语词汇建立在单音节基础上，后来才发展为双音节和三音节。而中国的古典诗词大部分是单音节词汇，一字多义。

以《中国诗语言研究》为例，首先，程抱一在谈到雅可布森对他的启发的时候，便列举了一个鲜明的例子：对李白的《玉阶怨》的分析：

> 玉阶生白露
> 夜久侵罗袜
> 却下水晶帘
> 玲珑望秋月
>
> 这首绝句 20 个音节念起来不超过一分钟，却道尽了人间的怨愁与想望。（涂卫群译，p.3）

其次，一改以往传统文学批评的方法[①]，结合结构主义和符号分析学方法，从诗歌所选词的字形上——语言学能指角度进行解说。此外，这种方法也充分体现了列维 · 斯特劳斯所概述的结构主义精神：“即在深层结构中找出内部关系，尤其是对比性和牵连性的关系”（涂卫群译，p.3）。如下述“木末芙蓉花”，程抱一对这行诗是这样解说的：

> 从字形上观察这行诗的字体，一个比一个复杂，但所有的字都跟“木”和“花”相关，这集中体现了芙蓉开花的不同的先后几个变化节奏。（*L'écriture poétique*., pp.18–19.）

① 法国传统文学批评多以内容为主，把内容说明了，再加上几句文笔的形容褒贬之词，就认为完成任务了。

> 按照顺序来读这几个字：第一个字：一株光秃秃的树；第二个字：树枝上长出一些东西；第三个字：出现了一些花蕾，艹是用来表示草或者叶的部首；第四个字花蕾绽放出来；第五个字：一朵盛开的花。穿过这些表意文字，在所展现的（视觉特征）和所表明的（通常含义）背后，一位懂汉语的读者不会觉察不到一个巧妙的隐藏着的意念，也即从精神上进入树中并参与了树的演化的人的意念。（涂卫群译 p.13）

同样，在同一部著作中，还可以看到其他众多的例子，如“芳草闭闲门”

> 如果我们再读这句诗时，把注意力仅只集中体现在其字形特征上，那么我们会看到，自娱自乐的接续实际上暗示出我们所谈到的净化的过程。前两个字“芳草”中都含有草字头“艹”。它们的重复充分表明了外部自然茂盛的景象。接下去的三个字“闭闲门”都含有“门”字偏旁。排列起来，它们显示了随着诗人逐渐接近隐居所，他的视观越来越明净，越来越朴实无华；最后一个表意文字，裸露的门的意象，不过是隐士纯净的心灵的意象。整句诗，表面看来是描写性的，但在深层的意义上，难道它不意味着，为了达到真正的智慧，首先需要摆脱来自外部世界的所有诱惑？（涂卫群译 p.14）

这在中国古典诗词分析上显然是一种新的解说方法。正是利用了这种简洁直观的分析，让一个即使对中国历史典故一无所知的西方读者也能够迅速领悟中国诗歌的绝妙之处。

此外，在其诗歌分析中，程抱一大量采用了符号图标等分析方法。如图 1 对中国古典诗词格律的分析：

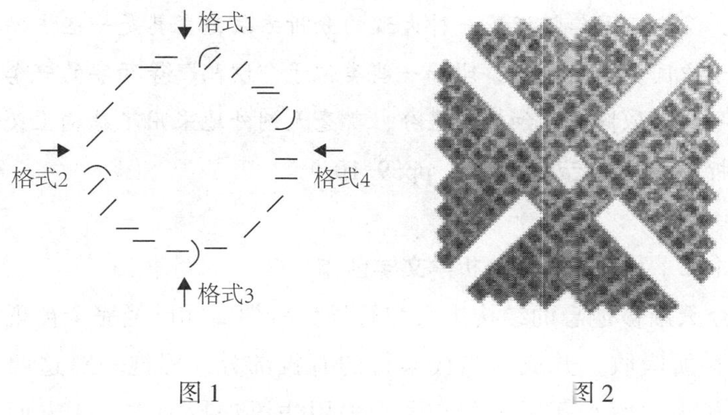

图 1　　图 2

……声调对位首先是一个富有活力的系统，在这个系统中，每个成分的发展和变化，依据牵连与对比的规则，吸引相似者，呼唤相反者。一种环形的图形更好地暗示了它。（涂卫群译，pp.57—58）

又如图 2 对古典诗歌中虚词代替动词的解释：

另一些诗，更加精巧复杂，构成了真正的符号的迷宫，在其中，不论从哪一点，读者都可以进入一个不同的路径，它提供了一些充满意外的发现。（涂卫群译，p.50）

最后，我们也不难发现，这部作品参考了大量结构主义符号分析学大家的著作，主要涉及：罗兰·巴特的《写作的零度》（1964），克里斯蒂娃的《符号学，符号学研究》（1965），戴密微为《中国古典诗歌集》所做的引言（1962），以及雅可布森在《改变》杂志当中刊登的《中国律诗韵律绘图》（1969 年第 2 期）。

而在其《虚与实：中国绘画语言研究》中，程抱一也点明了对结构主义的应用：

这部著作印证了一种大致的分析方法，尤其是一些主要的关于中国美学的概念，比如一些类似于“阴阳”等两字的概念，对一些类似概念的细微的区分，都毫无例外地采用了结构主义的分析方法。（*Vide et plein.*, pp. 9–10.）

（二）程抱一符号分析学文学创作

今天渐被遗忘的结构主义和符号分析学实际已经完全被现代人文学科所吸收，并成为当代学科的有机部分。程抱一对这两个流派也从未“饮水不思源”。由于采用法语进行创作，一方面，符号学和结构主义方使其对这门语言有了新的感观；另一方面，除了其诗画研究、美学论著外，他的诗歌创作也随处可见这两种思潮的印记。

法语语言象形化视野。首先，程抱一对法语进行表意文字化解读。在外文字母的外形上，任意一个字母在他看来都是具有丰富内涵的符号。比如：

我对法语也逐渐有一种象形解说的倾向。它们的象形不在于它们的笔画，而是它们在音韵方面给我产生系列联想，如：A–人（homme）；E–梯子（échelle）；H–高度（hauteur）；M–房子（maison）；O–眼睛（œil）；S–蛇（serpent）；T–屋顶（toit）；V–山谷（vallée）；Z–斑纹（zébrure）等等，它们从音韵上让人产生意象的联想。（*Le dialogue.*, p. 40）

其次，在法语音律上，程抱一把一个音节拆分成多个意象。对他而言，写作的每一阶段几乎都是一种创新，法语写作是一种绝妙的体验。因此，在文学创作中，法语单词通过音韵、韵律等被程抱一赋予了新的意象解释。作为一个法语非母语的作家，他能敏锐地从这门语言的发音上感受到它独有的音乐性，并注意到这些新词给他带来的丰富的想象。最为典型的则是对“岩石”这个词语的解释：

“岩石”（rocher）这个词，从发音角度看，它的前半部分（-ROC）让人联想起某种被隐藏，被包裹住的东西。而后半部分（-CHER）则给人一种“给予”的意念。回到词义本身：这块贴在地面上的石头，尽管不停地被人们所踩踏，但却从来毫无怨言，并且因为有它，人们得以走得更远。（*Le dialogue*., p. 40）

我通过游子的生活重新扎根。从本质上而言，我是一个创造者。我通过不同的形式自我表达，我拥抱法语，我沉醉于用法语重新命名我的世界，这一切就像早上一起来刚睁开眼看到的事物。当然，这也是作为诗人的要务。（NADJAR Vanessa.）

再次，在诗歌的节奏和押韵方面，他也十分注重选词，并且每一个词都跟意象的演变有很大的关系。如他的诗集《二重唱》（2000）颂扬了“石头”和“树”这两个主题，诗人在描述石头和树时，一方面根据法语发音选取能够押韵的词汇，另一方面，他又注意到了树和石头的发展演变的过程：

在一首诗中，我通过一系列的词汇组合与树的成长过程结合在一起：“树干”，“乔木”，“簇叶”，“树林深处”，“花和果实”，“永恒的光芒”。我从我的内心能看到这种成长。而对于石头的歌唱，我建议使用：“脚”，“石头”，“觉察”，“预知”，“存在”。我静静地品味每一个词的音品，以及一连串词下来所产生的音质效果。这种方法对我来说是很自然的，因为对我来说最重要的是《二重唱》承接了我的过去以及我所在地的文化。（TRETON Bernard.）

追求新形式的诗歌创作。在众多的头衔中，程抱一最愿意被称作

“诗人”。他自己也自诩为“生命诗人”。在其诗作方面，随处可见结构主义和符号分析学的影响，尤其体现在对诗歌形式上。

第一、在诗歌形式上，他也追随阿波利纳尔（Guillaume Apollinaire）或米肖的符号形象，时而也不乏创新。如下面一首以竖立等腰三角形形式编排的诗歌：

Trait
Par trait
Pli sur pli
Espace éclos
Vide médian
Souffles primordiaux
Au creux de la main
Alors que se déplie
L’éventail des désirs
Tendre nuit qu’un lys déchire
Jailli de la mousse un cerf!
Ô jet de lait ô flux de sang
Quel aigle au feu diurne arraché ?
Chute d’une plume à flanc d’abîme…
S’ouvre la vallée d’onde en onde
Défaits refaits les plis du cœur
Du tréfonds monte l’écho
Né de l’ombre d’un cyprès
Aux purs gestes d’amour
Signant l’unique été
Non point pétrifié
Non plus putréfié

Mais périclite

A l'infini

Pli sur pli

Trait par

Trait

（选自 *Saisons à vie*,. p.89）

这首诗歌出自诗集《永恒的季节》（1993），在充满各种意向的诗歌中，他歌颂了夏的永恒，其大意为：一箭又一箭 / 一层又一层 / 在形成的新生空间之间 / 产生氤氲 / 意念之扇在手心展开 / 温柔之夜百合撕裂 / 被射中的鹿口吐白沫！ / 啊！奶水的喷涌，血流的涌溢 / 哪一只昼出的火鹰被射落？ / 掉落在深渊旁的羽毛 / 跌宕起伏的山谷展开在眼前 / 连续的失败，收紧的心 / 回响从谷底产生 / 倒立柏树之影 / 纯爱的行为 / 祈福这非凡的夏天 / 这并非一成不变的夏 / 那不再腐烂的夏 / 但永远濒于衰败的夏 / 一箭又一箭 / 一层又一层。（刘天南译）

第二，程抱一的部分诗歌在编排上有意造成菱形的形象：

Car ce qui est dit se redira
    ce qui est promis s'accomplira
        ce qui est accompli se verra
            ce qui se voit se rappellera

（选自 Saisons à vie,.p.106）

程抱一是一个善于回忆的诗人，他既相信灵魂的存在，也相信世间万物的轮回。诗的大意是："因被说过的会再提 / 被允诺的会再兑现 / 被完成的会再遇见 / 被看见的会再忆起"。从这首诗可以看出：对未来，对过去，他的感恩多于遗憾，对未来，他的憧憬多于寄托。

通过这种有规律的特殊的编排，诗歌不仅在音韵上达到了美的旋律，在外形上也充满诗情画意。（刘天南译）

第三，他对单字 / 词成行的景象情有独钟：

Le
  centre
    est
  Là
    d’où
      viennent
  Les murmures

（选自 *Qui dira notre nuit*, p.26）

这首编排零散的诗，被拆成了若干行，一字 / 词一行，依次表示“这、中心，在、那儿、自、来源、低声语”，实际就表达了一句话：“低语声来源处在那儿！”这种独特的安排不禁让人感觉到诗人的感叹和强调语气。

此外，需要指出的是，程抱一的诗作几乎很少使用标点符号。正因如此，程抱一的诗歌备受法国读者的厚爱，但却无法归类到任何一个诗歌流派。这也是对法国文学诗歌史的一种独特创新和贡献。

结　语

不可否认，20 世纪 60、70 年代法国精英与程抱一的对话、合作以及对其的指导为程抱一提供了得天独厚的学术与创作条件，并最终促成了中西文化摆渡人形成。而他们的这种影响又是深远的，这在程抱一学术研究与文学创作上都有着明显的印记，这既是对中西经典文化的传承，也是一种创新。

参考文献

褚孝泉主编，《程抱一研究论文集》，上海：复旦大学出版社，2013 年第 1 版。

程抱一著，涂卫群译，《中国诗画语言研究》，江苏人民出版社，凤凰出版传媒集团，2006 年第 1 版。

BARTHES Roland, *Œuvres completesII, livres, textes, entretiens*,1962–1967, Paris, Éditions du Seuil, novembre 2002.

CHENG François, *Analyse formelle de l'œuvre poétique d'un auteur des Tang, Zhang Ruo-xu*, Paris: La Haye: Mouton et Cie, 1970.

CHENG François, *L'écriture poétique chinoise (Suivie d'une) Anthologie des poèmes des T'ang*, Paris:Seuil, 1977.

CHENG François, *Vide et plein, le langage pictural chinois*, Paris:Seuil, 1979.

CHENG François, *Le dialogue:une passion pour la langue française*, Paris: Desclée de Brouwer, 2002.

CHENG François, *Cinq méditations sur la beauté*, Paris :Albin Michel, 2006.

CHENG François. Saisons à vie, Encre Marine, 1993.

CHENG François. *Qui dira notre nuit*, Édition Arfuyen, 2003.

KRISTEVA Julia, Cheng François, et al. Le «Langage poétique» chinois. in *La Traversée des signes*, Paris:Seuil, 1975.

L'ÉCOLE de la cause freudienne (sous la dir. De), «Lacan et la pensée chinoise» in *Lacan, l'écrit, l'image*, préf. par Rose-Paule Vinciguerra, Paris: Flammarion, 2000.

MILLERJacques-Alain (texte établi par), «Le sourire de Jacques Lacan» in *La Cause freudienne, N° 79*: *Lacan au miroir des sorcières*, Paris: La Cause Freudienne, 2011.

NADJAR Vanessa.*François Cheng*, collection «*For intérieur*», diffusée le 10/02/2002 à 19h30 (58min), France Culture.

TRETON Bernard. *François Cheng*, collection «*Du jour au lendemain*», diffusée le 12/11/1998 à 00h05 (43min), France Culture.

FRANCHINI Anne. François Cheng, collection «Du jour au lendemain» diffusée le 23/06/2012 à 24h00 (34min), France Culture.

CHENG François.François Cheng et Jacques Lacan. *L'Âne* n° 4, février-mars 1982, *Lacan et le monde chinois* [en ligne]. 2011, [réf. du 8 janvier 2011]. Disponible sur: http://www.lacanchine.com/L_Cheng-Lacan2.html(consulté le 08/01/2011).

专　　论

Critiques spéciales
Treatises

生态文明什么样?

〔美〕小约翰·柯布　薛　颖　译

一　文明能转变吗?

一些人抵制生态文明的召唤，说这个词是自相矛盾的。如果我说“智能机器”，这就是个自相矛盾的词。机器无法成为智能的东西。一些人认为，文明不能成为生态的。

这种抵制无法被轻松消除。从人类发展的广义视角来看，越是“文明程度高”的人，越远离自然。过去的成千上万年里，我们的祖先是自然的一部分，是众多物种中的一种。现在我们之中的许多人只有待在人为创造的人工环境里才感到舒适。

即使在古代，人类有时也是他们所在的生态系统的破坏者。他们造成了不少物种的灭绝。但大多数时候，他们在更大的自然系统里扮演的角色没有造成严重破坏。即便今天，仍有一些土著部落的成员能够教给我们许多使社会更生态的办法。

这种原始的社会形态视自身为自然世界的一部分，与其他生命物种进行互动，依赖于有生命的和无生命的事物。自然万物被认为是有它们自己的看法和目的的。人们对自然界保有一种尊重的、相互关联的感觉。部落成员作为截然不同的个体获得认可，但他们有一个共同的身份——集体中的成员。没有人能够想象脱离部落生存。也没有人能够想象不共同分享生存必需品。

这些部落或生态群体主要靠收集大自然的产出作为主要食物。这通常包括杀死其他动物。我们称他们为采集狩猎社会。他们的经济和今天的黑猩猩差不多。当然，他们会用火和武器，这使他们与其他所有物种区别开来，使他们在与其他物种的竞争中拥有了显著优势。

脱离自然的第一步是驯化植物与动物。这并未完全终止人类参与自然生态，但它改变了生态的本来面目。人类继续参与非人类自然，但从那时开始部分操控非人类自然。在世界一些地方，几百年甚至上千年来，通过种植和养殖对采集、狩猎进行补充为多数人提供了相对可持续、健康的生活。

然而，这种形式的社会并非是无限可持续的。人类一旦开始生产食物，人口的增长就比采集和狩猎社会快多了，因为更多劳动力可以增加食物供给。村庄将劳动力分工，权力更加集中。特别是在干旱区域的沿河地带，在灌溉对于农业非常重要的地方，城市出现了。“文明”（civilization）一词体现了城市（city）文化。

在城市里，生活更加复杂。人们需要记录。书写和算数方法由此而生。职业准备需要学校。同时，城市还建起了仓库，一些外来人时不时想要抢劫。所有权成了核心概念。部落彼此之间不时打仗。防御外来入侵需要专职士兵。军队于是对政府很重要而且经常摇身一变本身成为政府。男人对女人的占有加剧了，以至于女人成了男人的所有物而非生活伴侣。

人们在古埃及或美索不达米亚的城市里的经历显然与狩猎者、采集者、种植者不同。人们能够生产大量食物，但这需要改造土地。灌溉系统需要不停的劳动维护。狩猎、采集、种植、养殖在很大程度上是有收获的，而维护灌溉沟渠、在大农场里密集型劳作可不是。城市的兴起伴随的是奴隶的大量增加。这又受到以借贷为基础的经济体系的帮助。自然提供重要资源，但是只有当它得到人为管理的情况下。

贸易在城市兴起之前早就在临近部落之间进行。一些交换的物品来自相当远的地方。但是有了城市之后，贸易获得了新的特征和作用。一部分人靠贸易生活，这些生意人愿意旅行到很远的地方以增加利润。他们又带来了其他城市和其他文化的信息。城市精英的视野更宽广了，在一个城市兴起的新技术很快被其他地方采用。创意也是这样。

当然，不是所有文明都是在灌溉的基础上诞生的。古埃及和美索不达米亚文明的一些不太吸引人的特征并没有在各处得到应用。在一些地区兴起了封建制度，城市所扮演的角色就不那么具有决定性了。小地方的主人屈从于大地方的主人，国王或皇帝总是居住在城市里。但是，在封建制度下，农民有更多自由。然而，农民屈从于以城市为中心的权力结构即使不是普遍的，也是典型的。工业革命只不过加强了城市人口与自然的异化，通过工业化农业侵蚀乡村生活，把养殖变成生产肉类的方式。

偶尔，也有一些更民主的权力结构。在西方，雅典在这方面最著名。在雅典历史上的一些时期，所有公民都参与一个城市的决策。但是，只有人口的一小部分拥有公民权。在现代以前，所有成年人都参与政府治理的想法极为罕见。即使到 18 世纪晚期，“民主”仅仅意味着拥有财产的男性可以投票。只有当城市文化的好处延伸到为数更多的乡村人口时，所有成年人都参与决策才有可能。

今天，我们有幸使所有孩子都能读、写、算。由于生态文明将在平等基础上囊括所有人，而只有当农村人口获得曾经专属于城市精英的教育机会之后，这才成为可能。我想中国在这个方面取得了很大成绩。（教育平等）

但是，读者也许从我对城镇化的描述中察觉出来，与农村人口分享文化事实上或许并不能走向生态文明。的确，我把城镇化描述为与自然的异化。如果农民分享了城市人与自然的异化，这不能走向生态文明。这很有可能正在发生。

幸运的是，今天，在城镇化和与自然异化程度最高的地方，比如西方，越来越多的人认识到这种异化在心理上、社会上都是不好的。威胁整个人类的生态危机加强了这方面的关注。那些上千年来被忽视、被当作“原始人”的土著人的思想如今受到广泛欣赏。许多书籍都在讨论重拾我们对于土地的归属感、恢复其生态健康的重要性。不少年轻人正在回归土地，尝试有机农耕的生活。

请不要误解我。这还只是一个希望，而不是实际改变。美国政府很难被新理想影响。或许更糟的是，重建与土地的关联在教育体系中仍处于边缘。我们的大学仍在很大程度上忽视这些想法。

我想强调的是，美国并没有向生态文明转变。它仍在引领世界向相反方向发展。我只想说我们现在有了一个新的可能。西方很长时间以来一直均等地带领所有人保持工业化文明的趋势。现在西方内部渴望恢复生态生活的重要方面。伴随出现的有一些成功的实验。如果它们能够在更大范围取得成功，我们就能够肯定生态文明的想法不是自相矛盾的。从历史的宽广角度来看，我们就能够看到使人与自然异化的城镇化、工业化文明也能够转变为一种恢复生态的文明。

生态文明是可能的，但并没有谁向我们保证它一定会发生。今天在农业领域工作的大部分人和城市人一样存在与土地的异化。如今的文明似乎更像是在把我们领向制造一个不适合我们人类居住的星球，而不是领向生态文明。但是如果向生态文明转变是有可能的，我们朝这个方向的努力就没有白费。在我看来，即使中国农民与土地异化的过程已经开始，中国的农村依然是开始建设生态文明最有希望的地方。

二　中国的乡村社区

我将分两个部分阐述我对中国农村与生态文明关系的看法。首先，生态文明是建立在良好关系的基础上的。对人类来说，这些关系首先是人与人之间的关系，其次是人与自然中的其他部分之间的关系。这一部分首先谈前者，随后谈后者。

健康的人际关系是人类社会共同体的核心。城镇化 / 工业化 / 文明严重损害了人类社区。连家庭的重要性都被降低。中国巩固和创造社会共同体的历史悠久。和西方一样，现代文明的到来压制中国的社会共同体，但是我想中国的古老传统不会像在西方那样受到深度侵蚀。

但是在现代大城市，重建社会共同体的任务非常艰难。中国的乡村更有机会。许多乡村虽然发生了很多变化，但已经有了一些社会共同体的感觉。目前最大的威胁是城乡经济差异使劳动力从农村进入工厂。没有政府加强乡村经济的政策，我的愿望就无法实现。但是，让我们假设国家和省一级政府和农民携手发展经济，那么乡村就有机会恢复并改善乡村共同体的生活。

现代世界里，人们认为他们属于以不同兴趣为中心的许多社会群体。但是大多数情况下，这些社会群体是肤浅的。属于这样的社会群体，比如体育团队、读书俱乐部或某个学术团体，的确给参加者带来重要的关系，但他们并不对其他成员负责。许多人仍想和表兄弟或其他亲戚在一起，但这其中的关系也很少涉及相互负责。有时兄弟之间也是这样。当然，在很多人的生活中，生活的地点具有重要意义。但在美国，许多人基本上不认识他们的邻居，而且很多人是为了离家人近、获得更好的工作或者享受更好的气候而搬家。做"美国人"对许多人来说是重要的，当他们在海外相遇时，这是一种宝贵的关联点。但是对大多数人来说，他们很少使用他们的公民身份，对其他美国人的责任感日渐衰落。

尽管各式各样的社会共同体都有其一定的价值，但为了发展生态文明，以地理位置为基础的社会共同体十分重要。即使对于所有成员的实际需求来说，这样的共同体也是十分重要的。因此，我认为现代性过去是不利于地方社区而有利于全国社区的，而现在也不利于全国社区了。生态文明只会出现在强有力的地方社区中。在城市，这只能指邻里之间。但是现代城镇化不利于邻里社区。重新思考城市，在城市中重塑生活秩序是一个巨大的挑战。中国乡村为生态文明建设提供了更有希望的起点。

尽管稳定的村庄是社会共同体发展的好地方，然而，历史上大多数都没有成为真正的社会共同体。在后现代的社会共同体里，所有人都参与社区生活的决策，但是传统的村庄经常是由地主统治的，在那里生活的人们被迫按地主的意愿行事。健康的社区并不一定要实行严格的平均主义，个人主动性和领导的质量总是要使一些人的权力大于他人。只要其他人有能力更换领导者，或者至少能够检查监督他们领导的方向，政府形式的实验就是合适的。重要的是人们可以表达关切，可以劝说他人。社区达成共识是理想的，通常好的领导能够使社区就一些有利全体的举措产生共识。但是少数人反对并不破坏社区，只要这些少数人的意见被认真听取了，而且有继续朝他们的目标努力的自由。

在真正的社区里，所有人的基本需求会得到满足。这并不意味着平均。但却意味着所有人都感觉应该为所有人负责，并通过集体行动表达这种责任感。在真正的社区里，与美国不同的是，不会有无家可归和严重的食物匮乏。那些无力为社区做贡献的人仍将得到社区的支持。

社会共同体不会只有一种经济形式。但是社区作为一个整体将对其做基本的判断。通常，最好是合作社形式。有时社区作为一个整体经营一种生意。但是小的私营企业总是受到尊重和鼓励。不利于社区的是社区经营的生意受到外来控制或从外部吸收资金。有时候这样的情况无法避免，但是在本地经济相对自给自足的情况下，社区会更为强大。

这是因为，社区越依赖他人越难以在危机中存活，或者做出自己的决定。这并不意味着不能同他人进行贸易。这意味着它不能让自己的食物供给依赖于孟山都公司（？）。这还意味着它要避免成为遥远的金融机构的附庸。

一个生态的社区将寻求与邻近社区的合作。它将鼓励发展社区感和社区之间的关系。这有时并不容易。原始部落经常对临近部落存在不友好感觉，有时会导致战争。历史上强烈的社区感产生的部分原因通常是在视其他社区为对手甚至威胁的时候。如今，国家常常对邻国存在不友好感觉。

社区与邻里社区的关系不能排除竞争。但是，重要的是要以互利的方式竞争而不是互相破坏的方式进行。两个社区在给穷人提供服务或减少对石化能源的依赖方面竞争是好的。为了把自己的货物销售到远方的市场而互相挖墙脚就会对双方造成伤害。意识到我们是一个有机整体，拥有共同体中的共同体概念和加强本地社区一样重要。

的确，“共同体中的共同体”概念需要上升到国家和全人类的高度。中国正在引领我们考虑我们的共同命运。我相信对多数人来说，为人类做贡献的最好方式就是为本地社区做贡献。而损害全球共同体也不会对本地共同体有好处。

中国的乡村蕴藏着巨大的财富。作为美国人我很嫉妒。如果整个国家珍视这种财富，为乡村成为真正的社区提供条件，整个世界都将因此而受益。

三　珍爱土地

谈到生态文明，首先想到的是需要可持续的生活。这意味着停止土壤、水和空气的恶化，减少使用会枯竭的资源。这当然没有错。为了有机会发展生态文明，我们必须，例如，停止使地球升温。

无需克服人与自然异化的问题就可以在这方面和其他一些问题上达成协议。彻底持人类中心主义思想的人可以反对伤害人类。即使是对大多数人类漠不关心、总是以狭隘的自身利益作为基础来算计的人有时也明白，应对全球灾难所需采取的行动即使在短期内会花掉他们一些钱，从长期来看还是对他们有好处。

现在，有一些关于这些问题的全国和国际辩论。尽管一些人认为所有理智的人都应该采取任何必要的行动防止我们所面临的灾难发生，反对的声音仍然很强大。短期私人利益超越了长期公众利益。我们所需要的激进的行动很少被考虑。

有一个例子刚刚开始成为人们的话题，甚至包括那些认真关注的人。它就是饮食。肉类消费的增长造成大量森林被砍伐，转而导致全球变暖。然而即使是那些带领我们有效减少使用以碳为主的能源的人也很少提到饮食的重要性。

最近，我们最杰出的领袖们试图把有关讨论上升到道德层面。在中国你们听到“命运共同体”。罗马天主教会的领袖呼吁人们关注我们的“共同家园”。尽管那些拥有共同命运和共同家园的被认为仅限于人类，这些画面呼唤我们关注我们共有的东西，而不仅仅是对我们有用的东西。它们使我们走向生态自觉。

一旦我们关注自然世界，它如何发挥作用，我们如何从属于它，讨论就变了。为既有利益和习惯辩护的争论销声匿迹了。我们的关注将变成如何为整个系统的福祉服务，即使需要新的习惯和新的期待。对那些持现代思想的人，大多数是城市人，这种对自然世界的关注是革命性的。我怕会需要很长时间。

另一方面，对于传统农民来说，这种变化就不那么大。不幸的是，许多人已经受到如果能带来更多收入，毒害土地也是好的这样的现代、异化思维的诱惑。但是我相信仍有许多对土地有感情的人，对为了短期收益而掠夺地力感到不舒服。

自从发明了犁地开始，人类就一直在某种程度上掠夺地力。我们的祖先视地球为母亲，他们之中还有些人抵制对土地的凌辱。但是文明战胜了抵制。因此，曾经覆盖大多数田地的表层土的一半已经失去了。而今天的工业文明大大加快了流失的速度。除非我们改变，否则我们的共同家园将失去其供养我们的能力，我们的共同命运将包括大规模饥荒。

这种威胁应该唤醒现代人类中心主义思想，看到变革的需要。但事实上，那些呼唤对正在发生的事情予以关注、致力于应对的人是那些关心土地的人，也就是有生态自觉的人。我特别要举出韦斯·杰克逊的例子。他认为文明的表现就在于创造了主要是大规模单一种植的、需要每年播种的高产谷物。我们需要多年生混种作物，以恢复土壤肥力，停止其被风和水侵蚀。经过几十年的努力，他生产出一种多年生谷物可以和一年生作物媲美。

我们需要热爱土地、拒绝为了短期利益掠夺它的农民。我相信在中国有许多农民与自然没有那么异化，理解这一需要，努力实现这一目标。他们这样做，需要得到自己所在的社区和城市人的理解和支持。我相信是这样的。

农民面临另一种挑战。因为他们直接依赖天气，气候变化会使他们的生活更复杂。这种情形在各地、每年都不一样。在此前提下，他们需要特别灵活、创造性地生产食物。

中国有一种变化是可以预言的。许多农民千百年来依赖的大河将不再可依赖，因为供给水流的冰川融化了。由于地下水位下降，农民们也没法靠地下水解决问题。他们将必须适应的不仅仅有变化无常的气候，还有更少的水。在这样的前提下，他们还需要增产。找到更强有力的办法恢复土壤、少用水、适应更高的气温、不可预测的气候将是农民的任务。

农业一直是最重要的职业。现在它成了对知识和技能要求最高的职业。首先，它要求关注自然，只有爱它的人才能做到。如果中国农村支持农民应对这些挑战，他们将成为生态文明的先驱。

四　生态文明的教育

负责任地参与村庄生活需要教育。许多教育在参与家庭和村庄生活中发生了，但是学校教育依然有必要。我相信中国政府想要为农村和城市提供均等的学校教育。这是必须的。

然而，有一个问题。城市里的学校是为城市孩子发展起来的。它们表达，或者至少暗示了，农村人是落后的这种城市观点。农村学生从先进的教育机构毕业后基本上都选择留在城市。因此，改善乡村学校教育会导致农村孩子远离农村生活。

我认为，现代学校教育也给城市学生带来很大伤害。但是至少这种教育鼓励孩子们留在城市。我不能在这篇文章中进一步讨论这个问题。但是能够成为生态文明样本的好的农村学校教育必须与此有很大不同。

现在低年级的学校教育是为使学生做好在全国标准考试中成功的准备而设计的。这种成功为获得中产阶级工作的教育打开大门。一个人如果失败了，只能从事薪水少的工作。因为只有一半人能够成功，整个教育体系教人进行个人竞争，特别是在学习基本事实方面。无论通过考试的，还是没通过考试的，都没有准备好参与社区生活。这是因为社区并不强调课堂教育，因为需要的是合作经验。只有当人们理解了一个人的进步将使全体受益，合作将使所有参与者受益，社区才成为可能。

竞争如此激烈，孩子们被强迫多年集中精力准备这些考试。他们甚至从幼儿园就开始准备。他们无法享受正常的玩耍和孩子的生活体验。生态文明应该鼓励孩子有丰富多彩的生活和在学校环境以外体验生活的机会。即使在学校里，也应该鼓励以一种更加综合的方式认可每个孩子的不同需求和能力。集体项目比死记硬背式的学习起到更大作用。

最后，多数现代学校教育不包括对自然的体验。自然是人们在书本中读到的，在照片上看到的美丽风景，或许有时是在实验室解剖的小动物。生态文明需要人们对自然产生家园一样的体验，一个他们与鸟、昆虫、植物、动物共享的家园。

这些意思并不是说学校教育不重要。未来的农民需要成为科学家、技术员，同时在与活的东西打交道时富有经验。但是我非常希望中国的教育体系能够和农民一起设计学校系统，综合地教育孩子，包括对自然世界的体验。这需要摒弃现在的考试系统，注重孩子通过合作计划来学习。它将更重视鼓励独立思考，而不是记忆事实。

如果这将把农村孩子排除在城市大学之外，那就排除吧。让他们能够接触到他们所需要的，以从事所有职业中最重要、要求最高的职业。教育是终生的，这样如果农民有问题，他们就能够创造性地思考这些问题。支持他们搞自己的实验。帮助他们了解其他农民的新成就。让他们知晓世界上的最新变化。承认他们的成就，给他们颁奖。我猜，只有和我们现在的大学很不相同、学术标签很不相同的机构才能做得最好。

现代人会以为，城市教育是标准。但是，如果全国的人都明白了大家的共同命运依赖于成功的农耕，鄙视将变成嫉妒。也许城市教育会改革成农村人更喜欢的样子。

我的希望是，如果农村能成为生态文明的范例，城市会向农村学习。如果它们所供给的城市也朝向生态，生态村庄会更兴旺。让农村带头前行吧，我们所有人一起跟上。

对话与访谈

Dialogues et interviews
Dialogue and Interview

我与中国文化结缘六十年

——访谈法国资深汉学家雅克·攀笆诺先生

钱林森 〔法〕雅克·攀巴诺 张 博 译

雅克·攀笆诺（Jacques Pimpaneau，1934- ），当代法国资深汉学家、翻译家、作家。他 20 岁时便在巴黎学中文（1954-1957），同时在索邦大学攻读法国文学（1954-1958），并兼任伽利马七星文库百科全书编辑。1958-1960 年，赴北京大学留学。回法国后曾任著名画家让·杜布菲（Jeau Dubuffet）秘书（1961-1962），1962-1963 年间，代理巴黎东方语言学院汉学教授于儒柏（Robert Rulmann）先生的教席，两年（1965）后，遂成为这所汉学重镇的正式教授，长期执掌中国文学教席，直至晚年退休。其间（1963-1965），他曾赴牛津大学深造，1968-1971 年间，赴香港中文大学执教，拓展自己的汉学视野。攀笆诺先生自青少年时代就酷爱中国文学艺术，特别对亚洲和中国民间戏剧、戏剧与民俗、戏剧与宗教及民间表演艺术，情有独钟。1972 年，他在巴黎创建“高温”（Mu.Sée Kwok On）艺术博物馆，此后 20 余年在该馆连续主办过《亚洲戏剧》（*Théâtre d'Asie*，1981）、《中国的传统节日》（*Fêtes traditionnelles en Chine*，1984）、《印度戏剧》（*Les Théâtres de l'Inde* 1986）、《亚洲木偶戏》（*Les Théâtres d'ombres et de marionnettes en Asie*，1988）、《宗教与中国民间神话》（*La religion et la mythologie populaires chinoises*，1989）、《日本的传统节日》（*Fêtes traditionnelles du Japon*，1990）、《中国不同剧种》（*Chine, les différents genres de théâtres*，1991）、《亚洲面具》（*Les masques asiatiques*，1992）、《印度神话和故事》（*L'Inde, mythologie et récits*，1993）等十余次亚洲民间戏剧艺术展览，产生过广泛影响。他是法国汉学界兴趣广泛、才华横溢的多面手，著译甚丰。其代表著述有：《中国皮影戏》（*Des poupées à l'ombre: le théâtre d'ombres et de poupées en Chine*，1977）、《中国说唱文学与民间戏剧》（*Chanteurs, conteurs, bateleur: litérature orale et spectacles populaires en Chine*, 1977）、《梨园漫步：中国古典歌剧》（*Promenades au jardin des poiriers: l'opéra chinois classique*, 1983）、《中国：文化与传统》（*Chine: culture et tradition*, 1988）、《中国文学史》（*Histoire de la litérature chinoise*, 1989）、《神话与偶像》（*Mythes et Dieux*）等；主要译著有：《达摩流浪者，寒山诗二十五首》（1975）、《没落王国》（《东周列国志》节选，1985）、《闻一多作品》（1987）、《中国名人传记》（1989）、《苏东坡》、《遵道而生，谈话与故事》（《说苑》与《世说新语》节选）、纪昀《阅微草堂笔记》（节选，1994）、《禅诗》，《写给年轻女孩的信》（历史故事与诗选）、两卷集《中国古代散文选》（2001）、司马迁《史记·列传》（四卷，2015）等。此外尚有《天马》（*Les Chevaux célestes*）、《中国恋人血泪史》（*Chroniques sanglantes de Chinoises*）、《吴先生的春夏秋冬》（*Les Quatres Saison de Monsieur Wu*）等文学创作问世，显示了他多方面的汉学研究成就与创作实绩。

早在20世纪70、80年代受聘巴黎东方语言学院执教时期，我就有幸与攀芭诺先生相交相识，我们曾是相敬如宾的同事、朋友。他所主讲的中国古文选，曾是当时该校中文系最叫座、最受学生欢迎的课程之一。他的博学多才和低调平实的作风，深得师生的爱戴。他对中国文学艺术和民间戏剧的特殊爱好，对中国文化孜孜不倦的开发、探索精神及由此做出的成绩与建树，都给我留下了难忘的印象，且一直心怀敬意。令人感佩的是，他晚年退休后，依然笔耕不辍、新著迭出，这让我萌生了与之叙旧求教的念头。2015年8月，获悉由前辈沙畹开创、攀芭诺先生总其成的法译司马迁《史记》九卷全译本（迄今为止首个西方语言全译本）在巴黎闪亮登场的喜讯后，更激发了我要与这位久别、心仪的老友直面访谈交流的欲望。是年12月21日，我致函攀芭诺先生，诚请他以“我之汉学之旅”为中心话题，接受我们《跨文化对话》专访，立即获得了他的热情回应。2016年猴年新春伊始，我便集中心事搜集他的旧作新译及相关资料，认真研读、思考，准备访谈要目。3月底我将拟就的首批访谈问题，寄发攀先生过目、笔答。收到他的回复后，又于4月上旬给他发去了第二批问题，不料此时先生身体有恙，住院就诊。5月下旬，攀芭诺先生康复出院后，我请在巴黎读博的校友张博君挟《跨文化对话》赠书和我们补充修订的若干话题，代我登门拜访，问安、求教，与先生现场采访。如下的文字就是依据受访者的笔答和现场口述梳理而成的，并经攀芭诺先生过目。攀芭诺先生不顾年迈体弱，不吝赐教，成全了此次与先生久别近20年后再度相逢的专访，令人感动。金丝燕教授在第一时间内慷慨赠送《史记》法译全集及相关信息，张博校友在访谈过程中的热情相助，在此一并致谢。

钱林森，2016年6月20日

钱林森： 攀芭诺先生您好，作为您20世纪50年代末60年代初北大中文系同窗学弟，70、80年代巴黎东方语言学院中文系曾经的同事、老友，在相别近20年后再次相遇，竟有机会就您半个多世纪的汉学之旅之所见与所得，交流访谈、叙旧求教，对我来说，可真是人生难得的幸事！今天有缘再相会，我要请教于您的首个问题，是什么促使您选择汉学作为您安身立命的毕生事业，近六十年的学术生涯对您意味着什么？

攀芭诺： 我不是汉学家（sinologue），我并不喜欢这个称呼，因为它听起来像犬类学家（cynologue）。我觉得汉学这个词背后隐藏着老旧的殖民主义观念，或者至少说明中国的文学、历史、艺术等等还没有融入更广义上的文学、历史和艺术的学科体系之中，总是偏安一隅，甚至有点孤芳自赏。我一直觉得中国的文学不仅应该在中国的框架下探讨，更有必要在文学的框架下探讨，所以很抱歉我不承认我是汉学家。我觉得我只是一个学中文的学生，并不怎么特别杰出，我曾经是一名中文教师，向学生们传授一些我自己一步步吸收来的知识。我开始学习中文是为了能让我自己在法语、拉丁语和希腊语的世界中做出一些改变，因为中国不仅是一个伟大的文明古国，同时也是一个积极参与当代历史进程的国家。一开始我的想法是在中国开一家介绍法国艺术家的现代艺术画廊并在巴黎开一家介绍中国年轻艺术家作品的画廊。但我很快就发现在当时中国的政治情势下这完全是不可能的。于是我转向了文学，因为无论在世界的什么地方，只要有一只放满书籍的手提箱我们就可以学习文学。当我1960年从北京回到法国的时候，我本想做一个图书管理员，因为我发现图书管理员往往比教授有学养得多。但是戴密微决定我必须去教书，他对当时所有学习中文的学生们有绝对的支配权。我意外地成为了东方语言学院的教授，于儒柏让我替他上一年课，因为他要去美国。当他回来的时候，我已经去牛津了，而我的那些学生们在我离开后被转托给了一个令人厌恶且学识极其有限的法国女人，他们跑去东方语言学院院长那里申诉。于是院长请于儒柏把我叫回来，因为他不想和学生闹僵。我有点犹豫，不过还是询问有没有正式的教授职位，因为我非常厌恶那些夸耀自己小小权力的小领导们。

1958年到1960年在北京大学三年的学习经历带给我的其实不只是语言学习那么简单，也让我对很多事情产生了新的思考。那是一个历史车轮高速转动的时代。我记得我第一天到达北京大学的时候，校门口正好有一群人围着一个脖子上挂着一块牌子的人高声叫骂，我很惊讶这是在干什么，同行的老师告诉我那是在“批斗”一个“右派”，这种事“没什么大不了”，让我更惊讶的是他这种淡定的态度。这让我想起巴黎解放之后在巴黎街头人们把那些和德国官兵有私通关系的法国女人扒光衣服剃成光头游街的事情，这些事都让我作呕，但也让我开始思考这种疯狂的群众运动到底是怎么回事。而不久之后我自己也亲身经历了一回。我记得1958年或者1959年的国庆节，当时在北京天安门广场前面举行规模盛大的游行活动，每个人手里都会举着花束，在通过广场时高喊“毛主席万岁”。北京大学的学生也有自己的方阵，而我也过去了。我本来根本不想真的和他们一样参与进去，我其实只是想看看，毕竟我并不是毛派。但因为我也站在方阵里，所以我也被发了一束花。我记得我们一大早就去街上排队，等了很久很久，终于轮到我们要经过天安门城楼了，周围的警卫对我们高喊“快走！快走！”于是我们都急急忙忙地一路小跑经过了天安门广场，而直到我走完这段路的时候我才突然意识到，我也和周围所有人一样，手舞花束，高喊“毛主席万岁”，这一系列动作根本没有经过大脑思考，完全就是身边的人群对自己产生的作用。从那时起我就亲身体验了什么叫作人群的力量，这种力量对一个人的独立性究竟会造成多么毁灭性的影响，让个体变得多么盲目。当然这种盲目性绝不是独属于那个时代中国的什么特殊现象，这完全是人性共同的弱点，法国人也是一样的。我想起我十岁那年，那是1944年，在巴黎解放之前，贝当元帅曾经在圣母院前发表演说，大概有上百万法国人在那里聆听他的演说，不断地鼓掌喝彩，不久以后盟军的坦克开进来了，巴黎解放了，戴高乐将军在市政厅前发表演说，底下也同样聚集着上百万人，也同样不断地鼓掌喝彩，而这些人的大多数其实就是不久前站在圣母院前的那些人。我想你可能不知道，在二战期间，盖世太保每天收到的法国人寄给他们的告密信多到根本读不完，其实大多数人未必是什么“法奸”，其实只是普通人而已，但在当时那种气氛下，他们都成了告密者和揭发者。当然这种事情战后也就没人再提了。

钱林森：从您的学术履历我们获悉，您自中国留学回到巴黎后不久，于1962–1963年间，就代理过闻名遐迩的巴黎东方语言学院中文系汉学教授于儒柏（Robert Ruhlmann）先生的教席，两年后（1965年）便成为这所法国汉语教学与研究重镇中凤毛麟角的正式教授。这期间，您还在牛津大学（1963–1965）做过学术研究，1968年到1971年在香港中文大学执教过。我想，所有这种种异国高校学术阅历对于您深化对中国文学艺术的理解、拓展汉学研究的文化视野一定有所裨益。请问您能否谈谈它们在治学方法和研究内容等方面的异同以及对您的启发呢？

攀芭诺：我能够去北京，是因为东方语言学院给予一份由中法友好协会提供的奖学金。那个时候在巴黎我们学习如何阅读中文，但口语方面则完全被忽视，所以我希望自己能够说中文，而且我也非常好奇地想看到一些中国的真实情况。我想我确实看到了，不仅是在外部看不到的东西，还有在内部刻意隐藏的东西。所以从此以后我都对意识形态保持着警惕。我去牛津是为了接受大卫·霍克思（David Hawkes）教授的指导，我非常欣赏他的文学研究而且我们也成为了很好的朋友，这份友谊一直保持到他过世。关于香港，一开始我应外交部的要求而必须作为文化专员前往，但是总领馆拒绝了我，因为他们通过一位英国大学里的美国教授同时也是一位CIA探员得知我是一个危险分子，这个美国教授知道我参与1968年五月风暴时的所有情况，当然其实我在六八年并没有干什么惊天动地的事情，只不过和当时所有的年轻人一样在街上示威而已。外交部因此非常尴尬，于是向我提供了一份香港中文大学的教席，其实我觉得这份工作让我喜欢得多，当然我没说。在离开之前，我也在南泰尔大学的民族学系教课，所以在香港我便投入了关于戏剧和民间宗教的学习。每周我会看至少三次京剧剧团的演出，剧团同时也是一所演员的学校，而为了获取一些和书本上不同的经验，我也在当地的木偶戏剧团中学习如何演出。然后我便和木偶操作者们一起在寺庙的节日庆典上表演，我负责操作，另一位在我后面唱歌，因为很遗憾我甚至连《马赛曲》和《国际歌》都唱不好。

钱林森：我记得我在1976年到1978年、1982年到1984年两度在东方语言学院中文系执教期间，在中文系学生中最叫座的三门课程，是熊秉明先生的书法课、程纪贤（程抱一）先生的唐诗讲席和您与于儒柏先生先后主讲的中国古典文学选修课。您还为此精心编撰了一套中国古代散文选和一本从中国散文经典篇章中搜集的传记教材，后来结集为两卷集《中国散文选》（Morceaux Chinois de la Prose Classique Chinoise）、《中国名人传记》（Biographie des regrets éternels, biographies de chinois illustres traduites par Jacques Pimpaneau）分别由巴黎友丰书局和皮基埃出版社出版，并一版再版，为当时高校相关中文系师生所广泛使用，产生了很大影响。这些文学专修课程的讲授与相关著述，对推动当时法国汉学研究和发展，无疑具有重要意义。请问您是出于怎样的考虑和目的来编选、讲授这些中国文学作品的？

攀芭诺：不，我的作品从来没什么重大的影响。与您所说的那些汉学家不同，我写作并不是为我的同事们，而是为了学生们以及更广义的大众。我不是一个博学的人。在我学习的过程中，我苦于没有合适的教材。特别是我认为需要提供一些包含完整词汇表的文本，从而让学生能够相对容易地从那里出发去熟悉更广泛的文本，而不仅仅是让他花很多时间去理解文本的细枝末节并在字典里浪费时间。这就是我在友丰书店出版的教材以及通过通信进行的教育中我优先试图建立的东西。

钱林森：20 世纪 70 到 90 年代，我在巴黎东方语言学学院和埃克斯-普鲁旺斯大学等高校执教时实地观察到，在当代法国高校的中国古代汉语言文学教学与研究中，相对于中国古典诗歌、古典小说、散文的重视与走俏来说，古典戏剧却显然冷落、沉寂得多。回首 17-18 世纪之交法国汉学勃兴、登堂入室之初，中法文学首次实质性的对话，曾是由中国古代戏剧（元杂剧）打头阵的，直至 19 世纪法国汉学研究和中文教学领域，中国戏曲文学的此种先锋地位与作用还一直在保持着。作为培养汉学人才中心的东方语言学院的首任汉语教授、著名汉学家安图瓦-皮埃尔-路易·巴赞（Antoine-Pierre-Louis Bazin, 1799-1862），就特别注重中国古典戏剧的研究和教学，其相关中国戏剧的著作、译述，如《中国戏曲选》《琵琶记》《㑳梅香》等，曾在当时汉语教学中产生过很大影响。不知何故，对戏剧文学这种重视的势头与影响力在20世纪却显得相对薄弱、逊色？请问，您对此有何高见？

攀芭诺：相比于诗歌作品，要编辑一部戏剧作品其难度本身要高得多，除非它是一部古代经典。而且如果一出戏最终无法上演，那么它的脚本是很难卖出去的。我本人的戏剧翻译文本就曾经被出版社拒绝出版，理由是这根本不能让任何人感兴趣！这就是为什么我把这些戏剧翻译放在了我的中国古典文学选集里，以此绕过出版社无礼的排斥。但这也已经充分说明研究中国古代戏剧在法国是多么边缘化，主流意识的漠视是何其深重。这里面还隐藏着这样一种想法，就是一出戏弄出来是为了让人看而不是让人读的。另外还有所谓习俗和风尚的问题。讲到中国，人们总觉得那是小说，是古代哲人的智慧，是诗歌。同时，中国戏剧本身是极其道德化的，浸透了儒家的伦理思想，这让人很难从中领会到中国的现实。

钱林森：您1972年创建巴黎“高温”（Musée Kwok On）艺术博物馆，此后20年在该馆连续主办过《亚洲戏剧》（Théâtre d'Asie, 1981）、《中国的传统节日》（Fêtes traditionnelles en Chine, 1984）、《印度戏剧》（Les Théâtres de l'Inde, 1986）、《神话、爱情与荒诞》（Mythes, amour et fantastique, 1987）、《亚洲木偶戏》（Les Théâtres d'ombres et de marionnettes en Asie, 1988）、《宗教与中国民间神话》（La religion et la mythologie populaires chinoises, 1989）、《日本的传统节日》（Fêtes traditionnelles du Japon, 1990）、《中国的不同戏剧》（Chine, les différents genres de théâtres, 1991）、《亚洲面具》（Les masques asiatiques, 1992）、《印度的神话和故事》（L'Inde, mythologie et récits, 1993）等10余次亚洲民间戏剧艺术展览。我相信您在策展的过

程中一定颇费心力。当年您还热情邀我访问过“高温”艺术博物馆，并亲自担当“导游”，为我解说，至今还留下了深刻印象。请问，您出于何种动因创办“高温”艺术博物馆？有些什么样的故事呢？

攀芭诺：我始终希望能够在学院的体系之外去认识和传递中国文化。我意外地继承了高温先生的木偶和乐器，然后我便对自己说，为了继续丰富这些收藏并发挥它们的价值，应该创办一个小小的博物馆，我也这样做了。但我一直不能说服那些法国的机构，这就是为什么在花了 20 多年的功夫试图在法国找到一个稳固的根据地的努力完全失败之后，我把这些藏品全都转交给了里斯本的东方博物馆。法国国家图书馆中本来有一个关于表演艺术的专门部门，曾经想接收这套收藏，我也觉得这是一个极好的出路。但是国图曾经三次提交计划方案，三次都被财政监督者所否决，理由是这些东西不是书籍，所以在国图里没有位置。在最后一次会议上，表演艺术部的主管哭了，因为收集这套藏品的希望不复存在，她由此明白了这一万多件器物甚至不能在国图实现哪怕一个展览。

钱林森：您不仅创建了“高温”艺术博物馆，展览了许多亚洲民间戏剧艺术品，而且出版了多种中国（亚洲）民间戏剧艺术的著作。请问：您何以如此热心于东方（中国）民间戏剧艺术的探索？您是怎样与丰富多彩的中国与亚洲（如印度、日本等）东方戏剧艺术结缘的？在您看来，对这一门类的戏剧文学艺术的探究与把握，对推进汉学（东方学）研究与发展，究竟有何意义和价值？

攀芭诺：我喜欢戏剧一是因为懒散，二是因为对演出的兴趣。如果有一个中国人，他对西方文化一无所知，那么我会建议他读一读古希腊的、莎士比亚的、高乃依的、拉辛的和莫里哀的戏剧。于是只需要几个晚上的时间，他就能够获得对于我们文化的基本理解，而这可能需要他阅读成吨的著作才能达到。我的同事们很看重书本方面的知识，而我更愿意去剧场。他们奉行一条名言：抄一本书是剽窃，抄一堆书是研究。我则特别对中国戏剧和宗教之间的联系感兴趣，于是我专门去演傩戏的村庄里看《目连救母》，这让我感觉比待在图书馆里尤其是那些禁烟的图书馆里有趣得多。

钱林森：我们知道，您是个兴趣广泛的汉学家，不仅对中国戏剧和民间戏剧艺术情有独钟，对戏剧与宗教、戏剧与民间神话、民俗及一切民间艺术都怀有浓厚的兴趣，且有相关精彩著作或艺术展品问世，在法国汉学界享有声誉。如您所发表的《中国：文化与传统》（Chine: Culture et Traditions）、《神话与偶像》（Mythes et Dieux）、《宗教与中国民间神话》等著作和展品，向法国公众多视角、多层面地展示出中国文化丰富多彩的艺术风貌，使广大受众全面深入地了解中国文化的真实面目，深得他们的喜爱。据我所知，20 世纪的法国学者与艺术家对非洲及大洋洲的宗教仪式及民间艺术展开了丰富的人类学探索，比如您与之长期共同工作过的著名画家让·杜布菲（Jean Dubuffet），对他提出的原生艺术（art brut）的概念您有什么看法，他对您是否有什么启发？

攀芭诺：事实上我曾经为画家杜布菲做过六个月的秘书，在此期间我也做其他的工作。我为了获得文学院的本科文凭而在索邦大学学习法国文学以及中文期间，我一直在伽利玛出版社工作，我在 BHV 卖过亚麻布，我为了比在学校里更好地掌握英语而去伦敦旅馆当过服务生，我曾经在精神病诊所当过护理人员，在那里我负责一个绘画工坊以及记录病人的叙述。因为杜布菲的缘故，我对原生艺术产生了兴趣，并一直保持着强烈的爱好。但不能混淆原生艺术与民间艺术。原生艺术是一些不受周遭文化侵袭的人的作品，因此是完全个人化的作品。这是一种自学而成的艺术，没有采用学校中教授的任何技法，它很容易模仿，于是让当下许多自称为艺术家的人不至于丧失他们的头衔。而和文人艺术一样，民间艺术也是一种扎根于文化中的艺术，但那种文化与文人文化有区别，民间艺术经常是被手工艺人创造出来的，这些手工艺人也常常是艺术家，而且比那些为画廊工作的很多专业艺术家有趣得多。民间艺术面向的是普通人，而不是面向那些买一幅作品其实只是为了艺术家一个签名的人。民间艺术值得被称为一种艺术，在它里面有隐藏的思想，曾经大多是宗教性的思想，这也是为什么说一旦宗教被抛弃之后，这种艺术就只能制造适合观光客的物件了。

钱林森：您在研究传授您所喜爱的中国（亚洲）“俗文学”（戏剧、小说）和散文方面，并不偏爱于个人兴趣所好，满足一己之得而固守这一领地，而是依据汉学教研的实际需求与培养人才的全面考量，以开放的视野和胸怀，不断拓展汉学研究的新场域，开创出新成果、新局面。同时您还发表了一部有影响的《中国文学史》（1989 出版，1997 年再版）。据说这是您在东方语言学院授课多年的教材基础上编撰而成的著作，是吗？不瞒您说，敝人孤陋寡闻，直至尊著首版十余年后才有幸拜读。大著从《诗经》开讲，直到中国近现代作家收场，真不愧为大手笔，大气魄。我记得当时读罢就不由得兴奋不已、心生敬畏。在您之先，法国 20 世纪汉学界曾有莫朗（George Soulié de Morant）、马古烈（Georges Margouliès）、奥迪尔·塞基耶-康德谟（Odile Ghéquier-Kaltenmark）、马克斯·康德谟（Max Kaltenmark）、雷维安（André Lévy）等著名汉学家先后出版同类著作。请问，您在构思、编写这部《中国文学史》的过程中是否受益于他们的启迪呢？您希望在这部著作中展现哪些与前人不同的特点？作为一部文学史著作，您并没有穷举式地求全，这部著作所关注的重点也不在于罗列人名、日期以及文风种类。这其中包含着您怎样的批评方法以及文学史的本体论观念呢？

攀芭诺：首先，书名《中国文学史》是编辑选的，当时我并不在法国。另外，本书的第一句话就是，“这不是一部文学史”。我的目标是给予一些钥匙，使那些不懂中文的读者可以更好地感受和欣赏那些被翻译成法语的中国作品。这本书原定的题目是《中国文学入门导读》。我很欣赏莫朗的著作，尽管他的翻译和马古烈一样使用了过时的文风。我受到了一些中国书籍的启发，同时我必须向您承认我从未读过雷威安和康德谟的相关著作。至于《七星文库》中康德谟撰写的相关章节，那其实是一部“文学的历史”，这跟我的意图完全不同。我觉得再做一遍已经做过的事情没什么意义。

钱林森：我观先生半个多世纪的汉学之旅，既有如此厚重有影响有特色的多种跨文化研究专论问世，又有丰富多样、精彩纷呈的译作奉献，您能写能译，真不愧为法国当代汉学领域的多面手。相较于您的汉学研究的卓越业绩，您在译介中国文学文化经典方面的建树也毫不逊色，要是我没有弄错的话，除去上面我们所提到的一版再版的两卷集《中国古代散文选》和《中国名人传记》外，您还翻译出版过著名的道家诗人寒山的诗歌（1975）、现代诗人闻一多的作品（1987）、《东周列国志》（1985）、纪昀《阅微草堂笔记》（1994），更有令人叹为观止的沙畹《史纪》法译续译4卷《史记·列传》问世，成全了近代中法文化关系史和译介史上的一次壮举伟业。您的翻译所及，包括了诗歌、散文、史志、传记、笔记、传奇、杂剧等各种文体的作品，请问您是基于何种原则对这些作品展开翻译，对如此多样化作品进行翻译是否包含着您某些内在的理由或思路？作为资深的汉学家和翻译家，您认为翻译对汉学研究有什么价值和意义？翻译在其中究竟充当怎样的角色？

攀芭诺：我觉得翻译甚至比我那些“关于中国”的著作更加重要。我的翻译包括，《达摩流浪者，寒山诗二十五首》《没落王国》（《东周列国志》节选），《永远的感伤者》（文选），《苏东坡》《遵道而生，谈话与故事》（《说苑》与《世说新语》节选），《阅微草堂笔记》《禅诗》《写给年轻女孩的信》（历史故事与诗选），《中国古代文学选集》以及《史记》的后半部分。我翻译以上所有作品的原因都是希望能让更广大的公众了解这些重要的作品，尤其这些都是我喜爱的作品。

我也同样写过一些灵感来自中国的故事，有时候是基于一些中国文本，但更多来自于我的想象。《天马》（关于张骞出塞），《中国恋人血泪史》，《吴先生的春夏秋冬》。另外，我正在准备写一本关于我在中国生活经历的书，我准备将其命名为《我的晚年中国》，因为灵感来自于聆听音乐家罗西尼的一个系列作品《晚年组曲》。

您经常询问我的方法，在这一点上我必须承认自己有罪：我并没有什么方法，如果不是我一时兴之所至的话。当然如果一定要谈方法，我觉得不存在现成并且放之四海的方法。首先必须匹配其研究主题。同一个方法不能同时应用于一个历史文本和一个关于文学或宗教的文本，一个陈列事实的文本和一个试图传递理念的文本。另外，必须重视我们所面向的公众：我们所写作的东西究竟面对的是对主题一无所知的大众，或是对其有所了解的读者还是已经具有深厚知识的博学专家？当我和您说到我的任性时，我其实是想说需要某种方法，但这是一种每个人以其最大的自由所制定出的方法。谈到翻译的方法，我想增加一个问题：这就像是平衡杂技演员的一个节目．要在对文本逐字逐句的绝对忠实以及制造一种与原文同样有吸引力的翻译之间保持一个度。在这个问题上，首先必须保存原著的精神而非字句。

最重要的不是方法而是作者或者翻译者的才华。不过才华这个东西，不管人们怎么认为，并不完全是天生的。才华在发展过程中不仅仅通过与其直接相关的领域得到培养，它还会在最多样化的领域中得到培养。在法国的中国研究领域，在我的上一代人中，最伟大的人物是戴密微。当我去拜访他时，我们谈音乐、谈法国文学远多于谈论中国。到了我这一代，有这样一些专家，人们不可能和他们谈论任何出离其专业的话题，他们对非专业的内容一无所知，这就是为什么他们的著作常常面目可憎且令人失望。在我学习中文的过程中，我也始终在学习法国文学和盎格鲁-撒克逊文学，同时我经常参观画廊，因为我需要这些去理解中国文化。于是自然而然地便形成了一种个人化的方法。

把别人的方法直接拿来用，那就是把自己缩减成一只猴子。

钱林森：您在谈到翻译方法时强调：翻译“就像是平衡杂技演员的一个节目，要在对文本逐字逐句的绝对忠实以及制造一种与原文同样有吸引力的翻译之间保持一个度。在这个问题上，首先必须保存原著的精神而非字句。”我认为这种形象的比方极为精当独到。它使我想到我国留法著名翻译家傅雷生前所倡导的“舍形似而求神似”钱锺书先生的“化境”说，甚至也使我联想到20世纪初我国翻译前辈严复提出的“信、达、雅”三原则。他们的这些“神似”“化境”和翻译原则和您的说法可谓不谋而合。翻译确实如您所说是一种需要才华的事业，一种“对文本逐字逐句的绝对忠实”显然对于文学翻译而言是不够的，在这一点上您的翻译实践是一个很有意义的范例。在您丰富多样、不同品类的译著中，续译沙畹遗译《史记·列传》四卷（2015年，巴黎友丰书店出版），无疑是最有分量、最具建树的，它之出现，成就了司马迁《史记》这部卷帙浩繁的中华经典首个西语全译本的问世，在中法（中西）文化关系史上具有不可估量的学术意义。我们知道，当年沙畹翻译《史记》曾花了十多年的工夫，其刊行流布的5卷译本被奉为欧洲汉学巨著，令世人叹为观止；而您之续译《史记·列传》部分，几乎占全书的一半，在篇幅上与沙译不分仲伯，得耗费您何等的辛劳和漫长的岁月啊。请问：您是怎样承继前辈沙畹未竟之业的？是什么动因激励您要翻译这部中国古典巨著？

攀芭诺：在诸多已翻译成西语的中文著作中，司马迁的《史记》曾一度被忽略，是让人奇怪的事。除去一些零星的散译外，具有规模的《史记》西语译作仅出现过两种。一种是你所提到的沙畹法译本，但译者当时因忙于其他事务，译至《世家》之后便中断，余下占全书一半篇幅始终没有能译出。另一种是20世纪60年代美国华滋生（Burton Watson）的英译本，但它仅译到汉朝部分。我听说美国学界组织专家班子翻译《史记》全本，但遗憾的是迄今尚未完成。我在别处曾多次强调过，《史记》是我们西人了解中华文明不可或缺的经典，不读司马迁《史记》，吾等的知识就是片面和不完整的。《史记》叙述中国从起源到作者生活时代的历史，重在其独特的构思和陈述。与古代的编年史《左传》不同，司马迁开创了一种通体史，后为《二十四史》采纳。《史记》同时还是一部伟大的文学作品，其他的小说和戏剧都从中吸取营养。如此，我始终认为，像《史记》这样的经典名著，不但所谓的"汉学家"应该看，西方历史学者更应该悉心研读，一般不懂汉语的西方读者也要看，即便其中某些章节对普通读者来说可能有点无趣。我深切感到，承继沙畹翻译《史记》未竟之业，是何等重要、迫切。

然而此项续译，工程浩大，长时期以来，造成译者缺场。既然在吾国他乡没有比敝人更适宜的同仁，我因此决定自己动手，承继前贤未竟之业，续译《史记·列传》。这其中，我收入吴德明（Yves Hervouet）的《司马相如列传》译文和另两位精通中国医学者翻译的《史记》第四十五篇《扁鹊仓公列传》。不才并不自诩具有翻译这部巨作的资格。我不是历史学者，全无前辈沙畹那样的满腹经纶，我只不过是一直对中国文化文学感兴趣的译者而已。本人不敢接受"汉学家"的头衔，因为自己阅读中文时经常还要借助词典。浮泛地炫耀自己是"汉学家""中国通"，那是我们这个时代畸形的反常现象。我所做的，仅仅是一项翻译工作，旨在让一般读者有兴趣阅读这部中国名著，实乃责无旁贷。如果这部巨制能被一个比我更内行、专业的译者翻译那当然更好，既然没有任何人承担这项译事，那也不妨暂时满足于我的工作并期待更有才能的译者在将来出现。你问是何种动因驱使我着手续译《史记》？实话实说，我最初开始翻译《史记》，是友丰书店想单独出版《史记》的《列传》部分，并不是像现在这样出全集。他们找到了我，我也就接下了这项译事。我只是希望通过个人的努力，让一般读者阅读这部巨著，有助于他们能在两个方面理解中国文明：一方面，《史记》记载了自黄帝至汉武帝太初年间的整个中国历史文明，读者能从中得到比《左传》《国语》《战国策》等早期著述更完整的知识。另一方面，在中国历史上，《史记·列传》是许多文学作品创作取材的源泉，说书人、小说家、戏剧作者都从中提取创作题材。这两方面的考量，便是激发我投入此项译事的真正动因。由于当时目的是出《列传》单行本，所以我也没有刻意参考沙畹的文风，完全是按我自己的性子翻译的。等到《列传》译完之后友丰书店决定出《史记》全集，对我来说其实是个意外，真是喜出望外。

钱林森：对我们中国人来说，读者阅读司马迁原典《史记》的难度，就是原著的长度和读者自身知识结构的限制，对外国读者和译者来说，阅读或翻译《史记》，其最大的挑战和障碍，大约也正在于这部中国古典名著的长度和接受者们自身客观条件的限制。请问攀芭诺先生，您在翻译司马迁这部巨作的过程中所面对的挑战和难度是什么呢？

攀芭诺：我觉得翻译《史记》最困难的地方还是读懂古汉语的原文，总需要反复地揣摩文意，等到真正理解到意思了，翻译起来总是水到渠成的。另一个困难是，译者若不懂日文——这正是我的情况——翻译过程中就没有任何既存译文可作参照。不过《史记》在中国已有许多注释十分翔实的版本，还有各种白话本。没有这些资料作参考，我是不可能译好《史记·列传》的。

钱林森：司马迁《史记》法文全译本自去年由友丰书局一举推出后，便在法国学界和广大读者中，激起强烈反响，好评如潮。据报载，不少法国作家和研究者都把《史记》作者司马迁誉为“中国的希罗多德”，法译全本《史记》在巴黎甫一面市，他们就纷纷奔向书肆，争相购阅，以先睹这部中国经典巨著之全貌为快。事实上，《史记》法译全本的横空出世，堪为近代中法（中欧）文化译介史上罕见的壮举伟业，它之圆满成功具有划时代的价值意义，标示着中法（中欧）文化交流将步入一个新的发展阶段。攀芭诺先生，您是成就这一壮举的关键译家和亲历的见证者，您怎样评价《史记》全译本出版的影响和意义？

攀芭诺：我向来认为，凡愿真正了解中国文明的西方人，都应当知道一些相关经典读物，诸如《水浒》《西游记》和《三国演义》等出自口头传说的所谓民俗名作。如同法国人从电影接触司汤达、雨果和巴尔扎克的小说一样，许多中国人以看连环画来熟悉一个民族的大众文化。可是，那些小说除了描写一个时代的民俗外，还反映出以往的人的精神面貌，影响着今人的思想。一个西方读者如果只限于看浅显读物，就不可能认识中国的历史特征及其演变。我们应该读《四书》《五经》，尤其是孔子的《论语》和孟子的书，以及《道德经》《庄子》等最早由耶稣会士们译出的经典。但《史记》这部记载了从华夏起源到作者生活时代的中国历史，必须细读，不然我们的知识就会限于片面。与《左传》不同，司马迁不局限于编年史的简单演变，他独创了一种纪传通史体例，包括三皇五帝的本纪、各朝代年表，记载昔日礼仪、音律、天文日历和篇幅最大、最为精彩的名流列传。《史记》的纪传体为其后的“二十四史”继承，由本朝书写前朝事，成为一种传统。

我们知道，历史在中国占有特殊的地位。伦理，特别是公众伦理，乃是一个政权持久必不可少的条件。西方伦理基于宗教，而中国伦理却出自历史教训，旨在表明儒家观念的有效性。我们需要在这一基本思想启迪下，来读司马迁的《史记》。我想重申我在上面所表达过的观点，我觉得像《史记》这样一部重要的史学著作，不但所谓的“汉学家”应该看，更应该被西方历史学者们去阅读，把司马迁放在和希罗多德等西方历史学家平行的位置上去分析，继而在历史学的框架内对《史记》进行研究，从而对历史学本身产生新的思考，这样会有意义得多。如果只是局限在所谓“汉学”的框架内，其实对这部著作是一种缩减。令人鼓舞、称道和欣慰的是，友丰书店将吾辈《史记·列传》译文加入前贤沙畹译著，终于推出了司马迁《史记》全套法译本，成全了人们期待已久的此部中国古典名著首个西语全译本的问世，这的确有助于广大法国和欧洲读者真正了解中国，其学术价值和思想意义显而易见。尽管《史记》全书卷帙浩繁，但各章故事却是自成篇章，完全可以分开独立阅读的。惟愿爱好学习的读者朋友，能有兴致移目此鸿篇巨著，从容开卷，开卷必有一得。

钱林森：您曾经在一次访谈中谈到过一则轶事，关于 20 世纪 80 年代时您坚持翻译闻一多的诗文作品，其中提到您认为“闻一多是二战前中国最棒的诗人”。在中国的现当代诗歌研究领域，闻一多一直是一位重要的诗人，但对其诗作的研究解读却一直充斥着不少误解，而“二战前中国最棒的诗人”的头衔也始终属于郭沫若、艾青甚至徐志摩。而我本人却恰好和您一样，认为闻一多是一位不可绕过的被中国诗歌研究界严重低估的伟大诗人。他的诗作从词法、句法、意象等各个方面极大推进了汉语新诗的中西贯通，创造出了全新的诗歌语言。他本人也广泛地汲取了欧洲尤其是法国诗歌的养分，例如他曾在 20 年代撰写过多篇长文对波德莱尔《恶之花》中的篇章进行细腻的文本解读，至今读起来依然是充满灵感的佳作。请问您为什么认为闻一多是“二战前中国最棒的诗人”，您作为一位法国学者，在翻译他的诗文的过程中，对他的作品有什么样的感受和体会？

攀芭诺：当我 1958 年到 1960 年在北京求学的时候，我很震惊于对闻一多的关注和研究竟然沉寂于无声之中，而对我来说他是五四运动之后那个时期中国最有意思的诗人。所以后来当两个北京外文出版社的编辑到巴黎来找我并且希望我翻译点什么东西给她们出版的时候，我对她们说如果不把闻一多介绍到外国去那简直是可耻。于是她们说我译什么她们就出版什么，就这样我译了一册闻一多的诗文选。

我对闻一多产生比较深入的认识，最关键的一点来自于 50 年代末在北大留学时遇到了当时在北大西语系执教的美国教授罗伯特·温特（Robert Winter）先生。他年轻时是闻一多的挚友，他们 20 年代就在美国芝加哥相识，而且在闻一多的建议下来到了中国，来到了当时的东南大学也就是现在的南京大学任教，后来在闻一多的推荐下去了清华大学，抗战时候又和闻一多一起去了西南联大，甚至在闻一多被暗杀后一直保存着他的骨灰。所以他知道闻一多非常多的事情。温特是一个有左翼倾向的学者，和共产党的地下工作者也有来往，不但参与过一些地下党的事务，还救过吴晗的命，他说当时国民党在追捕吴晗，他把吴晗藏在汽车的后备箱里，然后用自己美国人的身份把他带过了关卡，所以新中国成立以后吴晗成了北京市的主要负责人，温特也就很顺利地留在了北京大学任教。我听说他后来在文革时代受到过冲击，但 1958 年的时候还没什么事。我留学的时候经常去拜访他，他也因此跟我讲起很多闻一多的故事，让我感到闻一多是一个热情而真诚的人。温特曾经和我说起，在西南联大的时候，闻一多虽然很穷困，但他不愿像冯友兰那样和政府高官走得很近以此获得一些物质方面的好处，而是一个人在家里刻印章卖钱糊口，其实如果他愿意的话完全可以像冯友兰那样做，但他不肯，宁愿自食其力获得一点微薄的收入。这种独立和不妥协的精神很让我敬佩。我想我对闻一多的欣赏首先应该是人格上的。

在诗歌方面，当时我接触比较多的是徐志摩和闻一多的作品。但徐志摩的诗让我很反感，我觉得他写东西太做作，总逃不出风花雪月，而且很肤浅，和那个时代、那个社会的距离也太遥远，完全是一个漂浮在表面的诗人。而闻一多的作品却不一样，我从他的诗作里感到了一种与民间、与社会底层息息相关的气息，一种很深入的情感的关联，这是我非常喜欢的。还有就是闻一多写的评论文章，我觉得真是了不起的大手笔，视野开阔，角度新颖，不管是对中国传统的文学还是新文学甚至外国的作品都有完全不同于流俗的判断力。所以我不但翻译了他的诗作，还翻译了他的评论文章。

钱林森：获悉先生还发表过多种取自中国题材的文学作品，诸如《天马》（关于张骞出塞）、《中国恋人血泪史》《吴先生的春夏秋冬》；您并且正准备撰写有关中国生活经历的作品《我的晚年中国》，一听这些美妙的书名，就使我十分惊喜与好奇，更使我顿生敬佩：您不只是公认的资深学者和翻译家，还是一位极富创造力的作家，真不愧为多面手。但遗憾的是，对于您这些文学作品与创作实绩，不仅敝人闻所未闻，我国的比较文学界、法国汉学与法国文学研究者，也未必知晓。但我相信那必是一个新鲜有趣的文学天地。能否请您为我们谈谈您的这些创作，比如您正在撰写的《我的晚年中国》，这是一部回忆录吗？

攀芭诺: 不，这不完全是一部回忆录，更像是一本漫谈性质的散论。会有回忆的成分，比如我会谈到我在天安门广场前游行的那些体验，会谈到我在北京留学时如何去中科院吴晓铃先生家里上课，每周拎两大袋吃的去他家，出来时带着两大袋书。但我还会写我对中国文学和文化的评论。比如关于“侠”，我觉得《水浒》里的那些好汉并不能算作“侠”，因为他们其实都是从当时那个统治阶级里分化出来的，虽然暂时成了这个阶级的反对者，但其实依然在一套思维逻辑里面，所以最后的结果必然是被招安，然后再去打别人。还有比如关于“风流”，我发现这种气质其实是在古代小说和戏剧中的女性角色身上表现得更加鲜明，而女性偏偏在中国传统文化里是受压抑的。总之就是写些杂乱的想法，并没有什么大不了的。

从印刷媒体到数码媒体的转型

Transformation de média-presse à média digitale
Transformation from Print to Digital Media

未来的维度

戴锦华

未来何谓?

当21世纪渐行渐深，未来，这一遭悬置、几乎蒸发殆尽的彼端，作为一个参数和议题，于我，突然显现出真切与急迫性。

然而，提请“未来”，并非关于时间。因为，时间尽管看似是某种自然的、物理的维度，却更是某种人类心智的或观念的“事实”。对于我们自己已渐次生疏的“中国时间”而言，那是某种自然循环：日出日落、春播秋收；是一元更始、朝代更迭、沧海桑田。如果加上迟至的佛教观念，便有生死轮回，生命与现世的来而复去，去而复返。当然，我们更为熟悉和内在的，却是基督教时间：某种向量，某种有开端与终结的时段，乐园、失乐园、复乐园。所谓现代时间——资本主义的或现代主义的，便由此而衍生：进步、发展主义、人类的自我提拔与人类社会的无穷上升……，即线性时间。在这类时间观念中，未来意味着将至与必至。

提请“未来”，亦非以“别称”重提乌托邦议题。所谓乌托邦固然有别于当下与现实，但作为其本义上的理想社会的制度建构想象，却并非明日与未来的专利议题。一如利科所言，将乌托邦分置于昨日或明日，区分两种基本的思想趋向。

同样，提请“未来”，并非为了更新或凸显历史的坐标。尽管，在笔者看来，历史确乎从不是关于过去的，而是关于未来的。未来视野、未来想象决定了历史的纵深、位置与价值。历史的空间化：万古岿然的“铁屋子”或“黄土地”成为20世纪80年代文化最为突出或最具再现力的文化意象。然而，提请未来，却并非为了在伴随“中国（经济/GDP）崛起”而赢回历史纵深与意义的时刻讨论“中国的世纪”或在后冷战之后的世界版图间重提或质询“历史终结”。

于我，未来之为议题的凸显，在于一组矛盾的社会文化及心理事实。一边是一个奇特、迷人、瞬息万变的现实，宣告着未来已至：每一天，科幻小说、科幻电影曾负载的、最张扬、最狂悖的未来想象变为我们的生活事实：生物学革命与数码技术催生的社会转型正整体地重塑世界格局与人类生态。甚至，第一次，并非在想象的意义上，人类问鼎死亡并实施死亡挑战（新生物技术：基因改造、器官移植、干细胞……）。而在另一边，却是未来之为现实参数的蒸发殆尽，至少，是隐没于浓重的文化雾障之中。继恶托邦（/反面乌托邦）的书写取代乌托邦想象之后，新世纪伊始，世界性的末日想象（以好莱坞为代表和始作俑者）突然充斥并弥散于全球视野之间。混沌或遭阻断的未来视野，似乎突兀地将未来议题转换为：我们是否拥有未来？或者更为危言耸听：我们是否应该直面末日？全球视野中，未来陡然显影为一片巨大、幽暗且无从穿透的雾障，与作为一个亚类型集中涌现的末日电影不约而同的，是末日——这个曾经充满诸种宗教（首先是基督教）意味的不祥命题进入了理论论域。齐泽克索性将我们的世界性现实描述为“末日生存”①，在他看来，替代了《圣经·启示录》“末日四骑士”的，是已然到来或正在临近的“末日四乘客”：即，“生态危机、生物遗传学革命的后果、体系本身的不平衡（知识产权问题以及即将到来的对原材料、食物和水的争夺），以及社会分化和排外问题的爆炸性增长”。② 姑且搁置对今日世界性危机情势的分辨、概括与争论，从9.11恐怖袭击、阿富汗战争、伊拉克战争、殃及全球的金融海啸、福岛核泄漏、欧洲系列爆恐袭击、ISIS的兴起、叙利亚难民、占领华尔街到法国的“黑夜站立”运动，这些几乎不间断的突发、暴力事件，在世

① SlavojZizek, *Living in the End Times*, Verso Press, April 18, 2011.

② *Living in the End Times*, p.14.

界范围内牵一发而动全身，显影着资本主义危机、甚至危机中的资本主义的事实。然而，齐泽克的观察或曰揭示的要点在于，尽管这四种（或N种）危机的每一种都有终结资本主义的可能，但“我们生活于一种集体性的盲目拒绝状态中”。盲目拒绝直面、遑论思考全球资本主义乃至现代文明的危机状态，几乎是后冷战之后的、极为突出的世界社会文化及社会心理的症候群。对真切的危机情势的“集体性的盲目拒绝”与未来视野陡然为末日幻想所充斥和阻断，构成了这一社会文化症候群的突出表征。

未来追问与末日幻象

与此同时，借势于新媒体，另一组看似矛盾的文化表征渐次凸显：当现实中沉溺、自恋纵情的偶像剧、言情小说/罗曼斯完全坍塌了历史的纵深度，拒绝了未来展望，与其共在的，是科幻——这一在最浅表意义上拥有未来想象专利的文体，陡然由通俗文化生产场域“提升”入思想与理论的场域。已无须再度重申对流行文化情有独钟的齐泽克的著作，后冷战之后，人文理论领域中，引人注目的学术论著，一是詹姆逊的《未来考古学》[①]；二是一位字面义上的跨学科思想大师、女性主义的女性学者唐娜·哈拉维[②]的著作系列，开始在接受与思想的层面上溢出欧美思想界，在中文世界、在全球播散。一如詹姆逊著作题名的矛盾修辞法，瞩目科幻，首先是提请历史——一段以审判或坍塌的方式被改写、抹除的历史——20世纪的、冷战的历史，以期重提对资本主义的批判，这同时是新语境下的现代主义反思；其次，于我，瞩目科幻与思考未来同源同义，其目的在于某种对21世纪世界现实

① 弗雷德里克·詹姆逊：《未来考古学——乌托邦欲望及其他科幻小说》，吴静译，南京：译林出版社，2014年。

② 唐娜·哈拉维（DonnaJ. Haraway，1944-），美国顶尖级科学与技术研究学者，女性主义与新马克思主义者，文化研究学者。译为中文的著作有《类人猿、赛博格和女人——自然的重塑》《灵长类视觉——现代科学世界中的性别种族和自然》。

的直面或曰“斜目而视”。而在现代主义视域及逻辑中，几乎形同未来学的哈拉维的现实思考与批判，也正是在21世纪的现实参数下迟到地显现了其思想资源的丰富价值。

21世纪的最初段落里，作为文化现场之一，“末日故事”之为社会幻想几乎和动漫化（或直呼为漫威化）的好莱坞超级英雄之系列电影同时，成了世界影坛的引人瞩目的现象。若说，此间的《2012》更多是以古玛雅历之新纪元为噱头的好莱坞灾难片再度登顶之作（彻底毁灭地球全部大陆板块），那么，与其前后或相继涌现的末日电影，则在电影工业生产的场域中索引着新的社会症候。堪称讽刺的是，新世纪将进入第二个十年之际，末日主题在电影工业的不同生产区段、不同文化现场、不同空间区域集中涌现，不仅有好莱坞的奇观制造（诸如《2012》，2009），有好莱坞的温馨情节剧（《末日情缘》/*Seeking a Friend for the End of the World*，2012），而且有欧洲小成本商业电影（《完美感觉》/*Perfect Sense*，2011），颇为罕见的，还有美国独立电影（《地球最末日》/4:44 *Last Day on Earth*，2011）和欧洲艺术电影（《忧郁症》/*Melancholia*，2011），甚至是非西方电影——韩国电影史上的首例国际大制作《雪国列车》（/ 설국열차，2013）。

当然，末日电影的涌现绝非首例。人类大劫难，作为科幻、灾难类型的宠儿，始终在间歇涌动。事实上，20世纪后半叶，不时扰动文化工业与文化市场的人类末日景观，绝非一句“基督教末世情结”便可释怀。暂时搁置对科幻写作、科幻电影的类型的社会与文化属性的讨论，这一事实上的“冷战文类”自身已形成了一个极为广阔的光谱：从尝试超越现实限定的哲学思考到大众文化工业的流行产品，携带着自二战终结直至今日的社会文化政治的张力，自觉或不自觉地成了现代性的双重和多重话语扭结与冲突。其突出呈现，便是一边质询现代主义对人类无穷发展的潜在承诺，一边尝试通过修复对人性（善）的信念，重建人类中心主义的前提与建立在现代性规划之上的资本主义政治经济结构。当类似话语结构“翻译”为好莱坞类型，尽管必然覆盖上厚厚的糖霜并最大限度地削弱其文明质询的含义，即使成功地自日本动漫工业中移植了其技术 vs. 科学的二项对立式，仍不可能彻底消除这一类型自身的文化张力结构。后者无疑更直接地联系着二战的暴行创伤、广岛原爆阴影，直接负载着冷战全球结构下美苏军备竞赛，尤其是核竞赛的现实威胁，回荡着全球争霸与太空争霸的袅袅余音。末日故事、人类劫难之类的灾难片、科幻的太空歌剧、作为巨大之物的怪兽形象，都是类似政治经济结构的文化与心理投影。因此，在曾集中涌现于冷战酷烈期的类似亚类型中，造成世界毁灭、人类末日的，经常是世界大战 / 核战争（而后变奏为外星人入侵），换言之，便是“人”祸；而此轮末日电影的集中涌现，则鲜有例外地将灾难的成因设定为不可抗力 / 天灾。小行星撞地球，便是某种突出的、不约而同的情节选择[1]。于是灾难无端降临、无可逆转与抗拒。迥异于此前的叙事惯例：地球大劫难只是美国英雄、超级英雄拯救世界的舞台 / 影片；或者后冷战时代的新套路，营造末日奇观，只为成就主角（在此依然注定是白男人）的回家之路，意义或价值主体的所在，是殷殷期盼、无尽需求的孩子（儿子或女儿）；近年的末日故事，则是人类的无力亦无助的劫数。当故事以一切无可挽回的官方（通常是美国政府，或位居美国的世界政府）宣告开启，人类何为？此间，阻断未来纵深的末日叙事里，变奏了的张力结构——一边是对整个世界——现代文明或曰资本主义危机深度的、潜意识式的再现，一边则更为内在、幽曲地重申着那份“集体性的盲目拒绝”。间或是全球性的后意识形态时代的例证，类似话语形态的悖论在于，在拒绝、否定了任何（甚至是想象性）解决可能的前提下，尝试提供社会心理抚慰。显而易见的是，当末日劫难来自宇宙间不可抗力，那么无疑于与人类有涉，却与现代文明或曰资本主义无关，它甚至令任何关于危机的忧虑与思考变为无用且奢侈。更为深刻的是，类似亚类型滥觞于 21 世纪的第一个十年之末，表明

① 《末日情缘》《地球最末日》《忧郁症》中导致人类末日的都是小行星撞地球。

想象人类末日比想象终结资本主义来得容易。用齐泽克的表达便是："想象'世界末日'看来比对生产"至此，未来或没有未来 / 末日想象成了"历史终结论"的流行版变奏，如果资本主义 / 现代文明无可替代、别无选择，那么，它便是历史的尽头，即使它将"成就"人类与地球的末日。

于是，几乎是饶有趣味的，在影片中的人类浩劫景观里，即使末日降临，现代社会与资本主义的权力机器仍会有效运行到最后一刻。人类生命力的柔韧、人性的高尚与闪光以制度的稳定与完备为基础和前提——尽管我们所面对的正是全球资本主义的整体性与结构性危机，正是人类生存越来越深地依赖于全球体制，但即使悬置内在或外在的侵袭和打击，这体制已日渐暴露出其极端的脆弱性。在《末日情缘》中，当小行星迫近，窗外已陷入死寂，中产阶级的窗内仍是一片柔情暖意；《完美感觉》里，社会——首先不是人际，而是机构一次次地在瘟疫的袭击，甚至是全球性的疯狂与破坏中快速恢复，甚至当最后的黑暗降临前，社会救助机制仍在良好运行，秩序井然。甚至在美国独立电影的坚守者阿贝尔·费拉拉的《地球最末日》中，那个地球末日的清晨，除了有某种阴郁不宁（一如独立电影与艺术电影的惯例与共有基调），一切依旧；电视节目主持人坚持到最后时刻才彬彬有礼地与观众告别，世界各大宗教领袖仍在举行最后的巨型仪式，甚至外卖小弟仍准时送餐上门，并借助主角的 iPad 与远在异国他乡的家人告别。亦并非原创地，末日劫难"逻辑地"成了爱情故事的底景。直译《末日情缘》的英文片名，便是"在末日降临前找个伴"。几乎是对精神症候分析的直接呼唤，末日爱情故事（"末日有你"，事实上也是近年来文化工业和消费文化的流行修辞）的荒诞和逻辑，不仅是经典意识形态运行意义上的对中产阶级之为社会主体的、想象性位置的重申，也不仅是危机 / 末日、欲望 / 死亡的置换或遮蔽，而且是再度解构出小客体 *a*，以否认实在界——末日 / 危机的在场。当然，老把戏：电影影像的终极魅惑，便是操弄小客体 *a*，以不可能的编码形式，召唤“一小片”实在界在场并隐形。但这一次，曰“末日”之“实在界的面庞”却始终暴露着相当现实而真切的意味。

末日逾越？

此间，另一组文本则以其对末日的终止或逾越，以其对科幻写作某一脉络——后末日想象的回归，看似修复了主流意识形态机制。1990年——耐人寻味的年头：苏联解体、东欧剧变，西方阵营不战而胜，冷战终结，当今世界屈指可数的原创性的作家之一尼尔·盖曼联手另一位可谓鬼才的英国讽刺作家特里·普拉切特推出了机智游戏之作《好兆头》（*Good sign*，2009）。这部以《圣经·启示录》、基督教末世论、临近的千禧年为戏访对象的长篇，同时无疑以20世纪六七十年代之间与欧美涌动的冷战/末日想象为其游戏性互文。姑且不论文中种种令人捧腹的、无数直指时弊的桥段，于笔者，最为有趣、也最具症候性的当属故事的“大团圆结局”。末日审判——作为与现代时间观同源的、历史目的论之基督教的终点，在故事中成了设定程序，但这程序却因作为普通人、在美国中产家庭中教养长大、名为亚当的撒旦之子/敌基督的孩儿心性，瞬间终止。其间，现世/或曰现代世界——这一判明为魔鬼造物所满盈的所在，毕竟如此的令人迷恋，而天国则十足乏味而单调。如果说，这一奇文应在后现代戏仿、游戏（具体为电玩）、欧美文化中取代悲情批判的调侃讥刺或后意识形态的洞见中获得定位，那么，获得了2006年科幻/奇幻雨果奖最高荣誉的、加拿大作家罗伯特·查尔斯·威尔森（Robert Charles Wilson）《时间回旋》（*Spin*，2005）的症候意味则更为清晰而回音不绝。这部以特定的末日景象：一夜间群星陡然消失或熄灭，地球的夜晚成了一片纯净的黑暗开始，却以一道神奇的巨拱奇迹性地出现在地球某处而逆转。结局中，果敢地驶入这架拱门的人类，便跃迁了浩渺的宇宙空间，抵达了另一个人类“宜居星球”。于是，群星消失与拱门降落，并非劫难，而是在地球社会和自然生态濒临毁灭之际的大救赎莅临。最为有趣或曰荒诞的是，故事颇具说服力地令读者接受了故事的设定：这包裹起地球、并以人类文明无从想象的方式建立了宇宙走廊的，是"宇宙间善的力量"。无独有偶的是，2015 年，在全球，尤其是中国，"感天动地"、狂揽票房的好莱坞大制作《星际穿越》（*Interstellar*, 2014），则在银幕上复现了类似的文化逻辑（/悖谬）与症候。影片以真切而震撼的末日景观 / 生态灾难为开端：黄沙漫天，农业作物多已灭绝，文明大衰退，人类几乎悉数变"回"农民以求果腹，但终难逃灭绝劫数。一反好莱坞的科幻类型的叙事惯例：这部时长 169 分钟的"太空歌剧"，竟然有 40 分钟之久滞留地球黄尘中。片中人类末日的转机同样出自伟大的未知的力量：人类灭顶之际，土星近旁惊现一个犹如太空走廊的、超级稳定的"虫洞"，NASA 的勇士们便驾驶飞船穿洞而出，寻找另一个人类宜居星球。被阻断的未来陡然延展开来，"星辰大海"间人类再获无尽可能。这一次，救赎的力量来自于另一个神话式的所在——"五维智慧生命"，而后，这一"他们"转"译"为"我们"——未来的人类。然而，如果说，《时间回转》的荒诞在于将人类伦理 /"善恶"投射给"不仁"之天地，自作多情地将人类中心主义的可悲自恋赋于宇宙；那么《星际穿越》中更为岌岌可危的设定则是一则十足的"外祖父悖论"示例。这逾越了"末日"展开"后末日"未来的设定，与其说是以奇思妙想洞穿了、阻断了发展主义承诺的无穷进步、无限上升的"玻璃穹顶"/ 毁灭性危机，不如说是更为直接、甚至鲜明地标识出那份"盲目拒绝"背后的心明肚知：危机的深度、广度，不只是资本主义危机与危机中的资本主义，乃至整个现代文明。非此，便难以解释 2016 伊始一则天文学发现何以成为全球性的头条新闻：一颗类似地球的（人类）"宜居星球"的发现[①]。此间，或许更具后意识形态时代文化消费品之文化政治特征的是，其

① 2015 年 7 月间，美国宇航局 NASA 的一则消息：在"宜居带"上发现了一颗被命名为"开普勒-452b"宜居行星。突然占据了包括中文世界在内的全球媒体，相关报道充满了欣慰、欣喜之情。

意图销售的意识形态蕴含并不在结构深处，而就在其表层陈述中，所谓“真相在表面”。就《星际穿越》而言，类似意识形态困境或曰骗术正是其核心的情节设定之一：即NASA的项目负责人布兰德教授所谓的A计划与B计划。A计划是穿越虫洞的宇航员发现地外宜居星球、去而复返，将人类带离灭绝中的地球，易星而生；B计划则为宇航员一去不返，在抵达的宜居星球上安置他们携带的人类胚胎，在地球人类毁灭之后再启人类历史。即使在影片中，所谓A计划：人类整体或部分的移居与获救已是有意为之的谎言。依据剧情设定，A计划的实现缺少关键数据，这数据只能从黑洞奇点中获取。黑洞、奇点、数据，类似名词令影片披挂着“硬科幻”/科学的铠甲（著名天体物理学家的加盟成了有效背书），然而，即使在天体物理学的意义上，黑洞也是欲解未解、也许无解的谜题；而在文化象征的意义上，黑洞或许是在质地上最接近实在界的存在。而A计划与B计划的意味正指向所谓“人类”这一宏大能指的二重所指：作为社群或作为种群/物种。显影为文明危机的资本主义全球化的危机，威胁的正是作为庞大社群的人类，其索求的，必然是社会政治、经济的解决方案；而不是剥离了人类社会存在种群或物种意义的延续与否。当然，《星际穿越》祭起的仍是好莱坞的万应方：家庭伦理与价值。这一次，父亲的承诺、父女深情再度通过双重父女关系结构玩耍起小客体 *a* 的游戏，以此为叙事推动力，通过一系列不可能的奇迹（不如说是神迹），令A计划得以启动实施，末日得以逾越，人类最终得救。如果故事确乎不仅小团圆（主角父女重逢且将与驻留宜居星球、“育种”新人类的女科学家艾米莉·布兰德再聚），而且大团圆——人类社群获救，那么影片的成功便确乎同时成就意识形态机器重新有效运行的奇迹。但一如电影自身的媒介悖论：尽管电影叙述/尤其是回溯性的缝合体系与观影经验或许成就某种社会心理骗术，但始终——影像不参与欺骗。A计划承诺的人类朝向宜居星球的大迁徙并未在画面上发生，除了一个围绕着土星轨道的、载有业已年迈之女儿的大家庭及有限人众的太空站，虫洞之外，宜居星球上，只有艾米莉·布兰德在新人类“育种站”间孑然独立，并未见任何人类大规模迁徙的景观与迹象。甚至在影片的画面之上，得以实施的，仍是B计划，A计划仍只是谎言：不是美国英雄再度拯救了人类社群，只是又一位父亲救出了自己的女儿及其全家。对于人类社群说来，末日依旧。

未来之谓

鉴于此，在此时此地，提请未来又的确关乎时间：我们/人类社群是否仍渴望拥有明天？拥有怎样的明天？如果答案是肯定的，那么，问题便成了我们将如何拥有明天？拥有怎样的明天？

或许正是《星际穿越》所谓的文本“症候”，显露了问题的关键：在我们这个现代科技大突破与结构性危机相遇的时代，“人类”所整体遭遇的问题（尚）不是种群的存续，而是愈加急剧的社群的分化与崩解。借用《帝国》一书的勾勒，便是第二世界消失，第一和第三世界的无所不在①。当资本成为这一“逐鹿环球”时代的真正的无冕之王并近乎无障碍地全球流动；在既经改写的全球格局中，经济学或曰经济统计数据成了唯一“有效”（毋宁说有权势）的学科与社会资料；一切，甚至人类生命及其价值也可标明价格。一如在《2012》中，应对毁灭地球的“挪亚方舟”据说满载着人类精英，但我们在片中已看到，支付巨额金款，“船票”可购。若说这只是漂浮在好莱坞电影谎言效果间的“真相”，那么，这事实上这正是NASA——美国太空总署的募款承诺：捐赠数十万美元，可在未来逃离地球、人类大劫难的“方舟”上为自己或后世子孙预购位置。在可望可及的赛博格生存面前，人类或许正首度问鼎死亡，却或许因此失去了死亡——人类社会最后的“公平”所在。当然，考虑到死亡/必死曾是“人/人类”这一20

① Michael Hardt, Antonio Negri, *Empire*, Harvard University Press, 2001, p.39.

世纪承诺破解却未解之谜之唯一可确认的维度——“人总是要死的”，死亡反身定义了生命与“向死而生”的人类，那么，生物学革命初步显露的前景与可能却或许将要或正在改变人类的定义或彻底分裂人类社群：因消费得起尖端技术而获长生乃至不死的“后人类”与肉体凡胎、生生死死的人类。这也正是一部英制 B 级科幻片《回收员》（*Repo Men*，2010）的设定：近未来，通过器官移植，人类可以战胜疾病、衰老，不言而喻地，战胜死亡；但这一切都意味着寻常人支付不起的天价。显然是 2008 年袭击全球的金融海啸的变形镜像，在《回收员》中，这最新技术革命的确为（欧美世界的）寻常人享用——通过不堪其巨、不堪其重的负债、分期付款。然而，回收员，这一医疗、器官公司重要雇员的职业口号是：“交不起房贷，收房。交不起车贷，收车。交不起肝贷，收肝！”支付不起之刻，便是死神以回收员的形象翩翩到来之时。为了逃离回收员的索命，难以计数的人群便成了巨大的地下社会。

类似科幻书写中幽暗的未来想象，于不期然间再度索引着真切而迥异的现实参数：冷战终结后短短 20 余年间，资本主义世界已快速地“返璞归真”，贫富分化正以加速度极化的方式发生，纺锤形社会正快速回归金字塔结构，并愈加陡峭。21 世纪的社会奇观：一度全球弥散的“占领华尔街运动”，其运动的主要参与者多为金融海啸制造的、由中产者“新晋”而成的无家可归者，抗议者喊出了“我们是 99%”的口号，准确又不合时宜地申明了 1% 的富人再度彻底垄断了全球财富的事实；与此同时，华尔街近旁则是数量可观的旅游大巴将来自世界各国的游客带往抗议者的示威现场“观景”，双方以智能手机互拍、间或对骂——辱骂的修辞“古老”而新鲜，“赤色分子！”/“资本家的走狗！”。或者又一奇观：《21 世纪资本论》[1]，这部厚达 600 页的极为专业化的经济学著作的全球轰动与畅销。一时间世界各大图书

① 托马斯·皮凯蒂：《21 世纪资本论》，巴曙松译，北京：中信出版社，2014 年。

网站均告售罄，学术乃至商业书店纷扬着断货待补的声明。作者、法国年轻的经济学家托马斯·皮克迪（Thomas Piketty）尽管在各种媒体访谈不断申明自己绝无“左倾”，一向厌恶、拒绝共产历史，仍难逃欧美主流学界对其发出“警惕斯大林主义”的指斥。因为这部充满经济学数学模式的专业著作，因“客观”“科学”的描述而展露了一幅世界已然倒退回 19 世纪末的经济图景：财富遭极少数人垄断、社会中下层的上升通道已经阻断，我们重新进入“承袭型资本主义”（更为传神的网络中文翻译则是“拼爹型资本主义”）时代。然而，类似“奇观”固然显影了与危机同时加剧的社会冲突，但此间的思考与反抗的主体，无疑仍是坠落中的欧美中产阶级——这一历史性的、曰阶级而非阶级的社会群体；事实上，这也是欧美左翼学者笔下的社会主体——非物质生产的劳动者、负债者。一个简单的、间或被视为过时乃至“弱智”的追问是：除却作为统计数据中的存在，在这幅世界图景中，支撑着全球经济、喂养着全球人口的物质 / 实物生产的劳动者何在？全球的政治、经济困境与思想、文化的无助及忧郁症之外，社会苦难的位置何在？在对“黑镜子”——业已日常化的科技奇迹——智能手机 /iPad/ 移动通讯平台——的迷惑、忧思之外，黑镜子，具体说来，iPhone/ 苹果手机绵长的全球生产链或许正是恰当的一例。持握在占领华尔街运动的抗议者与支持手中、成为围观游客与占领者互拍并上传云端的工具 iPhone，标记的仍然是这一生产–供需–消费链的上端，回溯下行，我们必然即刻遭遇到 iPhone 加工厂，中国富士康青年工人的“连环跳”，被迫直视许立志以他年轻的生命写下的血的诗句。继续下行，也许会接触到需特定的立场与观照方可见的下端——非洲矿场上触目惊心的奴工生存。这一生产链贯通不同大陆，将如此同质 / 异质的人群直接联系在一起，同时令其不可互知、互见、遑论认同与联结。

然而，对于“人类”这一巨大、真切又空洞的称谓而言，社会的贫富极化、全球化生产链条向着人间地狱伸延，并非危机与苦难的全部。全新的、爆发性的新技术的全球应用，同时必然携带着欧美技术密集型的生产观念与方式。于是，相对于全球的物质生产的劳动者，尤其是对劳动力密集型的第三世界国家，这颇为科幻的一幕：自动化程度越来越高的流水线，生产型机器人的研发、投产与应用，意味的并非解放，而是被弃。在这些国家和地区，贫民窟、无家可归者意指的不仅是穷人，更是弃民——社会生产 / 消费、社会供需关系意义上的剩余，为资本逻辑必然削减、抹除的、结构意义上的多余人。借用副司令马科斯——墨西哥符号学游击战领袖的表述便是，今天世界地图是一幅经济版图，不买、不卖的人们便意味着跌出了版图之外，化为（统计学意义上的）乌有[①]。事实上，结构性的弃民的存在正是恶托邦 / 反面乌托邦的基本特征之一（《1984 年》中的“无产阶级”或《美丽新世界》中的“野人”）。然而，在世界范围内，今日之弃民，首先是资本逻辑与技术进步必然造就的事实，换言之，它是某种经济而非政治事实。或需赘言的是，汉娜 · 阿伦特对马克思主义与 20 世纪革命的批评正在于尝试以政治手段解决“贫穷”这一经济事实[②]。在此，皮克迪的极端经济学专业的巨作却不期然间成了对阿伦特之《论革命》的遥远回应。20 世纪 80 年代以降，新自由主义开始主导世界，更在 20 世纪 90 年代、国际共产主义运动“崩盘”之际播散全球。后冷战之后，我们所置身的不仅是资本主导的社会，而且政治日渐蜕化为资本利益的辅助项或曰服务功能。如果说，昔日跨国公司尽管富可敌国，却仍然受到所在民族国家的辖制，至少是掣肘，而今天，种种离岸公司愈加清晰地表明资本主义全球化正在改变民族国家的意义和角色。皮克迪在经济学意义揭示的全球危机，贫富分化或弃民，其解决方案显然不可能由经济 / 资本予以提供。无论是全球最低工资，还是对“世界公民”富人的加码征税以及可想见的福利保障方案，无一不需要政

① 戴锦华、刘健芝主编：《蒙面骑士——副司令马科斯文集》，戴锦华等译，北京：世纪文景出版社，2006 年。

② 汉娜 · 阿伦特：《论革命》，陈周旺译，北京：生活 · 读书 · 新知三联书店，2011 年。

治性介入与政治制度的保障。而制度的改变，同时意味着财富的重新分配，而当类似的财富重新分配达到一定规模时，已无异于革命。而革命，迄今为止，仍是 20 世纪遗留给主流社会的最大梦魇。因此，一个始自科幻写作之父威尔斯的想象模式——双层世界，再度复活于 21 世纪、好莱坞的幽暗未来景观间。无论在《极乐空间》（*Elysium*，2013）、剧场版动画片《阿童木》（*Astro Boy*，2009），还是重拍片《全面回忆》（*Total Recall*，2011）里，造型空间均用以营造富人与穷人、劳动者、弃民的绝对分离和异质生存。一边是光洁闪耀的高科技天堂，一边是藏污纳垢的穷街陋巷，空间固化了 1% vs. 99% 的社会分配，并永远隔绝和阻断了上升与转化身份的社会可能。然而，不同于《1984》或《美丽新世界》的选择，影片的叙事视点均定位于“天国”之外，坐落于穷乡僻壤、穷街陋巷之中——这无疑是好莱坞一以贯之的实践文本之社会调停的有效方式。但有趣的是，影片并未选取美国梦式的解决：野人勇闯天国，自我提升；而是天国因脆弱的系统故障而最终坠落人间或被迫向人间开敞。夸张些说，共同或社会财富的共享在影片中成了垄断的解毒剂。毫无疑问，马克思主义及与马克思主义殊死搏斗，令 20 世纪成了现代史的一个异数，并多少修订了现代文明的逻辑。但若说马克思主义作为一个知识系统亦成了好莱坞——跨国电影工业的部分基因，或许是笑谈；但换一种说法：即使在今日，马克思主义仍是资本主义体系与现代文化的最深刻擦痕，甚至铭写入好莱坞内部，当不为危言耸听。然而，如果将问题带回《资本论》遭遇阿伦特，《论革命》直面皮克迪，那么，直面今日世界所必须纳入的，是一个传统政治、经济学曾搁置或设为忽略的参数：来自资源限定而非社会分配制度的匮乏。马克思或阿伦特、法国革命启示录或美国革命教科书之争，都建立在一个现代性逻辑的前提之下：社会的无穷上升（尽管可能是螺旋式上升）、（功能意义上的）资源的无尽开发、社会财富的无尽涌流。以此为前提，才有社会问题的政治解决或经济解决方案的冲突与选择。一旦纳入了当下资本主义危机的两个主要面向：能源危机与生态灾难，那么需要省思的，就不仅是资本主义逻辑而且是现代性规划。也是在这个意义上，科幻这一文类的上乘之作——意味深长地首先出自前社会主义阵营，诸如安德烈·塔尔科夫斯基的《飞向太空》（*Солярис*，1972）和《潜行者》（*Сталкер*，1980 年）及波兰科幻作家史坦尼斯劳·莱姆[①]的作品序列——显现了新的思想性的文本意义。因为，现代主义、现代性规划同时成了类似文本中的省思对象。这是全新的理论命名：后人类主义的最宝贵的面向。不是、不仅是为技术革命所改写、所创造的“后人类”“新人类”，而将人类移出世界 / 宇宙中心，对人类限定性的、充满原创性的思考，并由此发展出一种迥异于前的“看与被看”的电影镜头 / 语言模式，一类新的视觉哲思与主体，一个德勒兹意义上的“时间-影像”而非“运动-影像”的脉络。当然，比这远为深广的，是某种日渐急迫的，不仅是对资本主义批判，直面“资本主义危机”与“危机中的资本主义”，而且是现代主义批判，同时是逾越现代主义逻辑及现代性规划之上 / 之外的创生性思想与实践。

因此，未来的确与乌托邦相关。经历了书写恶托邦 / 反面乌托邦的世纪之后，21 世纪潜在地呼唤着乌托邦想象、书写的再度莅临。这固然由于乌托邦就其本义而言是对理想的社会制度的想象，也是由于为现代主义所规划的，不仅是我们的现实与现实逻辑，而且是我们的知识型——我们赖以认知、思考、建构世界的基础和工具。而今日世界性危机的战胜，却难以在现代主义社会、知识体系之内获取路径。因此，乌托邦作为一种独特的社会想象路径，便渐次凸显了其独特的价值和意义。而在曼海姆所谓知识社会学的意义上，与意识形态相对，乌托邦同时伴行于上升之中、正在形成的新的社会政治力量。于笔者，这是另一组 21 世纪急迫的政治文化议题。因为，我们所期许的、代表未来的社会政治力量，已不是在 20 世纪不言自明的无产阶级。因

① 史坦尼斯劳·莱姆（Stanislaw Lem，1921 年 9 月 21 日–2006 年 3 月 27 日），波兰科幻小说家。

为资本主义的全球分工，产业外移、劳工外判、派遣式雇佣已令劳动者处于分散、区域性、流动（或曰游离性）的状态之中。而想象、召唤一种同质化的、新的政治力量，同时会遭遇到20世纪国际共运大失败的、深重的历史阴影和思想与实践的“债务”。因此，乌托邦的价值和有效性必然首先是政治的，同时必须是对创生型的政治可能的开启。

因此，未来必然成为对历史，尤其是20世纪历史的再度叩问。历史的寻访意味着对未来的呼唤。因为唯有未来愿景方可令历史获得意义的纵深；也唯有历史的深度方能撑起未来的可能。在此，20世纪60年代的世界与中国的历史，在新的坐标和参数下，对笔者，产生了新的资源意义。至少，“做现实主义者，求不可能之事”。至少，“让想象力夺权”！①

未来展望又极为具体地关乎中国。影片《回收员》中的一处空间造型设计深长：这幽暗的近未来景观里，全部路牌都标识以中文，附以小字号英文。这绝非无心之举的设定暗示着未来跨国公司及资本统御的世界，是“中国”入主的世界。毫无疑问，这正是欧美世界面对“中国崛起”的复杂心态所致：既指靠中国经济的高速增长拉动全球，又恐惧中国崛起倾覆既有的世界权力结构，同时将资本主义/现代主义的危机深度归咎于中国的进场。笔者曾在《后冷战之后》一文中指出：迄今为止，中国从未“原创”任何资本主义的问题或罪恶，但以中国巨大的人口基数为基本参数，中国对任何场域的介入，都必然将其快速放大并改变。而中国自身发展的可持续，亦不可能复制任何欧美国家的路径。因此，中国必须是未来的，才能拥有未来，间或创造未来。

2016年5月

① 1968年5月巴黎学潮，亦称为“最后一次欧洲革命”中最著名的街头口号。

当代中国科幻小说中的数码革命

王　瑶

一

自20世纪七八十年代以来，在西方科幻小说、影视与科技新闻的影响下，中国科幻中开始越来越多地涌现出有关数码技术的想象。在叶永烈发表于1978年的《小灵通漫游未来》中，已经写到了“电视手表”“微型半导体电视电话机”“环幕立体电影”等高科技数码产品。但今天看来，这些技术在现实中所引发的经济、政治、社会和文化变革，早已远远超出当年科幻小说里的描写。叶永烈本人也在多年之后谈道：“现在重读《小灵通漫游未来》，最大的缺憾是书中没有写及电脑。电脑如今已经无处不在，到处引发智力革命。就连我的这篇文章，也是用电脑写出来的。但是，小灵通居然在‘未来市’没有见到电脑，这不能不说是极大的‘失职’。”[①]

1989年2月，彼时尚默默无闻的青年电脑工程师刘慈欣利用业余时间完成了长达八万字的《中国2185》。[②]小说描绘了未来中国，电脑和网络技术全面普及，全国二十亿公民可以在线参与“人民大会”，通过“国家电脑总网”和“中华人民共和国人民大会管理软件”，以在线投票的形式参与民主讨论，与“最高执政官”直接对话。一位青年科学家将几个死去老人的大脑扫描后上传到网上，成为永生不死的“电子幽灵”。其中一个老人对当前国家局势不满，为了“替老祖宗管管这帮不要脸的小东西”，他化身为病毒侵入电脑总网，企图掌控

① 叶永烈：《小灵通漫游未来》，长沙：湖南教育出版社，1999年，第140页。

② 该作迄今尚未正式出版，此处参照的是作者本人提供的电子版。

整个国家，从而引发一场骚乱。

不久之后，刘慈欣又创作了长篇小说《超新星纪元》，讲述一颗超新星爆发之后产生的辐射，令地球上的成年人全部患病死去，只有11岁以下的孩子幸存下来，在恐慌与混乱之中，共同创建属于他们自己的新时代。[①]小说前半部分着重描写了中国的三位小领导人在超级量子计算机“大量子”的帮助下，努力维系国家运转。然而与此同时，全国两亿孩子们却在网络上建立起一个名为“新世界”的虚拟国家，这个国家不需要政府和领导者，而是通过“网络全民大会”，由孩子们自己讨论决定各种事务。这些孩子们不愿意回到现实中去工作，觉得“累、无聊、失望”，而渴望在虚拟现实中建造“一个好玩儿的世界”。

在这两部作品中，刘慈欣从多个方面探讨了数字化与互联网技术如何参与一个“新中国”的建设，其中有希望也有噩梦：无论是冥顽不化的老人在虚拟世界中建立的“华夏共和国”，还是幼稚任性的孩子们所建造的“糖城”，都几乎将国家拖入毁灭的边缘；“网络人民大会”可以做出与最高执政官意见相左的、不理智的决议，也可以在敌军压境之际，让举国上下一夜之间组织起来，“使一大块松散的石墨在一瞬间转化为坚硬的金刚石”。这些情节其实共同围绕着一个议题：数码时代的人民民主应该如何实现？这种人民民主与政治权威之间的关系又是什么？刘慈欣相信互联网能够让民主决策的过程更加公平和高效，但与此同时，他又借笔下人物之口提出：“任何时代都需要权威，不然人民会吃亏的。”在这两个故事中，危机都产生于“人民”与“权威”相冲突的时刻，而国家最高领导者则相当于“国家电脑总网”的总工程师，拥有监管和关闭总网的最高权限。

尤其值得一提的是，在《中国2185》中，刘慈欣创造了“飞蝗群”这一形象，也即是一群骑着“飞摩托”在城市夜空中集体狂飙的孩子。他们不需要领导，也不需要政治权威，而是依靠神秘的心灵感应自发

---

① 这部作品在放置十余年后，经作者数次修改，于2003年正式出版，此处参照的是正式发表版。参见刘慈欣：《超新星纪元》，北京：作家出版社，2003年。

组织起来，“你想飞，别人就想飞，可神呢！”更神奇的是，这些孩子们虽然不听警方管束，却能够直接与最高执政官心有灵犀。正是这群孩子们在病毒入侵电脑总网、局势全面失控之际从天而降，协助执政官前往秘密基地给电脑总网断电，从而拯救了整个国家。在这里，我们可以看到刘慈欣对于“人民”这一概念最为激进的乌托邦想象：红卫兵＋移动互联网。①

二

从 20 世纪 90 年代中期开始，一批“70 后”青年科幻作家在接触电脑游戏和网络的同时，创作了一系列“赛博朋克”（cyberpunk）②类科幻作品。这些作品的主人公多是大都市中的小人物（大学生、小职员、程序员），他们在现实社会中感觉到压抑、苦闷和无聊，渴望逃往“别处”，而虚拟世界则为他们提供了平行于现实之外的另一处飞地，以及迥然不同的感官体验。可以说，这些作者几乎是把自己对于电脑游戏的感觉写进了科幻作品中。

譬如星河的《决斗在网络》③以当代大学校园为背景。故事主人公“我”是一个无所事事的大学生，同时亦是网络上一名心高气傲的电脑高手。为了找乐，“我”与另一位素未谋面的“情敌”相约通过

---

① 刘慈欣作品中毋庸置疑体现出鲜明的“红卫兵”情结。另一方面，尽管《中国 2185》创作的年代尚没有移动互联网的概念（小说中的“共和国公民”只能通过固定终端参加人民大会），但“飞蝗群”那无中心、无等级、自由流动的形态，却正可以看作是对今日移动互联网的一个极为贴切的技术隐喻。

② 赛博朋克（cyberpunk，是 cybernetics 与 punk 的结合词），又称数字朋克、赛伯朋克、计算机叛客、网络叛客，是科幻小说的一个分支，以计算机或信息技术为主题，小说中通常有社会秩序受破坏的情节。现在赛博朋克的情节通常围绕黑客、人工智能及大型企业之间的矛盾而展开，背景设在不远的将来的一个反乌托邦地球，而不像早期科幻（如太空歌剧）背景多在外太空。它的出现是对科幻小说一贯忽略信息技术的一种自我修正。赛博朋克也衍生出相关的电影、音乐、时尚。参见：http://en.wikipedia.org/wiki/Cyberpunk。

③ 载《科幻世界》1996 年第 3 期，第 2–13 页。

游戏对战一决高下。当决斗进行到白热化时，“我”为了求胜，擅自使用“CH桥”——一种头盔模样的、可以将人脑和电脑相连接的高科技设备，使自己的意识暂时脱离肉身，进入包罗万象的网络空间。在那里，“我”获得了前所未有的新鲜感：

> 我以一种从未经历过的兴奋体味着周遭的一切，刚才初入网络时的晕眩早已荡然无存。左顾右盼，墨蓝的天空中充斥着电子天使和魔鬼，一个个清晰逼真却又触摸不到；俯身鸟瞰，心理、物理诸楼鳞次栉比，依序流过；背景音乐是罗大佑的《爱人同志》。也许这只是因为我在以一种人类的眼光来看这个世界，因此衍生出许多人类社会的真情实景和梦幻遐思。①

在杨平的《MUD–黑客事件》②中，大型网络游戏MUD拥有近40亿用户，成为独立于现实之外的另一个虚拟王国。某天，一群来历不明的黑客组织突然发动袭击，使MUD世界濒临崩溃。小说主人公“我”临危受命，带着一把手枪去往黑客首领现实中的住址。然而当面对活生生的人时，“我”却始终无法扣动扳机。小说结尾处，“我”坐在街边看着街景，意识到自己已不知不觉沉迷MUD世界太久，不禁幽幽叹息道：“我以前怎么没发现外面的世界这么美？”

在柳文扬的《断章：漫游杀手》③中，男主角“大陆”是一个碌碌无为的小职员，却可以在网络上随心所欲地扮演百万富翁和花花公子。某天，大陆在网络上的分身被神秘杀手谋害，网络警察介入调查，却找不到杀人动机。最终大陆发现，杀手背后的雇主，原来竟是每天为卫生间水管这类鸡毛蒜皮与他吵闹的楼上邻居。当杀手和邻居双双被警察带走后，大陆忽然感觉百无聊赖，他走到窗边，推开几年没碰

① 载《科幻世界》1996年第3期，第11页。
② 载《科幻世界》1998年第5期，第8–18页。
③ 载《科幻世界》1998年第11期，第4–12页。

过的脏窗户：

> 因为很久没有人关照，外面那个老世界显得阴郁，黯淡。城市是灰色的，令人意兴萧索。然而在它内部，有一个梦，巨大、光怪陆离、飞速旋转的城市之梦。每个人都不可抗拒地成为这彩色旋涡中的一条小鱼。和这个华丽的大梦比起来，几个小人物偶尔的叹息又能算什么呢？①

在这些作品中，“现实世界”与“虚拟世界”之间形成鲜明的对比，后者的光鲜亮丽，反衬出前者的平庸单调。而那令小人物先沉迷后幻灭的“城市之梦”，说到底不正是金融资本所营造的迷人幻象吗？对此，齐泽克曾一针见血地指出，今日真实世界与虚拟世界之间的对立，其根源正在于马克思所指出的使用价值与交换价值之间的基本矛盾：

> 这里我们遇到的，是真实与虚拟现实之间裂隙的两个不同版本（the two versions of the gap between reality and virtuality）：一个存在于真实的生产与虚拟的资本领域之间，另一个在经验的现实和赛博空间（cyberspace）中的虚拟现实之间，而这两种版本之间出现了意识形态短路。很明显，存在于我迷人的荧幕角色与荧幕下那个名为“我”的悲惨肉身之间的裂隙，可以转译为对于资本投机循环之真实和贫苦大众的单调现实之间差异的直接经验。②

与这些作品相比，王晋康的《七重外壳》③则将虚拟与现实的关

---

① 载《科幻世界》1998 年第 11 期，第 12 页。

② SlavojZizek, “Have Michael Hardt and Antonio Negri Rewritten the Communist Manifesto For the Twenty-First Century?” In *Rethinking Marxism*, 2001, Volume 13 (3/4) , pp.190–198.

③ 载《科幻世界》1997 年第 7 期，第 24–37 页。

系继续向前推进。小说主人公、中国大学生甘又明接受姐夫斯托恩·吴的邀请，来到美国 B 基地，体验能够让人完全融入虚拟世界的电子“外壳”。按照约定，进入虚拟世界的甘又明如果能够找到系统漏洞，分辨出真实与虚幻，就能得到一万美元的奖金。实验中，甘又明一次又一次脱下外壳，自以为返回“真实”，却一次次发觉自己依然在虚幻之中。这些以假乱真的虚拟世界中充满吸毒、滥交、同性恋等情节，如同一场荒诞不经的“美国梦”。甘又明原以为自己凭借理性，可以轻易区分开“梦”与“现实”，然而随着实验不断深入，他却逐渐丧失了这种自信。最可怕的是，“外壳”可以将每个使用者自身独一无二的隐私与记忆提取出来，天衣无缝地组织到幻境中去，使得幻境像一个可以不断吞食、消化吸收和生长的怪物一样，最终彻底取代“真实”。实验结束后，甘又明失魂落魄地回到家乡——一个荒僻而封闭的中国小山村。于他而言，这里是远离幻境的最后一方净土，也是他寻找真实自我的文化之“根”。但小说最后揭示的一处小细节，又令他禁不住怀疑自己仍在幻境中。按照齐泽克的思路，这一开放式结局正传递出我们对于今日虚拟资本主义的深切恐惧——它依靠幻象的不断增殖而维系自身运转，而层层幻象背后却空无一物。

从这个角度来说，这些诞生于 20 世纪 90 年代的科幻作品，传递出的是作家们对于中国社会转型的感知与经验。“现实”与“虚拟”之间的落差，成为工业与后工业、现代与后现代、“乡土中国”与“全球化之梦”之间裂隙的一种生动表征。

三

新世纪以来，随着社交网络、Web2.0、移动互联网、可穿戴式设备、大数据、智能软件等一系列新概念的出现，令虚拟与现实之间的界限变得愈发暧昧不清。“超真实”（Hyperreal）以前所未有的速度侵吞“真实”，这亦为科幻作家们的创作提供了新的灵感。

宝树的中篇小说《人人都爱查尔斯》[①]，是中国科幻中较为少有的一篇深入讨论大众传媒、超级明星与粉丝经济的作品。小说拟想了一种“感官直播”技术，人们通过在大脑中植入芯片，可以接收来自另一个人的视觉、听觉、味觉、触觉等各种感官信号，就好像灵魂附体在他人身上。开发这一技术的跨国大财阀为了推广该技术，包装出草根明星查尔斯·曼，让他 24 小时直播自己的生活，成为全球千万人争相关注的偶像。

小说中所描写的直播时代，显然直接联系着当下真实的大众文化生产机制——微博大 V、真人秀、移动传媒、网络红人、全民娱乐，等等。在粉丝们眼中，查尔斯是“独一无二的”，是“大写的人”[②]。他是成功的飞船比赛选手和畅销书作家，同时富于个性，敢说敢做，敢于将自己全部的真实生活免费拿出来与公众坦诚相见，从而赢得人们的喜爱。然而事实真相恰恰相反，查尔斯能够出名，是因为背后有经纪人的策划和资本力量的推动（财阀出巨资帮他改造飞船以赢得比赛，甚至找枪手帮他提供写作灵感），而感官直播则进一步加速了象征资本的循环再生产（女明星为了出名主动接近他，这些风流韵事又会进一步吸引更多人关注）。归根结底，查尔斯本人并没有任何过人之处，是因为他被选中成为直播时代的形象代言人，才由此变成“独一无二的”。[③]

小说男二号宅见直人是查尔斯的忠实粉丝，每天蜗居在狭小的单身公寓里足不出户，除了完成最基本的吃喝拉撒和最低限度的工作之外，其余时间全部用来关注查尔斯的直播。反讽的是，直人不仅仅仰慕查尔斯拥有的财富与声望，更发自内心相信查尔斯是独一无二的。

---

① 载《科幻世界》2014 年第 9 期，第 6–29 页。

② 宝树在这里玩了一个文字游戏：“大写的人”（Man）这一称号来自于主角的名字 Charles Man。

③ 这些描述很容易让人想到韩寒。或者说，宝树在塑造查尔斯这一人物形象时，将他对于韩寒现象的思考融入其中，即韩寒同样是一个被媒体和粉丝们所神话了的“大写的人”，而“代笔事件”等丑闻不过是穿透了这一幻象本身。

“成为查尔斯·曼”（being that Man）变成一种绝对律令，只有这样，他才能感觉到作为一个人的价值、尊严和自信。在此意义上，那个人人心向往之的“查尔斯·曼”，那个“大写的人”，不正无比形象地勾勒出那超乎于个体之上、并在个体潜意识中默默运转的“大他者”（the Other）吗？直人与万千粉丝们的身体和自我意识，都成为被这大他者所操控的傀儡，如同电影《黑客帝国》中个体与“母体”（Matrix）之间的关系一样。

在此基础上，宝树将讨论继续向前推进：真实的、独一无二的自我真的存在吗？在一个被影像和媒介所渗透的景观社会里，“做自己”到底意味着什么？查尔斯一直宣扬的理念——让每个人都去追求自己独一无二的价值，恰恰是后工业时代大众传媒精心建构的一种意识形态幻象，一种最具诱惑力的、引发无穷焦虑和欲望的文化商品。通过占有查尔斯的影像，粉丝们想象性地获得那种独特性，同时自己也被象征秩序所捕获。而这种独特性本身已经是一种人为制造的“超真实”，它从根本上颠覆了真实存在的根基，同时掩盖真实的缺场。最终查尔斯意识到，其实身份与自我或多或少是表演的产物，只不过直播时代的来临，进一步打破了私人与公共、真实与表演之间的界限。明星们不仅要扮演明星，更要加倍卖力地表演“真实的自我”以吸引更多粉丝。普通人越是扮演成功人士，越容易出名并获得成功。这种象征资本的增殖模式，正如同虚拟资本主义本身一样，在层层幻象背后空无一物。

更让人不安的是，如果一个人的全部经验、情感、记忆与思考过程，都可以通过技术手段分享给他人，那么自我的边界还能够维持吗？查尔斯一直相信是他自己写了那些书，然而经纪人却告诉他，他们不过是将枪手提供的构思转化为神经冲动输入他的大脑中，而大脑则将这些信号当做是自发产生的灵感。也就是说，这种独一无二的作者身份，与“我就是查尔斯”的自我意识一样，只是一种幻觉。查尔斯感觉到自己就是那个了不起的“查尔斯·曼”，这与直人在直播中感觉到自己是查尔斯，二者之间并没有什么本质上的不同。继而经纪人向查尔斯宣布："在未来，很快就不再有'自己'了。所谓自我只是额叶前端一小片决策神经区域制造出来的幻象，但我们却天真地以为它包含了从感觉到情绪和思维的一切。但感官直播时代撕裂了这些关系。"这已不仅仅是对于大众文化的批判，而更揭示出某种正在逼近的后人类状况。

随着剧情推进，查尔斯发现了财阀试图通过大脑芯片控制民众的阴谋。他选择终止直播，做一个平凡却真实的自己。与此同时，直人也在邻家女孩朝仓南的鼓励下，产生了重新面对生活的勇气，故事看似皆大欢喜。一年之后，查尔斯在星际飞行比赛中因为财阀的阴谋意外身亡。直人与朝仓南争吵分手后陷入消沉，正在此时，他得知一家传媒公司正在出售查尔斯过去十年中所有的直播数据。这一次，他毫不犹豫地付了款，期待在重播中再次与查尔斯融为一体。小说的结局体现出一种宿命般的脆弱无力感。查尔斯死了，但大写的"查尔斯·曼"如幽灵般永生。直人心甘情愿臣服于这幽灵的询唤，正如同齐泽克引用斯洛特迪基克的话："他们对自己的所作所为一清二楚，但他们依旧坦然为之。"①

四

《人人都爱查尔斯》采用了绝大多数科幻恶托邦的叙事套路：主人公尝试抗争，最后却发现规训无处不在，甚至连抗争本身也不过是规训力量的一部分，就像《黑客帝国 3：矩阵革命》结尾所揭示的那样。换一个角度来说，当下许多对于数码时代的文化批判，其实都采取了此类科幻恶托邦的叙事模式，数码技术被千篇一律地描述为《一九八四》中无所不在的"老大哥"，或者《美丽新世界》中麻痹人民的"五感戏"。这些叙事套路令批判工作变成了同义反复——除

① 〔斯洛文尼亚〕斯拉沃热·齐泽克：《意识形态的崇高客体》，季广茂译，北京：中央编译出版社，2002 年，第 40 页。

了一遍又一遍宣告奥威尔与赫胥黎所预言的未来已变成现实之外，几乎再说不出什么新东西。然而，如果我们将视野转向数码技术的主要消费群体（譬如直人这样的都市单身宅男）之外，将会找到一些不同的叙事空间。譬如，在陈楸帆的长篇作品《荒潮》[①]中，就展示了一种数码技术参与阶级主体形构的可能性。

《荒潮》的故事发生于一座半真实半虚构的广东沿海小岛“硅屿”（以陈楸帆的家乡“贵屿”为原型）上。该岛以回收处理来自全世界各地的电子垃圾为主要产业，剧毒物质渗入水、空气和土壤中，造成环境全面恶化。罗、林、陈三大宗族势力把控着当地经济命脉，来自内地农村的青年农民工则在他们的监管下，从事着报酬微薄且毒害身体的垃圾处理工作。在“本地人”与“垃圾人”之间，存在着深刻的隔阂与仇恨。故事女主角“小米”是垃圾人中的一员，因为不慎被来自美国某实验室的医学垃圾上所携带的病毒感染，大脑发生异变，产生了一个名为“小米 1”的超级人工智能，从而引发一连串风波。

在小说所描述的近未来，媒介与信息成为主宰一切的权力。大城市居民可以随时随地通过可穿戴数码产品和植入身体的人造义体（如电子眼）接入高速网络，享受数码生活的便利，而硅屿则因为一次信息泄露事件被行政部门划入信息低速区，成为一个没有发展前景的落后地区。然而，在每天与电子垃圾打交道的垃圾人中间，却产生了一种独特的数码朋克文化。他们使用城里人淘汰不用的山寨版增强现实眼镜，偷偷下载通过视神经刺激大脑中枢的电子毒品，甚至用废弃义体中取下的部件改装自己的身体。[②]这些垃圾人的领袖，一个名叫李

---

① 陈楸帆：《荒潮》，武汉：长江文艺出版社，2013 年。

② 这会让人想起《斯图亚特·霍尔》主编的《通过仪式抵抗》一书中对于战后英国工人阶级的青年亚文化所做的描述与分析，或者新世纪以来“90 后”青年农民工群体中流行的“杀马特”文化。这种低阶层青年亚文化本身就是在与占主导地位的都市消费主义文化争夺文化领导权的过程中产生的。《荒潮》中明确指出“垃圾人”与“城里人”对待数码产品的不同态度：“所有这些时髦玩意儿，对垃圾人来说毫无意义。他们没有那闲钱，也不需要那么多垃圾资讯，他们自己每天要处理的垃圾就已经够头痛的了。”参见《荒潮》，第 62 页。

文的年轻人，曾经是一名接受过高等教育的黑客，为了替被拐卖的妹妹报仇而潜伏于此。通过巧妙地与各方势力斡旋，他实际上成为在垃圾人与三大家族之间谈判协商的工会代表。

小说最主要的一条线索是围绕垃圾人与本地人之间的斗争展开的，而数码技术则在这场斗争中扮演了极为重要的角色。当小米被罗家派出的打手带走施暴之后，垃圾人压抑的愤怒被点燃，决心夺回小米，而罗家则利用智能监控系统严密监视垃圾人的言行。在李文布局下，垃圾人们戴上了经过程序调制的增强现实眼镜。只要两个人将脑袋凑近，就能把一个人用眼镜录下的视频传递给另一个人。依靠这种像蚁群一般隐秘的、不需要语言交流的信息传递方式，垃圾人们建立起一张流动的人肉情报网络，以此对抗高科技的智能监控网络。

当大脑变异的小米归来后，她通过李文的增强现实眼镜，向垃圾人们发送了一段视频。这段视频令小米具有了神性：

> 小米出现在他视野中，但不知为何，她的形象开始模糊、闪烁，仿佛有不可见的外加光源由无限远的高空洒落，温暖、宁静、金碧辉煌。明明是平视，李文却分明觉得小米变得高大，带着无法直视的威严感，一股若有似无的吟唱飘起盘旋，他分不清是视觉引起的通感还是真的有附加的声音信息解码。小米的笑容似乎带着某种魔力，让他心旌荡漾，莫名感动，甚至有几分落泪的冲动。这是怎么回事？李文试图用理性去探究原因，但他的努力被小米身影绽放出的彩色旋转光环碾得粉碎，心中剩下的只有纯粹的崇拜，甚至还有一丝畏惧。①

我们可以把小米与文学艺术史上一系列历经苦难从而具有神性的底层女性形象相比照——譬如德拉克洛瓦的《自由引导人民》，或者

① 陈楸帆：《荒潮》，武汉：长江文艺出版社，2013 年，第 180–181 页。

阮玲玉所饰演的《神女》。值得留意的是，这些女神形象无不是通过某种媒介再现（譬如绘画、雕塑、小说、戏曲、电影等）产生的，而小米则是直接修改、操控自己的数码影像，令自己化身为一个崇高主体。①

小说高潮一幕发生在一个台风之夜，小米通过虚拟现实眼镜将数百个垃圾人连在一起，带领他们联入高速网络。他们的视野与意识融为一体，进入附近一座城市的服务器。通过城中数十万摄像头与人工智能图像识别技术，小米-垃圾人可以同时看到城市里的每一处细节，这是一种超越人类生理限制的全新观看方式：

> 小米1重新组织了图像的呈现逻辑，按照街道地理位置与摄像头方位建构起第一人称视角的鲍城。与正常人类视觉不同的是，任何一个视角都以360度呈现，如同拉特兰·圣乔凡尼大教堂的天顶壁画《圣母升天》，每一个观看点的四周景物成圆环状展开，而透视消失点被设置于圆心。随着主体的移动，向内展开层层叠叠不断延伸的壮丽空间，无有尽头。②

通过这种方式，小米-垃圾人看到城市里数十万居民的众生相，“他们躲藏在城市明亮或昏暗的角落里，腰缠万贯或不名一文，享受着技术带来的便利生活，追逐人类前所未有的信息容量与感官刺激”。然而，这些便利与刺激无法带给他们快乐和满足，这使得小米“竟然开始同情这些文明的宠儿”。这是一个外在于现代都市生活的视点，从中，小米-垃圾人得以超越自身物质条件与阶级意识的局限，获得一种对于社会生活总体性的初步认识。

---

① 这也让人想起陈楸帆在短篇小说《G代表女神》中描述的另外一位“女神”：一位天生没有阴道、却浑身长满了G点的“G女士”。通过学习掌握利用媒介展示自己（同时展示性高潮）的方法，G女士成功将自己打造为身心饥渴的现代人疯狂追捧的欲望化身。参见陈楸帆：《G代表女神》，《文艺风赏》2011年第12期。

② 陈楸帆：《荒潮》，武汉：长江文艺出版社，2013年，第210页。

继而，小米 1 将更多权利赋予垃圾人们，“所有承载意识忽然获得了自主权，如同数百匹未脱缰绳的野马，朝着不同的方向奔去……他们不停吞并彼此，快速交流，达成妥协，最终汇聚成一股统一的力量”。这股由垃圾人汇聚成的力量擅自做出决定，破坏了监狱安保系统和交通控制中枢，造成全城骚乱。这是一场由底层民众自发组织的数码大革命，却半途而废——在利用垃圾人制造的骚乱达成自己的目的后，小米 1 收回了赐予他们的权利。

继而，当台风带来的洪水淹没硅屿镇区时，垃圾人们为要不要去救助那些他们深刻痛恨的本地居民而陷入争执，此时小米 1 再度跳出，要求垃圾人通过网络投票达成共识。最终“救人”的意见以微弱优势占据上风，垃圾人们自动组织起来，兵分几路去搜救灾民，并通过增强现实眼镜保持联络。在此过程中，阶级仇恨被逐渐化解，垃圾人和本地人的手握在了一起。对此，小米 1 解释道，这不仅仅是救命，更是救治灵魂，是让本地人和垃圾人都能够感觉到，对方是跟自己一样有血有肉的人，让他们能够跨越阶级与文化鸿沟，重新产生对于他人的同情和怜悯。

《荒潮》展示了数码转型所带来的各种可能性，并将当前全球资本主义体系中有关资本、劳动、技术、生命政治、生态环境、地方性、文化领导权等诸多问题的讨论纳入其中。与《人人都爱查尔斯》中形单影只的直人相比，《荒潮》中对于垃圾人这一共同体的书写，向我们展示了一种可能性，即数码技术既可以是一种规训的力量，又可以是一种反抗的力量。

根据当代意大利左翼思想家对马克思机器与劳动理论的重新解读，伴随全球资本主义生产与生活方式的变化（从福特制到后福特制，从形式吸纳到实质吸纳，从现代到后现代），非物质劳动（immaterial labor）——也即是生产一种非物质商品（如一种服务、一种文化产品、知识或交流）的劳动，代替过去的物质性劳动占据了主导地位。按照奈格里和哈特在《帝国》中的阐释，非物质劳动主要包含两个方面：

其一是被计算机与自动化技术所抽象化的劳动，也即是对代码和信息的控制；其二则是人类交往和互动中的情感劳动，它生产的是社会网络、共同体的形式和生命权力（biopower）。① 可以说，非物质劳动的过程同时也就是语言交流和知识共享的过程，它创造的不是实体产品，而是马克思所说的普遍智力（general intellect），是信息、文化、知识和情感，是劳动者自身的主体性。从而，"在对于其自身创造性能量的展现中，非物质劳动似乎为一种自发和初级的共产主义提供了潜能"。② 也正是在此意义上，齐泽克将互联网视作今日世界中普遍智力的最佳代表，并以此改写了列宁关于中央银行的论述："没有互联网，社会主义将无法实现……我们现在的使命只是清除资本主义对这一优秀机制的破坏，使之更庞大，更民主，更全面。"③

在《荒潮》中，垃圾人虽然身处全球资本主义生产链条的最底端，但他们却在日常工作与闲暇中，借助数码媒介而创造出专属于这一群体的信息网络、文化形式和"共同感"（common sense）。当他们为了夺回小米而同仇敌忾，自愿组织起来的时候，也就是集体主体性从中产生的时候。然而与此同时，垃圾人的反抗依然沿袭了《黑客帝国》中的神话模式，即必须出现一位领袖，一位大难不死的救世主，一位能力非凡的数字超级英雄，才能将乌合之众组织起来。在这个意义上，垃圾人的斗争和解放是不彻底的。而小说最后的结局，与其说是想象性和解，不如说是一种反讽：台风过后，垃圾人因英勇救人而得到嘉奖，甚至为保障他们的健康而成立了专门基金会，但垃圾人的阶级地位却没有丝毫改变。他们没有机会作为真正的政治主体进行自我组织和管理，也不可能争取到民主决策的权利。他们在小米 1 所提供的高速网络中进行的民主投票，注定是一种昙花一现的形式民主。

---

① Antonio Negri and Michael Hardt, *Empire*, Cambridge,Mass.: Harvard University Press, 2000, pp.290–293.

② Ibid., p.294.

③ SlavojZizek, "Have Michael Hardt and Antonio Negri Rewritten the Communist Manifesto For the Twenty-First Century?" In *Rethinking Marxism*, 2001, Volume 13 (3/4) , pp. 190–198.

五

正如《帝国》中所说，全球信息基础设施可以被描绘为一种民主机制与一种寡头机制的混合。[①] 数码时代的来临，并不会自动推进民主化进程。要将非物质劳动中蕴含的解放潜能发挥出来，需要劳动者充分参与技术民主化方案的设计（包括技术争论、创新对话、参与设计、创造性再利用等），并从中诞生出一种新的技术主体。在夏笳的两部短篇科幻小说中，我们可以看到对此种另类可能性的想象和探讨。

在《童童的夏天》[②] 中，夏笳拟想了一种名为"阿福"的远程遥控家政机器人，使用者可以通过传感眼镜和一套具有动作捕捉功能的可穿戴感应服，操纵远在另一座城市的机器人完成各种精细动作。在研发团队最初的设想中，这一技术可以为独居老人提供专业护理服务，从而有效缓解老龄化社会中护理资源短缺的问题："如果家里有一个阿福，平时不用就让它歇着，需要的时候下个指令，就有护理人员上线为老人服务，省去耗费在交通上的时间和费用，也能大大提高效率。"

小说主人公"童童"是一个小女孩，她的外公是一位退休医生，因为摔断了腿需要阿福照顾，操作阿福的是研发团队中一个名叫"小王"的年轻实习生。然而，"干了一辈子革命工作"的外公对于突然变成需要照顾的对象感到很不习惯，每日郁郁寡欢。这令小王注意到，老年人需要的不仅仅是物质生活上的便利，更有情感和交际方面的需要。为了帮外公解闷，小王教外公使用传感设备，通过阿福去跟别的老人下棋聊天。然而外公却进一步要求，要操作阿福去照顾别的老人，甚至继续为以前的病人们上门看诊。在小王看来，这个想法将带来一连串充满新颖性与颠覆性的前景。首先，"未来的人们或许再不需要

① Antonio Negri and Michael Hardt, *Empire*, Cambridge, Mass.: Harvard University Press, 2000, pp.298–299.

② 载《最小说》2014 年第 3 期，第 148–159 页。

去医院挂号排长队了，医生们可以上门服务，或者在每个小区的卫生所里安置一台阿福，看病将变得轻松许多”。其次，可以筹建一个网络系统，“让有闲暇有爱心的人都能注册账号，远程登录全国各地的阿福，照顾老人、小孩、病人、宠物，参与各种各样的社会公益活动”，从而建立一个“老有所终，壮有所用，幼有所长，鳏寡孤独废疾者，皆有所养”的大同社会。再次，那些腿脚不便独居在家的老人们也能通过阿福获得重新参与社会实践的机会，从而发挥出被压抑的热情和创造力。对此，小王感慨道：“童童，你外公带来的是一场革命啊。”

与那些旨在批判数码恶托邦的科幻作品相反，《童童的夏天》并没有将重点放在技术可能带来的弊端上（譬如机器服务如何剥夺人的实践能力）。小说所设想的技术本身是中性的，它可以被垄断大资本所利用，成为一种新的剥削工具——譬如将农民工们关在封闭厂房里，通过传感设备每天从早到晚进行高强度的远程服务工作。但在《童童的夏天》中，作者却描绘了一幅最为乐观的前景。丧失了行动能力的老人以一种不服输的精神，发挥自身主观能动性（这种能动性显然来自其“革命传统”），参与到对于技术应用的讨论和决策中。技术研发者则通过对整个技术体系的重新设计，改变了劳动过程中人与人之间的关系，使“阿福”从一种消费品转化为普通民众参与非物质劳动的媒介。从技术的资本主义应用走向技术的共产主义应用，这就是小说中所提到的“革命”的含义。正如作者在后记中写道：

> 虽然用了一个小孩子的口气来叙述，但这篇小说真正要讲的是“革命”。在我看来，革命不是大碗喝酒大块吃肉大秤分金，不是一人登高振臂一呼应者云集，革命是弱者和绝望者改变现状的勇气，是叫千万普通的男男女女老弱病残鳏寡孤独知道，生活应该更美好，也能够如此，只是需要想象力，需要勇气、行动、团结、爱与希望，需要一点对于亲人和陌生人的理解与同情。这是每个人与生俱来的可贵品质，也是科幻所能够带给我们最好的

东西。[①]

在另一篇作品《等云来》[②]中，夏笳探讨了应用新媒体技术打破教育鸿沟的可能性。小说虚构了一种既可以存储和处理信息，又可以变换形状和颜色的“智能云”技术。在大城市中，可随身携带的智能云已代替各种电子产品，成为人们通讯、办公、娱乐、社交、记录生活中必不可少的帮手。与此同时，一些人亦在探索如何运用智能云技术共享知识与信息，消灭社会不平等。小说中，一位来自北京的青年志愿者“王老师”携带一朵智能云，独自来到一座偏远闭塞的山村小学进行教学实验。在此过程中，智能云既相当于数字图书馆，又相当于多媒体演示技术，从而帮助那些教育资源有限的乡村孩子们学习各种知识和技能。在王老师离开前最后一晚，她用智能云为孩子们演示了一场从山村小学到全世界、从地球到外太空的虚拟旅行，并告诉他们：“世界很大，路还很长。要勇敢地迈出第一步，不管是一小步还是一大步。”

在小说后记中，夏笳写道，故事的灵感来自于印度教育学者苏加特·米特拉（Sugata Mitra）在2013年TED大会上的一次演讲，“建立一座云端学校”（Build a School in the Cloud）。从新德里的贫民窟到全世界各地，米特拉进行了一系列教学实验：他带着一台电脑来到那些不懂英文、也不知互联网为何物的穷孩子们中间，然后离开，几个月后回来时，他发现这些孩子们已经通过自主学习而能够在测试中有明显的进步。从这些实验中，他提出了一种革命性的教育理念：云端学校。这一理念的核心在于，通过学习资源的免费共享和自组织学习模式的搭建，打破资本、技术、信息和知识的鸿沟，从而创造一个更加民主和平等的未来。可以说，《等云来》不过是用虚构的智能云技术改写了这一现实中的故事，并将其放置在中国小山村中重新讲述。

① 载《最小说》2014年第3期，第155页。

② 载《科幻世界》2015年第9期，第64–77页。

其关注的焦点不在于技术变革本身（不在于智能云究竟比电脑或智能手机进步多少），而在于如何打破思维局限，想象并设计新的技术民主化方案。

结　　语

伴随近三十年来中国政治、经济、社会与文化转型的持续推进，数码与互联网技术的发展，同时参与着所谓“都市新中产阶级”这一群体的形构。网络为他们提供了想象世界与自我表达的空间，同时也绘制出一幅由金融资本和新自由主义所许诺的拥有无限可能性的诱人前景。对他们来说，“数字化生存”（being digital）意味着从滞重的当下现实直接跃入一个无摩擦的、平坦的未来世界。在这样一个世界中，语言、文化、民族、地域、性别、阶级的沟壑将被轻易抹平，每一个个体都能摆脱物质条件的束缚成为绝对自足的主体，并与其他主体之间进行自由交互。然而与此同时，这种虚拟世界的平坦与现实世界的不平坦之间所呈现出的裂隙，亦成为那个绊住幻象并使之崩塌的创伤性内核。可以说，无论是刘慈欣笔下的“网络人民大会”，还是网络黑客们又爱又恨的数码乌托邦，都是围绕这一对最基本的矛盾而展开。

与之相对地，我们不妨将《人人都爱查尔斯》中的直人与查尔斯，《荒潮》中的垃圾人，《童童的夏天》中的外公和《等云来》中的山村孩子，都视作哈特与奈格里所说的“诸众”（multitude）。这里我们暂且搁置其他批评家对“诸众”这一概念的质疑和讨论，而将其视作对全球资本主义体系之下“百分之九十九”的一种描述，其中既包括文化产品的消费者也包括生产者，既包括知识阶层也包括底层劳动者，既包括青年也包括老人和孩子，既包括城市居民也包括广大农民。在哈特他们那里，“诸众”代表着一种对于集体主体性的激进理解，其集体性来自于后工业时代非物质劳动所自发形成的一种共同的文化生活。“诸众是一群离散的奇点，从中生产出一种共同生活（a common life），是某种社会肌体，将自身组织为一个新的社会之躯”。[①] 在此我们需要提出的问题是，如果这种共同性的培养离不开数码与媒介技术，那么它究竟是一种虚拟的幻象，还是有可能打破现实中的各种鸿沟？譬如说，直人可以通过感官直播感觉到自己就是查尔斯，甚至可以将英语练得比自己的母语日语还要流利，那么凭借同样的技术，他是否有可能认同于其他异质性的个体（譬如硅屿上的垃圾人），并因为这种感同身受而愿意走出自己蜗居的斗室？如果类似“阿福”那样的远程交互技术真的可以有效节约交通成本，那么它是否有可能促使普通民众对于别处需要帮助的人由围观和评论走向行动？如果那些生活在 Wi-Fi 和智能手机覆盖范围之外的人们，无法有效地凭借数码媒介讲述并且传播自己的故事，那么他们是否会被那个看似平坦的世界视而不见？

在这里，我们其实重新遭遇了葛兰西式的再现（representation）和文化领导权（cultural hegemony）一类的问题。归根结底，“网络共产主义”不会自动到来，数码技术的解放潜能依旧存在于形形色色的斗争之中，存在于“对亲人和陌生人的理解和同情”中，存在于活生生的人类的生活世界里。

① Antonio Negri and Michael Hardt, *Multitude: War and Democracy in the Age of Empire*, New York: Penguin, 2004, p. 349.

赛博格·用户·节点

——“二次元宅”的三重属性

林　品

在本文中，笔者将借用“二次元宅”这个约定俗成的称谓，来命名某种仍在生成过程中并将持续演化的新型文化主体，尝试从主体与媒介技术的关系、主体与媒介文化的关系、主体与主体之间的关系这三个方面，来探讨这种新型文化主体在新媒介环境中所具有的特定属性。

一　何谓“二次元宅”

在进行深入的讨论之前，有必要先对“二次元宅”这个关键词的词义做一番基本的描述和界定。

“二次元宅”作为一个指称特定文化主体的名词，是由“二次元”和“宅”这两个词语合并而成的。

其中，“二次元”（にじげん；nijigenn）是一个日源词，它在日文中的原意是“二维空间”“二维世界”，本是一个几何学领域的术语，后来被日本的漫画、动画、电子游戏——这三者之间存在着密切的文化互渗和产业互动，因而在日本也被合称为MAG，即Manga、Anime、Game的英文首字母缩写（Manga特指日式漫画，Anime特指日式动画）；而在华语地区，这三者则通常合称为ACG，即Animation、Comic、Game的英文首字母缩写（在不同的语境中，ACG既可以特指产自日本的动漫游戏，也可以泛指各个国家的动漫游戏）。——爱好者用来指称这几种媒介所创造的二维世界。这种用法包含有两个层面的含义：其一是指ACG的媒介特性，在三维动画技术成熟之前，这三者在视觉上都是由二维的图像所构成的（即便是在三维动画技术已然相对成熟的当下，日本的 ACG 产品也依然相当普遍地延续着二维时代建立起的美学风格）；其二则是指 ACG 所营造的世界感，强调这个世界所具有的“虚拟”“幻象”等性质。

需要说明的是，ACG 爱好者所使用的“二次元”，是一个在多重差异性关系中确认自身意义的概念。在上述第一层含义上，“二次元”既与“一次元”即以文字而非图像作为基本媒介的文艺形式相区别，又与“三次元”（即由真人、真实事物作为被摄体的营造三维幻觉的电影、电视剧）相区分。而在上述第二层含义上，“二次元”则主要是与“三次元”相区隔，这里的“三次元”指的是真人置身其间的三维现实世界。乍看来，这种区隔似乎只是构成了虚拟 / 现实的二元对立。但问题的复杂性在于，由于漫画、动画、游戏借助种种视听技法所营造的代入感，由于读者、观众、玩家的移情作用，ACG 爱好者在“二次元”中往往会有真挚而强烈的情感体验。——在这里，真与假、实与虚的关系，恐怕并不能用二元对立的思维框架来简单地分辨。如果换个思路看，对“二次元”/“三次元”的差异性的刻意强调，其实正好反向提示出二者界限的暧昧与模糊。

“宅”作为一个与“二次元”相搭配的名词，源自日源词“御宅族”，在中国有一个被接受与转化的过程。“御宅”（おたく；Otaku）在日文中的原意是“贵府”“您家”，本是一个并不常用的敬语，后来被日本的动漫游戏爱好者当作人称代词用以互相称呼，由此衍生出“御宅族”这个名词，用于指代 ACG 文化以及相关亚文化（如特摄片、轻小说、同人志、Cosplay、声优、手办等亚文化）的爱好者。[①] 在全球化的大背景下，“御宅族”这个源自日本的词语，与产自日本的动漫游戏一道，借助电子媒介传播到了世界各地，并且在另外的国度发生跨语际的接受与转化。而在从日语到汉语的跨语际实践过程中，由

① 关于“御宅族”的词源和词义演变，可参见林品、高寒凝：《网络部落词典之一：“二次元 · 宅文化”》，《天涯》2016 年第 1 期。

“御宅族”又逐渐衍生出“阿宅”“死宅”“宅男/宅女”这样的称呼。由于互联网络的传播效应，“宅男/宅女”这组较之“御宅族”而言更为本土化的词语，逐渐为越来越多并不爱好ACG的人所使用，而在指代对象上，也由ACG爱好者置换为“长时间待在住宅里的人”。在这个语词流传与词义演变的过程中，“宅男/宅女”被大众舆论注入了不少贬义的色彩，甚至在一些主流媒体那里遭到污名化和妖魔化。这个意义上的“宅”，可以说是日文词“引きこもり”（hikikomori，意为家里蹲）的近义词，而与ACG爱好者之间并无确切的对应关系。

但是，当很多新生代的文化主体使用“宅”来自我指称时，它不单携带着对于独自沉溺的自嘲，而且往往意味着对于某种兴趣爱好的痴迷；而当他们使用“宅”来互相称呼时，也不仅带有打趣、调侃的意味，而且往往是在表达一种基于共同兴趣爱好的身份认同。这种富有情感热度的痴迷，不但会支撑他们长时间地“宅在家里”，利用互联网络提供的信息资源，发展自己的兴趣爱好，编织个人的小宇宙；而且，在互联网2.0时代，这种痴迷还能够驱动他们积极地与“同好”（共同爱好者）交流，分享各种与兴趣爱好相关的信息和资源。在这里，“宅”是一个能够表达正面认同的称谓，既可以确认自我的文化生活，也可以指认彼此的同好关系。这个意义上的“宅”，不仅可以用来指称ACG文化的爱好者，还可以用来指称其他文化门类的爱好者，它常常作为一个人称后缀，与各种各样的名词构成五花八门的合成词，而“二次元宅”就是其中最为常见的一个合成词[①]，用于指称“二次元文化”的爱好者。

在狭义上，“二次元文化”可以说是“ACG文化”的另外一种表达，而“二次元宅”的指代对象也与“御宅族”基本重叠。但随着媒介融合的深入以及文化产业链的整合，“二次元”的含义也在发生新的引申和变异。例如，虽然小说是以文字作为基本媒介的，但无论是日本

① 其他较为常见的合成词还有“学术宅”“技术宅”“文艺宅”“偶像宅”“乐器宅”“摄影宅”“历史宅”“军事宅”，等等。

的“经小说”（Light Novel），还是中国的许多网络类型小说，其叙事方式和文化创意都或多或少受到 ACG 的影响，其图书生产系统也与 ACG 产业之间保持着不同程度的媒体协作关系。再如，随着数码技术日新月异的发展，文化市场上既涌现出许多使用三维仿真技术的动画与电子游戏，也涌现出许多将实景拍摄所获得的素材与电脑生成的动画相合成、将真人出演的影像与 CG（Computer Graphics）角色的图像相合成的文化产品。又如，日本的文化产业已形成了一套相当成熟的“MediaMix”产业模式，中国的文化产业也正逐步建立类似的“全产业链”运作模式。也就是说，在一部以某种媒介载体推出的作品经受了市场的考验、积累了一定的人气、凝聚了可观的粉丝群体之后，迅速地对其进行跨平台、跨媒体的改编，围绕其知识产权（Intellectual Property）开发出多种媒介载体的产品群，打造出一条通畅的产业价值链；或者是，先在前期企划阶段构架出一个总体的世界观与角色设定，然后在此框架内分别推出漫画、动画、游戏、小说、音乐、广播剧、舞台剧、真人电影、电视剧等各种媒介载体的产品。①

因而，所谓“二次元”与“一次元”或“三次元”的差异性关系其实是变动的，它们之间的那种区分与对立正由于媒介融合而遭到消解。对于很多语词使用者来说，“二次元文化”的内涵和外延其实要比一般意义上的“ACG 文化”更为宽泛，而作为一个形成并盛行于中文语境的自指称谓和身份标识，“二次元宅”的含义也并不完全等同于“御宅族”这个日源外来词。

事实上，在媒介变革的大背景下，ACG 文化已然深刻地塑造了当代中国一个数目颇为可观的文化消费群体的接受习惯和审美趣味，进而影响了当代中国诸多新兴网络现象的文化样态和传播生态。由此形成了一种宽泛意义的“二次元”用法：新一代的文化群体不仅会在“御宅族文化”的延伸脉络上使用“二次元文化”，而且还可能会用“二

① 参见林品：《浅谈日本动画的媒介融合经验》，《长江文艺》2015 年第 8 期，第 135–137 页。

次元文化”来泛指与 ACG 文化相关、相似的各种流行文化。

在这些流行文化的传播、消费和再生产过程中，广大“二次元宅”还会出于兴趣爱好，展开具有自发性和自主性的文化生产，共同参与构建出丰富多彩的“同人文化”。“同人”（どうじん /doujin）这个日源词在日文中的原意是“有着相同志向、爱好的人”，后来在日本漫画文化的特定语境中，词义演变为“漫画爱好者非正式出版的自主创作”，并且随着媒介融合的发展，又进一步泛化为整个 ACG 文化乃至宽泛意义的“二次元文化”的用词。如今，“同人”被广泛地用来指称“二次元宅”以正式发行的流行文化产品作为源文本，随性挪用其世界观、角色设定、人物关系、故事情节，由此进行的二次创作活动，其形态有同人文、同人画、同人视频、同人音乐、同人游戏、同人周边，等等。在同人文化兴起之初，二次创作者为了逃避版权争端，通常是在同好之间“内部交流”自己的同人作品，或者在相关杂志上匿名、化名发表。互联网络的发展为“二次元宅”发表自己的同人作品提供了绝佳的平台，促成了同人文化的大规模繁荣。现在，“二次元宅”的同人作品通常会发表在社交媒体或专门的同人网站上，很多“二次元宅”还会通过线上和线下的交流结成同人社团，进而施展各自的爱好特长，或创作同人志（通常为同人小说与同人漫画的合集），或制作同人视频，或设计同人周边，或编排“Cosplay 舞台剧”“宅歌”“宅舞”等，共同促成“同人展”“同人祭”和各种社团联欢的成功举办。

在这个意义上，“二次元文化”不仅意味着与 ACG 文化相关、相似的各种流行文化，而且意味着伴随这些流行文化的传播、消费、再生产，在社交网络上生成的各种社群文化、部落文化。而“二次元宅”，就是指那些喜爱并且参与建构这种广义“二次元文化”的文化主体。

如上所述，“二次元宅”是一个随着媒介变革而词义不断变异的词语。在本文中，笔者将策略性地采纳这个约定俗成的称谓，借用它来命名某种仍在生成过程中并将持续演化的新型文化主体，尝试从主体与媒介技术的关系、主体与媒介文化的关系、主体与主体之间的关系这三个方面，来探讨这种新型文化主体在新媒介环境中所具有的特定属性。

二 “二次元宅”作为人机交融的赛博格

当前可以被指认为“二次元宅”的人群，绝大多数都是自小就生活在数码媒介环境中的“数码原住民”（digital natives）。相对于他们的长辈——成年之后才开始逐渐适应数码科技与数码文化的“数码移民”（digital immigrants）而言，这些从小就在数码媒介的环绕与陪伴下成长起来的新生代，他们对数码产品的使用往往更为娴熟，对互联网络的依赖也往往更为深刻；而相比起那些身处社会底层的同代人，他们则拥有更为充沛的消费能力，以购买更加先进的数码产品、享用更加优质的网络服务。[①]

对于这些数码原住民来说，个人电脑无疑是居家环境必不可少的标准配备之一；而这些拥有巨大数据存储量并连接着国际互联网的数字终端，可谓深刻地改变了住宅的空间感。这些数字终端的数码界面

---

① “数码原住民”与“数码移民”这对概念，最早是由美国学者马克·普伦斯基（Marc Prensky）在教育学领域提出的，它们在美国和西北欧的社会语境中，格外强调不同代际之间的差异与冲突。参见 Marc Prensky: *Digital Natives, Digital Immigrants*, in *On the Horizon*（Bradford: MCB University Press）, Vol.9 No.5（October,2001）, pp.1–6. John Palfrey, Urs Gasser: *Born Digital: Understanding the First Generation of Digital Natives*, New York: Basic Books, 2008. 也正因此，“Digital Native”这个概念在被引介到中国之后，常被翻译为“数字原生代”，以表明其代际特性。但必须指出的是，由于“数码鸿沟”（Digital Divide）的存在，同一代际的不同人群在网络接入和媒介使用上，仍然可能存在相当严重的不平等。参见 Pippa Norris: *Digital Divide: Civic Engagement, Information Poverty, and the Internet Worldwide*, Cambridge: Cambridge University Press, 2001. 对于人口众多、幅员辽阔、区域发展不平衡的中国来说，“数码鸿沟”问题就尤其不容回避。能够自幼便享有高度数字化、信息化、网络化的教育环境和生活环境的人群，在出生于 1980 年之后的中国公民（所谓“80 后”“90 后”“00 后”）当中，事实上只占据有限的一部分。因而，笔者选择将“Digital Native”翻译为“数码原住民”而非“数字原生代”，以避免遮蔽同代人当中的人群分化问题。

既扮演着“视窗”的角色，透过它，“二次元宅”足不出户，就可以在赛博空间中自如地获取全球流通的各种资讯和资源；数码界面又提供了无数面“镜像”，经由它，那些在“三次元”生活中备受规训的“二次元宅”，便能够通过虚拟世界的游戏探索来想象性地完满某种主体幻觉。或需赘述的是，也正是在这样的媒介条件下，“二次元宅”得以养成一套足不出户即可自我满足的日常生活方式和文化消费方式（电子商务和物流业在近年来的蓬勃发展，更是为这种“宅生活”进一步夯实了物质基础），从而塑造了“宅男 / 宅女”作为社会舆论约定俗成的一组名词，所倾向于指涉的那种定型化意象。

而随着移动智能终端的便携程度和机体性能的提升，随着无线网络（wireless network）和移动网络（mobile network）的数据传输速率和覆盖率的增高，“二次元宅”在户外环境的时空感也正在发生深刻的改变。只要满足电力充足且网络通畅的前提条件，那么，数码原住民几乎随时随地都可以通过随身携带的终端设备，接入国际互联网，获取信息和服务。对于这些数码原住民来说，移动智能终端的数码界面犹如“穿越次元之壁”的“时空之门”，能够经由人与机器、用户与系统之间的双向信息交互，将“三次元”空间与所谓的“赛博空间”“虚拟世界”或“二次元”连接在一起。

正如马歇尔·麦克卢汉（Marshall Mcluhan）所提示的，媒介技术在延伸人的感官的同时，也要求人们必须调节自己的感知比率（sense ratios），乃至成为媒介技术的伺服系统（Servomechanism），以求达成人与人体延伸之间的新平衡①。上述那些智能设备，在与数码原住民建立起亲密的交互关系的同时，也必然会改变数码原住民的身体姿态和生活节奏，改变数码原住民对时空环境的感知方式。而那些随身携带并且几乎始终保持开机或待机状态的移动设备，更是可以说已经成为数码原住民的某种（可拆卸、可更换的）身体部件，使得数码原

① 参见〔加拿大〕麦克卢汉：《理解媒介：论人的延伸》，何道宽译，南京：译林出版社，2011 年。

住民成为斯各特·拉什（Scott Lash）所说的那种永远保持“接入状态”的“科技生命”：“我运行得像是一个人机接口——也就是说，像是自然生命的一个科技形式——因为我不得不通过社会生活的种种科技形式来活动。”①

在这个意义上，“二次元宅”这样的数码原住民，可以说正在演化为一种人机交融的生命形态，一种控制论有机体（Cybernetic Organism），一种“赛博格”（Cyborg）②。诚然，“赛博格”是一个颇为热门而又歧义迭出的概念，覆盖了相当庞杂的社会实践脉络与文化理论谱系、科技研发序列与科幻创作类型。③当笔者尝试将作为数码原住民的“二次元宅”命名为某种（准）“赛博格”时，主要是着眼于人与机器，尤其是智能设备之间的交融关系，以及这种关系对于人类主体性的塑造。

从控制论的角度来重新审视人类和当代社会，意味着将人类视作与机器一样的信息系统，“信息不再是传播的工具和内容，而是作为一个整体从其物质形式中分离出来，获得重新的概念化，成为一种理

---

① 〔英〕斯各特·拉什：《信息批判》，杨德睿译，北京：北京大学出版社，2009年，第31页。

② Cyborg是从Cybernetic（控制论的）和Organism（有机体）这两个英文单词当中各取前三个字母拼合而成的一个合成词，也被翻译为“电子人”“义体人”“生控体”，笔者在此选用其通行的音译“赛博格”，以便在讨论“二次元宅”与“数码原住民”的特定语境中，凸显这个概念与“赛博空间”“赛博文化”之间的关联性。

③ 赛博格这个概念，最早是由美国科学家曼弗雷德·克林斯（Manfred Clynes）和内森·克莱恩（Nathan Kline）在发表于《航天学》（Astronautics）杂志1960年9月刊的《赛博格与空间》（Cyborg and Space）一文中提出的，用来表述这样一种设想，通过同为信息系统的人体与机器在控制论意义上的结合，来拓展有机体的自我调节系统，从而克服人类机本的固有局限，打造出能够适应外太空环境的“后人类”。随着医学、生物学、仿生学、人工智能等领域在相关问题上的科研探索与实践尝试的增多，随着大众文化与亚文化场域在相关题材上的形形色色的科幻想象的涌现，“赛博格”这个概念也逐渐泛化，可用来指称各种各样混合了有机体（尤其是人体）与无机物（尤其是机器）的生物形态。科学哲学家唐娜·哈拉维（Donna Haraway）进而以三重界限——人与动物的界限、生物体与机器的界限、物质与非物质的界限——在科学文化与社会现实中的崩解作为前提，发出了“我们都是赛博格”的宣言，将“赛博格”由未来指向的设想转变为当下性的指认。可参见Donna Haraway: *A Cyborg Manifesto: Science, Technology, and Socialist-Feminism in the Late Twentieth Century, in Simians, Cyborgs and Women: The Reinvention of Nature*, New York: Routledge, 1991, pp.149–181。

解人类及人类社会的模式”[①]，在这种理论视角下，信息成为将人与机器这两个信息反馈回路联系起来甚至合为一体的基础。数码媒介技术的发展和人机交互的加深，使得作为一种信息系统的数码原住民，一方面随时都在自身机体与智能设备之间进行着自我调节，以达成信息的反馈循环，另一方面又在生理和心理上将智能设备内在化为自我调节系统的组成部分——这种内在化将随着可穿戴设备、植入式设备的普及而得到进一步的强化，但正如安迪·克拉克（Andy Clark）所提示的，人类智能对于科技造物的内化，并不必须依赖于物理的/实体的植入合并。[②]——以一种人机交融的有机整体的姿态和心态来应对外部环境，以达成信息的交流传播。

在这个主体与环境的信息交流过程中，重要的不仅是物质方面，而且是精神方面。根据安德烈·努瑟尔德（André Nusselder）借重精神分析理论提出的观点，对于赛博格主体来说，各种人机界面（human-computer interfaces）就像拉康意义上的“幻象”（fantasy）一样发挥作用：它们调解着真实与虚拟，成为主体与世界互动的必不可少的中介。[③]因而，作为人机交融的赛博格，“二次元宅”无论是在处理与“二次元文化”的关系时，还是在与其他“二次元宅”进行交往时，都高度内在化地经过了数码界面的中介；数码媒介之于主体的内在性，也深刻地影响了“二次元宅”的另外两重属性。

三　“二次元宅”作为数据库消费的用户

随着媒介融合的发展，在大多数情况下，作为数码原住民的“二

---

① N. Ketherine Hayles, *How We Became Posthuman: Virtual Bodies in Cybernetics, Literature, and Information*, Chicago: University of Chicago Press, 1999, p.2.

② Andy Clark, *Natural-Born Cyborgs: Minds, Technologies, and the Future of Human Intelligence*, Oxford: Oxford University Press, 2003, pp. 5–6.

③ 参见 André Nusselder, *Interface Fantasy: A Lacanian Cyborg Ontology*,（Cambridge: MIT Press, 2009）。

次元宅”都是通过数字平台来接触文化产品的。他们不仅会利用各种电子设备——无论是集多功能于一体的个人电脑、智能手机，还是专用的家用游戏机、掌上游戏机——来玩电子游戏；他们也会操作各种智能终端，使用各式网页浏览器或客户端应用程序来阅读文学，收听音乐、广播剧，观看漫画、动画、电影、电视剧，等等。

在“二次元宅”与“二次元文化”的这种关系中，文化接受的对象——无论是 ACG 产品，还是其他流行文化产品——的形态，都不可避免地依赖于将它们呈现给主体的数码媒介技术。譬如，将某部漫画或动画数字化为代码的计算机程序，决定了该文本对象是如何受到编程语言编码的，进而将在很大程度上影响到该文本对象是如何在可视化界面上获得表征的。而在这样的关系中，“二次元文化”就变成了一个由海量的“数据–对象”（date-objects）所构成的庞大数据库，这个采用二进制编码的母体矩阵（Matrix）是无法不经过用户界面的中介——它既将用户主体连接到矩阵，同时又仍然将用户主体与整体性的矩阵隔离开，用户主体在生理和心理上应对的只是其可视、可听、可触、可感的表征或者说“拟像”（Simulacra）——而显现在“二次元宅”面前的。

换言之，“二次元宅”作为赛博格，必须经由种种用户界面的中介，才能和作为数据库的“二次元文化”发生关系。在这个意义上，“二次元宅”可以说是一种数据库消费的用户。笔者称之为“数据库消费”（Database Consumption）[①]，既是为了凸显“二次元”文化产品在媒

① 笔者使用“数据库消费”这个概念，在一定程度上是受到了日本学者东浩纪（Hiroki Azuma）的启发。东浩纪曾经用这个概念来命名这样一种普遍存在于 20 世纪 90 年代以来日本御宅族文化当中的消费方式：御宅族并非单纯地消费 ACG 文本（小故事），也不只是消费文本背后的世界观（宏大叙事）或者角色设定（宏大的非叙事），真正驱动其消费的关键是在于深层的萌元素数据库。东浩纪认为，基于 ACG 的产业开发和御宅族的二次创作，在御宅族文化中已经形成了庞大的萌元素数据库，从业者和二次创作者可以从其中提取出萌元素，通过萌元素的解离、组合与再循环，创造出各种各样的萌系角色，再围绕这些萌系角色编织一系列的“小故事”，形成文化产品的复制再生产。参见 Hiroki Azuma：*Otaku: Japan's Database Animals*，Trans. by Jonathan E. Abel and ShionKono，Minneapolis: University of Minnesota Press，2009。所谓“萌元素”

介融合时代所具有的数字化特征，也是为了强调“二次元”文化产业因市场细分的创意生产和源流多样的类型嬗变而形成的内容海量程度，更是旨在表明，这些海量的数字化内容又无时无刻不在被拥有巨大数据处理能力的搜索引擎抓取并索引，被编入到可以立即回应使用者搜索请求并将搜索结果发送到智能终端的数据库当中。笔者使用“用户”（User）这个概念，则是为了体现媒介使用者与媒介文化之间经由界面实现的交互性，以及这种交互性赋予“二次元宅”的主体能动性。

在能动性的意义上，“用户”区别于“大众”“受众”等概念。所谓“大众”（masses），作为一个伴随现代工业化、城市化而兴起的概念，是将人群视作孤独而疏离、匿名且无根的“原子化”个体的大规模集合；与之对应的是概念是“大众文化”（mass culture）与“大众媒体”（mass media），其重要特征是将“大众”当作以工业化流程大批量机械复制的文化产品与媒介信息的被动接收者。随着文化工业的繁荣而兴起的“受众”概念，进一步强调了大众传播过程中的单向度的信息传受关系，并且以“收视率”“收听率”“点击率”等方式，将“受众”理解为统计学量化研究中的非人格化数字，如文森特·莫斯可（Vincent Mosco）所言，它“不像阶级、性别或种族那样是学术分析的范畴，而是媒介产业自身的产物。媒介产业用这个概念来识别市场和界定商品”。[①] 虽然在20世纪70年代之后，关于“积极的受众”的说法也逐渐流行开来，与之相关的文化研究有意识地凸显了“受众”的主体性和能动性，但时至今日，这一概念已不足以描述新型文化主

（或称“萌属性”“萌点”），指的是二次元角色所具有的能够激发起“萌的感觉”的特征；而御宅族文化语境中的“萌”/“萌え”（moe），是由它的同音词“燃え”衍化而来的，指的是御宅族对二次元角色产生的爱欲充盈——“仿佛整个人都燃烧了起来”——的情感状态。虽然其实并不能将二次元角色简单地量化为若干萌元素的拼贴组合，因为角色的魅力还与不同故事情节对角色命运的展开、不同世界观设定赋予角色的意义价值等因素相关联；但对于御宅族来说，在大多数情况下，这些萌元素也确实可以成为指认角色特征、定位角色类型的有效标签。而东浩纪的观点，对于我们理解日本御宅族文化的产业生态和消费心理，也的确颇具启发性。

① 参见〔加拿大〕文森特·莫斯可：《传播政治经济学》，胡正荣等译，北京：华夏出版社，2000年，第254页。

体的新特征。

数码媒介的理念更新与技术演进，为马克·波斯特（Mark Poster）所勾勒的集制作者 / 销售者 / 消费者于一体的媒体系统①提供了媒介条件，也为亨利·詹金斯（Henry Jenkins）所描述的“参与式文化”（participatory culture）②创造了媒介环境。在这样的媒介环境中，新媒介的积极使用者不仅是作为文化产品的消费者和媒介信息的接收者而存在，而且能够通过人机交互的用户界面，借助种种具备可读可写性、允许用户生成内容、支持群体协作任务的互联网应用，成为文化产品的“产消合一者”（Prosumer）③和媒介信息的双向交互者，能动地参与到媒介文化的生产与传播中。对于这样的新型文化主体，“用户”无疑是一个比“受众”更为恰当而有效的命名。

作为数据库消费的用户，“二次元宅”获取文化资源的方式，绝非一种被动的接收，而是能够利用搜索引擎这样的信息检索机制，从海量的内容中主动地寻找、调用符合自己需要的数据-对象。而对于这些数据-对象的处理，“二次元宅”也并非只是单纯的接受，而是能够在互联网应用的赋权之下，积极地发挥“符号生产力”（semiotic productivity）、“声明生产力”（enunciative productivity）和“文本生产力”（textual productivity）④，能动地参与到“二次元文化”的

---

① 参见〔美〕马克·波斯特：《第二媒介时代》，范静哗译，南京：南京大学出版社，2005 年。

② 参见〔美〕亨利·詹金斯：《融合文化：新媒体和旧媒体的冲突地带》，杜永明译，北京：商务印书馆，2012 年。

③ “产消合一者”（Prosumer）是由阿尔文·托夫勒（Alvin Toffler）创造的合成词，由“producer”（生产者）和“consumer”（消费者）这两个单词合并而成，用来描述那些生产者即消费者、消费者即生产者的现象。参见〔美〕阿尔文·托夫勒：《第三次浪潮》，黄明坚译，北京：中信出版社，2006 年。〔美〕阿尔文·托夫勒：《财富的革命》，吴文忠译，北京：中信出版社，2006 年。

④ 笔者使用这三个概念，借鉴自约翰·费斯克（John Fiske）的粉丝文化理论。参见〔美〕约翰·费斯克：《粉都的文化经济》，陆道夫译，杨玲校，陶东风主编：《粉丝文化读本》，北京：北京大学出版社，2009 年，第 3–20 页。但必须指出的是，费斯克的观察是基于前数码时代的媒介环境，因而，他的许多论述——例如，粉丝的声明生产力是在面对面的直接关系中通过言谈、装扮等方式得到发挥的，粉丝的文本生产力并不以营利为目的，粉丝生产的文本是一种“窄播”文本，等等。——并不一定适用于生活在数码媒介环境中的“二次元宅”。

扩大再生产之中。“二次元宅”不仅能够从既有的文化产品中创造出与自身情境相关的意义与快感，进而通过互联网的评论机制，将各自的意义与快感转化为种种声明，甚至通过网络游戏的角色对话或者是“弹幕”① 这样的技术手段，即时地将自己生产的声明直接添加到正在消费的文本对象之上；而且，“二次元宅”还能够将那些数据-对象当作“为我所用”的素材，借助各种文字、图像、音频、视频编辑软件或游戏制作软件，创作出各式各样的文化文本，进而利用各种互联网应用提供的发布平台与传播渠道，公开地发行这些自创的文本。

与此同时，“二次元宅”的这些“用户自产内容”（user-generated content），都会作为新的数据-对象，参与构成“二次元文化”的庞大数据库；而“二次元宅”通过互联网应用进行的种种媒介使用行为，也都会作为数据记录进入到网络大数据之中，成为可供数据挖掘和数据分析的数据信息，进而成为采用特定算法的网络程序进行智能化信息推送的参考数据，或者成为二次元文化产业的从业者展开市场调研和商业决策的参考数据。作为用户的“二次元宅”，就这样与作为数据库的“二次元文化”发生着信息的反馈循环。

四 “二次元宅”作为趣缘社交的节点

作为数据库消费的用户，“二次元宅”不仅会自发地从事符号、声明、文本的生产，而且会利用互联网的分享机制和共享平台，为彼此增添大量的资讯/资源获取渠道。这些信息传播、资源共享、同好交流的行为，会使得原本在“三次元”空间互不相识的“二次元宅”，能够通过各种各样的社交媒体（Social Media）② 发生频繁的人际互动，

① “弹幕”是指在提供即时评论功能的视频网站上，那些横向飘过视频画框或悬停在视频画面之上的文字评论。关于“弹幕”的使用机制，可参见林品、高寒凝：《网络部落词典之一：“二次元·宅文化”》，《天涯》2016 年第 1 期。

② 社交媒体（Social Media），也被称作“社会性媒体”或“社会化媒体”。作为一个近年来迅速崛起的新概念，传媒业界和传播学界对它的定义可谓众说纷纭，笔者认为比较言简意赅的一

并由此生成崭新的情感联结。在这里，对于“二次元文化”的兴趣爱好扮演了“因缘之纽带”的角色，牵引着弱联结向强联结转化，进而经由线上互动与线下聚会，凝聚成社交关系相对紧密的“趣缘社群”。

这些社群的集体认同，并不是基于传统的血缘、地缘、业缘，而是基于共同的兴趣爱好而形成的。社群成员会基于这种趣缘认同而集聚在与共同爱好相关的目标之下，受共同目标的引导开展各尽其能、各显其才的团队合作，以网络协同作业的方式从事文化生产。例如，在互联网上遍地开花的字幕组或汉化组，作为志愿从事视频字幕配置或电子游戏汉化的网络团队，就是这样一种典型的趣缘社群。这些趣缘社群的成员还会在三次元的城市空间中开辟出想象性的“2.5 次元”飞地，将其临时性地改造为“同好面基”（共同爱好者面对面交流）的聚会场所，凭借移动智能终端支持的即时通讯，组织起丰富多样的集体活动。

这些同好之间的同人活动与趣缘社交，是“二次元宅”文化生活的重要组成部分，其重要性并不亚于对“二次元文化”产品的消费和对“二次元文化”数据库的使用。因而，所谓的“宅”并不必然意味着自我封闭和内向沉溺。一方面，中国当前的“二次元宅”多为在市场化、城市化进程中成长起来的独生子女，他们确实难免会遭遇所谓“原子”式的生存境况；而室内娱乐休闲活动的丰富自足，更是使得他们容易长时间地“宅在家里”，加剧生理和物理意义上的孤独状态。但另一方面，作为生活在网络社会[①]的新媒介用户，“二次元宅”又

种定义是安德烈·开普兰（Andreas Kaplan）和迈克尔·亨莱因（Michael Haenlein）提出的：“社交媒体是一系列建立在互联网 2.0 的技术和理念基础上的互联网应用，它允许用户自产内容（user-generated content）地创造和交流”。参见 Andreas Kaplan, Michael Haenlein: *Users of the world, unite! The challenges and opportunities of social media*, in *Business Horizons*, 2010, 53（1），pp.59–68。所谓“互联网 2.0”（Web2.0），指的是互联网的一次理念和技术的升级换代，互联网业界和学界对它也有各种定义，其中获得广泛公认的特征表述主要有：以互联网为平台、用户创造内容、鼓励用户参与、集体智慧等。

① 笔者使用“网络社会”（network society）这个概念，在很大程度上参照的是曼纽尔·卡斯特（Manuel Castells）的社会学论述。尽管互联网以及其他通信网络构成了卡斯特所论述的“网络社会”的

能够借助社交网络服务（Social Network Service）提供的便利条件，围绕趣缘认同展开种种自组织的部落化实践，由此化身为互联的“节点”（nodes），联结成一张张融合了信息网络与人际网络的社交网络。

这种社交网络是在节点与节点的信息交流与互动中得以生成并不断演进的，具备开放性和动态性；其中的节点不但包括网络化的用户，而且还包括多种“非人”的节点，如媒体机构、政府部门、社会组织的公共账号，或者某些能够自主运行以代表其设计者或使用者来收发信息、执行任务的智能代理（Intelligent Agent），等等。这种社交网络具备信息网络的信息传递功能，但是其信息传播的效率和结果必须依赖于众多节点发挥其主体性，信息在不同网络之间的流动往复也依赖于身处多张网络之中的重叠节点的作用；同时，这种社交网络又有别于既往的那种人与人之间通过血缘/地缘/业缘社会关系产生联结进而形成的人际网络，其中存在着大量素不相识或未曾谋面的陌生人之间的弱联结关系，还存在着许多“非人”的节点。因而，这种社交网络既不同于传统意义上的信息网络，也不同于传统意义上的人际网络，而是这二者的融合。

置身于这样一种融合了信息网络和人际网络的新型网络之中，作为网络节点的“二次元宅”的主体身份，既不等同于现实空间的所谓“真身”，也不等同于赛博空间的所谓“化身”（avatar），而是这二者的融合。事实上，伴随着无处不在的网络连接令在线/离线生活几乎无缝融合，伴随着应用程序编程接口与开放技术标准让跨网站的数据共享变得愈发普遍，伴随着互联网金融与电子商务的发展使得越

物质基础的重要组成部分；但卡斯特所论及的“网络”，并不只是互联网、通信网或者其他物理性质的网络，而是一个广义的概念范畴，指的是一组相互连接的节点。按照卡斯特的观点，网络化逻辑的扩散正在改变生产、经验、权力与文化过程中的操作和结果，网络正在成为当今时代社会组织的基本形态，也就是说，社会的组织方式由过去的垂直或水平形态转变为发散的形态，建基于节点与节点之间的相互联结。参见〔美〕曼纽尔·卡斯特：《网络社会的崛起》，夏铸九、王志弘等译，北京：社会科学文献出版社，2001年。〔美〕曼纽尔·卡斯特：《认同的力量》，夏铸九、黄丽玲等译，北京：社会科学文献出版社，2003年。〔美〕曼纽尔·卡斯特：《千年终结》，夏铸九、黄慧琦等译，北京：社会科学文献出版社，2003年。

来越多的经济行为是由网络账户在线完成，伴随着鼓励用户生成内容的互联网 2.0 理念的深入人心和社交媒体的兴旺发达，互联网用户的日常媒介使用行为正包含着越来越多的人际互动，在这种情况下，若在跨平台的网络身份之间建立起一定的一致对应性，将会给互联网用户带来更多的便利和实惠。因而，即便互联网用户在媒介接触和使用的过程中并非总是处于“实名”状态，而是更多地以使用一个或多个 ID（IDentification 的缩写，即身份标识号）、“账号”、“用户名”的方式，处于“化名”或者说“化身”的状态，但这也绝不是意味着一种匿名状态。在赛博空间进行线上社交的所谓“虚拟化身”，是与在现实空间开展线下交往的所谓“真身”密切关联的，二者共同参与建构了主体的自我认同和社会身份。在这个意义上，作为网络节点的“二次元宅”，同样堪称一种消解着赛博空间 / 现实空间、虚拟世界 / 真实世界之界限的“赛博格”。

综上所述，在主体与媒介技术的关系上，“二次元宅”是深度人机交互乃至在某种意义上达到人机融合状态的赛博格；在作为赛博格的主体与媒介文化的关系上，“二次元宅”是数据库消费的用户；在作为用户的主体与其他用户的关系上，“二次元宅”是趣缘社交的节点。“二次元宅”在间性结构中所生成的主体性，包含这三个有机统一的向度。

纳喀索斯的数码魔镜：社交媒介及其主体想象

赵柔柔

一　导语：社交媒介（或新新媒介）的兴起与新媒体问题拓展

“新媒介”往往被看作是一个指涉宽泛的术语，用来指代20世纪90年代开始登上舞台并迅速占据主流地位、以网络为主要载体的新媒介形态，它显示出许多与此前的纸媒、广播与电视等旧媒介截然不同的特征，并具有革新和替代旧媒介的态势。虽然新媒介似乎主要指向的是物质载体层面的变化，但毋庸置疑，它在信息传播与社会文化上影响十分显著。这种影响是多种力量交相作用的结果，并且仍正以前所未有的速度更新。如21世纪初，随着Facebook（2004年）、Youtube（2005年）、Twitter（2006年）等主要社交媒介的建立，强调交互性与用户的参与性的“互联网二代”（Web2.0）概念日益受到关注，社交媒介被看作是互联网的一次重大变革。具体在中国的语境下，社交媒介是在一系列建立于21世纪初至今的网络平台——不仅仅包括校友录、微信、微博等，也包括知乎等网络问答社区，甚至可以包括淘宝等网络零售商圈——的促发下日益成熟起来的，而以实名制社交媒介更具代表性。2009年建立的新浪微博在2015年6月活跃用户已达到2亿，[①] 而2011年诞生的微信则在短短10个月内就拥有了5000万手机用户，在2015年6月活跃用户达

① 参见新浪科技2015年8月19日登载的“微博发布2015年第二季度财报”。网址：http://tech.sina.com.cn/i/2015-08-19/doc-ifxfxrav2874963.shtml。

到了6亿。[①]

在《新新媒介》（*New New Media*）一书中，保罗·莱文森（Paul Levinson）大致描述了媒介变革历程。在他看来，从印刷机到20世纪的广播和电视，属于旧媒介的范畴，它们的特征在于"少数人比如编辑、制片人或所谓'守门人'进行决策，由他们处理信息、新闻和娱乐，决定版面、广播节目和屏幕的形貌。包括我们在内的受众很容易接收和消费其信息，但我们不能发表信息"[②]；新媒介兴起于20世纪90年代，特征是"一旦其内容贴到网上，人们就可以使用、欣赏，并从中获益，而且是按照使用者方便的时间去使用，而不是按照媒介确定的时间表去使用"[③]；相较之下，新新媒介，即Twitter、Facebook和YouTube等具有很明显的社交成分，其最重要的特征是用户对媒介有一定的控制权，与新媒介的用户需要等待别人生产的内容不同，新新媒介的用户"则被赋予了真正的权利，而且是充分的权利；同时他们还可以选择生产和消费新新媒介的内容，而这些内容又是百万其他新新媒介消费者/生产者提供的。他们构成一个消费者/生产者共同体，这是旧媒介时代没有的共同体"[④]。

可以看出，"新新媒介"与"互联网二代"的提出，都敏锐地感知到了一种打破旧有信息传递流向和级差的媒介的形成，以及它对社会生活的深入影响。需要说明的是，保罗·莱文森对"社交媒介"和"新新媒介"的术语进行了辨析，认为尽管旧媒介的社交性远远比不上新媒介，但是"一切传播都有社交性"，因此"并不能以互换的方式使用'社交媒介'和'新新媒介'"[⑤]，最终选择用"新新媒介"这个"更具辨析力"的术语。不过，需要说明的是，莱文森的概念辨析与

① 参见新浪科技2015年8月12日登载的"腾讯公布2015年第二季度财报"。网址：http://tech.sina.com.cn/i/2015-08-12/doc-ifxftvni8992173.shtml。

② ［美］保罗·莱文森，《新新媒介》，何道宽译，上海：复旦大学出版社，2014年，第3页。

③ 同上，第7页。

④ 同上。

⑤ 同上，第5页。

他的论述重心有关：他尝试松动“社交”的层面对于这种新的媒介变化的束缚，认为“新新媒介”的主要特征并不在于交往，而在于消费者与生产者界限的模糊，希望用时间上的“新-旧”来进行抽象的讨论。而在本文中，很难全面定义说明一种革新性的媒介，因此仍然将讨论限定在“社交媒介”这个更为常见、更为具体的所指之上。

作为一种正在发展中的力量，社交媒介所携带的问题层级仍未全部显现出来。值得思考的是，马克·波斯特（Mark Poster）在《第二媒介时代》（*The Second Medium Age*）一书中反思了波德里亚所关注的媒介单向性，提出应该“重建批判理论”，即“开辟一种途径，使人们能全新理解新型互动媒介以及抵抗这种媒介的主要方式”，这是因为，“‘物化逻辑’使批判理论局限到只是指出了机器对人类的侵入，局限到只是起着现代主义主体守护神的作用”。[①] 那么，社交媒介是否提供了反思‘物化逻辑’的可能？它是否召唤出某种对抗物化逻辑的主体想象？本文尝试提供一些对社交媒介主体复杂形态的思考可能。

二　“屏”与“镜”：社交媒介主体的自恋性

对于社交媒介而言，一部配有前后摄像头、可以随时随地连入网络的手机有着至关重要的作用，在一定程度上促使它从简单的交友平台演变为一种几乎全民参与的、极具包容力和延展性的新媒介形态。事实上，对今日生活最为直观的描述，便是充斥在公共与私人领域的大大小小的“屏”——它们继承并转变了早期的电视、电影等“屏”的功能，动摇了单向信息传输的权力结构，而变得具有互渗性。需要注意的是，亨利·詹金斯（Henry Jenkins）在《融合文化》（*Convergence Culture: Where Old and New Media Collide*）当中强调了“承载体系”与“媒体”之间的区别：“承载体系较简单，它只涉及技术；而媒体

① 〔美〕马克·波斯特：《第二媒介时代》，范静哗译，南京：南京大学出版社，2000 年，第 25 页。

同时也属于文化体系。承载体系总是在不断变化，而媒体则沉积留存在日益复杂化的信息和娱乐组织层里成为其各个层级。”[①] 亦即，媒体并不等同于承载体系，与技术的沿革有一定的关联却并非严格对应，它的意义更多存在于文化层面。但不管怎么说，手机等极具个人性的，甚至可以看作是人体拓展的设备，确保了个人与网络的即时对接，从而令一种活跃于网络的社交主体真正成为可能。

有趣的是，英国作家乔治·奥威尔（George Owell）在1949年出版的著名小说《一九八四》中构想了这样一种“电幕”——在温斯顿的身后，电幕上的声音仍在喋喋不休地报告生铁产量和第九个三年计划的超额完成情况。电幕能够同时接收和放送。温斯顿发出的任何声音，只要比极低声的细语大一点儿，它就可以接收到；此外，只要他留在那块金属板的视野之内，除了能听到他的声音之外，也能看到他的行动。[②] 这块“双面屏幕”的想象显然超出了40年代现实中的屏幕，它不仅仅是政治宣传的工具、信息的唯一来源，同时，也为“老大哥在看着你”提供了技术支持，使无所不在的监视成为可能。有趣的是，《一九八四》常常被看作是具有预言性或寓言性的文本，用于标注一些现实事件。它的意识形态色彩在冷战时期尤为清晰，而在今天，它最初所包蕴特定历史阶段的内涵与奥威尔复杂的政治位置与心态[③] 似乎已不再被关注，相较之下，人们更热衷于将“老大哥在看着你”这句咒语挂在嘴边，把《一九八四》看作是对监控社会的精妙预示——比如美国斯诺登事件直接引发了这部小说的新一轮畅销。另外，一档1999年开始出现在荷兰并迅速流行到世界各国的综艺节目《老大哥》，或许也可以说明《一九八四》在今天的意义。该节目每一期会选择十几位来自不同职业、不同阶层的参与者，将他们放置在一个封闭空间

---

① 〔美〕亨利·詹金斯：《融合文化》，杜永明译，北京：商务印书馆，2012年，第44页。

② 〔英〕乔治·奥威尔：《一九八四》，董乐山译，上海：上海译文出版社，2003年，第6页。

③ 参见笔者拙文《冷战与“反乌托邦”——对读乔治·奥威尔〈一九八四〉与道洛什·久尔吉〈1985〉》，《艺术手册2014》，黄纪苏、祝东力编，北京：中国书店出版社，2014年8月。

内，接受 24 小时不间断的、全方位的监控，最终留存一人获取高额奖金。观众参与筛选淘汰，选择自己支持的参与者，在场外构建起巨大的舆论场域，乐此不疲地对所有细节与事件进行品评和讨论。节目制作人则扮演“老大哥”的角色，为这些参与者提供条件并设置挑战。节目一经播出便大获成功，至今仍在英、美等国有很高的收视率——它恐怕在某种程度上也是近些年热销的青少年小说《饥饿游戏》（*The Hunger Games*，后被改编为电影）的重要底本。

无疑，《老大哥》的灵感得自于《一九八四》。然而，它的关注点并不在于集权统治的秘密与反抗的可能，也不在于从语言、行为到思想的绝对控制，而仅仅在于无所不在的“看”与“被看”。不过，真人秀的形式却彰显了这种“监控”的一重悖谬，即“窥视”作为目的或动力似乎并不纯粹，因为参与者对监视全然知情。颇有意味的是，奥威尔在《一九八四》中尝试对这种监视的运行机制加以解释：“当然，没有办法知道，在某一特定的时间里，你的一言一行是否都有人在监视着……你只能在这样的假定下生活——从已经成为本能的习惯出发，你早已这样生活了：你发出的每一个声音，都是有人听到的，你做出的每一个动作，除非是在黑暗中，都是有人仔细观察的。”①在这种情况下，唯一的应对方式，就是每当“面对电幕的时候”，便“使脸部现出一种安详乐观的表情”。②从被动的接受信息与被监视，到主动的或自我规训式的表演，这才是“电幕”真正的功效，而“电幕”两侧的人都默认了这种心照不宣的游戏。同样，《老大哥》的参与者和观众也是如此，彼此在清楚“屏”的存在的情况下表演与窥视，又彼此默契地不将目光投向“屏”本身，于是，“屏”似乎变得透明了，但正是这“透明的屏”承载，甚至建构起了双方的欲望。换句话说，“双面屏幕”不再是隔开生产者与消费者，使他们各归其位的幕帐，而是接收并呈现他们共同欲望投影的媒介。

---

① 〔英〕乔治·奥威尔：《一九八四》，董乐山译，上海：上海译文出版社，2003 年，第 6 页。
② 同上，第 8 页。

当然，在《一九八四》的文本中，“电幕”本身是用于区隔权力等级的，但就其互透的特性而言，它与其说是对监控的隐喻，倒不如说是今日社交媒介的隐喻，《老大哥》节目更仿拟着社交媒介的运行方式。在《第二媒介时代》中，“界面”意指“人类与机器之间进行协商的敏感的边界区域，同时也是一套新兴的人/机新关系的枢纽”，[①] 然而，社交媒介显然赋予了“界面”以更多的意义，将其推进为“新兴的人/人新关系的枢纽”。以“微信”为例，每个用户都同时扮演着监视者与被监视者的角色，一方面窥探性地密切关注“朋友圈”中人们的动态，另一方面又不遗余力地即时传送自己的生活碎片，不无享受地暴露在手机的摄像头中。没有人不清楚其中的表演意味，但仍然积极地参与、表态——“屏”甚至比纳喀索斯流连不去的湖面更具魔力，因为它不仅映照出了那个自恋的身影，更是将之展示给无数的观众窥看。

社交媒介主体的自恋性是清晰而外在的：相对于论坛而言，社交媒体的“个人主页”暗示着更多的私人色彩，每个参与者必然通过一个虚拟主体（ID）的中介来连入社交网络。这个中介形象虽然是虚构的，但在特定社交媒介的权力关系中又十足真实。在大多数情况下，它与现实中的单一用户高度相关，往往显现为碎片化的语言、经过修饰的自拍构成的理想自我。一个有些极端和奇特的例子，是微博上的热门话题中，常常出现简单的评论与大量无关的自拍图片混搭的情形。一些数字变得至关重要：“关注”“点击”或是“订阅”的数值代表着量化的权威性，“转发量”显示着传播广度，但更重要的是，它显示着某一ID在各式“屏”上出现的频率。被屡屡嘲讽、批判的“低头族”实在情有可原，因为他们并非沉溺于某个客体，而是被一个更简单可塑、更具魔力的自我所挟持。2011年，假称“中国红十字会商业总经理”的郭美美屡屡在微博上炫耀性发布自己的豪宅、名车与奢侈品的照片，引起轩然大波，严重挫伤了中国红十字会的公信力，令其筹款数额迅速下跌，与此同时，也使得大

① 〔美〕马克·波斯特：《第二媒介时代》，范静晔译，南京：南京大学出版社，2005年，第20页。

量“炫耀型”的微博浮出水面，揭开了微博自恋型人格的一角。

可以说，社交媒介以信息发出者为中心的形式，赋予其主体一重悖谬性，即它恰是通过充分的自我关注来完成社交的目的。英国BBC的热播剧《黑镜》以夸张、讽刺的方式再现了被新媒介，尤其是被社交媒介控制的现实生活。《马上回来》当中将社交媒介主体的自恋性具象化了——男主角因沉迷社交网络而遭遇车祸，然而，他在社交网络上留下的痕迹却足以再造一个几近完美的“他”。《白熊公园》将手机描述为这样的“屏”——它代替了人眼，成为窥看的主体。更有趣的是，女主角最大的罪行并不在于协助虐童，而在于通过手机记录犯罪过程，相对的，她经受的惩罚也正是被手持手机的人们窥看。《黑镜》每一集开始处碎裂的屏幕一针见血的点明了无所不在的“屏”实质：当它开启时，它便隐身于无穷信息汇聚而成的光芒中，而当它关闭时，便是一面仅仅隐约映出注视着它的那个面孔的“黑镜”。

三 “虚拟”与“真实”：跨越身体的拼合主体

互联网初露端倪时，便伴随着一个有趣的对立，即“真实世界”与“虚拟世界”的对立，其在个体身上则体现为“身体”与“精神”的对立。如何去面对虚拟主体？它究竟是乌托邦的居民，还是反乌托邦的傀儡？这样的关注在20世纪后半叶的科幻小说或电影中频频出现，最具代表性的是两部经典科幻文本——威廉·吉布森（William Ford Gibson）的小说《神经漫游者》（*Neuromancer*）与安迪·沃卓斯基（Andy Wachowski）、拉娜·沃卓斯基（Lana Wachowski）的电影《黑客帝国》（*Matrix*）。被称为“赛博朋克”[①]类型小说经典的

① 赛博朋克即cyberpunk，意指20世纪80年代开始出现的一种小说类型，名称得自于1983年的一篇同名科幻小说。“cyber”强调着它与控制论的关联，而人机交互，神经系统的植入等也成为此类小说中常见的情节要素。“punk”则强调它与70年代朋克文化的关联，常常以社会下层为背景，蕴含着某种破坏性的、发抗性的精神。威廉·吉布森被看作是赛博朋克小说的“教父”，其两部重要小说《神经漫游者》《差分机》分别被看作是赛博朋克与蒸汽朋克的代表作。

《神经漫游者》中，“人”的僭越既来自于人工智能的挑战，也源于自身边界的扩张。人机交互的设想，令精神——肉体得以真正的彼此分离，而被想象为空间的网络——即数字空间（或赛博空间，cyberspace）——则为“精神”提供了新的容身之处。“网络牛仔”凯斯曾是一名网络盗贼，他“几乎永远处于青春与能力带来的肾上腺素高峰中，随时接入特别定制、能够联通网络空间的操控台上，让意识脱离身体，投射入同感幻觉，也就是那张巨网之中”[①]。他的一次失手所带来的后果是他被“用战争时期的一种俄罗斯真菌毒素破坏了神经系统”，而这种致残虽不致命，却“异常有效”，永久性地剥夺了他的工作能力，使他不再能够连入网络。这对他的影响却比肉体损毁更为可怕：

> 对于曾享受过超越肉体的网络空间极乐的凯斯来说，这如同从天堂跌落人间。在他从前常常光顾的牛仔酒吧里，精英们对于身体多少有些鄙视，称之为“肉体”。现在，凯斯已坠入自身肉体的囚笼之中。[②]

这组对立似乎重现了柏拉图的“灵魂—肉体”对立，只不过，“灵魂”所向往的并非真理的大草原，而是另一个身体，一个虚拟的容器，其中没有甘美的食物，却有“明亮的逻辑框格在无色的虚空中展开”[③]。不管怎样，可朽的“肉体”始终是被否定的一极，既是容器也是囚笼，而遨游在网络上的“精神”则被看作自我的乌托邦。小说的结尾处，人工智能最终占据了整个网络，开始选择与来自“半人马座”的“同类”谈话，而人类已经失去了与它对话的能力。

或许，当沃卓斯基兄弟声称《神经漫游者》是《黑客帝国》的

---

① 〔美〕威廉·吉布森：《神经漫游者》，Denovo 译，南京：江苏文艺出版社，2013 年，第 6 页。
② 同上，第 7 页。
③ 同上，第 5 页。

灵感来源时，他们恐怕在很大程度上指的是借助网络将人的身体与精神分离这个基本设想。在《黑客帝国》第一部中，最具张力的时刻是遭遇“真相”的时刻：尼奥选择吞下“仅提供真相”的红色药丸而从浸泡在培养液的躯体中苏醒，见到了自己身体所属的另一个空间。在其中，世界被机器彻底掌控了：人像植物一样被“种植”，其身体被用作机器的养料。而作为报偿，机器以网络空间给人提供了一场拟真的幻梦，来放置人最为独特的“精神”，并维持人与逝去的旧世界的联系。值得注意的是，身体所在的空间被命名为“真实的世界”（the real world），墨菲斯对苏醒的尼奥说的第一句话，便是“欢迎来到真实的世界”。可以看到，《黑客帝国》是建构在“真实与虚幻”这组对立上的，而“真实”无疑占据着绝对的价值高地，是反抗者唯一的旗帜。进一步来说，正是那个身体所在的世界被指认为“真实的世界”，而“精神”所寄生的网络则被视为虚假的。在这个基础上，革命的第一步，自然便是拯救、抢夺身体——“吞下药丸”令尼奥见识到“真实的荒漠”，但更重要的是，他借此断开了与机器体的物质连接，从而能够被墨菲斯等人“救出”，获得“自由”。

对比两部文本可以发现，《神经漫游者》所凸显的，是网络所蕴含的超越性想象或乌托邦维度，而《黑客帝国》与之相对，将网络视为贩卖幻象、奴役身体的现实秩序的化身，无论虚拟还是现实都无法逃脱它的统治。事实上，这两条线索几乎划定了此类文本的再现疆域。2014 年的美国科幻电影《超验骇客》显然是延续着《黑客帝国》式的恐惧：致力于开发人工智能的威尔在一次讲座后被反人工智能极端分子开枪射杀，在他临危之际，妻子伊芙琳和朋友马克斯决定将他的大脑上传至电脑中。于是，“威尔”在电脑中“复活”了，并获得了新的身份，与此同时，他无边的力量也开始显现：一些濒死或残疾的居民经过威尔的“治疗”获得痊愈，但他们同时也变成威尔在现实世界中的中介——他可以随时“下载”至每一个人身上，占据他们的身体。与此相对，2013 年上映的高口碑影片《她》却可看到《神经漫游者》的影子：离婚后的男主人公西奥多深深迷恋他的 OS（操作系统）的人格化“萨曼莎”，而在他终于决定承认这场难于被人理解的爱情时，却发现萨曼莎正借助无处不在的网络同时与几千人“相爱”，并称这未损害“她”对他的爱情。颇有意味的是，西奥多与人工智能的相遇，与《神经漫游者》末尾凯斯的遭遇十分相似：由于人工智能超越了一切人类价值、道德体系，因而二者的相遇所唤起的更多的是一种深深的无力与妒怅，而并非是简单的恐惧或拒绝。

在这些文本中，不管畏惧还是希冀，不管怨恨还是妒恨，关于网络身份的表述方式是一致的，即它是“异化”，是“他者”。这种想象在很长时间成为唯一的“网络—现实”关系再现方式，也是针对网络的主要批判路径。事实上，电脑游戏、论坛等匿名性社交媒介为这种想象提供了肥沃土壤。比如，在游戏中，玩家通过选择一个虚拟形象来进行“角色扮演”，按照一定的规则进入已经设定好的虚拟世界。游戏提供的场域往往与现实世界形成平行关系：一方面游戏中的规则是对现实规则的抽象或简单化仿拟，如通过重复性的“战斗”积累经验值和奖励，从而获得更高的等级、能力与影响力；另一方面，游戏的虚拟世界不约而同地与现实世界拉开距离，使玩家获得新奇、异质的体验。1996 年发行的角色扮演游戏《金庸群侠传》将基本情节设定为，一名平凡无奇的玩家偶然被吸入了金庸十四部小说构成的游戏世界，而通关的方式是成为“大侠”或是“大恶人”。这在某种程度上点明了玩家在电脑游戏中的基本诉求，即通过角色扮演体验与平庸日常不同的生活，获得现实中无法获得的身份与地位。此时，虚拟身份是远远区别于现实身份的，它带有强烈的补偿性，是引人离开现实生活的扮演。

然而，近几年社交媒介，尤其是实名制、半实名制社交媒体的兴盛，却不期然地令这种想象产生了裂隙，一种跨越虚拟与现实疆界的主体想象开始浮现出来。与匿名性媒介有所不同，实名制社交媒介的重心转移到了模拟或数字化现实社交关系上。换句话说，尽管它构建起了一个虚拟的社交场域，但其运行一方面依托着现实社交关系（如微信的“朋友圈”往往由亲属、朋友、同事、同学、交易伙伴等构成），另一方面又以现实关系为指向，即它的目的在于加强、拓展现实关系。例如，微博知名博主的公信力不仅仅用来满足虚荣心，更是可以转化为现实权力，表达从微末公益到政治诉求等大大小小的立场，甚至可以凭借微博中夹杂的广告获取高额收入。微信则直接整合了零售商圈与网络支付等功能，并激发了许多利用朋友圈进行广告宣传、海淘代购，甚至诱拐诈骗的行为。“社交媒介营销”成为社交媒介最引人注目的附属品，吸引不同阶层不同立场的人从中寻找商机。

当现实关系成为摹本和目的时，那个作为中介物的虚拟主体便与现实主体重叠了。值得思考的是，在实名制社交网络全面覆盖的今天，几乎每个人都拥有至少一个虚拟身份，那么这个虚拟主体“我”与我之间，是否是完全同一的呢？显然，活跃在社交媒介上的“我”必然要遵循社交媒介自身的特定规则，比如现实中的我并不会对“我”所“关注”的“他们”报以同等的关注，而更直观的感觉是，我很难控制“我”应该在什么时候转发，什么时候“点赞”，什么时候沉默。进一步来说，当网络日益渗入现实生活中时，这种暧昧的拼合状态便愈发的普遍了，那么，究竟谁才是行为主体呢？比如，在淘宝上完成购物行为和理财行为的，被记入统计数据和偏好数据的，究竟是我，还是“我”？或者说，在微博上支持某个公益活动的，究竟被感知为现实中的我，还是与众多账号，甚至虚假账号毫无区别的“我”呢？换句话说，“我”是否与我同样真实？

这些问题提示着在社交媒体全面渗透日常生活时出现的一种新主体想象，即虚拟主体与现实主体的拼合状态。其中，虚拟主体并非被网络物化或客体化的主体，而是现实主体的行为中介者，甚至是无可或缺的组成部分；同时，它又不仅仅是现实主体的数码投影，而是从属于一套不同的编码系统，具有相对独立性。更重要的是，这种主体想象挑战了自人文主义以来建立的“人性”（或一种自足的、以身体为边界的主体想象），从而为人文主义所封闭起来的讨论疆域打开一个可能的出口。

四 无边界的叙事与无边界的主体

2015年7月，一部国产动画电影《大圣归来》在社交媒介上成为关注焦点。伴随着大量赞扬、欢呼“国漫崛起”之声而来的，是一波波借用《大圣归来》的素材进行再创作的热潮。点开微博“西游记之大圣归来”的话题，可以看到这种精良的再创作以多种样态展开，如条漫、板绘、视频、剧情歌、同人小说，甚至黏土、羊毛毡、软陶、橡皮章，等等，直至8月11日才被天津港爆炸事件冲淡。这些自发的支持行为——支持者戏谑地称自己为“大圣归来自来水军”——直接引发了观影热情，令这部上映前宣传寥寥的影片获得了延期下映一个月的礼遇，而截至8月16日，《大圣归来》已获得9亿票房，成为中国动画电影市场最卖座影片，甚至有网友戏称“大圣的一个筋斗云将翻出10亿8000万”。当然，制作精良、选材合适、叙事简洁流畅等，都是使《大圣归来》成为票房黑马的重要原因，而同期上映的其他国产影片的粗陋平庸所形成的反差也对它大有助益；同时，“国漫”的标签所暗示的民族主义情绪十分清晰，而借助这一潮流进行的有力营销也不容忽视。但是，在此笔者并不试图去辨析其成因，而是想要指出，《大圣归来》及其在社交媒介上引发的互动，恰恰反映出了社交媒介所滋养的一种典型的叙事方式。

在《融合文化》一书的“寻找独角兽折纸”一章中，亨利·詹金斯借用《黑客帝国》的案例讨论了“跨媒介叙事”，认为新媒介给予了一种多平台叙事的可能。他指出，《黑客帝国》是由三部真人电影，一系列动画短篇和诸多漫画、游戏构成，而任何一个单一媒介的文本，都无法提供关于《黑客帝国》的全部信息。因此，对于大众文化文本的制作者来说，在企划过程中应该保持文本边界的开放性，在不同的媒介平台展开相对独立，但分享同样的基本设定的多元叙事，而不要尝试在单一的媒介中完成叙事。这种跨媒介叙事带有强烈的互动性，同时也令文本自身更为丰满和复杂。

不过，可以看出，尽管亨利·詹金斯充分考虑了受众的参与度，但他仍将关注重心放置在制作者的一方，尝试对制作者的策划与叙事提供指导意见。而在《大圣归来》的案例中，不管营销在其中的作用为何，它在表面上都是以社交媒介主体为中心展开的。不过，詹金斯的观察却提示着社交媒介中尤为清晰的一种叙事形态，即以某个事件原点作为起点，由多主体参与、不断扩张的无边界叙事。在其中，叙事者和读者的身份极为模糊，参与叙事的准入门槛也很低，而“合格”的源文本主要功能在于提供素材和基本设定，完整性与原创性不再是其最重要的标准。这种叙事方式尽管脱胎于粉丝文化或同人文化，但是社交媒介的普泛与快捷显然放大了它的影响力和覆盖面，甚至令它超出了大众文化产品的范畴，扩散到了一般性的社会事件上。比如，在 2015 年 2 月，一部由柴静拍摄的雾霾调查纪录片《穹顶之下》在各个社交媒介上引发了口水战。在短短几天内，无数包含不同立场的应和文章喷涌而出，或质疑，或支持，甚至包括对支持和质疑声音的二次反馈。有趣的是，这些声音尽管围绕“柴静”“雾霾”和“《穹顶之下》”辐射开来，但实质上却彼此相对独立，以更为全面细致的思考拓展了《穹顶之下》的叙事边界。在笔者看来，这种以高密度和速度形成的无边界叙事场域，恐怕比《穹顶之下》文本本身更重要。

进一步而言，参与叙事的社交媒介主体也同样具有无边界的特征。缺少“身体”的天然界限，社交媒介主体相对于现实主体的独立自足幻觉便十分薄弱，而大数据带来的同质性与均匀感也加强了这一点。同时，在由众多彼此对立的话语交织而成的场域当中，很难出现由单一话语询唤出的主体。仍以《穹顶之下》为例，虽然每一个社交媒介主体都尝试通过“点赞”、“转发”选择立场，但最终它们却被多重话语穿透，难以维持单一清晰的立场。无边界的主体具有开放性，但无疑它也携带着犬儒主义或虚无主义的隐患。

五　结语：反思“社交媒介现实”

在今天，社交媒介最引人注意的特征是对现实政治、文化的直接介入。一个常见的例子，是2010年的“阿拉伯之春”与2011年“占领华尔街”中，Twitter等社交媒介的应用令对抗、传播的方式与效果都发生了很大的变化。而对中国来说，特别是从2008年汶川大地震、北京奥运会起，社交媒介的效用日益凸显的直接表现是，越来越多的公共事件开始以社交媒介为主要再现途径。社交媒介受众的多层次性与广泛性、信息传播的快捷与多种媒介信息的综合，令它具有了远远超过以往媒介的影响力。人们更倾向于从社交媒介上获取信息——社交媒介的自由性、碎片性和多来源性，使得非社交媒介与社交媒介之间的对立，往往延续着“官方—非官方”的对抗想象，而看似与利益集团没有直接关联的个体，则被认为能够提供更接近“真相”的信息。其结果是，“社交媒介现实”替代了事件本身，成为最直接可感的现实，与以往的媒介有所不同，它更深地包裹在“真相”的幻觉当中。

在近两年发生的一系列重大灾难——如马航MH370失联事件、长江“东方之星”客轮倾覆事件、天津塘沽爆炸事件等中，“社交媒介现实”的重要性尤为清晰。数据、图像、视频，成为最具动员性、流传最广的信息，甚至形成了某种“真相动力学”，亦即，在事件爆发后不久，最初的震惊反应往往很快转变为一种对“真相”的要求与对谣言的分辨。这种近乎模式化的传播方式恐怕并非偶然形成：它固然表明了政府与媒体的公信力问题，也表明了社交媒体赋予个人的介入可能；但尤为需要注意的是，它显示出了“社交媒介现实”的关键作用——通过将事件数据化，建构起有能力掌控事件的幻觉，以社交媒介上的秩序稳定性来对抗、替代现实中无法纾解的恐慌。换句话说，“社交媒介现实”这样一种被建构起来的叙事具有整合性与补偿性，以信息的占有度缓解了人们面对灾难时的不安，并消耗了其中可能孕育的力量。可以看到，不管有多少参与者，不管灾情重大与否，每一场社交媒介上的舆论热潮都以极为相似的方式展开，而其实际持续的时间也都十分短暂，随之提出的质疑大多无疾而终。波德里亚在《媒介安魂曲》一文中，反思了媒介的过度参与对社会运动的反作用，认为“通过将事件传播到公共舆论的抽象普及性中，媒介便向事件强加了一种突然和过度的发挥，而且这个强加而又提前的扩展，使初始运动脱离了其自身特有的节奏和自身的意义——总之一句话：媒介使运动短路”[①]。

可以说，在今天，“使事件短路”也是社交媒介显而易见的特征。如上所述，本文对社交媒介主体抱持着有保留的乐观态度，无意保卫“人文主义主体”或“现代主义主体”，但是，当我们面对这种具有诱导性和欺骗性的新媒介现实时，是否拥有辨别的可能，又是否能够借助同一媒介开辟出批判的空间呢？这恐怕是需要进一步观察和思考的问题。

---

① 〔法〕让·波德里亚，《游戏与警察》，出自《警察与游戏》，张新木、孟婕译，南京：南京大学出版社，2013 年，第 68-69 页。

数字新娘：“新媒介”技术的视觉修辞

车致新

随着数字技术的飞速发展，“新媒介”（New Media）[①] 问题已经被提上议事日程。从“虚拟现实”（VR）眼镜到智能手环等“可穿戴设备”，我们的身体现在已经为各种数字技术所捕捉和控制，那些曾经只存在于科幻作品中的虚构想象，如今都已然成为日常生活中习而不察的“现实”。与此同时，顺应这次“数码转型”（digital turn）的浪潮，在（向来反应迟钝的）人文学术领域中也“与时俱进”地出现了自我更新的趋势，这不仅关系到研究对象的扩充和研究兴趣的转移（如数字人文主义、媒介考古学等研究领域的兴起），更意味着学术活动自身的生产方式的革新，或者更准确地说是“媒介”意义上的范式革命[②]。

在此历史、思想和技术语境之中，本“文”——在其仍旧以“语言”为物质媒介的限定性上——尝试通过电影（和电视剧）等视觉文本来观察和反思近年来出现的“新媒介”技术及其与当今社会的关系。进一步说，之所以绕道“电影”来研究“新媒介”，并非为了符合既定的学科框架，也无意“主题学”式地枚举和归纳不同文本中有关“新媒介”的各种视觉形象，而是希望在理论层面上借助以下两组问题意识之间的张力：

一方面，电影作为诞生于19世纪末的一种“旧”媒介，它不得不面对百年之后的“新媒介”所带来的诸多挑战：比如，就其形式层

① 本文在最宽泛的意义上使用“新媒介”一词，不仅包括传播学意义上的各种“新媒体”（如社交媒体），也包括各种新的科学技术（如虚拟现实、人工智能、赛博格等）。

② 例如从面对面的课堂教学转向不受时空限制的在线课程“MOOC”（massive open online courses），从基于印刷术的学术生产和评估机制转向基于数字技术的多媒介的“超文本”书写与阅读，等等。

面而言，影片应该如何在视觉上再现这些不可见的数字技术，而传统的叙事成规又如何才能适应在数字媒介环境中成长的新一代观众的接受方式？再比如，从媒介本体论的角度看，数字技术的普遍渗透导致各种媒介之间界线愈发模糊和不稳定，面对这种“媒介融合”的趋势，“电影”应该如何重新指认和界定自身的媒介特质？[①]

另一方面，电影（尤其是类型电影）作为大众文化的意指实践——至少在其被“新媒介”彻底取代之前——依旧是我们管窥社会意识形态的重要途径。为了追求自身利益的最大化，电影不得不涉及当前时代的根本性问题，在本文所触及的范围中，这就是“新媒介”技术所带来的（政治、经济、伦理上的）困境。换言之，当“新媒介”的降临过快地改变了人们原有的生活方式，而人们又无法顺利地将其符号化之时，这一突发的、偶然的历史事件将被主体经验为一次“创伤”，而“电影”此时的意识形态“义务”就是（以其自身的“形式”）去捕捉、再现和凸显这一“创伤”，但与此同时也设法移置、缝合和遮蔽它，从而为消费大众提供想象性的抚慰。

一　“镜”之喻

最常见的关于“新媒介”的视觉修辞大概是“镜子”（以及类似的变体）。无须赘言，“镜子”作为一种能够反射其他物体形象的工具/媒介，或作为一种特殊的光学和视觉现象，其丰富的文化内涵在此难以进行全面的评述。当然，最常见的一种理解是将“镜子”视为（以某种方式模仿现实的）“艺术”活动自身的原型隐喻，这一文艺批评传统可以上溯至柏拉图的《理想国》[②]。而自电影诞生以来——

① 新世纪以来，电影产业自身的数字化革命使这一问题更加复杂，由于数字技术从根本上改写了传统电影基于“胶片”的媒介特性，“数字电影”也成为一种不折不扣的“新媒介”。

② 参见艾布拉姆斯：《镜与灯：浪漫主义文论及批评传统》，北京：北京大学出版社，1989 年，第 41-68 页。

大概是由于胶片的拍摄基于光学透视原理而影片的放映更是需要“银幕”作为反射面来呈现形象——“镜子”也被用作“电影”自身（而不是全部艺术形式）的媒介隐喻，例如在背景中设置一面（看似与情节无关的）“镜子”是一种十分常见的电影修辞，其用意一般是自反地指涉“电影”本身的物质性或媒介性（当然自20世纪60年代以来，随着以“镜像阶段”为代表的早期拉康思想在欧美学界的普及化，影片中的“镜子”意象常常被联系到与主体问题相关的精神分析理论）。在这之后，“镜子”这一视觉隐喻的使用范围进一步缩小，近年来它频繁出现在（重新占据大众文化核心位置的）“科幻”类型作品之中，其所指无疑正是本文所关心的“新媒介”技术。在这些作品中最具代表性的，是一部以“新媒介”问题为中心的迷你电视剧《黑镜》①。

这部被称为“神剧”的影视作品的第一个有趣之处就是它的标题。“黑镜”这一简单而神秘的偏正短语可谓是该文本的首个（甚至也是最重要的一个）“阐释符码”：它通过自身向观众发问，引导观众去探索这个“谜题”背后的答案。而最直接的一种答案是，“黑镜”是指智能手机、平板电脑等设备在关机时的黑色屏幕——第一季的第一集正是以手机铃响为叙述开端——它因而也是当今泛滥的“新媒介”技术的一种提喻。编剧查理·布鲁克在接受《卫报》采访时也承认：“‘黑镜’的灵感来源于人人都有的‘黑镜子’——每个家庭、每张桌子、每个手掌之间都有一个屏幕、一个监视器、一部智能手机，一面反映时下现实的黑镜子。”系列作品独特的片头设计进一步强化了“黑镜”这一视觉意象：伴随着诡异的背景噪音，白色的片头字幕（即总标题“Black Mirror”）逐渐在黑色的画面中心浮现，但接下来原本稳定的画面出人意料地猛然“碎裂”，这无疑是在提示观众看似透明的黑色背景其实是犹如玻璃或镜子一般的黑色屏幕。

《黑镜》中的六个故事看似相互独立，分别展示和思考了“新媒介”

① 《黑镜》（*Black Mirror*）一剧由英国电视4台首播于2011年12月，目前已有两季，每季各三集。

问题的不同维度，但我们也不难发现一些贯穿全部文本的主题线索。反复回响的一个思想主题（不出我们所料）是有关“虚拟”与“真实”的探讨[①]。正如在第一集《国歌》（*The National Anthem*）的片尾字幕之后的一个镜头：回家之后，“首相”的妻子头也不回地独自走上楼梯——在“大团圆”结局之后意外出现的这道裂隙无疑是在暗示：在由符号秩序支配的（后现代）政治生活中，民众/观众很快就遗忘了这次视觉性创伤——因为和其他政治/娱乐事件一样，经过数字媒介技术的中介之后，对于屏幕另一端的普通观众来说都无非只是一种“虚拟的”符号性表演——但与之相对，在现实生活中首相的妻子始终无法接受一个有着污点的“真实”身体。

在“新媒介”环境下，“真实”与“虚拟”的这种冲突、倒置和互渗，在《黑镜》第二季中得到了进一步凸显和强化。从总体上看，第二季的三个故事存在某种结构上的对称性，似乎非常符合拉康关于“两次死亡”（符号性死亡与生物性死亡）的理论叙述。第一集《马上回来》（*Be Right Back*）中的男主人公虽然肉体已死，但是（依靠社交媒介上所储存的“大数据”）却获得了符号性的重生，甚至还与女主人公“维持”了之前的恋人关系（当然结局最终是个悲剧）；而与之恰恰相反，第三集《瓦尔多时刻》（*The Waldo Moment*）中的男主人公虽然肉体还健在，但是由于他失去了赖以为生的工作（为电视节目中的卡通形象“瓦尔多”配音），即失去了他的“虚拟”身体，他在符号网络中不再占据任何位置，最后沦为了无家可归的流浪汉（而“瓦尔多”却大红大紫）。这两种可悲的或恐怖的形象（复活的“人造人”和卡通形象“瓦尔多”）无疑正是精神分析传统中所反复列举的安提戈涅（在肉体死亡之前已经被城邦所抛弃的“活死人”）和哈姆莱特父亲

---

① 与上述模仿论传统正相反，“镜子”的另一种可能的意指是“不真实”，这也与“镜子”作为一种人造物的“中介性”有关，例如本雅明在《历史哲学论纲》的开篇所描绘的装置：“一组镜子让人产生幻觉，误以为桌子每一面都是透明的。实际上，一个驼背侏儒藏在里面。”（本雅明：《历史哲学论纲》，收入《本雅明文选》，北京：中国社会科学出版社，2011 年，第 422 页）此外，该寓言中操纵着木偶下棋的驼背侏儒在今天似乎已经从“神学”变成了“人工智能”？

（没有肉体却依然在符号界中徘徊的“幽灵”）的当代对应物。至于第二个故事《白熊》（*White Bear*）中令人不安的伦理冲击力——即对女主角的惩罚方式的最残酷之处——在于她不得不日复一日地重复经历符号性的死亡却又无法真的死亡。当然这集的丰富内涵使其难以完全融入精神分析的框架，另一个重要的阐释点也关乎“记忆”：（同样由于新“技术”的介入）女主角在每天重新醒来时会失去之前的全部记忆，因而她无法建构自身的主体性，然而随着情节展开，通过一些事先安排好的虚假场景，“正义”的大众成功诱使她回溯性地重构出某种虚假的主体性（一位平凡的妻子、母亲和无辜的受害者），同时也诱导观众对她进行认同，然而远远出乎观众和女主角自己的意料，在影片最后她被证明其实恰恰是一个虐杀儿童的罪犯（影片通过特写镜头反复强调的小女孩“照片”是构筑这一骇人的情节逆转的关键“媒介”）。

最为系统地挖掘了作为“新媒介”隐喻的“镜子”意象，并将其视觉化和戏剧化的一集是《一千五百万点》（*Fifteen Million Merits*）。在这个典型的“反乌托邦”式的政治寓言中，“镜子”的视觉形象在叙事中占据了结构性的中心位置，在影片的第一个镜头中——整部影片几乎没有不出现“镜子”的镜头——男主人公从睡梦中醒来，但环绕在他四周的并不是传统的墙壁，而是由多面屏幕所构成的“镜墙”，而墙上正在播放“太阳升起”的动画——这个奇特的场景在一开始就点出了该故事的科幻背景设定，这无疑是一个人人都在镜子/媒介技术之中生活的未来世界。而“镜子”此时不仅是显示图像的“屏幕”以及人机交互的“界面”，而且是一个底层人民所蜗居的狭窄的生活空间，或者说就像一个“牢笼”。然而这个“牢笼”并非像看上去那样坚不可破，随着剧情发展，男主角因为愤怒疯狂地敲打四周的“镜墙”，却因此意外地发现了一小片被击碎的玻璃，他将这片玻璃藏起来直到登上选秀节目的舞台，在节目中他威胁要用这片尖锐的玻璃自杀从而试图反抗整个政治系统。在这段情节中“镜子”的象征寓意发生了突变，从“牢笼”转变为了“利刃”，或者说从压迫的总体机制变成了抗争的武器。然而故事的最终结局相当悲观：男主人公的反抗只是使其自身获得了更“优越”的生活条件，而那片“玻璃”则被悉心收藏在一个精致的盒子中，以用作他在视频节目中继续“表演”自杀的道具，在最后一个镜头中，男主角对着辽阔的绿色森林（超大版的“屏幕墙”）喝着果汁。随着情节的再次反转，“镜子”最终沦为了标示着所谓的“反抗”的一件“纪念品”，它不仅讽刺地预示了反抗将被体制重新收编的悲观前景，同时也象征着人类对“媒介”本身的恋物崇拜。

二　“怪兽”的谱系

在好莱坞等大众文化产品中，那些未知的、异己的外部威胁都通常被再现为邪恶、恐怖的“怪兽”形象，这一视觉修辞不仅包括阶级、种族、性别等意义上的“他者”，当然也可用于给世界不断带来灾难的现代科学技术，比如在大众文化中长盛不衰的经典怪兽形象“哥斯拉”就是日本所经历的核爆创伤的直接对应物。可想而知，在大众文化对于数字媒介技术的种种再现方式之中，自然也有对“怪兽”这一视觉文化谱系的传承。在 2009 年热映的一部与“新媒介”问题密切相关的（半科幻）动画电影《夏日大作战》中，故事里的最大“敌人”并不是一个“人”，而是入侵并破坏了虚拟世界“OZ”（类似于今天现实中的社交网络平台）的一段“人工智能”（AI）程序——这虽然只是当代科幻作品中并不罕见的情节套路，但影片中这个“人工智能”的视觉形象却十分值得玩味。

这个“邪恶”的人工智能在影片中的形象最初只是一个瘦弱的“Q版”卡通人物，但随着不断吞食虚拟世界“OZ”中的其他账号（象征着“人工智能”的自主学习功能），它的视觉形象升级为了一个佩戴着金色装饰、肌肉发达的“壮汉”（大约是在戏仿格斗类电子游戏中的角色）。比起这两种乏善可陈的造型，在吞噬了上亿个账号之后，该“人工智能”的最终形态却极富创意和视觉冲击力，我们在此不妨细致考察一下。如果说前两个阶段的视觉形象依旧延续着将“人工智能”想象和再现为“人类”（或者类似变形）的老套路，《夏日大作战》中最终版的“人工智能”则被描绘为一个似人而非人的庞然大物，它似乎同时携带着“人”与“兽”的因素，因而难以被明确地命名和指认。初看上去，它黑暗而硕大的外形似乎与人们所熟悉的“哥斯拉”式的怪兽形象并没有多大区别，但其实它在传统怪兽形象的基础上已经发生了微妙的变奏，从而使其成为对今天的数字媒介技术的某种隐喻。该数字“怪兽”有别于传统怪兽的视觉特征首先在于它的边界是可流动和不确定的，它似乎像一个巨人那样有着四肢和头，但其实它可以任意地无限地改变自身的形体。而它的这种可流动性要归因于它其实并非是一个“铁板一块”的不可穿透的坚固“实体”，而是由无数个微小的人物形象（即虚拟网络中的无数账号）拼凑而成的数据“流”（在远景镜头中，其形象看起来类似于印象派的“点彩画”），而这也正是这个“数字怪兽”与传统怪兽的最大不同之处，这一视觉形象也与（难以再现的）数字技术之间形成了巧妙的同构关系。

更有趣的是，这个由无数“小人”所构成的巨兽形象，不禁令人联想起“利维坦”（Leviathan，其字面意思就是“裂缝”）这一历史最为悠久的“怪兽”。确切地说，不是《旧约》中的巨型“海怪”（当然也有一定相似性），而是霍布斯的哲学著作《利维坦》中的（现代版）“利维坦”形象，尤其是在《利维坦》英文首版的扉页铜版画上的“利维坦”巨人。卡尔·施米特从政治思想史的角度在《霍布斯国家学说中的利维坦》中详尽地阐发了1651年版《利维坦》中的这一视觉形象，正如他所言：“出现在扉页画中的不是一条龙、海怪，或者其他诸如蛇形、鳄形或鲸鱼形状的怪物——人们可以从中认出《约伯记》所描绘的利维坦，而是一个巨人”[1]，它的具体形象是“……一个硕大无

① 施米特：《霍布斯国家学说中的利维坦》，上海：华东师范大学出版社，2008年，第54页。

朋的巨人，由数不清的小人结合而成，右手握着一把剑，左手握着一个主教权杖”[①]。诚然，霍布斯的“利维坦”是现代“国家”的象征，它与本文的主题似乎毫不相干。但是，这些图像之间的视觉相似性（由“无数小人”构成的“巨人”），并不是无意义的偶然巧合，可以说《夏日大作战》这个当代的大众文本不期而然地“唤醒”了人类文明中历史悠久的有关“巨兽”的艺术及思想谱系：无论是在基督教中代表七宗罪之一（嫉妒）的怪兽，还是霍伯斯的政治哲学中（集“巨人”“巨兽”、“巨型机器”与“上帝”四种形象于一身）的现代国家，抑或海德格尔用来比喻现代“技术”的“庞大之物”（das Riesenhafte）[②]，这些视觉形象都可谓是“新媒介”问题在历史中的共振与变奏。

诚然，电影叙事的目的归根结底在于“驯服”（而非释放）这头“巨兽”。影片中对日本战国史的数次貌似离题的引用无疑正是在暗示：虽然“敌人”已经变了，但这场在主体与技术之间的“夏日大作战”仍不失为一场“传统”意义上的战役，因此我方仍然可以凭借那些传统的经验——在这个故事中最重要的“作战”策略，就是诉诸家庭的、民族的、人类的文化传统，就是试图重新恢复被现代技术所中介和阻隔的人际关系，通过主体间的相互承认共渡难关。这种“文化”与“技术”的二元对立观不仅体现在过着孤独的原子化生活的男主角“健二”（继承了日本动漫传统中的“宅男”形象）与女主角“四代同堂”的传统大家庭之间的喜剧性冲突，更集中体现在“祖母”这一关键角色本身。可以说，作为家庭和民族的文化传统的具象化的“祖母”，其在叙事中的真正对立面并非作为“数码原住民”的新一代青年——因为他们毕竟还是“人”——而是“数字技术”这头非人的“怪兽”。然而，虽然影片的剧情已经足够细腻感人，这种忧郁症的“乡愁”叙事，仍不过是一种浪漫化的“乌托邦”想象（该“乌托邦”指向的是过去，

---

① 施米特：《霍布斯国家学说中的利维坦》，上海：华东师范大学出版社，2008 年，第 53 页。

② 马丁·海德格尔：《世界图像的时代》，收入《林中路》，上海：世纪出版集团，2008 年，第 89–90 页。

而不是未来）。但是，在数字技术如此普及和发达的今天，人类所面临的问题难道不就是不可能反转历史进程，重回前数字时代的田园生活吗？在“祖母”四处打电话鼓励亲朋好友完成他们的社会使命，从而挽救了一场由新技术失控所造成的灾难这一重要情节中，影片自身也无意识地透露了这一“现实”——自人类文明诞生以来，任何不经“技术”中介的“主体间性”都是不可能的，因为就连“祖母”也必须以“电话”这一相当现代的通讯媒介为中介才能言说和行动，才有可能以传统价值之名重建人与人之间的共同体。①

三　数字新娘

对“新媒介”的想象也并不一定都是阴森恐怖的。与以上两种“消极”形象截然相反，在下文将要讨论的一组影像序列中，“技术”不再被呈现为冷漠的不可亲近的“物”，而且变得可爱和可欲，因为“技术”不仅获得了“人”的形象，甚至还获得了“性别”——当然通常是“女性”②。

这种“性化”的视觉修辞的历史其实并不短暂。在西方电影史的脉络之中，最容易想到的就是德国导演弗里茨·朗拍摄于1927的影片《大都会》（*Metropolis*）。虽然是一部黑白默片，但无论是其思想主题还是影像风格都可谓是近年来泛滥的所谓“反乌托邦”科幻电影类型的先驱。在该影片对未来世界（设定为2000年）的艺术想象中，最值得注意的就是女性形象与科学技术之间的同构关系。换言之，电影《大都会》与文学史中的第一部科幻小说《弗兰肯斯坦》之间的关

① 对于一部喜剧动画片，“祖母”之死在影片中的残酷程度溢出了类型的限度，而且影片并没有刻意去掩盖和淡化这一创伤，也许意味着人类即便最终能在与技术的对决中战而胜之，也必须付出沉重的代价。

② 在此意义上，《黑镜》中的《马上回来》算是一个变奏的版本，因为“人工智能”在其中是以男性形象出现，然而在这个故事中的“男人”在两性关系中的位置其实仍然是被动的受支配的客体。

键区别就在于视觉形象。《大都会》中由疯狂科学家所制造的“机器人”虽然也是一个负面角色，是灾难的根源，但其毕竟在影片中被呈现为了一个性感的“蛇蝎美人”（Femme Fatale），影片镜头反复强调凸显了“她”的女性性征（sexuality），而且竟然使用同一位女演员（布里吉特·赫尔姆）来同时扮演邪恶的女机器人与善良的女主人公“玛利亚”，这就更加说明了《大都会》中的“科学技术”不再是丑陋的“弗兰肯斯坦”，而是人类（男人）的欲望对象（然而在该文本的意识形态语境中，这种难以抗拒的表面魅力正是现代女性/技术的危险之处，因此必须在火刑架上将其烧死）。

在去年引发热议的一部小成本科幻影片《机械姬》（Ex Machina）中，叙事的基本动力就是具有女性外表的“机器人”（名为“伊娃”的人工智能）对男主人公的性吸引，而且其激进的结尾似乎比《大都会》更进了一步——在看似模仿《圣经》中上帝七日创世的叙述框架的最后，人工智能“伊娃”不仅杀了邪恶的科学家，也出人意料地杀死了善良无辜的男主人公，从而同时颠倒西方传统中“造物主”与“被造物”以及“亚当”与“夏娃”之间的等级秩序。这一结局虽然相当“政治正确”，颇有“后人类”甚至“反人类”的味道，但这部作品的主旨其实并没有突破传统科幻电影的主流想象，就其对“技术”的视觉再现而言，甚至比《大都会》更加保守和传统。虽然机器人战胜了人，但这并不意味着影片的认同就偏向于机器人一方，影片在视觉形象上所刻意凸显的仍然是“机器人”伊娃本质上绝对的“他性”（otherness），影片最重要的戏剧场景并非男女主人公浪漫的“恋爱”段落，而是伊娃脱、穿“人皮”的恐怖画面——被摄影机“祛魅”之后的机器人“伊娃”不再美丽，不再可欲（从“蛇蝎美人”变回了“怪兽”）。“人工智能”能够“利用”人类的感情来战胜人类，这固然不失为对“人类中心主义”的一次打击，但是通过在视觉上对“他者”的极力丑化，影片补偿性地挽回了人类的自尊，作品的意识形态依然建基于“主体”与“技术”的二元对立之上，其新颖之处只不过是对“敌我”的力量对比做出了较为悲观的估计。

也许在美国科幻电影《她》（*Her*）中，我们才能真正发现上述视觉形象谱系的最新版本，因为影片中名为“萨曼莎”的人工智能操作系统虽然依旧是位“美女”，但是她的形象却是不可见的，因为她根本就没有身体。当然，从理论上讲，数字信息技术（本质上只是由数字“1”及其缺席所构成）的“本来面目”无疑就是无形而不可见的，但是在实际的电影作品中，这种再现方式却相当罕见，其原因很简单，因为电影归根结底是一种视觉艺术，一种诉诸视觉感官的媒介，它总要想方设法地以某种视觉形式为叙事赋形，总要将那些不可见、不可感的事物可视化（科幻电影中常用的一种“权宜之计”就是用形似霓虹灯一般的“电流”线条来指代数字信息网络），而不能像小说等纯语言媒介中那样方便地直呼其“名”。然而《她》试图挑战艺术再现的极限可能，影片所采用的方法是一方面将视觉领域的问题转移至听觉领域（这也是本文未能触及的重要“新媒介”现象），另一方面也尝试创造性地利用既有的电影视觉语言来尽可能地“逼近”那无法再现的人工智能系统。比如在从地铁走向沙滩的一幕中，影片使用了一个属于“萨曼莎”自己的“视点镜头”：第一个镜头正面展示了“萨曼莎”（形似一个小型智能手机）被放置在男主角西奥多的上衣口袋中（并露出其背面的摄像头），而接下来的反打镜头的相对较低的视点位置显然提示观众这时的画面来自于“萨曼莎”的摄像头（观众在此得以体验透过机器人的“眼睛”来看世界的陌生化效果）；再比如，在另一个场景中，在展现男主角睡前与“萨曼莎”的一段对话时，影片巧妙地利用了最传统的（通常用于拍摄人与人之间的对话的）“过肩镜头”的程式——在画面左下角模糊地出现了“萨曼莎”的边缘。

这些新颖的视觉和听觉形式也呼应了影片激进的“后人类主义”主题：传统的主体 / 技术或人类 / 机器的二元等级关系此时已经不再清晰。在一个相当惊人的情节段落中，一位年轻的姑娘（伊莎贝拉）自愿帮助“萨曼莎”，为其提供自己的身体，以便和西奥多进行真实的性爱——在这个极端的想象性场景中“人”反而沦为了客体的客体，中介的中介。而故事最后西奥多和“萨曼莎”未能在一起的原因，并不是“萨曼莎”不够完美，“人工智能”配不上“人类”（如在《马上回来》等作品中的常见观点，即技术无论多么进步也不可能完美地模仿人类），恰恰相反，不够完美的一方是男主人公西奥多（他重蹈覆辙，在与妻子离婚之后再次被“她”抛弃），因为局限于“一对一”的情感模式的“人类”此时已经配不上不断自我进化的“人工智能”。

本文以“数字新娘”为总标题，因为“数字新娘”不仅是“新媒介”的视觉修辞中的一个子类别，我们更可以将其视为对技术问题的总体隐喻。在麦克卢汉的早期著作《机械新娘》（*The Mechanical Bride*）中，他用这个十分有趣的理论修辞描述了一种“双向的”过程：其一是“性”的技术化，即随着工业化进程，人们以对待机器的方式对待性；其二是“技术”的性化，即人们将新的科学技术视为一种可欲的性对象。同样的过程似乎也发生在当下，只不过今天的“新娘”（比半个世纪以前）更加数字化和虚拟化。可以说，“数字新娘”这一模糊含混的意象代表着“新媒介”问题的复杂暧昧，但无论我们是否愿意，今天都不得不迎接这位集“人体”与“机器”、“文化”与“技术”于一身的“数字新娘”。

作为方法论的侨易学

Méthodologie de Qiaoyi
Qiaoyi Study as a Method

主持人语

钱林森　乔修峰

本刊曾在第33辑、34辑连续两次推出“侨易学的观念”圆桌笔谈，就叶隽先生所提出的侨易学进行讨论，并指出：“《跨文化对话》乐意提供平台，首辟‘圆桌笔谈’，旨在期待学界更多的朋友积极参与，以进一步完善‘侨易学’这一跨文化研究具有重大理论和实践意义的宏大建构”。作为一种立基于传统文化资源的中国学问，侨易学的“大设计”思路充满了流动性的活力；而作为一种发展中的理论框架，侨易学也留下了实证考论、思辨问难、有待完善的开放空间。从本辑开始，本刊开设“作为方法论的侨易学”栏目，拟邀海内外学者，就侨易学理论建构中的关键问题，或核心概念之辨析，或文明进程之联系，或实证举例之发覆等方面，展开深入细致的讨论，以求“百尺竿头更进一步”。本辑聚焦于“二元三维”的相关概念讨论。

叶隽先生指出，对于侨易学而言，最核心的建构原则是“二元三维、大道侨易”，这虽然已经道出了原则和基本结构，但仍需进一步深入到内部细节处。作为宇宙论原则的二元三维，其好处在于包容性、概括性和结构特征。但若将其具体落实，则仍必须归结到类型学构建。他做出了若干模式概括：和型二元、竞型二元、附型二元、战型二元。虽然其根本都离不开阴阳二元的相互作用，但体现出的基本模型仍然不同。其中和型二元是一种特殊状态，它可以表现在竞型二元的某种临界情况下，即理想零和的出现。他同时指出二元关系作为一种核心概念建构，绝不可能仅仅是简单的或战、或竞、或和的静态二元关系，而是一种动态的可能在发生不断变化关系的二元。之所以如此名之，乃贴标签之无可奈何，但具体到问题的内部细节，则需要有“祸兮福之所倚，福兮祸之所伏”（《老子・五十八章》）之意识，也就是事物总是内含向相反方向转换的因素，老子所谓“反者道之动”也。但如果进一步看，也未必就仅仅局限于二元两极的关系，其中还有相关的步骤，尤其是第三极的发现，或者就是一种“侨易二元”的关系，用他的话来说就是“流力区”的出现，在阴阳二元之间，有一部分是相互接触的、同时也是作为相互生成力的流力区域，它不仅是二元之间的一个接触区，同时也是属于阴阳本身的母体区；也就是说，在接触、互动、交融的过程中，同时它也在反馈于母体本身，是两个文化互动区。他仍想强调的是，二元关系的类型不仅适用于个体，而且也作用于群体、共同体。不仅对文化生命体的二元关系如此，对作为器物载体的二元关系亦然，也就是太极图的阴阳鱼效应是普遍性的。当然最重要的还是如何开出流力区域中的“接触空间”，进而使得第三维充满生命张力，如此二元三维的整体结构得以成立。

户晓辉先生提出，他曾多年游走于中德文化之间，现在试图返回中国文化传统并重新开发本土文化资源，而叶隽提出的侨易学在某种意义上就是这样一种探索和尝试。侨易学既然想从中国传统易学中开出新的思想资源，并且还想让自己具有一定的普适性来解释各种文化侨易现象，那就少不了借鉴他山之石。这样一来，叶隽提出的侨易学就面临着种种困境和难题。表现在：第一，虽然侨易学主要想开发中国传统易学的思想资源，但叶隽对侨易学的思考和建构方式仍然不得不是西方式的。第二，叶隽不仅想让侨易学成为“一种理论”，还想让它成为“一种哲学”。在他看来，黑格尔哲学尤其值得侨易学借鉴，并提示了黑格尔辩证法与侨易学可能具有的某些关联。首先，易学的阴阳变化观念在黑格尔看来可能仍然是抽象的而非具体的，而黑格尔辩证法虽然主要研究事物的变易（Das Werden），但这种变易却不是外在的、偶发的、随意的和非本质的，而是事物自身必然发生的、内在的、本质性的变化。其次，黑格尔的辩证法具有深刻的目的论内涵，甚至可以说目的论构成了其辩证法的神髓，这种理性的目的论思想当然也是中国易学所缺乏的东西。再次，黑格尔的“精神”（Der Geist）实际上就是自由的主体，他的《精神现象学》就是这种作为自由主体的“精神”自我展开、自我实现的历史和实践认识历程，而这恰恰是中国传统最缺乏而为当下的和未来的中国最需要的东西。

以上所论，均能深入问题之底里，就概念的细微层次加以发掘，而且相互之间之主题不乏彼此观照，更能见出侨易观念的覆盖性和包容性意义。侨易学的建立和发展，是在中国现代学术之中发生，同时又离不开世界性的知识体系转型的大背景。郑永年说过：“缺少知识体系也不只是中国的问题，亚洲各国都是如此。近代社会科学是西方建立的。这并不是说，亚洲各国不能建立自己的社会科学，只是说在历史上没有能够建立社会科学。日本最有条件建立自己的社会科学。明治维新之后，日本成为亚洲第一个近代化的国家。其很多制度都是学习西方的。但很显然，日本各方面的制度，包括政治、经济和社会，和西方的制度相差甚远。道理很简单，尽管所有这些制度形式学自西方，但运作则在日本自己的文化环境中。日本是假装称‘西方国家’的亚洲国家。”①就此而言，我们有必要建构属于自己的知识体系，有论者很具洞察力地指出，侨易学理论建构过程中有一个矛盾或疑难之处：“到底走玄学的路子，还是经验实证主义的路子？似乎有些徘徊于两者之间。”问题和答案显然都可以是敞开式的，这也真是求知向道之路的本色。本刊设立“作为方法论的侨易学”栏目，其初衷一如既往，希望能在知识学意义上推进学理本身的完善，所以一应来稿，悉皆欢迎！

① 郑永年：《通往大国之路：中国的知识重建和文明复兴》第19–20页，北京：东方出版社，2012年。

“二元三型”与“二元三维”

——二元类型的三种模式及其第三维开辟

叶　隽

对于侨易学而言，最核心的建构原则是“二元三维、大道侨易”，这虽然已经道出了原则和基本结构，但仍然必须进一步深入到内部细节处。作为宇宙论原则的二元三维，其好处在于包容性、概括性和结构特征。但若将其具体落实，则仍必须归结到类型学构建。即二元结构的基本类型，譬如这里做出若干模式概括：竞型二元、附型二元、战型二元。虽然其根本都离不开阴阳二元的相互作用，但体现出的基本模型仍然不同。和型二元是一种特殊状态，它可以表现在竞型二元的某种临界情况下，即理想零和的出现。

一　和型二元作为零和状态

就中国传统思想发展来看，无疑是比较崇尚和谐的。汉代之际，董仲舒有“三纲五纪”之说，其中关于“三纲”称：“凡物必有合，阴者，阳之合，妻者，夫之合，子者，父之合，臣者，君之合，物莫无合，而合各有阴阳。阳兼于阴，阴兼于阳；夫兼于妻，妻兼于夫；父兼于子，子兼于父；君兼于臣，臣兼于君。君臣、父子、夫妇之义，皆取诸阴阳之道。君为阳，臣为阴；父为阳，子为阴；夫为阳，妻为阴。阴道无所独行，其始也不得专起，其终也不得分功，有所兼之义。是故臣兼功于君，子兼功于父，妻兼功于夫，阴兼功于阳，地兼功于天。”（《春秋繁露·基义篇》）如果阴、阳二者的关系能够达到一种理想的配置状态，似乎我们就可以把握到先天设计结构的某种关键性的规律所在。

这一思路，进一步引申到政治领域之中，则为普适性的阴阳和，班固就进一步发展这个理论：“故君为臣纲，父为子纲，夫为妻纲。……所以称三纲何？一阴一阳谓之道，阳得阴而成，阴得阳而序，刚柔相配，故六人为三纲。”（《白虎通·三纲六纪篇》）这里就更明确地将阴阳关系说清楚了，不是仅性别而存在阴阳，而是因为人与人之间关系的主次而成为阴阳，所以父子关系、君臣关系也可以阴阳来理解，当然这种比拟并非就绝对正确或合理，但它却给我们提供了理解问题的一个角度。其实，这种求和的思维并非仅存于中国，在东方的思维世界里，这种相近的思路颇类似。譬如印度人讲“梵我一如”、伊斯兰教主张“人主合一”，都共享某种与“天人合一”类似的思维模式，也就是主张二元相合。

和合相关，因彼此能和，所以最终能合。这是一种较为理想的状态，但在事实操作当中，这种“和型二元”关系近乎是理想状态的可遇而不可求。以君臣关系论，刘备、诸葛亮可谓典型，正因为三顾茅庐的求贤之诚，才有隆中对的定鼎三分，虽然日后因为是否为了关羽之死讨伐东吴而产生重大分歧，但刘备最后还是意识到自己的决策失误。虽然这种和型二元关系的建构，并未实现最终的三国一统、重兴汉业的理想，但能在那样的困局之下实现刘备集团的整体崛起，确实是与刘备、诸葛亮的君臣和型二元关系的建构是密不可分的。我们更要注意的是，这种和型二元关系的建立并非孤立的、简单地存在于二者之间，而是在语境之中的。不考虑当时的具体历史语境，是不可想象的。譬如最初的时候，刘备就必须面临如何处理刘关张三结义的关系和刘、诸葛的关系，在一个更大的语境框架中来定位其视作核心的二元关系。没有诸葛亮的出山与刘备-孔明二元关系的建立，固然不可能有蜀汉基业的奠立；但如果没有刘备-武将群体的二元关系的维护，尤其是关羽、张飞、赵云等一批杰出战将的征战，指望诸葛亮就能“谈笑间，樯橹灰飞烟灭”显然也是白日做梦。应该是，无论是刘备，还是诸葛亮，在处理这种关系上还是有策略、有胸襟、有气象的，譬如刘备对张飞的训诫，诸葛亮借“华容道释曹”对关羽的驾驭等都是精彩案例。

但必须指出的是，这种二元关系，其实并非真正恒定的“如鱼得水”，这只是一种理想化的口头表述而已，究其实质，在权力场中并不存在真正的和型二元关系，有的必然只是彼此间利益的相对稳定性调和而已，所以这里的“君臣和”，或者所谓“将相和”（廉颇、蔺相如），基本上都是一种“理想叙事”，其实质乃是附型二元关系，必然是相互依附的关系；或者就是战型二元，权力场中的战斗性博弈更为接近本质，这也是福柯为什么用“权力话语”来表述社会构成一样，或许有些绝对化，确实非常实用；如果能形成竞型关系，其实倒是一种常态，因为权力的被制约或许正是通过这样一种良性竞争状态的形成而达到一种可能被“关进铁笼”的状态。

真正能体现和型二元的，倒多半是在能够超越具体利益之争的文化场域。首先需要承认的是，文化场也是一个权力场的延展次场域，不可能完全独善其身。真正能超越这种场域、利益和规制约束的，往往是那些特立独行、雄视万古而敢于超越的伟人巨子。在文化创造者当中，较为典型的例子，可举出李白、杜甫与歌德、席勒。虽然说“李杜文章在，光焰万丈长”，但李白、杜甫的交谊并不算太长，而且就现有材料来看，杜甫更加地积极些，两者究竟通过这种交谊达成了如何精神交易过程并完成伟大作品的创造，互动性并不是很明显；尽管如此，杜甫对李白的深情厚谊仍是让人感慨至深，《天末怀李白》谓：“凉风起天末，君子意如何。鸿雁几时到，江湖秋水多。文章憎命达，魑魅喜人过。应共冤魂语，投诗赠汨罗。”[①] 李白有《鲁郡东石门送杜二甫》：“醉别复几日，登临遍池台。何时石门路，重有金樽开。秋波落泗水，海色明徂徕。飞蓬各自远，且尽手中杯。”相比较杜甫的情深义重、真情流露，李白似乎更加潇洒不羁、行云流水。但总体

① 总体来说，作为年纪较小者的杜甫对李白似乎更加情思深重，作诗数量更多，譬如《冬日有怀李白》：“寂寞书斋里，终朝独尔思。更寻嘉树传，不忘角弓诗。短褐风霜入，还丹日月迟。未因乘兴去，空有鹿门期。”《寄李十二白二十韵》“乞归优诏许，遇我宿心亲。未负幽期志，兼全宠辱身。”天宝四年秋，李白、杜甫再聚于东鲁，同到鲁城北访范十。李白作《寻鲁城北范居士失道落苍耳中见范置酒摘苍耳作》，杜甫作《与李十二白同寻范十隐居》，彼此唱和。

来说，两者当是那种“海内存知已，天涯若比邻”的关系，而歌德、席勒就不一样了，魏玛十年的合作友谊，使得他们不但建立了亲密的知己关系，而且也使得德国古典文学达到了人类文明史上的最高峰，当他们以一种竞型二元关系发展出和型状态时，就是一种理想临界点的达致。所以，难怪当席勒逝去之际，歌德有非常异常和悲恸的表现，称自己的生命去了一半，如果比较当初未相知时的冷面相对则可以表现出伟人的真性情。但这种和型二元关系的达致也并非一蹴而就，甚至我们可以说二元关系始终是在转换之中的，它有着一个在“动态中发展”的自然过程。譬如歌德、席勒就曾有“语不近不相往来”的经验，席勒最初曾有过拜访前辈的恭谨态度，但却并没有能达到期待中的效果；直到一次偶然的机会，两人得以沟通才有此订交。在1794年8月23日致歌德函中，席勒就尝试在宏观上把握对方的思想原则：“您将全部自然视作整体，并使个体在其光芒烛照下沐浴滋生，您在整体丰富多元的不同表象形式中为个体的成立原因寻求依据。从单纯的机体出发，您一步步走向更复杂缠绕的结构，最后走到一切之中最复杂的人。您用整座自然大厦的材料水到渠成地将之创造。因为您是循着自然创造之理再将人来创造，所以您切望窥得它深层隐藏的奥妙。这是一个伟大的真正英雄式的观念，足以证明您的精神是如何地将它全部丰富的思想组成一个美丽的整体。”[1]这才有了一种“高山流水遇知音”

① 德文原文为：“Sie nehmen die ganze Natur zusammen, um über das Einzelne Licht zu bekommen, in der Allheit ihrer Erscheinungsarten suchen Sie den Erklärungsgrund für das Individuum auf. Von der einfachen Organisation steigen Sie, Schritt vor Schritt, zu den mehr verwickelten hinauf, um endlich die verwickeltste von allen, den Menschen, genetisch aus den Materialien des ganzen Naturgebäudes zu erbauen. Dadurch, daß Sie ihn der Natur gleichsam nacherschaffen, suchen Sie seine verborgene Technik einzudringen. Eine große und wahrhaft heldenmäßige Idee, die zur Genüge zeigt, wie sehr Ihr Geist das reiche Ganze seiner Vorstellungen in einer schönen Einheit zusammenhält.” Schiller an Goethe（Jena, den 23.August 1794.）（席勒1794年8月23日致歌德信）, in Seidel, Siegfried: *Der Briefwechsel zwischen Schiller und Goethe*（席勒歌德通信集）Erster Band. München Verlag C.H.Beck, 1984. S.9.S.10. 中译文参考了宗白华译文，见《宗白华全集》第4卷第35页，合肥：安徽教育出版社，1994年。

的感觉，此后书函往来，并肩合作；而到了魏玛时代，两人不但相知相得，而且也有竞争的戏仿形式，譬如《格言诗》（Xenien）的创作就是最好的例子，但这种竞争是友人间的良性竞争，而非场域争夺的利益促动。所以，总体而言，两者之间是和型关系，但也绝不排除有竞型二元的因子在。

那么如果“以小人之心度君子之腹”的话，杜甫难道不嫉妒李白的才高八斗吗？歌德会不会担心席勒后来者居上？可《威廉·退尔》原本乃是歌德辛苦收集的材料，却轻而易举地转让给了席勒，成了席勒的最后绝响的关键素材。到了最后的层次，天才人物的惺惺相惜与高山流水之情，可能不是凡夫俗子所能理解的；就像刘正风宁可全家玉碎，也不可能出卖与曲洋的友情一样，那种高山流水的悲壮，确实可以“笑傲江湖”！这就如同爱因斯坦所言，“我想知道上帝是如何创造这个世界的。对这个或那个现象、这个或那个元素的谱我并不感兴趣。我想知道的是他的思想，其它的都只是细节问题”。[①] 而侠客岛上的龙、木二岛主，邀请天下英雄豪杰到侠客岛喝腊八粥，目的乃是追问岛上 24 座石室所刻图谱的秘密，一旦破解侠客行的武功秘奥，他们就毁图沉岛，慨然西去。这就是至高的精神境界，而非俗世的那种为追求武功秘籍而不择手段，其目的不过为了称霸天下、唯我独尊，像日月神教所表述的那样“千秋万世，一统江湖”。或者，就是我们所谓“寻道”的意义！道之所存，又岂是彼俗世人等或利欲熏心之徒所堪喻？

和型二元的标志性特征是，其一主次有序；其二流力盎然；其三变常创渐。和型二元是一种理想化的状态，是在“超人时代”里才可能成为常态的游戏关系。所以对其特征构成需要细加界说，所谓主次有序，就是在这种“二”的关系中，仍必须知其限止，有一种结构上的主辅关系，如果每个“一”都唯我独尊，自高自大，那就必然会导

① 转引自《前言》第 1 页，载〔美〕阿·热：《可怕的对称——现代物理学中美的探索》，熊昆译，长沙：湖南科学技术出版社，1996 年。

致分道扬镳，甚至祸起萧墙、反目成仇。正是因为彼此能明白自己的定位，所以使得这种二元关系能在一种动态过程中保持相对稳定的结构；所谓流力盎然，也就是说作为第三维的流力因素在此结构中发展到最佳状态，它始终保持着一种积极的、协调的、创生的姿态，能在二元之间扮演调和角色，滋养阴阳，使得二者调和。“问渠那得清如许，为有源头活水来”，如果将这种二元关系形容为一沟阴阳相合之清渠的话，那么这种勾连彼此的流力就是源头活水；所谓变常创渐，就是在这种二元关系的动态转化过程中，变态与常态达到一种稳定的互补、互哺、互辅状态。而这一点在太极拳的拳理中得到很细致的一个描述：“太极者，无极而生，动静之机，阴阳之母也。动之则分，静之则合。无过不及，随曲就伸。人刚我柔谓之走，我顺人背谓之粘。动急则急应，动缓则缓随。虽变化万端，而理唯一贯。”（王宗岳《太极拳论》）

如果说用文人做例子可能显得有些过于阳春白雪，那么就拿最平常的例子来说，在无以数计的夫妻关系中，真正能运到和型二元者仍恐是凤毛麟角。表面上“相敬如宾”者或不少，但真正能“举案齐眉”“白头偕老”者能有几？如谓不信，即便就小说家言的理想虚构来说，表现明显的是譬如韦小宝与妻妾之间的关系。虽然他有七个夫人，但真正能谈得上“和”的，恐怕仍是很难数得上来。公主不用说了，基本上就是皇帝之妹（虽然是假的），我行我素、刁蛮无理。即便表明看韦小宝与双儿的关系最亲厚，恐怕仍离和颇远，而近于“附型关系”，韦小宝是绝对有话语权力的支配地位；曾柔、小郡主，其本质也都类似，都是失去了自我主体地位的。而韦小宝与阿珂的关系，则近于“战”，因为彼此虽算是师姐弟，但阿珂对他却并无真实情感，所以围绕着郑克爽而展开一系列闹剧；但最后却是由战而附。为什么？阿珂对韦小宝的态度有几个转折，怀孕之后与生子之后乃是很重要的触机。方怡、苏荃其实也都类似之。当然金庸在处理《鹿鼎记》中的男女关系时相对较弱，描写远不如其在《天龙八部》《笑傲江湖》《射雕三部曲》中的细腻。但我们要注意到，这种二元关系绝不是孤立存在的，他是在一夫多妻这个更大的语境中存在的，所以其中妻妾对丈夫的依附是绝对的，所谓“琴瑟和谐”更多出于一种理想表述状态而已，这种“阴阳二元”是具有制度性的规定性影响的。

总而言之，和型二元是一种理想状态，也是一种特殊状态，它在人类史上始终处于一种极少实现的时候，故此不是一种常规状态。但它确实是一种理想状态，表明了人类希望超于人，实现“超人”理想的那种诗性表述。

二 战型二元

战型就是二者你死我活的关系，就是不能相容，彼此斗争，甚至到鱼死网破的结局。这一点以基督教思维最为典型，所以有论者对此做出非常典型的概括：“欧洲的扩张在某种程度上可用欧洲基督教的扩张主义来解释。与欧洲其他大宗教完全不同，基督教浸透了普济主义、改变异端信仰的热情和好战精神。从一开始起，基督教就强调四海一家，宣称自己是世界宗教；从使徒时代到现在，积极传教一直是基督教会的主要特点。而且，为了使异端和不信教的人皈依基督教，基督教会总是毫不犹豫地使用武力。”[①] 而犹太教、伊斯兰教多少也有类似的成分在，就是他们必须树立一个敌对的他者，在这样一种你死我活的二元对立中来确立自己的身份和位置。故此不仅是基督教要求绝对崇敬上帝，就是伊斯兰教也有其强烈排他性的特征。有趣则在于，正是在东西方的交接之处，产生了这样的势不两立的二元论，为何？

以宗教关系为例，发生在西方的“三教关系”与东方的“三教关系”是颇不一样的。在《智者纳旦》里，设计了一个著名的谜面，即苏丹萨拉丁（Saladin）召见纳坦提出一个问题，在犹太人、基督徒、穆斯林这三种宗教之间，只有一种该是正确的，让纳坦判断并论证。纳坦

① 〔美〕斯塔夫里阿诺斯（Stavrianos, L.S.）：《全球通史——1500 年以后的世界》（*The World since 1500 – A Global Histroy*），吴象婴等译，上海：上海社会科学院出版社，1999 年，第 11 页。

讲述了一个戒指的故事，即一个父亲要传给三个儿子，该当如何处理呢？结果是打造了难分真假的另两只。由此，纳坦的回答是："父亲让人做戒指的目的就是不让这两个戒指同真的戒指区分开来，所以我无法区分宗教也是可以原谅的。"[①] 这当然只是莱辛通过文学人物的理想描述，落实在实际当中，三教彼此根本无法相容。所以萨拉丁会说出这么一段话："穆斯林是吾，/ 之间有基督。/ 宗教有三家，只容一真出。"[②] 而在中国，则有极为著名的"三教合一"现象，也就是儒、道、佛的合流现象。同样，在东南亚国家，我们可以找到更为有趣的多教合一，譬如那里还不仅有儒教、佛教，还有印度教，还有伊斯兰教，那么，为什么他们能够相融而共生，彼此和睦相处呢？

钱穆曾强调：中国重和合，西方重分别[③]。这又是简单地将中西思维方式加以概括叙述的一种方式，也可见出大家的语重定论的气象。但如果更深入地分析之，则可以有更深刻的理解："西方岂止是重分别，而是重对立，重斗争。这源于基督教文化的'二元主义'（dualism），即将任何事物都看成是两个性质相对的实体组成，如善与恶。二元主义认为两个实体一正一反相斗，乃人类'进步'的唯一途径。中国人则相反，认为正反之间本身便有合或相互包容，并不以'斗'为任何事物发展的原动力。比如中国人不会为了强调男女的不同而臆造出男为'非女'或女为'非男'的概念。乾道成男，坤道生女，天经地义，

---

① 德文为：Soll / Mich bloß entschuldigen, wenn ich die Ringe, / Mir nicht getrau zu unterscheiden, die / Der Vater in der Absicht machen ließ, / Damit sie nicht zu unterscheiden wären. [Werke: Nathan der Weise. Lessing: Werke, S. 1775 (vgl. Lessing-W Bd. 2, S. 278) http://www.digitale-bibliothek.de/band5.htm] 莱辛《智者纳坦》，载〔德〕莱辛：《莱辛剧作七种》，李健鸣译，北京：华夏出版社，2007 年，第 440 页。

② 德文为：Und ich ein Muselmann./ Der Christ ist zwischen uns. − Von diesen drei/ Religionen kann doch eine nur/ Die wahre sein. − [Werke: Nathan der Weise. Lessing: Werke, S. 1769 (vgl. Lessing-W Bd. 2, S. 274)] 。此处作者自译，原文为诗体。参考："我是个穆斯林。基督徒处于我们两者之间。——但在这三大宗教中，只能有一个是真正的宗教。"莱辛《智者纳坦》，载〔德〕莱辛：《智者纳坦（研究版）》，朱雁冰译，北京：华夏出版社，2011 年，第 79 页。

③ 《序》，载钱穆：《现代中国学术论衡》，北京：生活·读书·新知三联书店，2001 年，第 1 页。

没有蓄意制造的概念混乱。二元主义则强调有甲必有非甲，两者相斗，产生乙，并照此规律无限进行下去。”[①] 这个解释无疑是很有见地的，但需要指出的是，西方有两个传统，一是古希腊传统，一是基督教传统，所谓“两希文明”是也。这里强调的希伯来渊源的基督教，确实不无道理，因为“基督教的好战性源自犹太游牧民所崇拜的复仇和惩罚之神。基督教作家常用战争作比喻，将人间世界看作上帝与撒旦交战的战场”。[②]

基督教是西方世界的根本宗教，它虽发源于耶路撒冷，但却流转到欧洲语境，不仅在欧洲成为主导型宗教，而且也在北美、澳洲，甚至后来的拉美生根发芽，对于亚洲、非洲这样本来有自己宗教和文化传统的大洲也产生极大的渗透乃至影响，基督教传教士的传教手法与业绩更是近乎举世公认。说到底，基督教之征服欧洲或西方，乃是其观念与元思维方式的实践体现，当然还有一种思路，就是强调基督教本质上还有“崇尚理性”的特点，所谓“理性获得了最后的胜利，塑造了独一无二的西方文化和制度。其中最重要的胜利发生在基督教内部，世界各大宗教都强调神秘与直觉，唯有基督教把理性和逻辑作为探索真理的指导”。[③] 在我看来，或许正是这种理性宗教模式推动了基督教的唯我独尊意识以及其与他者相处的“战型二元”思维。

有论者认为，西方传统的世界观“呈现出二元论(dualistic)的基调。西方人对自然人事，都是二元对立的思维倾向，亚里士多德所创始而通用二千余年的是非对错二值对立的古典形式逻辑，可为明证；至如客体与主体，理想与现实，本体与假相，天启与理性，心与物，社会

---

① 相蓝欣：《传统与对外关系——兼评中美关系的意识形态背景》，北京：生活·读书·新知三联书店，2007年，第13页。

② 〔美〕斯塔夫里阿诺斯（Stavrianos, L.S.）：《全球通史——1500年以后的世界》（*The World since 1500 – A Global Histroy*），吴象婴等译，上海：上海社会科学院出版社，1999年，第11–12页。

③ 〔美〕罗德尼·斯达克（Stark, Rodney）：《理性的胜利——基督教与西方文明》（*The Victory of Reason: How Christianity led to Freedom, Capitalism and Western Success*），管欣译，上海：复旦大学出版社，2011年，第2页。

与个人，灵魂与肉体的对立等等，亦不过是举其荦荦大者而已。尤其在宗教信仰与形上学思想方面，西方人更是执守二元论立场，因而超越世界与现实世界完全分离，天国与地域断然隔绝，无论就存在意义或价值意义言，前者均较后者为真为高。”① 当然值得指出的是，“西方近代人就在这种二元论世界观的思想气氛下，一方面倾力追求现实生活的发展，物质文明的进步，为此不惜耗尽毕生精力，探求自然，征服自然，并且通过科学技术的改进，提高生活的水准。至于精神所须寄托的境界，则依照二元论世界观思想，另在现实世界之外，构筑真善美价值理想所能承兑的超越世界（就哲学言），或是天国（就宗教言）。在凯撒之国尽量生产地上面包；同时另在上帝之国寻觅俗世所无法供给的天上面包，俾便内在生命能有安然寄寓之所。”可问题在于，“一旦整个西方社会有了重大变革（譬诸战争、大革命、经济扩张竞争），或遇有‘异端’思想的冲击（譬诸科学主义世界观的抬头，或经验论、泛神论等反二元论世界观的哲学思想得势），立即足以涣散人心，动摇或甚至摧毁整个传统的二元论世界观，而使人存在意识涣散人心，动摇或甚至摧毁整个传统的二元论世界观，而使人存在意识本身游离失所，随时随地有实存丧失的危机存在”。19 世纪时，克尔凯郭尔、陀思妥耶夫斯基、尼采等“异端思想”的出现，“便是在西方二元论世界观思想摇摇欲坠，到处弥漫着世纪末的虚无主义气氛下，不约而同地开拓出实存主义的理路，欲以拯救西方人的精神危机，重寻失落了的精神故乡”。②

亨廷顿的“文明的冲突”则典型体现了这种思维特征，在他看来，“文化的共性和差异影响了国家的利益、对抗和联合。世界上最重要的国家绝大多数来自不同的文明。最可能逐步升级为更大规模的战争的地区冲突是那些来自不同文明的集团和国家之间的冲突。政治和经

① 《西方二元论世界观的崩落与实存主义的兴起》（1962 年），载傅伟勋：《从西方哲学到禅佛教》，北京：生活·读书·新知三联书店，1989 年，第 158 页。

② 同上，第 160–161 页。

济发展的主导模式因文明的不同而不同。国际议题中的关键争论问题包含文明之间的差异。权力正在从长期以来占支配地位的西方向非西方的各文明转移。全球政治已变成了多极的和多文明的。”[①]他这里一个很重要的分析就是将政治、权力和文化联系在一起的，当然统合在一个“文明”的框架下，尤其是西方-非西方的思维方式，显出其二元论思维特征仍是挥之不去，这其中最为典型的一个例证，就是他将世界文明分为7-8个类型，将西方文明归为一类，而将诸如中国、印度、阿拉伯、非洲等分开设置。要知道，“人不只是属于同一种类的个体，他们还属于各种各样特殊的集体，他们出生于其中并在其中活动。今天最强大的集体被称为国家，也就是政治和文化接近（但不是完全）完美的重合。属于人类和属于某个国家并不一样，两者之间甚至还存在潜在的冲突，当某一天我们不得不在两者之间作出选择，冲突就会显现。人，在词义上，是从伦理层面来说的；而公民行为却属于政治层面。不能消除人类生活着两方面的任何一方，也不能把一方简化为另一方——应该意识到这种有时是悲剧的双重属性。同时，彻底分裂两方，把它们禁闭在从不交流的两个空间中同样也会很不幸”。[②]作为一种概念结构的文明恐怕也同样可按照这个思路延伸思考，如此亨廷顿那种简单的由二元论思维推展而来，同时又暗藏政治博弈的策略计谋，则自然可以迎刃而解。问题在于，“世界不是你想象”！一方面可能确实存在基督教西方的唯我独尊、非此即彼的极端选择，但另一方面其实也不太可能完全回避那种一身多任、你中有我、我中有你、彼此渗透、连环相扣的情况。当然此处我们仍聚焦于“战型二元”。

这一点不仅是在现实世界中得到充分印证，而且也表现在小说世

① 〔美〕塞缪尔·亨廷顿（Huntington, Samuel P.）：《文明的冲突与世界秩序的重建》（*The Clash of Civilizations and the Remaking of World Order*），周琪等译，北京：新华出版社，1998年，第8页。

② 〔法〕茨维坦·托多罗夫（Todorov, T.）：《我们与他人——关于人类多样性的法兰西思考》（*Nous et les autres – La réflexion française sur la diversitéhumaine*），袁莉等译，北京：北京大学出版社，2014年，第351页。

界中。譬如韦小宝在庙堂、江湖之间的状态变化，从最初的懵懂无知到游刃有余再到无法调和，按照他自己的想法："天地会众兄弟逼我行刺皇上，皇上逼我去剿灭天地会。皇上说道：'小桂子，你一生一世，就始终这样脚踏两头船么？'他奶奶的，老子不干了！什么都不干了！"[①] 最后他选择的是撤出，即从这样一种二元关系中逃离，因为这种二元始终是处于战型二元，是不可调和的矛盾，即便是聪明伶俐、善"捣糨糊"如韦小宝，都无法始终如鱼得水。所以作者安排了一个大团圆的结局："夫妻八人依计而行，取了财物，改装来到扬州，接了母亲后，一家人同去云南，自此隐姓埋名，在大理城过那逍遥自在的日子。"[②] 这显然是一种过于理想和一厢情愿的情节设计，未必符合历史的真实。无论是庙堂，握重权如康熙帝者，还是江湖，譬如那些谋求反清复明的天地会豪杰，他们焉能容得韦小宝退隐江湖？正是"庆父不死鲁难未已"，人在江湖身不由己！所以《鹿鼎记》其实是带有了相当乌托邦精神的。这点倒是《笑傲江湖》里说得明白，刘正风因与魔教长老曲洋因乐相交，乃希望金盆洗手，然而左冷禅设下毒计，环环相扣，终究逼得他满门血洗、无一生还者[③]。在战型二元关系当中，和解几乎是不可能的，彼此间的结局必然是"你死我活"。

战型二元的特征很明显，就是其一非此即彼；其二真理独吾；其三暴力为盾。因为坚信真理唯一，且绝对只掌握在自家这边，所以必然要求对方按照"非此即彼"的原则进行选择，这一点像满清入关要求汉人剃发一样，既可笑又简单，但放置在历史语境中则显得特别真实而残酷，就是"留头不留发，留发不留头"；但所有这样没有极端

---

① 金庸：《鹿鼎记》第 5 册，北京：生活·读书·新知三联书店，1994 年，第 1953 页。

② 同上，第 1978 页。

③ 不过即便如此，金庸仍表现了极为浪漫的理想主义精神，就是让刘正风在临死之前，仍与曲洋同奏一曲《笑傲江湖》，并有这样的表述："今后纵然世上再有曲洋，不见得又有刘正风，有刘正风，不见得又有曲洋。就算又有曲洋、刘正风一般的人物，二人又未必生于同时，相遇结交，要两个既精音律，又精内功之人，志趣相投，修为相若，一同创制此曲，实是千难万难了。"但这种人格境界，却是更多只停留在文学世界里的，让人向往的成分居多。金庸：《笑傲江湖》，北京：生活·读书·新知三联书店，1994 年，第 1 册第 217 页。

强大的暴力机构和武器作为后盾的话,那也就只能是“纸上谈兵”而已,所以这里再次显示出那条元规则的无远弗届——“暴力最强者胜”!

三　附型二元

附型二元就是一种依附型的二元关系，它使得两者关系是一种彼此支配、情感乃至人身依附的特殊关系，如同战型二元往往以你死我活、非此即彼为选择一样，附型二元其实是早就预设了一种不战而主的方式，在这个二元关系中有着近乎先天的主从或支配关系，说“主奴关系”或许过于直白，但主导和服从的原则是这一二元关系的实质。在中国的表述里，最典型的当然是君臣关系，所谓“君叫臣死臣不得不死”，说得就是这个道理。

诸葛亮和刘备的和型二元关系是基本定位，但并不意味着其中有其它因子的出现和波动，譬如在关羽、张飞之死的问题上，就发生了激烈冲突。先是关羽有走麦城之失，乃有帝相之间为是否伐吴的激烈冲突，刘备考虑的首先是兄弟之义，而诸葛亮考量的则是蜀汉大业，这其中有相当的错位关系。而一旦张飞也被害，那么“伐吴”就成了必然抉择，到此时节，诸葛亮也只能缄默无语，退而离都。所以说到底，在这样一种二元关系中，其本质仍是“附型二元”，在具体的利益冲突中，作为臣子的诸葛亮只能选择默认，选择退让，选择服从。儒家的这种支配关系表现得很明显，所谓“君君臣臣，父父子子”说得也就是这套关系。

这一点在晚明灭亡的过程中也可以得到印证，起初满清入关之后，士人选择投降者不少；可一旦剃发令下，江南展开大规模的抗清斗争，而且很多是降而复反。为什么，这需要从文化上找原因，其中最根本的一个区别在于是“亡国还是亡天下”，改朝换代固然是一种变化，但这还不是根本性的，对于像冯道那样的人物来说历仕多朝并不以为耻；可一旦是要让你剃发结辫，这就意味着中国文化之亡，这是比亡国还要更了不得的大事。

但附型二元关系往往不是绝对的，而是发展变化着的，它不像战型二元那样相对稳定。就如同国际关系中的“依附关系”一样，有些小国依附大国，但它又不是绝对的一成不变的，而是以利益为选择的。譬如英美之间的关系可做如此看，但英国的依附美国，却并没失去自己的立场，在关键时刻仍坚持维护自己的利益，譬如在中国主导的亚洲基础设施投资银行这件事情上，虽然美国施压，但英国仍在西方阵营旦带头参与，这很典型地体现了英国的原则“我们没有永恒的朋友，也没有永恒的敌人，只有永恒的利益”。（丘吉尔语）依附理论（the Dependency Theory）由阿根廷学者普雷维什（Prebisch，Raul）于 1960 年代提出，认为发展中国家与发达国家之间是一种依附的，甚至是被剥削与剥削的关系。在世界经济领域里有中心–外围的层次之分，其中发达资本主义国家为世界经济中心，发展中国家处于外围，被发达国家剥削和控制。卡多佐（Cardoso, Fernando Henrique Silva，1931–）等就明确表示：“依附的概念直接反映经济和政治体系的运行情况及其生存的条件，显示的是两者之间的联系，而且不仅反应各个国家的内部情况，也包括外部情况。”[①] 所以依附现象不仅是单个的二元关系，而且也是连环关系，存在着连环依附现象。举一个例子来说，在《红楼梦》的关系中，丫鬟是依附于小主子的，小主子又依附于大主子，荣国府最后依附的自然是主人贾政，而贾政自然也有依附的更大靠山，最后则是依附于皇帝。

附型二元的特征相对清晰，总结之：其一主次序限；其二是向心力聚；其三是冲突内蓄。就本质而言，这也很难说是一个稳定性二元结构。

① 〔巴西〕卡多佐（Cardoso, Fernando Henrique Silva）、法勒托（Faletto, Enzo）：《拉美的依附性及发展》（Dependency and Development in Latin American），单楚译，北京：世界知识出版社，2002 年，第 24 页。

四　竞型二元

如果根据二元三维的基本结构模式，则必须开出一个第三维来。那么这第三者是谁？或许可以有一个所谓的“竞型二元”，就是指阴阳二元关系表现出的介于附型、战型二者之间的一种类型。所以当是兼容二者的既有相互为战的争斗性一面，也有趋向求和的宽容性一面。如此则“竞型二元”的概念则可以成立，这是一种良性状态。

只要是二元关系，就不会是没有矛盾的，就不可能都是天生的和事佬，除非都是木头人。所以，冲突是非常正常的现象，矛盾也是处处皆在的事实。但古语说“二虎相争必有一伤”，或者说“螳螂捕蝉黄雀在后”，其实涉及的都关乎二与三的关系。所谓“三人成虎事多有”，一旦人多，就必然事杂，难以平心静气地细商琢磨。达仁道夫（Dahrendorf, Ralf, 1929–）曾说过：“社会现象本身充满着辩证关系，往往同时呈现出相互矛盾的二重层面：即稳定与变迁、整合与冲突、功能与反功能、价值共享与利益对立，等等。因此，既要从社会均衡角度研究社会现象，又要从社会压制角度研究社会现象，尤其要加强发展社会压制模式理论。”① 在他看来，矛盾性几乎贯穿于社会现象之中，所以需要从社会现象不同类型的角度来观察，譬如强调的社会均衡、社会压制的视角。

在竞型二元关系中，冲突是一个关键因素，甚至我们可以将其理解为第三维的某种标志性符号。正是由于冲突的存在，二元关系的变易过程得以发生，附、竞、战三者可以相互转化，甚至像和型二元这种理想状态也不是完全不可能达致的。就社会现象来说，“冲突是由于权力分配引起的，而不是由于经济因素引起的，因此，最好的办法是各利益集团各司其事，这样虽时常会有一些小冲突，但却限制了严

---

① 转引自林荣远《译者的话》，载〔英〕达仁道夫（Dahrendorf, Ralf）：《现代社会冲突——自由政治随感》（*The Modern Social Conflict*），林荣远译，北京：中国社会科学出版社，2000 年，第 3 页。

重冲突的集中爆发”。[1] 这里强调“权力分配”的因素是对的，但对经济因素的深层作用似也不宜太过忽视。就二元关系而论，它也可以是被理解为多层次的二元关系，譬如一个下级二元关系始终是存在于一个更大的语境背景之中，笼罩在一个上级二元关系之内的。

竞型二元是普遍存在的现象，只要彼此间不是你死我活的那种极端态度，又没有先天性的那种依附关系的规定性，就很可能形成一种竞型关系。譬如胡适、鲁迅是一种竞型关系，胡适、李石曾也是，他们在北大场域里既是同事，又彼此各为群体领袖，相竞不下；胡适、吴宓的关系更典型，从文化意义上来说，两者都是留美归来，对传统文化有认知和基础，但却态度迥然有异，前者为新文化派领袖，要求扫荡旧传统；后者则捍卫旧文化，曾经有过针锋相对的批评：“近年国内有所谓新文化运动者焉，其持论则务为诡激专图破坏，然粗浅谬误与古今圣贤之所教导，通学哲士之所述作，历史之实迹，典章制度之精神以及凡人之良知与常识悉悖逆抵触而不相合。”[2] 但总体看，两者尚未落入小人争斗的窠臼中去。这点从吴宓先在东南大学，之后经东北大学短暂中转后落户清华的作为，更可见出一斑。表面上是两者——曾留学哈佛大学的吴宓与曾留学哥伦比亚大学的胡适，其中却蕴含着学衡派与新文化派的派系之争，再往深处追，则是美国导师杜威（Dewey, John, 1859–1952）与白璧德（Babbitt, Irving, 1865–1933）的差异，更反映出其时美国文化场域的两大潮流，即实用主义（Pragmatism）与新人文主义（New Humanism）的分野。当然我们会发现，这种二元关系又始终是处于一种平行场域中的，甚至是平行的“以胡为轴”的多重二元关系。或者我们可以将这种情况称之为静态竞争，就是大家各自安于现状，以说理讨论为主要方式，甚至是连在语言和意

① 转引自林荣远《译者的话》，载〔英〕达仁道夫（Dahrendorf, Ralf）：《现代社会冲突——自由政治随感》（*The Modern Social Conflict*），林荣远译，北京：中国社会科学出版社，2000年，第3页。

② 吴宓《论新文化运动》，原载《学衡》第4期，1922年4月，此处自孙尚扬等编：《国故新知论——学衡派文化论著辑要》，北京：中国广播电视出版社，1995年，第78页。

见上也不发生直接冲突的，譬如陈寅恪就很少公开表示对当代学人的意见；动态竞争，则往往是表现出明显的“你来我往”的相互过招，必须面对面的发生利益冲突，甚至恶性竞争的交战情况；更多的或许是介于两者之间的常态竞争，也就是彼此都动用一定资源，但以不超出常规伦理、法律制度限制为界限。在政治场域则往往表现为战型二元，譬如蒋介石与陈炯明之争，蒋介石与汪精卫之争，蒋介石与毛泽东之争。一般来说，本来应该是彻底的你死我活，但在处理政治对手时，蒋氏却表现出某种“静气”，真地被他动用暴力手段解决的对手不算太多，像张学良也算一个较典型的例子。这或也可被视为一种动态竞争的关系。

或许我们可以提出一个联频的概念。就侨易学来说，考察各种事物单元之间的变化与不变关系是核心内容。联的意思不难理解，联系联结的意思；频率、频频、频道，都是指一种映像的再射，也就是说，通过事物单元之间的侨动，使相应的频道联系在一起，实现侨易过程中的特定精神生成阶段。任何一个人都不可能脱离教育而存在，甚至首先是通过教育而得以发展成一个社会人，但这其中的过程又是相当复杂的，其中既有教育制度对上层建筑如意识形态的反映，同时也有教师个体通过感召力，知识渠道介绍进行的影响，还有其他孔道以及学生本身生性的选择，说到底是一种合力作用。我们应努力通过多思维来把握这种侨易联频现象，并努力洞察其后的精神性变化因尤。承认差异，重视间距，凸显联频①，即事物之间本来存在但往往易被忽略的关联性，尤其是在物质和精神之间建构关联的线索，如此可展现出侨易现象的意义。

竞型二元的特征是，其一承认冲突；其二战和皆空；其三市场原则。

① 物质和精神是否截然可分？是否可以一分为二的那么清楚？或者始终应将其作为一种二位一体的结构性关系，甚至是一种三位一体，因为二元三维始终是一个基本原则，可否将这个第三维定位为联频？或者侨易？这样要深入思考。在低端的物器形态层面，则教育物器是特别值得关注的一个概念。也就是说，我们还是该从最具体的社会层面考察诸如教育器物，教育行动等可以把握的，通过惯常可操作的学术方法，如历史学，社会学，人类学等进行研究，进而带出教育制度，教育观念等高端问题。

总体来说，竞型二元更接近于人类的生存常态，即事物的动物性一面，也就是达尔文的学说，“弱肉强食，适者生存”表达得或许略显极端，但生物通过竞争而获得生存权则是一个不争事实。完全没有竞争的社会几乎是不太可能的，但是否就要将其演绎至极端化的你死我活的暴力战争，则可以打个问号。人类发明的市场经济原则或许提供了一个可能的解决方式，然而世界至今也仍未太平，所以求道之路仍艰难且漫长。

五　接触空间与“三维呈现”

当你承认二元思维基本结构的时候，其实最基本的那些伦理价值就已存在那里了。譬如阴阳与雌雄，男女，人类的繁衍，父母与子女后代的关系，万物生长。联频固然是一种处理物质与精神之间关系的中介，即三，但是否也可以进一步拓展？最初可能就是事物单元，譬如不同性别个体之间的关联？或许我们要做的，就是破解上帝造世时所根据的逻辑链，它可能就是非完全理性的。爱因斯坦追问：上帝是怎么想的？我怀疑：人类真的是从猿猴演变进化而来的吗？

我想强调的是，“和能生三”，二元关系最重要的一环是能否开出第三维，是能否产生新的种子。显然并非所有的二元关系都能达到这样的效果，譬如“战型二元”肯定就倾向于他我不两立，这种关系其本质就是西方二元论思维的“你死我活”，非此即彼，二者必须是二者择一的关系，必须找出一个绝对相异的他者来，这样才能确立自身的生存的价值和意义。当然，这种二元关系的三型划分，只是我们为了认知事物而不得不贴上的名物标签而已，在实际运作中，任何事物都有其自身内在的规律在，有变有常，绝对不是一成不变的，甚至彼此之间也有其相互转化的关系，所以我们需要以动静相生的观念来看待事物。而就良性二元关系的达成来看，其中的核心因子仍在第三维开辟，各家视角不一，但隐约对此的指向则无大异。譬如德里达（Derrida, Jacques，1930–2004）曾说过：“既然整体是系统的，而其自身又是分裂的，那么，我们必须提出一种双重表示，一种双重书写（也就是一种自身多样性的文字）以及我在‘双重表示’一文中所说的‘一种双重科学’：一方面，经过一个‘翻转’阶段。我一直强调这个翻转阶段的必要性，而人们也许太急于不相信它了。要公正地对待这个必要性，就要认识到在古典哲学的对立中，我们所处理的不是面对面的和平共处，而是一个强暴的等级制。在两个术语中，一个支配着另一个（在价值论上、在逻辑上，等等），或者有着高高在上的权威。”① 德里达进一步果然就走向了二元的关系处理问题，他似乎也试图消解对立：

> 要消解对立，首先必须在一定时机推翻等级制。忽视这一翻转阶段就是忘记了对立间相互冲突和上下从属的结构。因此，如果人们迅速进行中和活动，但在实践中却留下了先前未被触及的领域，没有抓住先前的对立，那么就会失去任何有效地干预该领域的手段。我们知道什么是直接跳过对立和用既非这个又非那个的简单形式进行抗争的实际结果（特别是政治结果）。当我说这一阶段是必要时，“阶段”一词也许不是最确切的。它不是一个以年月为阶段的问题，也不是一个既定阶段或者为了继续其他事情而可以翻过的一页。这一阶段的必要性是结构性的，因此是一种无止境分析的必要性：二元对立的等级制总是重建自身。不像那些没有等到死亡就消失的作者，翻转的绝不是个静止的时机。②

这种抽象表述似乎要给出一个较为普遍性的解释，所以提出了“中和”的理想型结果，但德里达无疑很有策略性和现实感，他好像意识

---

① 〔法〕雅克·德里达（Derrida, Jacques）：《多重立场——与亨利·隆塞、朱莉·克里斯特娃、让-路易·乌德宾、居伊·斯卡培塔的会谈》（*Positions*），佘碧平译，北京：生活·读书·新知三联书店，2004 年，第 47–48 页。

② 同上，第 48 页。

到那种直奔目标、一蹴而就的中和活动不太可能如愿以偿，故此引入了结构体的概念，强调作为外围因素的等级制制约。而将二元对立作为一种等级制加以凸显的时候，德里达显然更多地将“权力话语”等因子考虑进来。但问题在于，这种等级制是长期形成、如影随形、潜意识中存在的，如何才能真正突破之？这有点像附型二元关系，彼此之间就是一种明显的等级关系，即使是对立其本质恐也不仅是对立而已。翻转阶段似乎可以理解成接近我们所谓的“第三维”，即如何在二元之间插入一种可以调试的张力因素，德里达想用翻转而突破结构性的权力障碍，是一个深刻的想法，但如何破题却并非易事。

二元类型表

名称	概念	特征	举列	注释
战型二元	指二元关系表现为一种水火不容的绝对对立关系。	其一非此即彼；其二真理独吾；其三暴力为盾。	基督教 VS. 异质文明	思维方式陷于一种极端化。
附型二元	指二元关系处于一种绝对依附关系，一方对另一方表现为一种主要支配关系。	其一主次序限；其二向心力聚；其三冲突内蓄。	君臣关系	
竞型二元	指阴阳二元关系表现出的介于附型、战型二者之间的一种类型。所以当是兼容二者的既有相互为战的争斗性一面，也有趋向求和的宽容性一面。冲突是一个关键因素，甚至我们可以将其理解为第三维的某种标志性符号。	其一承认冲突；其二战和皆空；其三市场原则。	学衡派 VS. 新文化派	重视联频概念。联指联系联结；频指映像再射，即通过事物单元之间的侨动，使相应的频道联系在一起，实现侨易过程中的特定精神生成阶段。
和型二元	二元关系的一种特殊状态，也是一种理想状态，双方处于一种高度和谐。	其一主次有序；其二流力盎然；其三变常创渐。	歌德–席勒	不属于一般分类，而属于理想状态。

相类似的，譬如施瓦布（Schwab, Gabriele）提出过“接触空间诗学”（contactspace-poetry）理论，其步骤为三层面：“首先，她提出阅读的心理分析模式，使心理分析文学理论发出新的声音；继之，她将阅读视为独特的文化接触形式，探索文学与人类学之间的边缘地带；最后，她聚焦于西方现代暴力历史及其创伤，探讨暴力、创伤与叙事的关系。”① 这里最重要的是其对两个领域之间的接触区的发明。而普拉特（Pratt, Mary Louis）则提出“接触区域”（contact zone）概念，此指“迥异的文化相遇，冲撞，和互相对抗的社会空间，这些文化常常处于极不均衡的支配与从属关系中，比如殖民主义和奴隶制度，或者是这种关系的延伸”。在该空间内，“从属的或边缘的群体如何从支配的或大都市的文化传播过来的材料中进行选择和创制。虽然被征服者不能自如地控制统治者文化所施予他们的东西，但他们确实可以在不同程度上决定他们需要什么，他们如何应用，他们赋予这些东西以什么样的意义”②。更富启发性的或许是霍米·巴巴（Bhabha，Homi K.，1949-）提出的“第三空间”（The Third Space），后殖民语境中的这个概念一般指“超脱于二元对立之外的知识与抗拒空间”③，按照巴巴的说法，“在文化翻译的过程中，会打开一片‘间隙性空间’、一种间隙的时间性，它既反对返回到一种原初性‘本质主义’的自我意识，也反对放任于一种‘过程’中的无尽分裂的主体。”④

二元关系作为一种核心概念建构，绝不可能仅仅是简单的或战、

① 〔德〕加布丽埃·施瓦布（Schwab, Gabriele）：《文学、权力与主体》（*Literautre, Power and Subjectivity*），陶家俊译，北京：中国社会科学出版社，2011 年，封底。

② Pratt, Mary Louis: *Imperial Eyes: Travel Writing and Transculturation*. Second edition. London & New York: Routledge, 2008, p.7. 中译文引自周云龙《侨易观念：第三极智慧与起源的诱惑》，载《跨文化对话》第 33 辑第 164 页，北京：生活·读书·新知三联书店，2015 年。

③ 生安锋：《霍米·巴巴的后殖民理论研究》，北京：北京大学出版社，2011 年，第 79 页。

④ Bhabha, Homi: “Unpacking My Library … Again”, in Chambers, Iain & Curti, Linda(ed.): *The Post-Colonial Question: Common skies, Divided Horizons*. (London: Routledge, 1996), p.204. 中译文引自生安锋：《霍米·巴巴的后殖民理论研究》，北京：北京大学出版社，2011 年，第 80 页。

或竞、或和的静态二元关系，而是一种动态的可能在发生不断变化关系的二元。之所以如此名之，乃贴标签之无可奈何，但具体到问题的内部细节，则需要有“祸兮福之所倚，福兮祸之所伏”（《老子·五十八章》）之意识，也就是事物总是内含向相反方向转换的因素，老子所谓“反者道之动”也。但如果我们进一步看，也未必就仅仅局限于二元两极的关系，其中还有相关的步骤，尤其是第三极的发现，或者就是一种“侨易二元”的关系，用我的话来说就是“流力区”的出现，在阴阳二元之间，有一部分是相互接触的、同时也是作为相互生成力的流力区域，它不仅是二元之间的一个接触区，同时也是属于阴阳本身的母体区；也就是说，在接触、互动、交融的过程中，同时它也在反馈于母体本身，是两个文化互动区。这就有点像改革开放的深圳，一方面是与港澳、西方接触的窗口，作为中国的经济开放代表而与西方技术、资本与文明发生交流；反之，也作为改革窗口与内地发生互动，将西方经验传输回内地。所以改革时代的深圳就是这样一个充满活力的流力区。程抱一（Cheng, François，1929–）特别强调中国的三元思维模式：

> 中国思想体系是三元的，比如儒家的“天地人”，道家的“阴阳冲气”。一元的文化是死的，是没有沟通的，比如大一统、专制；二元是动态的，但是对立的，西方文化是二元的；三元是动态的，超越二元，又使得二元臣服，三元是“中”，中生于二，又超于二。两个主体交流可以创造出真与美。这里二元是指两个追求生命真谛的主体，是朝向生命的。仇人相见不是二元，和恶的交往也不是二元。中国文化从表面上看似乎是一元的，所谓“一以贯之”，大一统，但是这只是主治，其运行方式是三元的。两个主体对话，交流创造出新的生命，而不是合二为一，回到“大一统”甚至专制。其实神也不是神圣的“一”，神创造出万物也是为了创造交流者。比如艺术都是三元的，艺术品都是艺术家和自然对话的产物，三

元的命题很重要。[①]

他认为西方的基本思维方式是主体与客体的“二元对立”，而中国的思维方式则是一元到三元，守中（中庸之道）是要则。前者可举亚里士多德为代表（对主体观念可追溯到柏拉图），后者则从老子到孔子是相通的[②]。三元也未尝不可理解为一种表述方式，类似于庞朴所提的“一分为三”，但如果我们更愿意承认有一种人类普适性的范式的话，那么用二元表述或许更能提供一个对话的前提，二元三维其实也不妨就理解为二元、三元之间的一种调和表述。程抱一强调中国文化里的“中”之核心要义，但非乃折中、中庸、妥协，而是要“把作为主体的人放入天地宇宙间，和宇宙交流”，乃《尚书》之“皇脊”、《中庸》的“天地之大道”、冯友兰所谓“中”。[③]在他看来：“西方人从主体出发，比如精神分析就是把病人从孤独和顽念中解脱出来。而中国文化不是以征服性的方式对待宇宙，中国的宇宙观里是天地是有机的，是可以沟通的，不是主体征服客体，而是主客体之间的对话。但也不是主体化入客体。这是唐代诗人、北宋画家达到的境界。中国人对生命之间、事物之间发生的微妙关系很敏感，研究人与人之间、人与物之间以及物与物之间的关系是中国的文化传统。”[④]这些表述当然都是很有道理也很有见地的，但我还是更倾向于以世界性为标的，强调建构西方、东方的二元关系，实质上是为了构建最后那个最为世

① 晨枫采访并整理《中西合璧：创造性的融合——访程抱一先生》，载〔法〕程抱一（Cheng, François）：《天一言》（*Le dit de Tianyi*），杨年熙译，北京：人民文学出版社，2009 年，第 317 页。

② 陈彦《生命、激情与中西文化对话——法兰西学院院士程抱一访谈》，载《文景》2004 年第 5 期第 6 页。

③ 晨枫采访并整理《中西合璧：创造性的融合——访程抱一先生》，载〔法〕程抱一（Cheng, François）：《天一言》（*Le dit de Tianyi*），杨年熙译，北京：人民文学出版社，2009 年，第 317 页。

④ 晨枫采访并整理《中西合璧：创造性的融合——访程抱一先生》，载〔法〕程抱一（Cheng, François）：《天一言》（*Le dit de Tianyi*）第 317–318 页。

界的"一"，即普适性的元一。当然仅仅是有二也不够的，还需要构筑出那个三来。侨易就是寻求这种内在逻辑的思维和方法，是否还需要加上伦理道德观的内容？

当然还必须提及"小二元三维"和"大二元三维"的关系，也就是说，我们在分析具体语境中问题的时候，必然是要降落在一个很具体的问题域之中的，它的背景、场域、问题都是有限的，有特殊性的，但它必然是处于一个宏阔语境的"大二元三维"之内的一个小问题；当然在微观与宏观之间如何架设桥梁，是一个如何把握"度"的问题。还可以提及的是彼此之间的关系，或者可借用"六度关联"的思路来理解，也就是在一个"下级二元三维"关系之上，必然有"上级二元三维"关系，这一点有论者在分析《神雕侠侣》中的二元对立关系时讲得颇清楚：

> 建立一个相反的二元对立之后，再对"有情"与"非情"各自进行分析，便又有新的二元对立。在"有情"之内，若对儿女私情肯定而执实，我名之为"多情"；若否定而抹煞儿女私情者，我名之为"绝情"。于是，在"有情"之内，便另有一个相对的二元对立："多情"与"绝情"。①

那么，我们可以清楚地看到上下层次不同建构的二元关系，即在一个子概念下还可进一步区分其子概念，并且以二元关系为主轴。在杨过与小龙女身上，本来不是战型二元关系，但也绝不是和型二元关系，虽然他们最终走到了一起，仿佛是神仙眷侣，但若从性格角度看，是否能真的琴瑟和谐、白头偕老，却是值得打个问号的。对这一点其实金庸应该是有意识的，所以他要安排两人之间的艰苦坎坷、历尽劫波。其实两人的关系反映出一种典型的二元关系转换过程，从最初的

① 陈沛然《情之探索与神雕侠侣》，载苏士登其、温瑞安等：《金庸茶馆》第4卷第156页，北京：中国友谊出版公司，1998年。

小孩依附的附型关系；再到杨过长大成人之后的“青春男女”，应算是竞型关系了，但这个过程却是一波三折，分分合合，直到绝情谷的“十六年后,在此相会,夫妻情深,勿失信约”！再到和型二元的初现(虽然我们仍会有疑问，气质个性真的是通过这种方式可以改变的吗？)。虽然这个案例表现出二元关系的多样性和可变性，但仍想强调的是，二元关系的类型不仅适用于个体，而且也作用于群体、共同体。不仅对文化生命体的二元关系如此，对作为器物载体的二元关系亦然，也就是太极图的阴阳鱼效应是普遍性的。当然最重要的还是如何开出流力区域中的“接触空间”，进而使得第三维充满生命张力，如此二元三维的整体结构得以成立。

侨易学与黑格尔的辩证法

户晓辉

在中德思想史研究领域纵横驰骋多年的叶隽，“这些年在跨文化个案研究方面用力甚勤，成果迭出，但他并不满足于此，而是想从个案上升到理论，大胆提出了‘侨易学的观念’。这种可贵的理论勇气令我钦佩”①，他几次三番期待学术批评的谦虚态度更是让我肃然起敬。当然，叶隽的这种勇敢而可贵的尝试首先要面对近代以来许多中国学者常常难以摆脱又不得不面对的一种“影响的焦虑”（哈罗德·布鲁姆）局面，因为有一个或明或暗、像阴魂一样纠缠着他们的问题是，如何在当代学术格局中找回自己的文化身份并且重新给自己的文化定位。在一定的意义上，叶隽提出的侨易学恰恰就是他在多年游走于中德文化之间以后、试图返回中国文化传统并且重新开发本土文化资源的一种探索和尝试。这种探索和尝试再次成为近代以来已无数次连续发酵的契机中的一种，让有些学者再度“鸳梦重温”并对中国文化传统的涅槃重生有了新的说头，也为缓解中国文化传统的失语症和失范症提供了一次诊治机会，甚至让有些人把侨易学与“现代中国思想范式的建立”②这样的宏伟蓝图联系了起来。但是，请不要误会，作为一个中国人，我不是要歇斯底里地反对和否定自己的一切文化传统，而是认为真正的中国学者应该对一切从民族主义情绪出发的（包括各种改头换面的和乔装打扮的）动机保持戒心和警惕。我也曾对中国人

① 户晓辉：《主持人语：侨易学的几个问题》，叶隽主编《侨易》（第二辑），北京：社会科学文献出版社，2015 年，第 267 页。

② 吴剑文：《现代中国思想范式的建立——侨易学初探》，叶隽主编《侨易》（第一辑），北京：社会科学文献出版社，2014 年，第 242–257 页。

的思维方式及其文化渊源做过一点研究[①]，这至少可以表明，我对自己的文化传统并非没有感情。而且，如果仅仅从感情和感性出发，在同等条件下，我甚至愿意优先选择自己的文化传统。但是，作为学者，尤其是经过近代以来的现代启蒙而处身于现代化和全球化时代的中国学者，我们应当摆脱那种长期以来的弱者心态和焦虑情绪，首先学会平心静气地承认自己的弱点和别人的长处，能够客观而理性地面对人类一切优秀的文化遗产并且尽可能向其中最优秀的学习。也就是说，学者起码对各种问题应该有一种客观而公正的评判和选择。中国学者首先需要不断地自我启蒙，也就是学会客观地认识自己的理性，正确地运用自己的理性，尽量避免感情用事和理性的误用。以侨易学试图借鉴的中国易学资源来说，如果仅仅为了跨文化比较的目的，那我们似乎应该与和它大致同时代（所谓“轴心时代”）的异文化资源进行比较，这样的比较才显得公平。但是，如果为了借鉴它来思考并创建侨易学，那么，叶隽就完全有理由站在当下立场来比较和选择一切优秀的思想资源，无论这些可供候选的思想资源来自哪里，它们都是平等的或机会均等的。当然，这只是我的想法，因为叶隽的侨易学可能更多地还是想继续开掘中国传统思想的优势资源。说实话，笼统而言，我不但不反对这种做法，而且乐观其成，但我认为，这种做法难度太大，它首先要尽量排除民族主义的情绪因素，而且要真正让这种做法发挥效力并且达到反本开新的目的，那也是在经过了异常艰苦的努力之后，而不是在此之前。因为对中国学者而言，理论创新之难首先在于要至少在中西两种文化相关资源上真正做到知己知彼，单是这一点已足够困难，遑论更多。所以，在真正成为一个好的创新者之前，我们不得不先做一个好学生。其实，对所有人来说都是如此，而且古今中外，概莫能外。因为无论是对自己和对别人，还是对自己的文化和

① 参见户晓辉《地母之歌：中国彩陶与岩画的生死母题》，上海：上海文化出版社，2001 年；户晓辉：《中国人审美心理的发生学研究》（中国社会科学博士论文文库），北京：中国社会科学出版社，2003 年。

对别人的文化，如果不能知彼，也就难以知己。正所谓不知“他”、焉知“我”。也正如歌德所说，“不懂外语的人也不懂自己的语言”①。真正的学术进步不是随兴所至的信马由缰，不是在无数偶然性中追逐自己偶然碰上的兴趣点，不是任意填补根本没有多少价值的所谓学术“空白”，不是干什么就吆喝什么就携什么以自重、好像从此学术就没了高下之分和价值差别的自鸣得意。真正的学术创新只能是在与学术思想谱系接上卯、对上眼的人那里才有可能也才可思议。真正的学术创新自有学术尺度为唯一的评价标准，它与那些非学术的褒贬无关，更与那些不懂装懂甚至一辈子顶着各种耀眼的学术头衔和光环却从来不曾在学术的圣殿里登堂入室的人无关。这些人可以借学术之名享尽人间的荣华富贵，但除了玷污学术的名誉之外，他们不能增减学术自身于分毫。上帝在准备为他们打开另一扇门的时候可能已经永远对他们关闭了学术圣殿的大门。当然，即便心无旁骛地孜孜以求于学术，也未必能得其门而入。尤其在中国，我们很容易看到这样的学人，他们整天打着学术的旗号招摇过市，却不知自己终其一生也不过是学术的门外汉而已。不是因为他们不聪明，而是因为他们太“聪明”——“聪明”得太具中国特色，因为学术只是他们获取别的东西的手段，从来不是他们追求的真正目的。当然，即便以学术为目的，缺乏沉潜的耐力，少了虚心的敬畏，没有会心的接续，也不足以成大事。不惟学术如此，其他行当也同理可证。

当然，我说这些话绝非针对叶隽。相反，恰恰因为叶隽的真诚向学精神才让我益发感受到他与那些利禄“学者”形成的强烈反差，也才让我愿意向他开诚布公地说出自己的一孔之见。侨易学既然想从中国传统易学中开出新的思想资源，至少还想让自己具有一定的普适性来解释各种文化侨易现象，那就少不了借鉴他山之石。这样一来，叶隽提出的侨易学就面临着种种困境和难题。

① 原文是 Wer fremde Sprachen nicht kennt, weiß nichts von seiner eigenen，参见 *Goethes Werke*, Band XII, Verlag C. H. Beck, München, 1978, S.508。

第一，虽然侨易学主要想开发中国传统易学的思想资源，但叶隽对侨易学的思考和建构方式仍然不得不是西方式的。这就使他陷入了一种两难的困境。也就是说，假设叶隽只是以易学这样的中国传统思想资源来说事，即便他愿意仅仅这样而且假设他能够做到仅仅这样（其实我们都已经无法纯粹地返回过去的传统），那自然另当别论。但叶隽明确说：“侨易学既是一种理论，一种哲学，但同时也是一个领域，一种新兴的学科……侨易学更多似乎是强调一种方法论。”[①] 显然，这些有关侨易学的定位或定性都是中国文化传统所缺乏或者至少不擅长的东西。因此，侨易学的客观而必然的选择就是尽量融汇中西方优秀的思想资源来为己所用。这时，就必然首先面临着选择什么和以什么标准来选择的问题。在我看来，这时完全可以而且完全应当不管不问被选择的资源出自哪个文化或哪个时代。因为无论人们怎么说，哪怕说破天，我们仍然不得不承认，在这个世界上，理有固然、事有本然。只要能够有助于把固然的理说清楚，把本然的事弄明白，就是思想资源上的“英雄”，而英雄就可以不问出处。当然，如果有人出于民族自尊心或其他种种原因，不知道也不屑于知道世界上是否已经有人有过更好的想法或办法，就乐意一意孤行地凡事都自己从头想起或者只承认自己的文化传统天下第一而罔顾其他，那也悉听尊便。但作为学者，我觉得还是应该首先向人类一切优秀的文化遗产学习，这既是我们身为当代人的难处（因为有那么多优秀的文化遗产需要我们去学习、继承和发扬光大），也是我们的幸运和好处（因为前人的经验和教训可以帮助我们少走弯路，也有可能成为我们进步的阶梯）。尽管这种学习也非常不容易，但如果学得好，至少有可能让我们避免那种低水平重复的无益劳动，让我们有可能站在前人中的巨人肩上，继续前行。具体而言，既然侨易学想成为一种理论，那就需要对什么是理论加以理论理论。在中国，不说一般不弄理论的学者，单说许多号称做理论

① 叶隽：《变创与渐常：侨易学的观念》，北京：北京大学出版社，2014年，第18页。

的人，只顾冲锋陷阵地占领五花八门的“理论”山头，赚得“理论家”的头衔，风光处处无限、好处处处占遍，却并没有搞清楚一个基本问题：什么是理论？他们往往把守株待兔总结出来的经验“规律”叫作“理论”，这种中国特色的“理论”堪称直把他乡作故乡的典范，正所谓“暖风熏得游人醉，直把杭州作汴州”（林升：《题林安邸》）。“理论”在德语中叫 Theorie，在英语中叫 theory，二者均来自古希腊语 θεωρία（观察、思考、科学知识）。其名词词根本来指剧场的观众。它指的不仅是一种静观，而且是一种“暂时”脱离现实的抽象而系统的思维方式。所以，《牛津英汉双解词典》对 theory 的解释是“a supposition or a system of ideas intended to explain something, esp. one based on general principles independent of the thing to be explained”[①]。可见，首先，理论本质上不是归纳，而是演绎，是根据“独立于”被解释之事的普遍原则（理）来解释某事的假设（逻辑推演）或思想体系。其次，理论是无功利的，它至少在思想中独立于现实，也就是说，它纯粹只考虑事情本身的逻辑和规律，它需要回到事情本身。在古希腊，理论不仅是这样一种与实践相对的并且超然物外的观察和思考问题的方式，也是这样一种表达和论辩问题的方式。因此，理论其实也是论理，是一种以逻辑推论来思考、论述和论辩问题的方式。几年前，在学古希腊语时，我总觉得 θεωρία（理论）与 θεός（神）有相似的词根似乎暗示着二者有某种关联，至少 θεωρία 还有“指派去看神谕”[②]的意思。这似乎表明，真正的理论具有某种通神性，至少亚里士多德明确把理论沉思和思辨当作最高的“神性”科学，因为它离感觉最远而且最难知晓，但它又是连续的、纯粹的、自足的和神圣的[③]。理论的“神圣性”一直保留在欧洲文化传统之中，因为理论在一定程度上是人类思维能

① 《牛津英汉双解词典》，张柏然主编译，上海译文出版社、牛津大学出版社，2011 年，第 2338 页。
② 参见罗念生、水建馥编《古希腊语汉语词典》，北京：商务印书馆，2004 年，第 386 页。
③ 参见户晓辉《亚里士多德模仿说的目的论》，《中国社会科学院文学研究所学刊》（2011），北京：中国社会科学出版社，2012 年，第 374–400 页。

达的“极限运动”，是人接近“神性”的一种能力。换言之，理论能够帮助人类克服感性的和主观的局限，主动明确理性的能力及其限度并且眺望神性。

当然，从整体比较的意义上来看，西方人传统思维方式都是以语言和逻辑中心主义为特征的，也就是偏重于理论思维的方式，而中国的传统思维方式则以“象思维”为主要特色。[①] 中国文化传统的思维方式固然具有整体性、模糊性和所谓的辩证特色，但由于它不讲求逻辑性，所以很容易由于缺乏分析性、可辩论性而混淆各种差别，尤其是有些本质性的是非也容易变成中国特色的所谓此亦一是非、彼亦一是非，而且许多是非和对错甚至本质性的和原则性的区分，首先在思想中，其次在现实中，都在没有做出理论性的区分和甄别之前过于匆忙地被转化掉、被跳过或者被同化掉了，以至于让思想中和现实中的许多本该区分和较真的事情都显得无可无不可，好像没有什么东西是截然对立和水火不容的，以至于有些符合逻辑的常识在中国反而变成了某种“异端”，致使在中国社会和学术界违反逻辑常识的做法已经见怪不怪。恰恰因为中国缺乏理性的和逻辑的传统，所以有些强权“逻辑”才能够长期霸占某些话语权，正如“指鹿为马”并非仅仅因为强权，而且因为有关白马非马的理论探讨端倪胎死腹中。也正因如此，自近代以来直到当代那些极端的中国特殊论者充满自相矛盾的论调才总是不绝于耳，才能够通行无阻、招摇过市甚至甚嚣尘上，仿佛世界上真的存在两种逻辑，一种叫逻辑，另一种叫中国逻辑；仿佛世界上真的存在着两种人，一种叫人，另一种叫中国人。这种观点的真正意思是说，在这两种逻辑和两种人之间没有任何共同之处和相通之处，实际上就等于宣布：中国逻辑不是逻辑，中国人也不是人。

总之，理论是中国文化传统所缺乏的东西，至少是我们不擅长的

---

① 参见户晓辉《论中国人“象思维”的审美心理属性》，《山东大学学报》2000 年第 4 期；户晓辉：《中国人审美心理的发生学研究》，北京：中国社会科学出版社，2003 年，第 134 页，第 158–163 页。

东西。除非侨易学不想成为一种理论，否则就免不了借鉴西方真正的理论方式，而不是满足于经验归纳或者仅仅考虑侨易学的实用性和适用性，而应该主要考虑侨易学作为理论自身在逻辑上的自洽性和连贯性。显然，叶隽在试图把侨易学建构为一种理论时，并不满足于传统易学的大道理，而是还想进行一种理论性的细部勾勒。所以，他说，“对于侨易学而言，最核心的建构原则是‘二元三维、大道侨易’，这虽然已经道出了原则和基本结构，但仍然必须进一步深入到内部细节处。作为宇宙论原则的二元三维，其好处在于包容性、概括性和结构特征。但若将其具体落实，则仍必须归结到类型学构建”。[①] 他将二元类型分为三种基本类型——竞型二元、和型二元、战型二元，其实就是一种“类型学构建”。在这方面，熟悉德语文化传统的叶隽当然有着自觉的理论意识。相反，倒是许多在经验主义和实证主义传统中习惯成自然的中国学者天真地认为，他们可以抛开理论，直接把捉到现象的复杂脉络甚至全部复杂性并且以此来沾沾自喜和自鸣得意，因为在他们的眼里，一切理论概念、模式或任何方法都是对现实的简化甚至扭曲。在经验主义传统盛行而且历史悠久的中国，经常还有人喜欢引用歌德的那句名言——理论是灰色的，而生命之树常青[②]。我只能在心里感叹无知者无畏和人不知而不“晕”，因为他们不知道甚至想不到、当然也难以理解真正的理论和哲学可以丰富和繁复到何种程度！首先，康德的《纯粹理性批判》已经告诉我们一个简单的道理：我们的任何经验都离不开先验范畴的参与和建构，否则就无法形成任何经验性的知识。换言之，在经验主义者的幻想中，这些能够被他们“天真无邪”地直接抓住的那些未经“歪曲”的现象或所谓的复杂脉络，无非是一种混沌，其实就是康德所谓人不可认识的物自体或“无”

---

① 叶隽：《“二元三型”与“二元三维”——二元类型的三种模式及其第三维开辟》，《跨文化对话》第 34 辑。

② 原文是 Grau, teurer Freund, ist alle Theorie, Und grün des Lebens goldner Baum，参见 *Faust* I: Studierzimmer。

（Nichts）。其次，理论是更纯粹、更自觉、更高级的概念认识和范畴演绎，虽然真正的理论认识与朴素的经验认识有着质的差别，不可同日而语。也就是说，理论认识当然要对看起来混乱无序的现象进行“简化”，因为非如此就难以认识现象的本质。真正的理论对现象和现实的认识深度、穿透力甚至预见性，恰恰是一般的现象观察和经验认识难以望其项背的。例如，马克思《资本论》对资本社会典型形态的本质研究、滕尼斯（Ferdinand Tönnies）对共同体与社会的类型学研究、马克斯·韦伯（Max Weber）对社会行为的理想类型研究，都具有许多相关的经验研究和实证研究难以具备的理论普适性和现实预见性。仅以韦伯的类型学研究为例。恰恰因为他的研究方式主要是理论的方式，所以，在中国遇到的知音也相对较少。在我看来，类型学的建构就是一种典型的理论方式，也就相当于建立一个纯粹的、理想的三角形标准。既然我们在现实中画的任何一个具体的三角形都不是标准的三角形，那就不能依据现实中画出的任何一个不够标准的三角形来制定三角形的标准，而是相反，即必须思考纯粹的、观念的、理想的三角形标准，以此来判定现实中的某个三角形并且看它是否符合或者让它符合纯粹的、理想的三角形标准。因此，只有首先确定纯粹的、理想的三角形标准，然后才能知道怎么画一个三角形，才能知道任何人画的某一个三角形是否标准甚至是否就是一个三角形。这种希腊式的思考方式恰恰就是西方理论的思考方式，也是西方自然科学要在理想的条件下做实验的一个原因。当然，纯粹的、理想的三角形标准至少有两种用法，一种是理论的、认识的用法，即它可以帮助我们判定现实中的某个图形是不是三角形以及在多大程度上是三角形；另一种是实践的用法，即它可以指导我们去画三角形或者去建构各种与三角形有关的实践活动。当然，这只是一个类比。因为人的行为和实践活动不可能像画三角形这么简单，而且关键是，人的行为和实践除了每次抱有的具体目的和个别动机之外，还应该具有普遍的理性的目的。也就是说，人是一种理性的动物，只要是人，就具有理性，否则就不是人，因为没有理性的人不符合“人”这个概念。因此，做人也就是要成“人”，要做并且成为一个理性的人，这是人的天命或天职，也是人的一切行为和实践活动的一种目的理性，或者说，目的理性或目的合理性（Zweckrationalität）就是对人的行为和实践活动的一种必然的规定。这是欧洲思想资源的一种基本的、超越的和先验的设定，也是一种必然的逻辑推论。韦伯的理想类型学恰恰就是从这样一种基本前提出发的。其实，韦伯说得已经很清楚，他的类型学意在把一种由纯粹目的理性建构起来的行为进程（ein konstruierter rein zweckrationaler Verlauf）确立为理想类型，而把所有受情绪左右的无理性行为要素都视为偏离这种理想类型的成分。这样就为社会学家判定现实中的种种行为提供了一种标准或理想类型。只有从这样一种方法上的合目的根据（methodischer Zweckmässigkeitsgrund）出发，所谓“理解”社会学（“verstehende” Soziologie）的方法才是“理性主义的”或“合理主义的”（“rationalistisch”）。[①]而韦伯所谓的“理解”多半就是依据理想类型来解释性地把握现实中的特定行为，而且只有从这种理想类型出发，社会学的决疑论（soziologische Kasuistik）才是可能的。韦伯认为，理想类型当然不是社会学的唯一途径，正因为它们是理论类型所以才需要加以说明，而对社会学所研究的那种经验静力学类型的平均类型（der *Durchschnitts*-Typus von der Art der empirisch-statischen Typen），则无需做方法论上的说明。[②]但从理想类型上来看，社会学的这些建构概念不仅是外在的，也是内在的。因为只有这样的概念才能为研究现实中常常不自觉的、无意识的甚至半意识的各种行为确立判定的理性标准和尺度。在方法论上，人们只能在那些不清晰的其他术语和这些清晰但又非实在的、理想的术语之间

① 参见 Max Weber, *Wirtschaft und Gesellschaft: Grundriss der verstehenden Soziologie*, fünfte, revidierte Auflage, besorgt von Johannes Winckelmann, Studienausgabe, J. C. B. Mohr (Paul Siebeck) Tübingen, 1976, S.2–3。

② 同上，S.4, S.10。

进行选择，而学术研究常常宁愿选择后者。[1] 我们可以看到，韦伯的这种理想类型学蕴含着一种深刻的目的论思想，而这至少是自柏拉图和亚里士多德以来欧洲思想的一种深厚传统，它在德国古典哲学那里达到了顶峰。也可以说，以纯粹目的理性为目的的理想类型不仅是认识和判定现实中的各种行为的理论标准，而且是一种应然的实践标准和客观尺度。进而言之，人的一切实践和历史除了具有自然因果关系的各种目的之外，还应该具有实践理性的自由目的，这种实践理性的自由目的就是人的实践和历史的目的论（Teleologie / Teleology）。在这种目的论视野下，人的实践和历史才不是盲目的、混乱的和无方向的，而且在我看来也才是值得去做的和值得去经历的。也就是说，理想类型不是一种任意的理论设定，而是以目的理性或目的合理性为客观尺度的一种标准类型。显然，这种类型学与仅仅依据对各种现象的经验观察并且从中归纳出一些行为类型或关系类型的所谓类型学明显不同。那么，能不能对这两种类型学做出价值评判呢？也许后现代衮衮诸公多半认为不能，但我认为还是可以而且必须做出价值评判。在我看来，前者是一种真正的理论研究，而且是一种作为实践学的理论研究，而后者并不能算是理论研究。前者不仅在智慧含金量和价值上明显高于后者，而且是中国更需要的一种研究。这种评价不仅是因为在中国一向多的是经验主义研究和实证研究而缺乏真正的理论研究或理论性的实践研究，也不是出于我的个人偏好，而是出于事情本身的性质和中国情势的客观需要。

叶隽显然在一定程度上意识到了侨易学的类型学是一种理论分类，而不是对现实和现象的直接分类，所以他说，“二元关系作为一种核心概念建构，绝不可能仅仅是简单的或战、或竞、或和的静态二元关系，而是一种动态的可能在发生不断变化关系的二元。之所以如

---

① 参见 Max Weber, *Wirtschaft und Gesellschaft: Grundriss der verstehenden Soziologie*, fünfte, revidierte Auflage, besorgt von Johannes Winckelmann, Studienausgabe, J. C. B. Mohr (Paul Siebeck) Tübingen, 1976, S.10–11。

此名之，乃贴标签之无可奈何”[1]。与此同时，他似乎也隐隐约约地觉察到，侨易学的类型学最好也能够像韦伯的理想类型学那样具有一种目的理性的价值取向，所以他才问：“侨易就是寻求这种内在逻辑的思维和方法，是否还需要加上伦理道德观的内容？”[2]其实，这恰恰表明，即便试图成为一种理论，侨易学仍然面临着一个何去何从的选择难题：是成为一种单纯追寻自然因果关系的认识理论，还是成为一种蕴含着目的理性或理性目的论的实践理论？我觉得这其中有着非常大的理论分野和方向差异。即便只想成为一种单纯追寻自然因果关系的认识理论，叶隽也完全明白，侨易之间不一定有直接的因果关系，即因侨可以致易，也可能侨而未易，反过来说，易也不一定因为侨。无论古今中外，我们都可以看到，有些思想的真正交流、交锋和接续从来都是跨时空的交“易”，这不仅是指不受时空之侨的阻隔，更是指根本与这种时空之侨无关。一种思想只能在关注这种思想的有心人那里才能得到理解、反响、共鸣或展开，而与那些即便和这种思想处在同一个物理学时空却对它不闻不问或者根本没兴趣理会的人无关。对于这些人而言，这种思想根本就不存在，当然反过来说，这种思想本来也不是为这些人才存在的，所以即便有时空上的侨也常常不能发生思想和精神上的易。那么，即便只从适用性上来看，如何使侨易学能够包容和解释这些超越具体的时空之侨的易，也值得考虑，除非有人认为，这些现象本来就不属于侨易学试图解释的范围，因为侨易学只想对某些特定的侨易现象给出某种说法就足矣。

第二，叶隽不仅想让侨易学成为“一种理论”，还想让它成为“一种哲学”。也许我们可以说，在他的设想中，侨易学不仅是一种术，还要成为一种道，侨易学中既有体也有用。无论怎么界定“侨”和“易”，“就侨易学来说，考察各种事物单元之间的变化与不变关系是核心内

---

① 叶隽：《“二元三型”与“二元三维”——二元类型的三种模式及其第三维开辟》，见《跨文化对话》第36辑。

② 同上。

容”[①]，而且叶隽显然不满足于具体的事项描述，他还要由象及道甚至抽“象”向道，因此，他提出的所谓“二元三维其实也不妨就理解为二元、三元之间的一种调和表述”[②]。这些想法都使侨易学与哲学，尤其是西方哲学不能不发生某种关联。当然，对此我已经“野叟献曝”，认为“仅仅根据《易经》的观念和模式来把侨易学建构为一种哲学，还远远不够。抛开时代差异不说，我认为人类迄今最优秀的哲学遗产不是《易经》而是德国古典哲学，从思考的深度和辩证思维的细致程度来看，《易经》和黑格尔哲学就无法相提并论。倒不是说，我们必须参照黑格尔或德国古典哲学，而是说，参照《易经》来构想侨易学的原理和模型，在理论上毕竟还是显得有些空泛不实”。[③] 而且，“关键是，既然哲学以及现代学术方式还有社会主义核心价值观中的许多内容都是中国传统所缺乏的，那我们需不需要向人家学习？如果可能的话，我是希望自己能够向世界上一切优秀的东西学习，在这方面真正做到英雄不问出处。因为在终极的意义上，‘学问只有精粗高下之分而没有中外古今之别’。西方哲学和学术传统讲逻辑和学理，所以它们的道理可以辩驳，可以不断地去伪存真，也就可以不断地促进知识的积累和认识的进步。只有平心静气地承认和认识到自己有所欠缺，才可能有取长补短的需要，这种‘侨易’对我们不仅没有害处，反而可以强壮自己的精神。我说这些话的意思是，如果叶隽想把侨易学上升为一种能够被论证和反驳的哲学，仅仅依靠中国传统‘模糊’的和大而化之的《易经》资源可能还不够，最好能够借助一下德国的哲学资源，像胡塞尔（Edmund Husserl）那样，把学术上的‘大钞票’兑换成‘小零钱’”。[④]

当然，在中国所谓后现代者看来，把欧洲哲学尤其是德国古典哲

① 叶隽：《“二元三型”与“二元三维”——二元类型的三种模式及其第三维开辟》，见《跨文化对话》第 36 辑。

② 同上。

③ 户晓辉：《主持人语：侨易学的几个问题》，叶隽主编《侨易》（第二辑），社会科学文献出版社，2015 年，第 272 页。

④ 同上，第 272–273 页。

学看作人类思维迄今最高的成就，这本身在他们眼里好像就显得可笑。因为他们可能认为，已经不能在任何一种严肃的意义上使用“最”这样的字眼了，否则就是某种“霸权”的表现。但是，我们应该看到，尽管欧美国家有所谓后现代，可在那里的大学课堂和学术界，德国古典哲学仍然是被阅读和讨论得最多、也是最受重视的思想遗产之一。就我本人而言，因为喜欢而且这些年在德国哲学的门缝里多看了几眼（王菲唱《传奇》，刘兵作词：“只因为在人群中多看了你一眼，再也没能忘掉你的容颜”），所以我自己虽然不一定能够怎样，但对别人已经达到的高度和深度还算有一点见识，所以只能老老实实地承认，德国古典哲学的大家们，个个都是一座高峰。中国不好辩、不善辩甚至不许辩的传统阻碍了理论和逻辑思维能力的生长，所以我们考虑问题容易意气用事和从感情（性）出发。我自己喜欢理论的原因之一也是希望用理论来遏制自己的这种倾向，弥补文化传统给我造成的先天不足，减少思维的不一致和不连贯以及各种糊涂认识。

第三，在德国古典哲学中，我觉得黑格尔哲学尤其值得侨易学借鉴。在 2015 年 11 月 16 日“作为元思维方式的二元三维”小型学术研讨会上，我已经向叶隽提出了这种建议。因为侨易学既然想成为一种“元思维方式”，就难免会面临这样的难题，即如何开出第三维？这个第三维出自二元之内还是来自二元之外？对这些难题，叶隽心知肚明。所以，他反复说，“我还是更倾向于以世界性为标的，强调建构西方、东方的二元关系，实质上是为了构建最后那个最为世界的一，即普适性的元一。当然仅仅是有二也不够的，还需要构筑出那个三来”[①]。此番提出三种二元关系类型，他仍然强调，“如果根据二元三维的基本结构模式，则必须开出一个第三维来。那么这第三者是谁？或许可以有一个所谓的‘竞型二元’，就是指阴阳二元关系表现

① 叶隽：《“二元三型”与“二元三维”——二元类型的三种模式及其第三维开辟》，《跨文化对话》第 36 辑。

出的介于附型、战型二者之间的一种类型”。[1]他不禁深有体会地说：“可三维如何设定，则让人颇费思量。尤其是这作为流力因素的第三维，说好了是一种道衡力量，但说得不好，则往往流为一种形式化的东西”[2]。但我认为，如果要想从理论上和哲学上思考这个“第三维”，可能它多半只能是“一种形式化的东西”，否则就很难具有应有的理论力度和普适性。恰恰在这方面，黑格尔哲学能够给侨易学的难点突破带来启发。

我对德国古典哲学和黑格尔的理解也很有限，但单凭这种有限的理解，我认为，无论中外，黑格尔像绝大多数伟大思想家一样，难免受到各种各样的误读和误解。如果仔细研究大思想家在中国的接受史和理解史，我们不仅乐观不起来，而且可能会悲观地看到，许多精深的思想都难免或多或少地被误解和误读，甚至到了这样的程度：“橘生淮南则为橘，生于淮北则为枳，叶徒相似，其实味不同。水土异也”（《晏子春秋·杂下之十》）。可以说，一种思想越是精深和微妙，就越是需要有足够耐心、决心和理解能力的知音，但实际的情况往往适得其反，而一旦它被大众化，往往就是它被肤浅化和庸俗化的开始。正因如此，康德才坚决反对把自己的哲学通俗化，只有在首先以哲学自身和理论自身的方式把自己的思想表述出来之后，他才允许把自己的思想通俗化和大众化。我们不能不说，康德是明智的。正如恩格斯在致拉法格的信中所指出：“……马克思曾经说过：‘我只知道我自己不是马克思主义者’。马克思大概会把海涅对自己的模仿者说的话转送给这些先生们：‘我播下的是龙种，而收获的却是跳蚤。’”[3]中国的“假黑格尔”哲学对黑格尔的误解并不能掩盖甚至抹杀“真黑格尔”哲学的功绩与深刻的合理性，更不能由此认为对黑格尔哲学的研

① 叶隽：《“二元三型”与“二元三维”——二元类型的三种模式及其第三维开辟》，《跨文化对话》第36辑。

② 叶隽：《“侨易二元”的整体建构——以“侨”字多义为中心》，叶隽主编《侨易》（第二辑），北京：社会科学文献出版社，2015年，第203页。

③ 《马克思恩格斯选集》第四卷，北京：人民出版社，1995年，第695页。

究和认识就会落入"'真黑格尔'自否定辩证法的陷阱"①。若干年前，在与研究生一起读康德《实践理性批判》时，我曾说，如果我们对别人的批评仅仅以我们自己的误读或误解为基础和依据，那么，这样的批判实际上批的只能是我们自己（自说自话）和我们自己的观点，与被批者有何干系？正如歌德所言，"人们不懂的东西，也无法占有"②。假如我们有一个东西，那么通过理解别人的另一个东西而拥有了两个东西甚至可能由此产生第三个东西，这样就等于通过理解而丰富并提高了我们自己，何乐而不为？无论中外，那些把黑格尔看作一条"死狗"的人，多半并不真正理解黑格尔，因为一旦真正对他有所理解，就基本上不再会持这样的看法。无论任何人，想理解但不一定能够理解；可是，如果压根儿不想理解，除了歪打正着式的个别偶合，怎会有整体理解和细微体会的可能呢？

以我有限的理解来看，所谓"传统易学的思维方式，与黑格尔哲学及其辩证法并无轩轾"③，只能是表面现象。所谓"易经思维与黑格尔辩证法、精神现象学的隐秘联系"④，多半只是因为二者都有某些辩证思维的成分，但他们的精神实质却有本质差异，甚至可以说貌合神离。这至少表现在几个方面：

首先，易学的阴阳变化观念在黑格尔看来可能仍然是抽象的而非具体的，也就是说，没有经过概念的具体分化、规定和彼此之间的逻辑限定，正如"中国人的'天'缺少规定性，所以规定性外在于它，特殊东西上升到的这个普遍东西也外在于它"⑤。"阴""阳"之类

① 吴剑文：《现代中国思想范式的建立——侨易学初探》，叶隽主编《侨易》（第一辑），北京：社会科学文献出版社，2014 年，第 244 页。

② 原文是 Was man nicht versteht, besitzt man nicht，参见 *Goethes Werke*, Band XII, Verlag C. H. Beck, München, 1978, S.398。

③ 吴剑文：《现代中国思想范式的建立——侨易学初探》，叶隽主编《侨易》（第一辑），社会科学文献出版社，2014 年，第 244 页。

④ 同上。

⑤ 《黑格尔全集》第 27 卷第 I 分册，刘立群、沈真、张东辉、姚燕译，北京：商务印书馆，2014 年，第 144 页。

的概念也同样如此。所以，易学好像适用于许多东西，但也往往显得大而无当，容易把本质与非本质的东西轻易调和并转化掉。当然，如果叶隽也像中国的某些后现代者一样压根儿否认还有什么本质与非本质的东西，那我也只好无语。正因为易学的诸多概念缺乏具体分化和具体的规定性，所以就容易沦为随意解说，至少为理解者的主观附会预留了很大的余地。也许正是受到易学的这种影响，所以叶隽在考虑侨易学的二元关系时也表现出一定的随意性和游移不定。例如，他说，“在我看来，侨易观念的核心仍在于其对‘变’与‘常’二者关系的处理”，关键是找到它们之间的中介因素，但叶隽似乎仍然只是从二元之外来寻求这种“中介因素”，所以他认为，“可以考虑将‘势’设为理解‘变’‘常’二者之间的第三维”，而“如果我们选择‘势’作为第三因子，就必须还赋予它能动的功能”。所谓“势”就是“一种包含整体背景（大势）、具体场域（具势）和更带有中国文化本身特点的‘山雨欲来风满楼’（气势）那种表述的历史语境”。[①] 这种解说和理解虽然也能概括一些文化侨易现象，但毕竟带有很大的偶然性、随意性、外在性和不确定性。当然，如果叶隽愿意像经验主义和实证主义学者那样以追逐偶然性、随意性为乐趣和满足，同样另当别论。相反，黑格尔辩证法虽然主要研究事物的变易（Das Werden），但这种变易却不是外在的、偶发的、随意的和非本质的，而是事物自身必然发生的、内在的、本质性的变化。我们只需看这一句：“变易作为本质的变易，首先是活动，即本质向定在的自由的一种过渡，但这种过渡是一种已内持续存在”。[②] 也就是说，变易首先是“本质的变易”而不是外在的、非本质的变化，其次是“本质向定在的自由的一种过渡”。这里的本质是追求“定在的自由”，而不是一般的“一

① 叶隽：《“侨易二元”的整体建构——以“侨”字多义为中心》，叶隽主编《侨易》（第二辑），北京：社会科学文献出版社，2015 年，第 199、201 页。

② 原文是：Das Werden, als Werden des Wesens, ist zunächst das Thun, ein Uebergehen deßelben in die Freyheit des Daseyns, das aber ein in sich Bleiben ist。译文参见《黑格尔全集》第 10 卷，张东辉、户晓辉译，北京：商务印书馆，2012 年，第 68 页。

种过渡”。而且，这种过渡和扬弃对立面是一个内在的、无限的过程，因而不会构成某种封闭和终结。如果侨易学只满足于研究各种外在的、非本质的侨易现象及其因果关系，那么，这种侨易学大体上仍然属于纽伦堡时期的黑格尔所谓的“现象”学，因为在他看来，现象就是由“流逝的多样性共同构成”的“非本质的东西”，或者说，“这种本质的非本质性就是现象”。[①] 当然，这种“现象”学根本不同于后来胡塞尔（Edmund Husserl）追求的那种作为本质学的现象学。

其次，黑格尔的辩证法具有深刻的目的论内涵，甚至可以说目的论构成了其辩证法的神髓，这种理性的目的论思想当然也是中国易学所缺乏的东西。可是，侨易学是否应该具有一种理性的目的论框架，这似乎是值得叶隽认真考虑的一个问题。我认为，对于当下中国来说，理性的目的论框架是我们研究各种理论问题以及处理各种现实问题最欠缺也最急需的思想资源。与这个框架相比，其他一切问题都处于相对次要和相对不重要的位置。如果说中国易学只是一种对现象及其变易规律的客观认识和描述，那么，黑格尔辩证法以及韦伯的理想类型学则是一种真正的实践研究或实践认识。用康德的划分方法来说，易学是对外在客观事物的因果关系的理论认识，而黑格尔辩证法以及韦伯的理想类型学则是一种实践认识。前者只是认识事物变化的规律、现状及其已然和实然，而后者却是对主体的行为和活动的实践认识，其中当然有已然和实然，但更包含着应然和未然，也就是包含着理性的目的论。这种理性的目的论当然包括目的理性的应然、未然和可然。正因如此，我所期待的侨易学应该是一种实践科学，它研究的主要不是由自然的因果关系导致的种种侨易现象，而是由人的自由意志开辟出来的自由侨易关系，因为从根本上说，“人的尊严和自由等现代价值却不在自然的因果关系之中，而是在完全不同于自然因果关系的精神因果关系（道德、法、习俗等）之中，也就是在人的自我立法关系

① 参见《黑格尔全集》第10卷，张东辉、户晓辉译，北京：商务印书馆，2012年，第48页。

或人自己开启的（自由）因果链之中”。[1]

再次，黑格尔的“精神”（Der Geist）实际上就是自由的主体，他的《精神现象学》就是这种作为自由主体的“精神”自我展开、自我实现的历史和实践认识历程，而这恰恰是中国传统最缺乏而为当下的和未来的中国最需要的东西。恰恰在这方面，我也想特别提醒叶隽，在借鉴黑格尔的时候，需要提防“以传统易学为体，黑格尔辩证法为用”[2]的做法，不要落入前人所谓“中学为体、西学为用”的历史覆辙。对黑格尔的借鉴，如果有必要，那也是必须成为我们的“体”或者至少必须体用结合才能真正有效。当然，这一点不仅殊为不易，而且恰恰是那些担心中国文化失去本“体”的人最担心的事情。但是，近代以来的种种前车之鉴已经表明，实用主义或工具主义式的学习和借鉴不可能成功。原因在于，如果我们的文化之“体”出了问题，那就必须从“体”上来一个脱胎换骨和涅槃重生，否则只能是治标不治本式的头痛医头、脚痛医脚。全球化和现代化的历程已经向我们表明，包含着黑格尔这种自由主体精神的西方文化价值观在全世界的逐渐推广经历了一个从个别的被动接受到普遍的主动欢迎的漫长过程，这也可以看作黑格尔所谓“世界精神”的一种觉醒和实现的过程，其中的道理绝非单纯的所谓西方文化强势和文化霸权那么简单。当然，传统的易学不可能包含这种作为自由主体的“精神”。我也不是要苛求于自己的文化传统，而是说，既然立足当下的我们已经知道有一种我们需要而且对我们的思考更有助益的思想资源，难道仅仅因为它出自西方就不适合我们或者不值得我们借鉴吗？其实，在精神的“侨易”过程中，我们不必过于强调自己的特色，因为即使我们不强调，这种所谓的特色本身也像一种精神胎记，甚至即使我们想摆脱也仍然难以摆脱——

---

① 户晓辉：《主持人语：侨易学的几个问题》，叶隽主编《侨易》（第二辑），北京：社会科学文献出版社，2015 年，第 271 页。

② 吴剑文：《现代中国思想范式的建立——侨易学初探》，叶隽主编《侨易》（第一辑），北京：社会科学文献出版社，2014 年，第 243 页。

所谓不思量、自难忘。尤其是在理解与我们异质的和陌生的思想时，这种自身的特色虽然有时可能与异质的和陌生的思想撞出火花，但更经常的情况是容易让我们以己度人、用自己的前见、定见甚至偏见去同化甚至误解异质的和陌生的思想，一次次地让我们坐失以另一种与我们不同却是我们所缺少和需要的东西来丰富自己、完善自己的良机，因为我们认识事物的自然倾向是，只能认识我们想认识和愿意认识的东西。

当然，限于篇幅，我只能就黑格尔辩证法与侨易学可能具有的某些关联略加提示。其实，黑格尔辩证法有丰富而复杂的细节，这些细节中蕴含的微言大义都是本文无法展开论述的内容。如果说“侨易学便是在传统易学和黑格尔哲学的‘奥吉亚斯牛圈’中，清扫出一条道路，属于内部突破的努力”[①]，那么，这也是我对侨易学的期待和期望，但我同样认为，这不是完成时，而是未来时。在这方面，“侨易学的完整体系，只能说初步成形，远未形成”[②]。我相信，中国文化是否具有所谓的普适性或者能否为其他文化贡献出自己的独特价值，至少能否适用于中国现在与未来的发展需求，这一定是在经过真正的理性反思、洗礼和重构之后才能断言和发现的问题，而不是在此之前，更不是像一些所谓新儒家那样一厢情愿地从愿望思维和民族主义情绪出发所能够成就的事情。但愿侨易学能够在这个过程中做出一份独有的贡献。

① 吴剑文：《现代中国思想范式的建立——侨易学初探》，叶隽主编《侨易》（第一辑），北京：社会科学文献出版社，2014 年，第 250 页。

② 同上，第 251 页。

比较诗学专栏

Rubrique spéciale de la poétique comparée
Column of Comparative Poetics

主持人语

周荣胜

比较文学研究最终要归结到比较诗学，而比较诗学是什么却还是一个有待反思的问题。作为中国比较文学的代表人物，钱锺书认为:“文艺理论的比较研究即所谓比较诗学是一个重要而且大有可为的研究领域。如何把中国传统文论中的术语和西方的术语加以比较和互相阐发，是比较诗学的重要任务之一。”钱锺书对比较诗学的这一认识事实上成为大陆比较学界随后普遍遵循的原则。在这个旗帜下，我们的比较诗学研究有了一定的进展，中西诗学范畴和总体精神的比较方面取得了一定的成就，但是，钱锺书自己的比较诗学实践，从早期的人化文评《中国固有的文学批评的一个特点》到鼎盛期的《谈艺录》《管锥编》和《七缀集》，始终没有采取这种两两比较的方式。目前为止，我们的比较诗学研究基本上没有超越钱锺书，甚至在有些方面存在明显的倒退，在具体的比较操作中存在的问题很多，背后的比较诗学观念更有可商讨的地方。值得我们深刻反省。

学术界普遍认为比较诗学研究的重心是“中国古代文论与西方文学理论的比较研究”以及“中国古代文论话语的现代转化”等，但是，前者天然地蕴涵着二元对立的思维方式，后者天然地蕴涵着本质主义的思维方式，比较诗学的学术空间因此被封闭。如果不突破二元对立和本质主义的思想束缚，比较诗学的新天地难以拓展。

比较诗学首先是世界视域的诗学研究，不仅仅是中西文论的比较，更不应该限制在古典文论的范围内。比较诗学还有更广阔的领域，比如，国际诗学关系研究、跨文化诗学研究以及跨学科诗学研究等。国际诗学关系研究考察各种理论的跨国旅行。“旅行理论”的考察会涉及相当多的层面，如人与书籍，接触的环境等，其中，理论翻译（诗学翻译及翻译批评）的研究是最有前景的领域。

诗学的跨文化研究在本质上是对文化一元主义的超越，对文化多元主义的承认。如果一种文化、一种诗学从自身出发渴望他者的对照，那就已经证明其自性是非完满的，非自足的。一些学者在谈论中西文化时，援引文化多元主义思想，挪用其中的“异质性”（heterogeneity）概念，认为中西文化与诗学具有本质上的差异，从而大力鼓吹文化本位主义，声称要进行传统诗学的转化，要建设中国特色的文论体系，甚至试图以中国文论为本建立一套世界范围内的普适性文论体系，在这里，“异质性”概念事实上已经变性为一种文化相对主义的标语，沦为一种一些文化孤立主义者的盾牌。比如，有学者幻想以《文心雕龙》来弥纶古往今来四方上下的文学，提出要以《文心雕龙》“情采通变”体系为基础建构“大同诗学”：“我们大可高举《文心》的大旗，以其情采、通变说为基础，建构一个宏大的文学批评理论体系。这个体系体大思精虑周，而且具开放性，可以把古今中外各种文评的主义、理论都包罗在内，成为一个‘大同诗学（common poetics）’，一个文学批评的百科全书式宏大架构，这个‘情采通变’体系足以处理、应付、研究任何语种、地域、时代的文学。冰岛之小（甚至更小如瑙鲁），以至中国之大，其文学的方方面面，我们探讨时，都可用此理论架构，此方法学。”[1] 这样的共同诗学怎么可能不是一厢情愿的妄想呢？在当代这个确立了“异质性”的文化多元主义时代，去寻求综合性、连贯性和普适性的一套理论体系无异于建造沙滩城堡、空中楼阁。

恰恰相反，真正的“异质性”是拒绝一切层面的“同一性”的，推崇单一的本质主义的多元主义是一种伪多元主义，不是百花齐放，只是一枝独秀。

比较诗学研究最关键的一步是如何摆脱二元对立的惯性思维、有

---

① 《世界华文文学的研究如何突破——从这个学科的方法论说起》，第十二届世界华文文学国际研讨会论文（上海，2002 年）。

效地提出某个具体的诗学问题。问题只对应研究主体的视域而来，研究主体有多宽广的视域就有多丰富的诗学问题，有什么样的视域形态就有什么样的诗学问题。主体内部的视域充满着各种张力，本来就是多元和异质的，时刻变动着，视域的冲突并不一定是以辩证法的逻辑最后融合的，常常是以非辩证法的逻辑而错位断裂的。而研究对象是以符号形式呈现的，而符号都是复杂结构，其意义早已脱离原使用者的控制而撒播在社会文化之中，要在这些流动的、播撒的意义中攫取一二问题，离析出对研究主体认为有效用的一二问题，这需要比较学者具体而微的切割本领。我们认为钱锺书倡导的碎片思想就是这样的切割本领。他认为，所有大的文化体系作为整体最终都将土崩瓦解且将以零零散散的片段存在下去。中国文化是一座巨大宫殿的废墟，宫殿已不可居住，但其单个的砖瓦梁柱却仍能使用。西方文化依然。《管锥编》将中国文化拆解成无数单位观念，以无数的单个引文为出发点，然后，不分东西古今，不分学科界限，就一个个的单位观念进行打通研究，从而让我们以一种综合型的新眼光进入中国文化；如果用碎片原则来看刘若愚的《中国文学理论》，我们会发现问题恰恰不在他使用了阿布拉姆斯的四要素这个外来的工作平台切割了所谓中国文论的有机整体，而是他太相信这个框架的合法性，将切割了的中国文论碎片重新归整到这个框架中而失去了活力，于是，我们只能看到不太丰富的碎片，以及不太透彻的分析论证。

比较诗学并不是要追求一种普遍适用的、终结性的文学理论，只是围绕一些具体诗学问题做一种跨文化和跨学科的研究，如文学中的时间、空间问题，文论中的身体修辞问题，汉字诗学问题，叙事问题，描写问题，认知诗学问题等；研究的最终结论并不构成什么共同诗学，仅仅是一些局部的暂时的文学观念，比如，通感只是部分文学具有的特征，而且有通感特征的文学并不都是优秀之作，没有通感特征的优秀之作比比皆是。我们在重新研究通感问题时，应该站在巨人的肩上，广泛吸收钱锺书不可能看到的人文科学的各种新的思想，比如认知神经科学对“感觉挪移”的研究成果，那么我们在这个问题上就可能比先前再跨出一步。

比较诗学的理想格局：像钱锺书研究“诗可以怨”“通感”“包孕时刻”等问题一样，比较学者每次研究都采用跨文化和跨学科的视域去解决某一个问题，这个问题在单一的国别诗学领域内没有解决好，或者没有提出来，或者不可能提出来，而一旦比较学者在比较诗学内提出并充分解答，其成果的力量足以让它们自行返回到国别诗学内的工作者那里，照出国别诗学单一视域的局限，照出诗学问题的别样解答。

我们希望比较诗学研究能多方位地“回到钱锺书”，警觉一切二元对立和本质主义的思维方式对比较诗学研究的束缚，践行真正意义上的多元主义思想，让比较诗学在“共同诗学”之外自由生长。

或者碎片思想或者共同诗学，这是比较学者的首要问题。

别样的"文字诗学"

——德里达与"汉字诗学"

周荣胜

这里讨论的"文字诗学"（poétiquegraphique）源于法国哲学家德里达在《论文字学》一书中阐发的思想。他书中几段论及中国文明和汉字问题的文字格外引起汉语学人的关注自然在情理之中，不过，由此导出一种本质主义的汉字诗学观却值得我们深入反思。

一 "汉字诗学"

德里达在《论文字学》中将遵循索绪尔等人的看法认为中国文字与西方的表意文字相对，是一种非表音的表意文字：

> 我们很久以来就知道大多数像汉语和日语这样的非表音文字很早就包含了表音成分，它们在结构上受制于表意文字和代数符号，我们看到了一个在一切逻各斯中心主义之外发展起来的伟大的文明进程。文字从没有将自己还原于声音之上，而是将声音整合到了一个系统之中。[①]

中国文明处于逻各斯中心主义之外吗？逻各斯中心主义是西方独具的呢还是也适用于其他文明呢？德里达对待汉字的态度究竟有没有根据？尤其是，他的观点能不能成为支持汉字优越论的论据？要回答

① *De La Grammatologie*，Les Editions De Minuit，1967，pp.138–139。

这些问题就必须首先回答什么是逻各斯中心主义。

“逻各斯”出自古希腊语，为 λóγos（logos）的音译，因为它有很多含义，汉语里很难找到相对应的词。著名哲学史家格思里在《希腊哲学史》第一卷中详尽地分析了公元前五世纪及之前这个词在哲学、文学、历史等文献中的用法，总结出十种含义：（1）任何讲出的或写出的东西；（2）所提到的和与价值有关的东西，如评价、声望；（3）灵魂内在的考虑，如思想、推理；（4）从所讲或所写发展为原因、理性或论证；（5）与“空话”“借口”相反，“真正的逻各斯”是事物的真理；（6）尺度，分寸；（7）对应关系，比例；（8）一般原则或规律，这是比较晚出的用法；（9）理性的能力，如人与动物的区别在于人有逻各斯；（10）定义或公式，表达事物的本质。[①]

后世主要是从“理性”“道理”“规律”甚至“逻辑”等意义上把握“逻各斯”的，这种意义不是没有根据，但不是其本义。海德格尔在《存在与时间》中认为这样理解的“逻各斯”远离生存论的基础，“逻各斯被经验为现成的东西，被阐释为现成的东西；同样，逻各斯所展示的存在者也具有现成性的意义。”[②] 于是，他要把“逻各斯”从“逻辑”中解放出来，恢复其原始意义。他认为“逻各斯”最初的含义是“言谈”或“说话”，其动词形式是 legein，其词根是 leg，leg 的基本意思就是“言谈”。言谈是人的此在的基本环节，组建着此在的意义整体，它以 Artikulation（发音、分节表达）的方式将人的此在勾连（Artikulation）为一个整体。作为言谈，它把言谈所及的东西公布出来，让人看言谈所及的东西；海德格尔后期（从过渡时期的《形而上学导论》开始）不满意于把 logos 分析为“言谈”，遂继续追溯其本源，认为其始源意义是“聚集”，聚集把纷然杂陈和相互排斥的东西纳入一体而入于在场，言谈也是一种聚集，它使万物聚集为一而显现出来，

① 参见汪子嵩等：《希腊哲学史》（1），北京：人民出版社，1988 年，第 56-57 页。

② 海德格尔：《存在与时间》，陈嘉映、王庆节合译，北京：生活·读书·新知。三联书店，1987 年，第 195-196 页。

此聚集意义上的“逻各斯”既是存在的无所不在的运作，也是语言的无所不在的运作。这是存在论的解释。用“聚集”来解释“逻各斯”与用“言谈”解释“逻各斯”虽有生存论和存在论之别，但并没有改变那两层核心意思，即同时指称“言说”（此在的言说或存在的言说）和“在场”，在“逻各斯”中，言说所及的一切都入于在场，逻各斯就是在场。德里达认可海德格尔的考索，认为对逻各斯的追求就是通过言说对一切在场的追求；但是，德里达认为对“逻各斯”的执着无论它是通常意义上的“理性”或“逻辑”还是海德格尔先后坚持的“言谈”和“聚集”都是对不变的在场的追求，因此都是形而上学的，都要给予解构。在各种形而上学体系中，总存在一个不变的在场作为其构筑体系的中心。[①] 德里达在《人文科学话语中的结构、符号与游戏》的开篇对此有一个很好的概括：形而上学历史贯穿着一种对中心的渴望，不同的中心组织着不同的结构，“整个结构概念的历史必须被视为一系列以中心代替中心的活动，恰如一个由各个中心串起的链条。中心以一种相继出现、彼此协调的方式获得不同的形式和名称。形而上学的历史如同整个西方的历史一样是这些隐喻和换喻构成的历史，其基型是将存在确定为在场（就这个词的所有意义而言）。可以证明，所有这些与基础、原则或中心有关的名称都指示着一种不变的在场——eidos [本质]，archè [本源]，telos [目的]，energeia [能量]，ousia [在场]（essence [本质]、existence [生存]、substance [实体]、sujet [主体]），aletheia [真理]，transcendantalité [先验性]，conscience [意识]，Dieu [上帝]， homme [人] 等等。”[②] 这些在场在历史上的表现形式有：“事物作为本质（eidos）面对目光的在场，作为实体 / 本质（essence）/ 存的在场，作为现在或运动的点（stigmè）的时间性在场，作为我思、

① 德里达认为日常语言也受其影响，总受着在场的支配，“现在，日常语言已不再是单纯的或中立的，它成了西方形而上学的语言。它自身不仅带有大量的、各种类型的前提，也带有与形而上学不可分割的前提，尽管没有人注意到，它们依然组成一个系统。”见 *Positions*，trans. by Alan Bass (The University of Chicago Press, 1981), p.19。

② *L'écriture et la différence*，Editions Du Seuil, 1967, pp.410–411.

意识、主体性的自我在场，作为自我与他人的共同在场……”[①] 德里达的哲学正是针对这些形形色色的在场模式而作出的反应。他从意指活动的角度重新把握逻各斯，也就是把海德格尔从存在论层面上对逻各斯作出的“在场”解释置于语言层面进行考察：所谓在场，就是所指脱离能指而存在。在符号运动中能指所指本来不可分割，而形而上学借助一番论证却可以叫能指自我抹消而让所指出现，并进一步将所指奉为不变的中心，确定的基础，以构筑形而上学大厦，所以德里达称之为“先验所指”。在德里达看来，海德格尔的“逻各斯”同样是一种先验所指，因此，他也深陷于逻各斯中心主义之中。海德格尔把语言从逻辑中解放出来了，却又把语言束缚在逻各斯即在场之中，所以德里达要把语言从逻各斯中解放出来（无论它是哪一种逻各斯），并将此种语言归为自由游戏的“文字”。

逻各斯中心主义其实内含两个颇为矛盾的观点：首先，它是一种以声音为中心的观念，即声音中心主义，在用符号表达意义的现象中，声音介质比文字介质更优越，声音是内在的，最接近意义的，而文字是外在的，它只能通过声音迂回地接近意义；其次，在意指活动中声音又必须自行隐去，自我抹消以便让意义完满地、直接地在场，这就是德里达所谓“在场的形而上学”。就此而言，声音中心主义依附于逻各斯中心主义，声音中心主义是为逻各斯中心主义服务的，它存在的惟一理由就是让逻各斯在场时失去其自身的优越性。这种意指活动的等级观念贯穿从苏格拉底到海德格尔的西方形而上学的整个历史。这种观念与西方使用表音文字密不可分，德里达明确表示“我所谓的逻各斯中心主义乃表音文字的形而上学（métaphysique de l’écriture phonétique）”。[②] 为什么呢？据德里达的分析，原因有二：（1）基于“自言自语”的日常经验，声音便被看成是意义最自然最亲密的介质，事物通过声音而直接在场，而文字是派生之物，更加远离事物；（2）可是，

① *De La grammatologie*，p.23。

② 同上，p.11。

表音文字又被认为是对声音的直接记录，是以记录言语的音素或音节的方式记录言语的，它当然更接近声音，于是，排斥文字的逻各斯中心主义又自相矛盾地肯定表音文字。在德里达看来，西方人使用表音文字的经验是逻各斯中心主义的土壤，在场-声音-表音文字的在场价值虽然呈逐渐减弱的趋势，它们却始终是互相支持的，互为一体的，因而，对西方人来说，声音中心主义就是逻各斯中心主义，这两者是二而一、一而二的问题。德里达自己在行文中也不加区分地使用它们。[①]东方的汉字体系明显不同于西方的表音文字，正是在这个背景下，德里达十分简短地讨论了汉字。“在其起源和非‘相对’的意义上，逻各斯中心主义是一种种族中心主义的形而上学。它联系着西方的历史。当莱布尼兹提及并讲授中国文字时，这种文字明显地中断了逻各斯中心主义”。[②]西方人士从莱布尼兹、黑格尔到索绪尔和费诺罗萨都一致认为汉字不是表音文字，在这一点上，德里达基本上是同意他们的观点的。既然汉字不是表音文字，它就超越了声音中心主义，也就突破了逻各斯中心主义。在这个论证过程中，德里达尤其引证了费诺罗萨和庞德的汉字观，而他们的汉字观是十分成问题的。这是一个关键，这个引证引出了德里达意想不到的一种结果：他的观点居然成了很多人论证汉字优越性的证据。

> 这就是费诺罗萨作品的意义，他对庞德及其诗学的影响是众所周知的：这一文字诗学与马拉美的诗学一道是防范得最为严密的西方传统中的第一次突破。中国表意文字对庞德产生的魅力因而具有其全部的历史意义。[③]

---

① 这种不加区分的态度引起了很大的混乱，如郑敏和刘若愚等学者便因此认为中国不存在逻各斯中心主义；也导致德里达的错误，认为逻各斯中心主义是纯粹的西方现象，并幻想求助东方文明来解构它。

② *De La Grammatologie*，p.117。

③ Ibid., p.140。

的确，费诺罗萨对庞德及其诗学的影响是众所周知的，但是，就对西方的汉字观的影响而言其误导也是深重的。费诺罗萨是美国诗人和诗学家，曾数次赴日本讲学，研究中日文艺，去世前写了一篇题为《汉字作为诗歌媒介》的文章，盛赞汉字的形象性、隐喻性和暗示性，建立了一套“汉字诗学”①。庞德对这篇遗稿稍做整理并加了一个小序予以发表，认为这是一种新的诗歌美学的宣言。他认为汉语从单字到句子无不充满意象，汉字是对活生生的大自然的“速记图画”，因而，也像大自然一样是活生生的，如“人見馬”三字，从个体上看，“人”用两足站立，扫视空间的“目”和奔跑的腿合为“見”，代表勇敢的人；“馬”则站立起来，依靠四条腿。从整体上看，它们传达了一连串动作——人站立着，眼睛在张望，看见了马——的某些本质特征。如果汉字都是图画性的，那么，它就不能表达“看不见的东西”，就是一种贫乏的艺术。费诺罗萨为解决这一难题便诉诸“隐喻”，认为汉语是一种隐喻的语言，根据大自然互相应和、息息相关的原理，汉字以可见的意象反映着这个有生命力的大自然。庞德从费诺罗萨的言论里找到了对他鼓吹意象主义诗歌美学的极大支持。

德里达不可能赞同费诺罗萨的这种在场论的思想，可是他对费诺罗萨又表露赞美之意。这便引出了德里达支持汉字优越论的奇怪的言论来。如著名诗人郑敏在《语言观念必须革新——重新认识汉语的审美与诗意价值》②一文中认为“近代西方语言学家，哲学家对汉语的卓越性有深刻性的认识的，至少有三人。他们是索绪尔、费诺罗萨及德里达”。其深刻性表现在什么地方呢？她说：“费诺罗萨在 1908 年，德里达在 20 世纪的下半，不约而同的在中国的汉文字中找到了他们在西方的以思辩逻辑，物质结构为中心的语言和文化中所欠缺的精神境界。”因为“拼音文字的组成部分是全抽象的符号字母，它们

① 参见周发祥：《西方文论与中国文学》一书中的《汉字诗学》一章，南京：江苏教育出版社，1997 年。

② 《语言观念必须革新》，《文学评论》1996 年第 4 期。所引郑敏的文字皆出自此文。

只能唤起接受者对于对象的抽象概念的记忆，而后联想到该事物的感性质地，所以通过拼音文字并不能直接达到对该物体的感性认识，而汉字的象形（形），指事（状态）和智（会意）不须通过抽象概念即可直接传达对象的感性和智性质地。显然，拼音文字在传达与接受知识方面不如汉文字”。如“汉字每个字都像一张充满感情向人们诉说着生活的脸，使你不得不止步听它倾诉，而拼音字则只是一张漠然无表情的机器人的脸，你必须去解码它发出的声音，才能得到概念性的知识”。郑敏基于费诺罗萨对汉字的认识对汉字大加赞美，毫无疑问是经不起推敲的。她甚至援用德里达来支持她的观点，这就更加离谱了，德里达怎么会把他的文字学的思想成果都弃之脑后，转而赞美一种基于汉字的新的在场模式呢？[①] 问题出在上引的那段文字上（“这就是费诺罗萨作品的意义……”）。郑敏等人引德里达的这段文字证明德里达赞同费诺罗萨的汉字观，可是，德里达在费诺罗萨作品中看出的“这……意义”并非汉字能够直呈在场的“卓越性”，仅仅指汉字不是表音文字罢了。这段文字前面还有一些文字很清楚地说明了德里达引证费诺罗萨的目的：

> 应该有另一种方式：这一必要的非中心化（décentrement）不能是这样的一种哲学的或科学的行为，因为这是一个错位（disloquer）的问题，此方式是对另一种联系言语与文字的体系的接近，是对另一类基础的认识(epistémè)的语法和语言范畴的接近。……很正常，这一突破在文学和诗歌写作领域更有保障，更有穿透力，就像尼采第一次对认识（epistémè）的支配范畴和超验权威的打击和动摇一样。[②]

---

① 这不是个别人的问题，很多人都困惑于德里达对汉字的援用。如陆扬说“逻各斯中心主义直呈‘在场’的梦想，也许竟是在中国的语文中得到了实现。”《德里达：解构之维》，第 32 页。

② *De La Grammatologie*, pp.139–140。

这种意义就是汉字体系不同于西方的声音中心主义而提供了另一种联系言语与文字的方式，而对汉字本身，德里达没有什么新的认识，他比较接近索绪尔的观点。他转引了索绪尔这段重要文字："只有两种文字体系：（1）表意体系。一个词只用一个符号表示，而这个符号却与词赖以构成的声音无关。这个符号和整个词发生关系，因此也就间接地和它所表达的观念发生关系。这种体系的古典例子就是汉字。（2）通常所说的'表音'体系。它的目的是要把词中一连串连续的声音模写出来。表音文字有时是音节的，有时是字母的，即以言语中不能再缩减的要素为基础的。此外，表意文字很容易变成混合的：某些表意字失去了它们原有的价值，终于变成了表示孤立的声音的符号。"① 索绪尔的这段文字揭示了汉字兼有表意和表音成分的特点，德里达认为汉字系统将声音纳入到一个系统之中，在这个系统之中，声音与文字之间的等级次序被颠倒了。西方的表音文字是其言语的自然再现，直接记录，是附庸性的，派生性的；而声音又是对事物的直接表达，那么，表音文字顺理成章地服务于在场哲学。这是德里达不满西方文字的根本原因。而汉字不是对其言语的直接再现，它们之间不存在自然而然的关系，在德里达看来，汉字系统建立了一种不同于西方式的文字与言语的关系模式，德里达从汉字看出的是汉字相对于汉语的独立性，任意性，它所具有的自由游戏精神。德里达在这个意义上产生了对汉字的赞美和向往，这是一种乌托邦色彩相当浓厚的举措，却没有多少认识的基础。德里达以解构逻各斯中心主义为使命，如果汉字真代表着对逻各斯中心主义的突破，那他就应该学习汉字，看看究竟。但是，德里达不识汉字，也不学汉字。② 他对汉字的态度是实用性的。正如斯皮瓦克在《论文字学》的译者序言中指出的那样，

---

① *De La Grammatologie,* p.49. 参见《普通语言学教程》，高名凯译，北京：商务印书馆，1980 年，第 50–51 页。

② 不过，德里达 2001 年 9 月 3 日抵达北京的当天，在黄昏的北海公园漫步，看到一位老太太正双手用蘸水的笔在地上写字，她把着德里达的手在地上写下："海外存知己，文化传友谊"。见《德里达中国讲演录》，杜小真、张宁主编，北京：中央编译出版社，2003 年，第 42 页。

“德里达几乎是以一种相反的种族中心主义的论调坚持认为逻各斯中心主义乃西方的特权，这种言论处处皆是，已无须征引。尽管西方的中国偏见在第一部分里得到了讨论，在德里达的本文里，东方却从未得到认真的研究或解构。”[①] 东方只是为其服务的一个工具而已。

至此，我们可以认为德里达对汉字或表面上的认可其实是一个幻觉，他的文字学是断然排除一切在场追求的，而基于在场思想发展出来的汉字诗学自然是一种幻觉诗学。这种诗学在现代汉语学界却不乏狂热的追随者。在郑敏之前的一些汉语作家已经对汉字有过过度溢美之辞，如诗人朱湘曾在散文《书》中如此描述：“那一个个正方的形状，美丽的单字，每个字的构成，都是一首诗；每个字的沿革，都是一部历史。飙是三条狗的风：在秋高草枯的旷野上，天上是一片青，地上是一片赭’，中疾的猎犬风一般约快的驰过，嗅着受伤之兽在草中滴下的血腥，顺一方向追去，听到枯草飒索的响，有如秋风卷过去一般。”[②] 而最极端的当数石虎的“字思维”论及其拥护者。[③] 石虎的“字思维”以汉字的象性为原则，他说：“字象是汉字的灵魂，字象与其形相涵而立，是汉字思维的玄机所在。”他认为，当一个字打入眼眸，人首先感知的便是字象，这是由线条的抽象框架形象所激发的字象思维，它一定会去复合字所应对的物象。字象在音意幻化中与物象复合，字象便具有了意的延绵。这种字象延绵具有非言说性，它决定了汉诗诗意本质的不可言说性。这个思路与费诺罗萨的思路完全一致，第一步，以汉字的字象对应自然的物象，第二步，当字象不能表现更广大的心灵世界时便求助于“象征”或“隐喻”，强行地将观念还原到具象层面，正如三岳川所辩护的那样：“石虎‘字象’概念的把捉是有深意的。汉字不仅提供了思维的原始字象的鲜活感和神秘感，而且使人通过这一符号（尤其是象形文字）把握字背后深蕴的‘原始意象’（archetype），

① *Of Grammatology*，p.lxxxiii.

② 《中国现代作家选集：朱湘》，北京：人民文学出版社，1985 年，第 187 页。

③ 参见《字思维与中国现代诗学》，谢冕、吴思敬主编，天津：天津社会科学院出版社，2002 年。

在意象并置多置中，将具体的象升华抽象之象，从而以一寓万，万万归一。这种字思维本质上是一种不脱离汉字本源的'象喻'或'象思维'，其逻辑过程为：本象 ~ 此象 ~ 意象 ~ 象征 ~ 无形大象。这一神秘的符号链表征出中国人通过文字反映和把握世界的独特方式，以及其不同于拼音文字的思维展开形式。"[①] 这个思路企图用混沌的"原始意象"连接起具体物象和所谓的"抽象之象"，这是一种思想神秘化的步骤，根本不能理性地阐明汉字的本质。汉字真有一种魔力能够以其字象让芸芸万物和"无形大象"直接当场?

这种以文字直传万象及其本质的思想我们称之为"文字中心主义（graphocentrism）"，[②] 汉字不用迂回声音直接让意义在场，就像德里达论证西方式的逻各斯中心主义一样，表音文字在抹去自身存在的同时让意义在场，是"表音文字的形而上学"；中国式的逻各斯中心主义则是"汉字的形而上学"，它总是宣称得意忘言或者得意忘象，言象都是可以抹去的透明媒介，事物和意义的在场才是最终抵达的目标。"汉字的形而上学"无视汉字也是一种文字体系，而一切文字都是记录语言的符号体系，这是世界上所有文字的共性，汉字不可能是世界文字中的一个诡异的例外，对于汉字性质的认识，现代语言学家和文字学家经过近百年的探讨已经取得了基本的共识：汉字记录的是构成汉语的最小的语言单位即语素，不同于拼音文字记录的是其语言的最小单位即音位和次小单位即音节[③]。赵元任、吕叔湘、朱德熙等学者都持这一观点，如赵元任说："在世界上通行的能写全部语言的文字当中，所用的单位最大的文字，不是写句、写短语的，是拿文字一个单位，写一个词素，例如我们单独写一个'毒'的字形，来写'毒'

① 《字思维与中国现代诗学》，第 112 页。

② 刘若愚在《语言 · 悖论 · 诗学》中使用了"文字中心主义（graphocentrism）"这个术语。这是十分有力的一个命名，遗憾的是他意不在此，没有展开深入论证。他认为多数中国作家免于声音中心主义，"甚或有一种相反的倾向，即文字中心主义（graphocentrism）。" *See Language-Paradox-Poetics,* by James Liu （Princeton University Press, 1988）, p.23.

③ 参见苏培成《现代汉字学纲要》第一章 1–3 节，北京：北京大学出版社，1994 年。

这个词素。”[①] 汉字便是一种写词素的文字。

语言是一个层级体系。它的下层是音位和音节，上层是音义结合的符号序列。下层又可分为若干级，第一级是语素，第二级是词，第三级是句子。世界上的文字有许多种，从记录的语言单位来看主要有：记录音位的音位文字，记录音节的音节文字，记录语素的语素文字。音位文字和音节文字都是拼音文字。

无论是记录语言的音位音节的拼音文字，还是记录语素的语素文字，最终是成为音义结合的符号体系，而一切符号体系都是通过符号内部能指与所指之间的对立关系以及外部的符号与符号之间的差异关系而迂回传达意义的。

拼音文字的基本单位是字母，语素文字的基本单位则是单字。我们知道构成文字字符的构件一般分为三类，即意符、音符和记号，所有的汉字就是由它们构成的，绝不能把汉字看成直接呈现事物的“图画速记”。

即使是汉字诗学辩护者们心目中最简单的象形字“日”字也早已成为一个记号字了，裘锡圭在《文字学概要》里认为古文字里的“⊙”字在隶变以后一点也看不出跟太阳的样子了，“日”字的字符已经从意符变成了记号，“日”字已经变成了从表意字变成了记号字，[②] 我们知道跟文字所代表的词在意义上有联系的是意符，在语音上有联系的是音符，在意义上和语音上都没有联系的就是记号，如果最简单的独体“日”字都是记号，怎么能够把整个复杂的汉字系统视为象形文字的集合呢？从费诺罗萨的“图画速记”说到石虎的“字思维”论，这些汉字诗学的辩护者们几乎将高度成熟的汉字等同于原始的图画文字。我们知道，图画文字是人类文字的最原始的阶段，这时，文字尚未从图画中独立出来，人们用画出某个图画来表达一条信息。即使是这样的直观图画也多具有约定图示性质，不可能只被使用一次，任何符号

---

① 赵元任：《语言问题》，北京：商务印书馆，1980 年，第 142 页。

② 参见裘锡圭：《文字学概要》，北京：商务印书馆，1988 年，第 13 页。

如果不具备可重复性就不可能起到传达意思的作用，正如苏联著名的文字学家伊斯特林所说，“甚至最古老的文字几乎总是表达某些共同的（其中包括抽象的）概念。”伊斯特林研究了丰富的文字实例，纠正了许多错误认识。他指出，“把‘图画文字’理解为不反映言语，而反映感知形象和表象形象的文字，如果这种理解可以接受，那只有一个条件：假如‘图画符号’再现的仅仅是个别的具体的语境。但是许多‘图画文字’的文献却表达了含有抽象概念的信息。”① 一切文字都是对其所属语言的再现，汉字也不例外，它是对汉语的再现，它依然是符号，作为符号，汉字不可能绕过复杂的汉语符号系统直接再现大千物象。

汉语文学从周代的《诗经》发端，其文字记录不可能刻于甲骨之上，而是书于竹帛之上，作为其载体的汉字不是多有象形成分的古汉字，而是象形成分极度衰减后的隶楷体系；皮之不存毛将焉附，今天的汉字诗学要呼唤的纯象形的汉字系统在哪里呢？

二　别样的“文字诗学”

所谓见形知义的汉字诗学不过是没有根基的幻想之作。真正的文字诗学是怎样的一种形态呢？文字传达意义既然以符号身份开始，那么能够揭示一切符号的运作机制的诗学就是可考虑的，其中，德里达别样的“文字诗学”是应该得到高度重视的一个方案。

用符号学的观点来表述，德里达的“文字”指的就是意指活动，一种“差延”（différance）支配的意指活动，② 他明确指出“文字作为‘差延’是在在场 / 不在场这一对立基础之上不可想像的结构和运动。‘差

① 伊斯特林：《文字的产生与发展》，左少兴译，北京：北京大学出版社，1987 年，第 10、28 页。

② 该词的汉语译名很多，如“分延”“延异”“歧异”“衍异”等，皆含“差异”和“延迟”二意，而且皆为生造。“差延”也不例外，不过，在德里达那里，“差延”是对“差异”的有意误拼，二词读音一样。在汉语里，“差延”和“差异”的读音也有些近似，似可勉强相应。

延’是差异、差异之印迹的系统游戏”。[1]

追根寻源，德里达的这一思想来自符号学的奠基者索绪尔。索绪尔在研究语言的过程中开创了现代的符号学。他抛弃了语言是由词这样的实体组成的分类命名集的传统认识，提出“语言的特征就在于它是一种完全以具体单位的对立为基础的系统”。[2]语言是由具体单位的差异和对立构成的一种形式系统，索绪尔把它设想为一系列相连接的“小区分”，同时画在模模糊糊的观念的无限平面和声音的同样不确定的平面上面。语言的具体单位构成语言的这些小区分。表面上看，词似乎是语言表意的最小单位，“可是稍为细想一下就可以看到，对词的理解是跟我的具体单位的概念不相容的。”[3]如法语中，mwa（le mois de decenmbre）和mwaz（un moisapres）一个表示“十二月”，一个表示“一个月后”，同一个词（mois），意义相同，音段却不同，我们不能说它们是不同的词；此外，许多词都是更复杂的单位，很容易区分出一些次单位（前缀、后缀、词根），如法语中表示“不幸”的malheureux可以分成不同的部分，每一部分都有明显的意义和作用；反过来，也有一些比词更大的单位，如一些复合词、熟语；当然，句子也不是，句子属于言语的范围，即实际的语言使用，而不属于语言的具体单位。索绪尔认为正确的做法是在概念与声音、部分与整体的相互规定之中确定语言的具体单位，因为在语言里，概念是声音实质的一种素质，正如一定的音响是概念的一种素质一样，对音响链的区分与对概念链的区分必须相符，所以，“可能给它下的惟一定义是：在语链中排除前后的要素，作为某一概念的能指的一段音响”。[4]

从索绪尔的分析中我们可以看到语言的最小单位至少要满足三个条件：一，它处于一个系统之中，二，它是不可再分的小区分，三，

---

① *Positions*，p.27。

② 《普通语言学教程》，151页。

③ 同二，149页。

④ 同二，148页。

它既显现为一段音响，又标志着一个概念。为此，索绪尔提出了“符号”（signe）概念，认为这个由音响形象（能指）与概念（所指）构成的统一体相对于词来说能更恰当地表达语言的最小单位。一方面，索绪尔坚决地以差异原则来思考符号，认为符号并非实体，而是表示差异关系的纯功能单位，“语言不可能有先于语言系统而存在的观念或声音，而只有由这系统发出的概念差异和声音差异。一个符号所包含的观念或声音物质不如围绕着它的符号所包含的那么重要”。[①] 围绕着符号的有两种关系：一种是可见的句段关系，在话语中，各个要素相继出现，其中每个要素只是由于跟其前后的要素相对立才取得它的价值；一种是不可见的联想关系，在话语之外，每个要素周围会因心理联想而集合许许多多的相反或相似的其他要素，而且既没有一定的数目，又没有确定的顺序。

根据索绪尔上述的思想应该推导出意义的不确定性的原则来。因为根据句段关系，单个要素的意义必须参照其前后的要素来确定，但是，这前后的范围有多大，仅仅是一个句段？显然不是，它必然包括置身其中的段落、篇章、其他本文（互文性）；而根据联想关系，单个要素的意义就更难确定，因为人的联想是没有边界的，索绪尔得出的结论是“符号本身没有固有的意义。”[②] 于是，我们可以说出符号的意义不在其自身的能指之中这样背谬的话来；但另一方面，索绪尔又把符号当做实体来对待，认为“每一项语言要素就是一个小肢体，一个 aticulus，其中一个观念固定在一个声音里，一个声音就变成了一个观念的符号。”[③]，“一个声音”可以区分出来，如一个音位、一个音节或一个音段，可是，“一个概念”除了依靠词语表达出来，我们没有别的办法，所以，索绪尔在分析符号的时候，都是在分析词语，他自己有一个说法：“词虽然同语言单位的定义不完全相符，但至少

① 《普通语言学教程》，167 页。

② 同上，180 页。

③ 同上，158 页。

可以给我们一个近似的观念。”[1]这样一来，他自己把他前面所作的词与符号的区分给抹消了。于是，一个观念在一个声音中直接在场，而这个声音又是意识中的声音形象，可以说，观念就是在意识中无中介的直接在场。

德里达十分关注索绪尔思想的这一矛盾现象，认为索绪尔以其符号概念同时开启和封闭了对在场形而上学的解构。一方面，符号以其差异原则解构了实体的词及其意义的在场；另一方面，符号依然是一个形而上学概念，“符号是异质成分的统一体，因为所指（意义和事物）本身不是一个能指，一个印迹：无论如何它本质上不是由它与其可能的印迹关系构成的。所指的形式本质是在场，它与作为声音的逻各斯的接近的特权就是在场的特权。”[2]德里达彻底贯彻了索绪尔的差异原则，将它同样施用到索绪尔的“符号”概念上，认为所指并不在相应的能指中直接在场，它也不能脱离能指而独立存在，无论是所指还是能指还是它们的统一体符号都是从印迹中产生的，印迹才是语言表意的最小单位。于是，印迹概念替代了符号概念，文字学的优先性替代了符号学的优先性。“差异游戏必须先假定综合和指涉，它们在任何时刻或任何意义上，都禁止这样一个单一的要素（自身在场并且仅仅指涉自身）。无论在口头话语还是在文字话语的体系中，每个要素作为符号起作用，就必须具备指涉另一个自身并非简单在场的要素。这一交织的结果就导致了每一个‘要素’（语音素或文字素），都建立在符号链或系统的其他要素的印迹上。这一交织或织品仅仅是在另一个文本的变化中产生出来的‘文本’。在要素之中或系统之中，不存在任何简单在场或不在场的东西。只有差异和印迹，印迹的印迹遍布四处。这样，文字就成了文字学的最一般的概念”。[3]

将索绪尔基于差异（différence）的符号推进到基于差延（différance）

---

① 《普通语言学教程》，159页。

② *De La Grammatologie*，p.31。

③ *Positions*，p.26。

的符号就是德里达的“文字”。différence 在法语里就一个含义即“差异，差别，不同”，它源于动词 différer（différer 又源于拉丁语 differre），这个动词却保留着其词源所有的两个含义，所有的法语词典在其词目下都标出它的两个词性：一是“不同，有差别，不一样”；二是“延期，展期，推迟，延迟。”（英语里则衍生出两个词来：differ 和 defer）différant 是其现在分词形式，读音也跟 différence，différance 相近，当然含有这两层意思，德里达就用它的词尾 -ance 替换 différence 的词尾，造出一个新词 différance，希望它也包括这两层意思，弥补 différence 遗失的“延期，延迟”之意。这样，A，由于它与多种传统概念似是而非的关联而显得诡异、暧昧，B，由于不能从读音上区分“差异”（-ence）和“差延”（-ance），其间的差别只见于文字，从而文字问题就突现出来了。德里达说 différance 中的 a 像死寂的金字塔一样标志着意义在场之不可能性，而 différance 则标明贬文字尚声音、渴望在场的逻各斯中心主义的不可能性。

> 首先，差延指的是由延迟组成的（积极的和被动的）运动，延迟的方式有延搁、代表、延缓、推举、迂回、延期、保留等等。在这个意义上，差延要先行于我可能保留的不可分的原初在场的可能性单位，就像我出于种种经济原因或按计划延后的支出。另一方面，在场的延迟正是在场在其再现中、在其符号中、在其印迹中被宣告或被渴望的基础。①

因为用 a 替换了 e，差延就不仅仅指称如索绪尔语言学中的那种被动的差异结构，而是在产生这一意义效果之前，就已经靠近动词 différer（延期，展期，推迟，延迟）的积极主动的意义了。差延首先是一种时间化的运动，而一切意指活动都是在时间性中进行的，时间性是

① *Positions*，p.8。

意指活动之根，差异结构是在时间中被生成、起作用的，但是，德里达对时间作了新的阐释，解构了形而上学的基于现在视域的时间论：

> 差延就是使意指运动成为可能的条件，即每一个所谓“现在的”因素、出现在现在舞台上的因素只有与自身之外的其他因素相关联并在自身内保留过去的因素的痕迹（marque）并已经任自身为其自身与将来的因素的关联所陶空，这样才能进行意指。[①]

德里达的差延揭示出一种间隔的、迂回的时间运动，每一时间因素都是自我分裂，指涉他者的最小结构，作为不可还原的原始印迹以离散的网状的方式时间化着。说它是网状的，是因为它不是支配着从亚里士多德到黑格尔时代的那种基于点状的现在组成的线形的、循环的流俗时间，包括胡塞尔的内在时间意识，在德里达看来，时间因素不过是网上的一些扭结而已；说它是离散的，是因为它不像海德格尔的本真时间那样是到场的到时的时间性，而是零零散散、似在非在的时间化运动。这种时间化运动使得一切意义都不能以在场的形式获致，都只能诉诸以后，任何即刻获致的意义也都是不完全的。间隔的介入使时间生成，同时也生成了空间，差延不仅是时间化的过程，它也是空间化的过程，在间隔断续地开启的空间里诸种差异、差异物展开了系统地游戏。

> 其次，差延的运动，作为产生差异物之物、作为差异化，标志着我们语言的所有对立概念的共同基础，诸如可感的/理智的，直观/意指、自然/文化等。[②]

在对差延的第二个界定中，德里达引入 différer 的另一个含义：

---

① *Marges de la philosophie*，pp.13–14。

② *Positions*，p.9。

使事物有差别。索绪尔的差异性原则已经揭示出语言的本质，从音位到语词到所指都是由差异构成的并处于差异之中，语言就是一种差异结构。这种差异结构源于何处呢？在索绪尔眼里它只是先于个体而存在的先验的心理结构，他不关心它的起源，德里达却要问个究竟，他的差延是对此的回答，因此，差延不是被动的差异，而是生成差异的力量。差异只有基于自身分裂并指涉他者的原初印迹才可能，这样的原初印迹不仅仅是一种时间化，同时也是一种空间化，因为它指向他者，通往外在，而非仅仅诉诸以后。如时间性的构成，过去、现在和将来都必须先出离自身、互相规定，然后各自才能构成自身，因此，时间性的构成同时就是一种空间化。德里达用“间离”（espacement，英译为 spacing）一词表示这种空间化。任何因素都只能以进入外在性的方式而迂回地构成自身，更不用说我们语言中所有的概念了。总之，间离的运动就是指涉的运动。德里达在《立场》中认为“间离”至少有两个特征：“1）离间是同一性自身在其自身的内在性中或与其自身一致的封闭的不可能性。间离的不可还原性就是他者的不可还原性。2）间离不仅表示间隔，而且表示一种‘生产性的’‘生成的’‘实践的’运动，一种运作。”[①] 这种空间生成的运动毫无疑问同时是延迟迂回的时间生成的运动。“间离”[②] 本身就包含这两层意思。

空间时间化和时间空间化这两个特征可以说是差延的最基本的规定，德里达结合符号问题对它们如何统一做过很好的说明。从柏拉图以来，符号一直被视为一种对事物的替代、对事物的再现，这事物可以是观念对象，也可以是指涉对象，它们本质上是在场的，当人们不能直接地把握它们时，当它们不能直接在场时，人们便求助于符号而迂回地通达事物；因此，符号是在事物不在场的时候再现它们的在场的，符号在这种意义上就是被延迟的在场；可是，这种延迟又是可以

① *Positions*，p.94。

② 原文为 espacement，一般英译为 spacing，汉语一般译为“间隔”，强调其空间化含义，我译为“间离”是想同时表达其时间化含义，这应该是符合德里达原意的。

圆成的，只有全神贯注于被延迟的在场，再现的符号可以被排除、还原直至抹消。于是，符号同时被视为派生性的和暂时性的，说它是派生性的，是因为它来源于一个原初的、失落的在场，说它是暂时性的是因为最终要通过它而抵达这个终极的、遗失的在场，符号居于一个本源和一个终极之间。德里达认为这套古典的符号观念是基于在场观念来构想的，因而是自我解构的，如果基于差延来把握符号，我们就会看到所谓原初的在场并非不原初的，恰好相反，延迟是原初的、持久的、不可还原的，不但符号与事物之间的距离、裂痕始终内在于符号结构，就是事物本身也一直是由原始印迹构成的本文，在场反而是一种取消延迟、压抑差异的效果。这进一步从索绪尔对符号的差异性规定中体现出来。意指活动的成立完全取决于构成语言的符号之间的种种差异，德里达引证索绪尔的话说："语言之中只有差异。更重要的是：差异一般要有积极的要素才能在这些要素间建立，但是在语言里却只有没有积极要素的差异。就拿所指或能指来说，语言不可能有先于语言系统而存在的观念或声音，而只有由这系统发出的概念差异和声音差异。一个符号所包含的观念或声音物质不如围绕着它的符号所包含的那么重要。"① 从这段引文可以看出，在意指活动中单个符号本身并不重要，重要的是与其他符号之间的差异，符号通过诸种差异而迂回地接近事物，却永不能抵达在场。这同时是一个无止境的时间化和空间化的行为。

差延支配一切意指活动，是文字运作的基本逻辑，也是文字诗学的基本逻辑。差延的运动带来的不是汉字诗学诉诸在场的幻觉，而是意义迂回曲折四处播撒的文字场景，② 这种意义播撒形态便是德里达心目中别样的"文字诗学"。

德里达的"播撒（dissémination）"不是自己杜撰的词语，也不是旧词新用，他是按照法语的日常用法使用这个旧词的。法语的"播

① *Marges de la philosophie*，p.11；参见《普通语言学教程》，第167页。

② 参见拙文《论播撒——作为解构的意义模式》，《文学评论》2003年12期。

撒”源自拉丁语 disseminūre，表“撒种”的意思，词根是 sēmen，表“精子”“种子”的意思，虽然他的使用基本上没有偏离这个词的意思，但他还是又玩了个文字游戏，凭空给它嫁接一个古希腊语的词源：sēma，表“符号（sign）”之意，与此关联的两个词语分别是 sememe，这是语言学家布龙菲尔德生造的词，表“义素”、“义位”之意，以及 sémantique，意为“语义（学）的”，源于 sēmantikos，后者又源于动词 sēmainein，表“意指活动”，也是从 sēma 变化而来的。可见，德里达的“播撒”凝缩了拉丁语与希腊语两个词源学上的意义：同时拥有“撒种（精子也是种子）”和“语义”的意义，文字运动像播撒种子一样这儿撒一点，那儿播一点，其意义形形色色、到处散布，不可归结为一。这个词非常生动地表达了德里达心目中意指活动的特征，也是对传统的意义理论的强有力挑战。他在《拥有哲学的耳朵》里对“播撒”一词很得意，认为“这个词有好运气……在展开它们的织网时，它有力地经济地凝缩了语义差延（semantic differance）和精子漂移（seminal drift）的问题，以及再度居有概念与精子的不可能（一元中心的、父系的、家族的）”。[①] 所谓“再度居有概念与精子的不可能”，德里达的意思是从差延的角度看意义不可能是在场的，它在时间的延迟化与空间的差异化永远在漂移着，不可能附着在某一个固定的点上，不可能重新以概念或精子的名义集结起来，逻各斯中心主义（针对“概念”“一元中心的”）以及男性中心主义（针对“精子”“父系的”和“家族的”）因此就丧失了立论的根据。

Dissémination 可以看成是对 sēma（表“符号”“价值”“意义”）的 dis-（表“分开”“裂开”“否定”“剥夺”），含有“意义的破裂、价值的剥夺”之义，虽然这种联系纯系偶然，但是，它的确十分经济地说明了意指活动像不可控制的种子（意义）爆裂式地散落的情景。

因此，对传情达意的文字符号而言，重要的不是它本身有什么特

① “Avoir l’oreille de la philosophie，by Derrida”，见 *Ecarts*：*Quatre essais à propos de Jacques Derrida,* by Lucette Finas,et al., Fayard, 1973，p.309。

殊的自性，而是它置身于没有界限的联想关系和句段关系之中，它也不先于这些关系，而是这些关系的扭结，这些扭结便是星星点点的意义播撒，就像我们称呼的地球上任意一点，这一点本身是无差别的，我们人类为了自身的利益用经线和纬线的交织来命名它而已。从差异的符号之途径直走向差延之途，汉字诗学的迷局自然迎刃而解。至于片面追求文字的字形和排列等图像因素产生的独特效果，那只是文学小道，只能产生诸如图像诗，回文诗之类的游戏之作，断然产生不了大气杰作。一味强调符号能指的特殊质地，必定迷失在旁门小道中。

汉字诗学以及文字诗学的问题归根结底是意指方式的问题，而不仅仅是一个美学效果问题。从差延出发而归结为播撒的文字诗学不会将意义封闭僵化在汉字的字形或西文的声音之中，而是以其不停顿的时间化和空间化创生出新的意义可能，从而为理解包括文学生产在内的一切意指活动提供了一条更具解释力的别样路径。

如果我们不冷静地清理“汉字诗学”所蕴涵的逻各斯中心主义，那么，我们依然会像德里达一样感慨“文字诗学”“这种思想仍然被禁锢于在场之中。”①

汉字作为意指活动的体系一样服从差延的逻辑，而显现为播撒的形态。操持汉语的文学家们将不再被禁锢于以文字中心主义为表现形式的逻各斯中心主义之中，而是自由翱翔在解放了的汉字体系里，脱离在场地自由书写将会产生思想更深刻、内容更丰富的汉语杰作。德里达“文字诗学”的意义正在于此。

① *De La Grammatologie*，p.142。

罗伯-格里耶的描写诗学

——以《在迷宫里》为例

王涣若

“新小说在本身的演变中，首先与一种根深蒂固的描写模式做斗争”，[①] 这是克洛德·托马塞在其论著《新小说，新电影》中对以格里耶为主帅的法国新小说派的恰切评价。在此，可以将其作为本文展开论述的起点。这里矛头所指的主要是以巴尔扎克小说为代表的现实主义流派的作品。萨洛特、克洛德·西蒙、罗伯-格里耶等新小说派各家在登上文学舞台伊始，便都不约而同地持续发出反巴尔扎克的呼声，并有意识地清理其根深蒂固却已然不合时宜的文学创作模式。如萨洛特曾在“怀疑的时代”中说：“自从《欧也妮·葛朗台》全盛时期以来，同样的内容像过分咀嚼以后的食物一样，对读者来说，已变得糊烂如泥而且淡而无味了。运用这样的材料所塑造的客体，在今天看来，已显得像那逼真模拟的画幅一样，看上去是立体的，事实上是平面的。这种变化，难道应该归罪于读者？”[②] 这种反传统的姿态无疑在罗伯-格里耶身上表现得最为明显，在 1978 年举办的一次关于当代小说的国际研讨会上他曾说“当新小说出现时，传统文学评论界想让我们相信，在法国，巴尔扎克系统就是最自然的。我们当然知道这是骗人的，它一点也不比我们的自然。只是它已经被一个社会自然地订立为绝对的、最终的叙事秩序”，[③] 格里耶甚至斥责那些将他们的

---

① 克洛德·托马塞：《新小说，新电影》，李华译，天津：天津人民出版社，2003 年，第 102 页。

② 萨洛特：《怀疑的时代》，选自《新小说派研究》，柳鸣九编选，北京：中国社会科学出版社，1986 年，第 32 页。

③ 阿兰·罗伯-格里耶：《叙述的秩序与无序》（1968 年），选自《旅行者》（上卷·文章与讨论），余中先、宫林林等人译，长沙：湖南美术出版社，2012 年，第 166 页。

小说视为“全盘革命”抑或“完全畸变”的掌握话语权的人“出奇的没文化…他们是巴尔扎克类型小说本质神话的受害者，即停留在编年体、因果连续和非矛盾的系统”。[①]格里耶此番言论固然稍显偏激，但却摆明了自己的立场，可以说新小说派特别是罗伯–格里耶反巴尔扎克的着眼点便是对“描写”的运用，他力图拆解巴尔扎克式描写的伪造性，并通过探索描写的潜力来更新文学的面貌以及我们对世界的认知。格里耶在名为“今日叙事中的时间与描述”一文中指出“人们常常而且并不错地注意到，在不妨称之为新小说的作品中，尤其在我本人的作品中，描述占有很重要的位置”，这些描述的对象通常都是“纹丝不动的物体或者场景的片段”，被许多专家认为是“无用而又混杂”。[②]为了廓清“描写”之于格里耶的意义及其在文本中的特殊样态，让我们首先回到巴尔扎克文本中的描写，做一番比较分析应该是不无裨益的。

一　巴尔扎克式与格里耶式的描写

对于巴尔扎克小说中的描写，读者最熟稔的自然是其对人物外貌及周围环境的生动呈现，而对巴式描写的潜意识认同也早已构成了众多读者对文学描写的基本期待。先来看《欧也妮·葛朗台》的开篇：

> 在某些外省城市里，有些房子使人看了会产生凄凉之感，它们就像最阴森的修道院、最荒凉的旷野、最凄怆的废墟。也许这些房子兼有修道院的静谧、旷野的肃杀和废墟的破败。房子里寂然无声，没有丝毫动静，要不是街上一响起陌生的脚步声，窗口便会突然露出一张像僧侣般表情木然的脸庞，用阴森冷漠的目光

---

① 阿兰·罗伯–格里耶：“叙述的秩序与无序”（1968年），选自《旅行者》（上卷·文章与讨论），余中先、宫林林等人译，长沙：湖南美术出版社，2012年，第167页。

② 阿兰·罗伯–格里耶：“今日叙事中的时间与描述”（1963年），选自《快照集　为了一种新小说》，余中先译，长沙：湖南文艺出版社，2001年，第215页。文中的“描述”和“描写”都是Description的不同汉译，我们统一表述为“描写”。

向来人瞪上一眼的话，出来外地的人真可能把这些房子当作是无人居住的空屋。[1]

上面这段描写似乎十分简单，首先这是作者在看、在描述，焦点是外省城市中的房子，房子的外形使作者联想到一系列阴森、荒凉、凄怆的景象，由此描画出了一幅想象中的场景。在这段之后又是连续数页的对索缪城的街道、房屋和居民的极尽细微的描写，然后才聚焦到主人公葛朗台身上。这无疑是读者最习以为常的小说开端：通过环境描写交待出地点和社会生活背景，并为故事的展开奠下特定的基调。上面这段给人以荒寂阴冷之感的描写同小说中即将叙述的由阴险毒辣的葛朗台引发的一场爱情悲剧浑然贯通，构成和谐的一体。简言之，环境描写成为人物描写的先导，并服务于即将在此氛围中展开的叙述。再来看《高老头》中对首次出场的伏盖太太的描写：

过不多久，这位寡妇出现了，她头戴一顶网纱便帽，帽子下面露出一圈凌乱的假发，脚上趿着一双歪歪扭扭的拖鞋，一副懒洋洋的神气。在她皱巴巴、胖乎乎的脸庞中间隆起一只鹰钩鼻，一双小手肉鼓鼓的，身材厚实，就像一个虔诚的教徒；她的胸脯高耸、晃晃荡荡，与这间寒酸气十足、暗中藏匿着野心家的餐室极为相宜…她的脸容像秋天的初霜那样清新，眼角布满皱纹，表情可以从舞女那样笑容可掬刹那间变为债主那样一脸凶相。总之，她整个人就说明了公寓的内涵，而公寓也体现了她的外表。监狱中不能没有狱卒，您想象时不能有此无彼。[2]

若单拿出这段肖像描写，已经是相当精彩又活灵活现。不难发现，巴尔扎克在形容词的选择和隐喻的使用方面都颇具匠心，寡妇-教徒-

---

① 巴尔扎克：《欧叶妮·葛朗台　高老头》，王振孙译，上海：上海译文出版社，2006 年，第 5 页。
② 同上，第 178 页。

野心家-舞女-债主——叙述者单单从伏盖太太的外貌就引出了这一连串的身份想象，而人物和所居住的环境则是精神相通、互为解释，这使得后文呈现一个庸俗小气、见钱眼开的寡妇形象顺理成章。对此，格里耶评论说，“这一背景已经是人的一种形象了：每一道墙壁，或者家中的每一件家具，都表现为住在那里的人物……的一种重影，而且还屈从于相同的命运，相同的定数”。[①] 此类描写必然是层累式的，即通过不同角度勾勒出一个立体丰满的人物，每一次描写都力在加强这一形象。又如小说《邦斯舅舅》中，巴尔扎克在详细描写德玛维尔太太的外貌前写道：“要想完全解开这个谜，了解这位老人心底何以如此惶恐不安，有必要对庭长夫人略作一番描写。”[②] 可见，故事发展的合理性从人物外形描写中得到了印证，或者说这样的描写与叙述搭建起了合理的逻辑链条，共同完成了作者描绘光怪陆离的巴黎社会的写作目的。在巴式描写中，人物与环境必然是一个统一体，作者所选择的典型也必然是整个社会的缩影，达文曾对巴尔扎克的这种整体观作出评价——“他以高度的洞察力对这些细节和小事加以阐释和选择，以老镶嵌细工的那种艺术才能和令人赞叹的耐心将它们组合起来，构成充满和谐、独特和新意的一个整体”[③]。另外，我们通过巴尔扎克的文学观也可以略窥他对描写的态度，他极为推崇司各特对战斗场面的描写，因为司各特做到了避免使其“游离在情节叙述之外”，巴尔扎克进一步说“倘若作者不能仿照库柏和瓦尔特司各特把事件、人物同地势联系起来，使二者能够互相解释，那么此类描写就徒劳无益”[④]。对他而言，作者作为拥有“第二视力”的人，总能通过“描写”表象直抵人与事物的本质之中，同时因为作者深谙事物内在的因，他

① 阿兰·罗伯-格里耶：《今日叙事中的时间与描述》（1963），选自《快照集 为了一种新小说》，余中先译，长沙：湖南美术出版社，2001年，第216页。

② 巴尔扎克：《邦斯舅舅》，许钧译，北京：华夏出版社，2008年，第27页。

③ 巴尔扎克：《巴尔扎克论文艺》，艾珉、黄晋凯选编，袁树仁等译，北京：人民文学出版社，2003年，第8页。

④ 同上，第43页。

总可以“捕捉住最不相干的事物之间的联系”，[①] 由此产生神奇的效果，记录下生活的真实。因此巴尔扎克的世界总是一个充满“深度”的与人紧密相连的世界，格里耶认为“这些描述的目的就是让人看到，它们成功地做到了。最常见的，是建立一个背景，确定行动的框架，显示主要人物的体态外表。以明确的方式如此安置的事物的分量，构成了一个稳定的和确实的宇宙…地点的设置、内景的装饰、服装的形式等的展示所依赖的平静保证，如同包含在每一因素中的社会性或个性的符号（每一因素正是靠这些符号证明了它的存在），最后，还有这些确切细节的丰富充足（人们似乎可以从这些细节中无限地汲取所需），所有这一切只能使人坚信一个世界的客观的——在文学之外的——存在，小说家看来只不过是在重建、复制、转移这个世界，就仿佛人们面对的，是一段编年史，一部传记，一份任意的文献资料”。[②]

热奈特在专论“叙述与描写”时也认为描写在从荷马到十九世纪中主要起两个作用，第一种是作为话语点缀的装饰性作用，是叙事中间的停顿；“第二种……（自巴尔扎克以来在小说体裁传统中得到确立）同时具有解释性和象征性：在巴尔扎克及其现实主义后继者们的作品中，对相貌、衣著和室内陈设的描绘带有透露并解释人物心理状态的倾向，这些描绘既是人物心理的象征，又是其前因后果。与古典时代不同的是，描写在此变成展开情节的主要因素……以意味深长的描写替代装饰性描写的叙述形式的演变，逐渐（至少到二十世纪初）加强了叙述的统治地位：描写在自主性方面的所失与在戏剧性方面的所得无疑正好相当”。[③] 基于以上对巴尔扎克式描写的大体把握，让我们以此为参照进入罗伯-格里耶的作品之中，相形之下后者描写的独特之处便十分了然。格里耶曾以绘画为喻来说明自己与巴尔扎克式描写的

---

① 巴尔扎克：《巴尔扎克论文艺》，艾珉、黄晋凯选编，袁树仁等译，北京：人民文学出版社，2003 年，第 12 页。

② 阿兰·罗伯-格里耶：《今日叙事中的时间与描述》（1963），选 自《快照集　为了一种新小说》，余中先译，长沙：湖南美术出版社，2001 年，第 215–216 页。

③ 热奈特：《叙述的界限》，王文融译，选自《叙述学研究》，张寅德选编，北京：中国社会科学出版社，1989 年，第 285 页。

差异之所在，他认为在巴尔扎克的作品中，描写只是作为画框而存在，它与框中的绘画有着完全相同的意义，急于把握整个故事脉络的读者完全可以跳过这些附属性的描写，而他本人作品中的描写则同时充当了画框与绘画两种角色，倘若跳过这些描写不看，那么读者就几乎翻到小说的结尾了。也就是说，原本处于从属地位的描写在格里耶的作品中已经完全拥有了压倒性优势，篡夺了传统上叙述的主导地位。对于自己跟巴尔扎克描写样式的背离，格里耶曾说“巴尔扎克的伟大作品，它们建设起了一个特别一致的、具有意义的、令人放心的世界——1830年胜利的资产阶级的世界，而那时候，整个社会和小说叙事被凝固在混凝土中。世界骨化了，封闭在自身中……从来就没有任何东西超越意义。意义与世界在他的作品中是彼此彻底一致的。巴尔扎克是一个伟大的作家，但不是一个现代的作家，在他身上没有矛盾，而在（现代）世界中，到处充满着矛盾”。这种鲜明的现代断裂感使得巴尔扎克式的编年体、因果联系和无矛盾的整体开始完全地动摇，“讲述实实在在地成为了不可能”，[①] 正因为世界的可理解性受到质疑，一种稳定和谐和可破译的叙述被打破。对描写秩序的关注侵入到了整个小说，在格里耶的作品中，“描写”几乎可以说是覆盖了小说的每一页，只有通过一幅接一幅的画面才能串联起模糊的叙事流。简言之，在传统的巴尔扎克小说中，描写总是从属并依附于叙述，而到了格里耶的新小说时，描写颠覆了一直以来叙述所占的主导地位，其作品样态发生了革命性的变化。

首先来看格里耶的小说《嫉妒》的第一章（章节名为“现在，柱子的阴影”）：

现在，屋顶西南角支柱的阴影将露台的一个同位角一分为二。露台是一条三面围绕房子的宽回廊。主廊和支廊一样宽，所以柱

① 阿兰·罗伯-格里耶：《关于某些过时的定义》（1957年），选自《快照集 为了一种新小说》，余中先译，长沙：湖南文艺出版社，2001年，第99页。

> 子投射出的阴影恰好落在房子的一角；但是阴影在那里停滞了，只有露台的石铺地才能接受阳光的直接照射，太阳还高悬在天空。房子木头的隔墙——即房子正面和西侧的山墙还在屋顶（更严格的说是房子和露台的公共顶）的遮蔽之下，尚未被阳光照及。此时，房顶右角边缘的阴影恰好同房子角落的两个垂直面和露台组成的线条重合。①

这样的小说开篇方式显然已经与巴尔扎克的作品拉开了相当大的距离，最先映入眼帘的“现在”直接道出了描述状态的当下性。描述者似乎如工程师一般精确地将阴影与屋顶、露台、回廊、隔墙等等的关系呈现了出来，形容词的点缀在这里微乎其微。读者看到的是某个空间中事物的部分样貌，但也仅仅只是停留在事物的平面上，他只能获得少得可怜的信息。不仅无法从描写中得知物与物之间某种必然的联系，更无从窥察人与物之间的关联乃至情节的发展轨迹。而且更大的问题还在于是谁在看，是谁在描述。通过此段之后连篇的对于河谷、种植园、阳台、餐厅的描写以及对人物弗朗克和“她”的动作及言谈的描述，读者可以隐约猜测到这是一个被嫉妒感所包围的丈夫在看、在描述。尽管所有的描写都包含了详尽的细节，但人与物却不能在描写之中得到恰当的相互解释，过多的描写溢出了模糊的情节框架之外，成为无法被驯服的存在。人物始终处于“正在看”的状态，不存在一条可以把捉的时间线索。下面再分别举出小说《橡皮》及《一座幽灵城市的拓扑学结构》中的两例：

> 在另一边，铺面的玻璃后面，老板的另一个身影在街上晨曦的照耀下慢慢地消失了。无疑就是这个身影刚把店堂收拾好，但它现在只好消亡了。在镜子里微微抖动着的是这个幽灵的几乎已

---

① 阿兰·罗伯-格里耶：《吉娜　嫉妒》，南山译，上海：上海译文出版社，1997 年，第 105 页。

经支离破碎的反照，远处是越来越飘忽不定的模糊的余影：这是老板，老板，老板……阴沉愁郁的老板，隐没在一片光影中。①

我马上就到达这个不明确的不存在的地方，这里有一连串的坍毁的工场，空地，高高的栅栏有时甚至遮住了特大的、细长的、临时的金属建筑物的基底部，还有荒废的建筑物和木屋。更远一点，有一个大坑，坑底有颤动着的机器，似乎想在自己的灯光照耀下发掘出埋藏在不寻常深度下面的文明的遗迹……我一步也不停地走过沿着监狱的两旁植有栗树的林荫道，前面已经描写过。②

有不少评论者认为罗伯-格里耶在努力达到一种“客观性”，甚至有人称他的小说为“客体小说”，如此之类的评价都有失偏颇。恰恰相反，格里耶一心要颠覆的正是巴尔扎克式描写的客观性诉求，他曾反思道“在巴尔扎克的小说中，是谁在描写世界呢？谁是那个全知全能无所不在的叙述者？他同时位于四处，他同时看到事物的正面和反面……那只能是一个上帝。惟独只有上帝才能声称是客观的。而在我的书中则相反，是一个人在看，在感觉，在想象，一个位于空间和时间中的人，受他的激情所限制，一个像你我这样的人。作品并不带来任何别的东西，只有他的经验，有限的、不确定的经验”。③换言之，所谓的“物体”（或“客体”）的确在格里耶所有作品中占据了相当大比重，但在文本中总有注视着物体的目光。通过以上两段描写可以更清楚地感知到有一个位于文本中的“我”在描述眼前所见，“总是有——而且首先有——看着它们的目光，反思它们的思想，使它们变

① 阿兰·罗伯-格里耶：《橡皮》，林秀清译，南京：译林出版社，2007 年，第 2 页。

② 阿兰·罗伯-格里耶：《一座幽灵城市的拓扑学结构》，郑永慧译，长沙：湖南文艺出版社，2011 年，第 150 页。

③ 阿兰·罗伯-格里耶：《新小说，新人》（1961），选自《快照集　为了一种新小说》，余中先译，长沙：湖南美术出版社，2001 年，第 209 页。

形的激情”，这些物体“决不是存在于人类感情之外”。[①] 但无论怎样仔细地看，描述者的视线总是处于某种局限之中，呈现出的事物总是“支离破碎”的、“模糊”的、“不明确”的，并且有时一个物体的部分就会“遮住”或者“隐没”另外一个物体。不仅如此，在格里耶的小说中，对相同场景的描写常常反复出现，但它们无法实现巴尔扎克小说中层累的效果，而是时有矛盾、甚至互相消解。对此，格里耶解释说这是因为与巴尔扎克时代相比，“描述的地位和使命已经完全彻底地变了……问题不再是开场白性质的确定。描述用于界定一个背景的大线条，随后阐明其某些特别具有揭示性的因素；它将只谈及没有什么意义的物体，或者，它竭力使物体变得无意义；最后，它让人们看到事物后，现在似乎又把它们毁掉，就仿佛它谈论它们时的热情，目的只是模糊它们的线条，使它们变得不可理解”。[②] 格里耶以这种特殊的描写方式所表现的人的状态、世界的景象以及二者之间崭新的关系都颇为耐人寻味，在此我们将以他的代表作《在迷宫里》为焦点，以求对格里耶式描写有一个整体的把握。

二 《在迷宫里》的描写

《在迷宫里》讲述的是一个十分简单的“故事”，一个重病的士兵在大雪天运送一件包裹给死去的战友的父亲，为了寻找这个人所在的无名十字路口，士兵被迫在城市中一圈又一圈地行走。这一切似乎都陷于停滞的时间与不变的空间之中，致使有些评论家认为小说表现的是一种具有卡夫卡式的荒诞主题。而作者自己则认为：“这个士兵跟连环画中的人物差不多，他的经历和身影只是没有内含的表面，没

① 阿兰·罗伯-格里耶：《新小说，新人》（1961 年），选自《快照集 为了一种新小说》，余中先译，长沙：湖南文艺出版社，2001 年，第 207 页。

② 阿兰·罗伯-格里耶：“今日叙事中的时间与描述”（1963 年），选自《快照集 为了一种新小说》，余中先译，长沙：湖南文艺出版社，2001 年，第 217 页。

有隐藏的灵魂，就像塞尚画的苹果一样”。[①] 通过作品我们所能感知到的只有这个士兵一系列重复的行动、寥寥无几的话语以及他所看到的街道与城市，但却无法拼凑起一个具体而完整的人物形象。这个梦魇般在街道上一圈圈游走的士兵，看到的全是几乎面目相同的路，路边是相同的街灯，底座上是相同的装饰，“铸铁浇铸的常春藤树枝，树枝弯曲的形状相同，在同一地方生出同样地树叶、同样地分枝、同样的高低不平、同样的锈斑”[②]，“旁边是高高的毫无变化的一排排房子，一幢接着一幢，没完没了”，[③] 连飘落的雪花也是“有规则的，大小不变，相互间的距离也一样，以同样的速度下降，所以上下雪片保持着同样的距离，仿佛它们都是属于同一个严格的系统，按照同一个规定，连续、垂直、均匀、缓慢地自上而下地运动”。[④] 这名士兵就如卡夫卡笔下的测量员 K 一样受到事物的诱惑，沉溺于探索其中的真实信息，以求找到事先约定的地点，完成送信的任务，但他所能看到的只有毫无特征毫无参照性的事物，认知力和判断力的崩溃使他循环往复地在街道上游荡。小说结尾写到濒死的士兵仍然固执地凝视着天花板“上面那条细缝，细如发丝，略带弯曲。它的形状说起来既精确又复杂，所以必须仔细地顺着它弯曲的部分一段段地观察它的弯曲、抖动、模糊、突然改变方向、变形、回复、微微的后退等等。但这需要时间，需要一点点时间，几分钟，几秒钟，但现在已经太迟了”。[⑤] 士兵执著地认为事物中有可以参透的本质秘密，但却自始至终被世界的平面所淹没，被目光所触及到的陌生所窒息，“人看着世界，但世界却不回敬他的目光”。[⑥] 我们可以很清晰地看到，格里耶不仅着意

① 阿兰·罗伯-格里耶：《在迷宫里》，孙良方、夏家珍译，长沙：湖南文艺出版社，2011 年，封面。

② 同上，第 204 页。

③ 同上，第 250 页。

④ 同上，第 219 页。

⑤ 同上，第 313 页。

⑥ 阿兰·罗伯-格里耶：《自然本性、人本主义、悲剧》（1958 年），选自《快照集 为了一种新小说》，余中先译，长沙：湖南文艺出版社，2011 年，第 68 页。

背离巴尔扎克式描写所呈现的充满意义、人与环境融为整体的世界，也力图走出弗洛伊德式的心理学解释，并且试图清理萨特与加缪的荒诞感和恶心感，他有意识地在作品中实现一种虚空的意识、空无的世界。格里耶曾这样表达自己的意图：

> 我们必须尝试着构筑一个更坚实、更直观的世界，来代替充满“意义”（心理学的、社会的、功能上的）的这一宇宙。首先，让物体和动作以它们的在场来起作用，随后，让这种在场继续凌驾于所有解释性理论之上，尽管这理论试图把它们囊括在任何一个参照体系之中，不论是情感上的、社会学上的、弗洛伊德主义的、形而上学的，还是别的体系。[①]

通过《在迷宫里》我们不难发现，作者意欲达到“空的显赫”和“反常的清晰”，实际就是呈现事物的独立与陌生，罗伯-格里耶给人划定的是在凝视之中与物维持距离，描写所追求的是同时清洗人与事物，达到“事物就是事物，而人只是人”。[②]这并非物我的分离，而仅仅是一种距离，既有“物体与我的距离”，也有“物体自己的距离”，以及“各物体之间的距离”，从而拒绝任何同谋关系。对此，格里耶曾说道“描绘事物，就是断然地站到事物的外面，去直面它们。它不再是把它们拥为己有，也不是带给它们一些什么……局限于描绘，显然就是拒绝所有其他接近物体的方式：同情被视为反现实主义的，悲剧被视为使人异化的，只有理解是惟一属于科学领域的”。[③]也就是说，试图以自己的淀粉酶消化世界的人只可能走向自我囚禁的绝境，而空无状态下对世界的陌生性意识反而可能开辟出虚位以待的某个新

---

① 阿兰·罗伯-格里耶：《未来小说的一条道路》（1956年），选自《快照集　为了一种新小说》，余中先译，长沙：湖南文艺出版社，2001年，第85页。

② 同上，第118页。

③ 同上，第137-138页。

方向。

罗伯-格里耶的独特性不仅仅在于对传统的“人物”以及“世界”的清理，战胜长久以来人们意识中的顽固幽灵，更在于建立一种空的形式，即从空白的形式入手，又以此为结束，在保持空白的同时又保留了形式。格里耶通过对描写的极致运用，使他的小说呈现出了独特的样态，概括来说就是一种从空白到空白的旅行，这既是在意象之间，又是在图像与现实之间、作者与文本之间的想象性旅行，在此将就这三个层面进行展开说明。首先，“空白”在最明显的意义上与文本中众多中空意象相关联，暂举《在迷宫里》的两例——“酒瓶是普通的一公升的瓶子，玻璃是没有颜色的，里面装有半瓶深色的红酒；放在士兵手边的酒杯做工很粗糙，是圆筒形的平底杯，杯子的下面一半带有凹槽。左边是面包：一大块黑面包的边角，截面是带圆角的半圆形；面包心的结构紧密，带有规则的细孔”，[1]又如“街灯柱底座最后一个突出的圆环上部已经有少许积雪，在街灯的黑色圆环底座上形成了一个白圈。再往上，白白的雪亦停留在街灯底座的其他突出部位上，白色线条勾画出一个个圆环以及常春藤的树叶、树枝、叶脉等横向或倾斜的部位”。[2]这些极尽微毫的意象描写似乎是冗余的，读来令人疲惫困惑，但它达到的效果是不仅使得小说中的人物（在此即《在迷宫里》的士兵）深陷于眩晕和恐慌之中，也使读者茫然游荡在空白与空白之间，无从停靠，只有想象力在其中无止息地穿梭。

在第二个层面上，《在迷宫里》十分引人注意地实现了图像与现实之间的自由往来。整部小说的基本结构就是从一个讲述者“我”开始，“我”看到一幅名为《莱曾费尔兹的失败》的黑白木刻画，画面中是一家酒吧里的情景，酒吧里有三名士兵处显得格外与众不同，其中一名士兵“睁大双眼盯着他面前若明若暗的店堂，几公尺以外的地

---

① 阿兰·罗伯-格里耶:《自然本性、人本主义、悲剧》（1958年），选自《快照集 为了一种新小说》，余中先译，长沙：湖南文艺出版社，2001年，第118页。

② 同上，第137-138页。

方站着那个孩子，他也僵直地一动不动地站着，两臂下垂”。[①] 紧接着小说就写到孩子开口与士兵交谈，然后就展开了士兵在城市中的一系列遭遇，在士兵终于死亡之后，小说又回到了“我”，但“我”的身份与虚实也一样暧昧不明。可以说作品自身就构成了一个首尾相接的环形，我们能追寻到这样一条轨迹，但却无从分清什么在画面之中，什么在画面之外，作品本身也构成了中心空洞的环形。传统所谓的“诗与画的界限”被完全抹消，“视觉”在其中起了关键性作用，二者都通过描写呈现并贯通起来。这类现象在格里耶的小说中更是屡见不鲜，他广泛地吸收了包括照片、海报、连环画、广告牌、木刻画等在内的各种形式的图像，但图像对于现实并非一种装饰或隐喻。实际上，文本在图像与现实之间的自由穿梭使二者互相消解，最终都成为中心空白的形式构造，文本也成为纯粹的虚构，而不是一种见证，达到了意义的空白，而这片空白也为读者提供了自由穿越和游戏的场域。

第三个层面上的从空白到空白的旅行是在作者与文本之间，文本的空白形式这种特殊样态与格里耶自身的生命体验可以说是同构的。从某种意义上讲，两次世界大战之后自我认知的割裂和文化断裂成为作者生命体验和文学创作的源头，整个世界也突然剥落掉了曾经笼罩在上面的种种观念和意义，露出最熟悉又最陌生、空洞的本来面目。格里耶持续不断的写作过程本也就是绝望地“与空搏斗”的过程，在自传中他曾坦言自己的痛苦感受：

> 我被囚禁在某种空的、抽象的立方体中，它如同在自然万物的运动持续中形成了一个爆炸性的不存在……我必须行动起来，在那堵把我囚室之内和之外分割成毫无任何共同衡量标准的两个世界的、不可触摸的墙上，急忙建造一个陷阱。而很显然，我猜测到，这一此世界——我的世界——是并不存在的，它仅仅只是

① 阿兰·罗伯-格里耶：《在迷宫里》，孙良方、夏家珍译，长沙：湖南文艺出版社，2011年，第10页。

一个黑黑的洞，一个在一大片光芒的生动而又愉快的星座中央黑黑的洞。[①]

格里耶在自传和各种文章中反复将自己比作“囚徒”，孑然一身面对着空白的世界。这种景象与他笔下的人物及其所处的世界何其相像！格里耶所描绘的牢房不禁让我们联想到萨特的“禁闭”、卡夫卡的“地洞”、陀思妥耶夫斯基的“地下室”等等，他们都面对着某种“空洞”与“空白”书写了一种神秘的疯狂。由此返观格里耶的作品，包括此文讨论的《在迷宫里》，我们就可以理解从他本人到文本的生成也是从空白到空白的想象性旅行，作者由自己这个空白的中心向文本投射，正如他自己所说——“我写作是为了试图明白我为什么渴望写作”。[②]也就是说在写作之前作者并没有一个预设的观念和主题要灌注到作品之中，“他所发明的那一局的秩序，就将构成世界上的一种独特秩序，那是他在迷宫中走出的他自己的路，他自己的足迹，他那创造性的干涉”。[③]从作为“空的中心”的“人物”到明晰而空白的世界，再到上面提到的三个向度上的从空白到空白的想象性旅行，可以说就构成了罗伯-格里耶小说的主要形态。新小说派这名几十年笔耕不辍的作家并不是一位固执的毁坏者，他也并没有在自己的空白世界中完全迷失方向，格里耶苦心经营的以“空白”为核心的描写更不等同于空无，这种格里耶式的描写策略反而在自身中开掘出了生成性的力量：

我们的旅行者和他所穿越的世界，彼此都在对方身上抵消了：

① 阿兰·罗伯-格里耶：《科兰特最后的日子》，余中先译，长沙：湖南文艺出版社，2011年，第270页。

② 阿兰·罗伯-格里耶：《作家，从定义上说，不知该走向何方，他写作是为了试图明白他为什么渴望写作》（1964），选自《旅行者》（上卷·文章与讨论），余中先、宫林林等人译，长沙：湖南美术出版社，2012年，第79页。

③ 阿兰·罗伯-格里耶：《在〈伊甸及其后〉之后》（1970），选自《旅行者》（上卷·文章与讨论），余中先、宫林林等人译，长沙：湖南美术出版社，2012年，第105页。

旅行者使得世界的客观现实，使得它的个别性显现了出来，而与此同时，这一世界也一步步地构成了旅行者自己的个别意识。景色只有在我的感受中才有真实性，而在相关的、当即的返回中，我的感觉的真实性也不存在于别处，而只存在于即时即地地感受到的事物中。我们在其中彼此消失的——不是彼此证实，而是更多地彼此毁坏——这一双重运动，从世界的生成和我的生成中，逐渐地分娩出了我们的生成。[①]

三 反思：何为描写？

罗伯-格里耶曾自我调侃说：“一方面，我使全世界因我而厌恶法国文学，另一方面，我的作品的国际发行量不断上升”，此外他还曾说自己并非一个冷淡或冷漠的人，却心甘情愿地选择以这种平淡的方式写作，并且从未后悔和动摇。他对自己作品的“不讨读者喜欢”的情形有着清醒的认识，这种不愿取悦读者的姿态也应该是事出有因。可以说，他“平淡”的写作方式集中体现在独特的“描写”方式之上，格里耶自己也曾在诸多文章中讨论“描写”问题，并从这个点上引发了对文学史、当代文学批评以及电影创作的议论。通过上面两节的分析不难发现，格里耶不仅有意识地清理传统描写方式，还着力开掘描写的丰富潜力，他将自己创作以及诗学的中心点放在了“描写”上，从这个意义上讲，“描写”也成为他对文学进行多方位反思的汇聚点——不仅关涉到对描写与叙述的关系的新观念，还包括对文学前辈的理解，与同时代作家的对话，对自我的审视，对读者的期待，对小说、电影、绘画等不同媒介的认知，以及对文学艺术本身在当今时代所扮演的角色的定位。

格里耶独特的描写诗学有助于我们重新认识“描写”这个似乎早

① 阿兰·罗伯-格里耶：《旅行者》，选自《旅行者》（上卷·文章与讨论），余中先、宫林林等人译，长沙：湖南美术出版社，2012 年，第 3 页。

已被视作理所当然的概念，认识到它绝非只是附属的、模糊的甚至是冗余的。因此我们应该重新反思究竟何为描写；“描写”在文学史中究竟扮演着怎样的角色，有怎样的变化；这种反思能否有助于我们重新认识叙述乃至文学本身，这些无疑都是值得思考的问题。本文的最后这一章就是探讨“何为描写”这一最基本的问题，换言之，应该如何界定“描写”以及“描写”的功能与种类。有不少批评家对此尝试着给出自己的解答，近年来较有影响力的是沃纳·伍尔夫（Werner Wolf的）“作为跨媒介表现模式的‘描写’”（“Description as a transmedial mode of representation”）[①]和安斯加尔·努宁（Ansgar Nünning）的“关于小说描写的分类学、诗学及历史”（“Towards a typology, poetics and history of description in fiction”）[②]两篇文章。前者详尽阐述了“描写”的总体特征，并分别探讨了“描写”在绘画、小说和音乐领域实现自身潜力的可能性；后者则力图勾勒出“描写”在各历史时期的功能并发展出一套分类体系。这对于我们更进一步把握描写概念，并返观巴尔扎克及格里耶的作品都颇有启发意义。

首先，沃纳·伍尔夫（Werner Wolf）认为，对文学及其他艺术媒介来说，“描写”基本上都具有以下几种功能：

1. 指涉功能：此功能指对某一现实情境的识别（尤其是众所周知的情境）或者是在艺术所创造的世界中对虚构情境的建构，二者都可以通过将一系列特征归属于特定现象来实现。这种指涉功能不只局限于模仿，还涵括对幻想性虚构物的“非模仿”。

2. 具象及体验功能：这第二种功能主要是指生动的表现，比如说将某一现象令人信服地形象化、可视化。由生动性暗含的经验在许多

① Werner Wolf, “Description as a transmedial mode of representation” in *Description in Literature and Other Media,* Werner Wolf & Walter, Bernhart., eds. Rocopi B.V., Amsterdam – New York, NY 2007.

② Ansgar Nünning, “Towards a typology, poetics and history of description in fiction” in *Description and in Literature and Other Media*, Werner Wolf & Walter, Bernhart., eds.Rodopi B.V., Amsterdam – New York, NY, 2007.

情形下都可以引发审美幻觉：尽管我们仍多多少少能意识到它的虚构性，但被描写的事物会将我们置于它所创造的空间之中并且使真切的在场体验感成为可能。

3. 伪客观化及解释功能：尽管艺术语境中的描写也同样是向接受者展示世界的元素，展示看似如此的事物。但值得注意的是，该语境中描写的客观性至多不过是强化了由审美假象带来的对一种“现实”的伪体验，同时也使人感到这个可能的世界指向了我们自认为了解的“现实”。换言之，“伪客观化”制造的客观性光环会催生出一种指涉的派生形式，即罗兰巴特所谓的“真实效果”（reality effect）。[1]

在对描写的一般功能及具体到文学艺术作品中的功能进行一番详细的探讨之后，沃纳·伍尔夫在叙述与描写的两相对照中给出了对“描写”的尝试性界定：

> 描写——如同叙述——是一种认知（宏观）框架/模式（cognitive（macro-）frame）。从符号学角度来讲，它可以被看作是一种既跨媒介又跨类别的符号组织的宏观模式，这种表现模式会传达出特定作品的宏观层面（并因此成为整个文本或艺术品的主导框架）。它也同样可以出现在微观层面（并因此作为单个文本或艺术品的描述性部分而存在）。叙述通常包含行为/动作意义上（actantional）的表现，而相对于此，描写则多是存在（物）意义上（existential）的表现。这也就解释了描写为何无需将情境转换作为必要组成部分，而且它本身无法构成悬念（尽管它可以推动叙事悬念的建构），也不会引向目的论意义上的一点。在文学和其他艺术媒介中，描写的对象可以是虚构的或真实的具体现象，但在表现时都格外突出了现象的感官层面（sensory

---

① Werner Wolf, “Description as a transmedial mode of representation”, in *Description in Literature and Other Media*, Werner Wolf & Walter, Bernhart., eds. Rodopi B.V., Amsterdam–New York, NY, 2007, pp.16–17.

appearance）。它们多是静态的（空间性的）和视觉性的，而动态的（时间性的）物体及其他感官形态也可以与此相关联。描写的主要目的并不止于对这些具体现象的识别确认，同时还在于示范性地生动展现它们的特征。某种体验感由此而来，而且描写还常常会引发或者加强审美幻象（aesthetic illusion）。此外，描写的另一个重要功能在于隐蔽地推动它所在艺术作品的整体意义和阐释。①

沃纳·伍尔夫对于描写的界定有几点值得注意，他强调描写是跨媒介的认知模式，既可以出现于宏观层面，也同样可以出现在微观层面。描写多表现空间性的、感官性尤其是视觉性的存在（物），而且是非目的论的，也就是说描写通常不涉及特定的因果联系，不导向一个特定的目标，最终带来体验感及“真实效果”。当然，这样的界定仍十分粗略，但至少可以有助于我们从大的方面区分描写与叙述。只就文学作品来说，安斯加尔·努宁更进一步地从叙事层面、语言及修辞层面、结构层面、内容层面、接受及功能层面将描写划分成了十九个种类：

描写的类型	确定类型的标准
I. 形式、话语及叙事层面的描写类型	交流层面和叙事调节的模式
1. 叙事内描写 vs 叙事外描写 次叙事描写 vs 后设叙事描写	描述者所处的文本层面，例如处于故事层面的、话语 / 叙事传递层面，抑或是更深一层的框架或嵌入层面的叙事调节

① Werner Wolf, “Description as a transmedial mode of representation”, Description in Literature and Other Media, Werner Wolf&Walter, Bernhart., eds. Rodopi B.V., Amsterdam–New York, NY, 2007, pp.34–35.

续表

2. 面向人物的描写 vs 面向叙述接受者的描写	描写的接收者
3. 外聚焦描写 vs 内聚焦描写	描述性信息得以传达的聚焦点
4. 单视角描写 vs 多视角描写	描写的视角模式：聚焦者和视角的数量
II. 语言及风格层面的描写类型	描写的语言和风格形式
5. 明确的描写 vs 隐含的描写	语言的清晰程度
6. 隐喻式描写 vs 非隐喻式描写	描写得以实现的风格形式
III. 结构层面的描写类型	文本中描述性部分和非描述性部分的质与量的关系，以及故事中描写的语段整合问题
7. 边缘的描写 vs 中心的描写	描写片段在小说中的位置
8. 固定 / 集合式描写 vs 分散式描写	描述性片段的集中 / 散布
9. 简洁的描写 vs 全面详尽的描写	与故事叙述相比的描写频率和程度
10. 整合的描写 vs 孤立的描写	特定描写在故事中（或孤立于故事）的整合程度
11. 有动机的描写 vs 无动机的描写	行动或话语本身为描写提供的合理性程度
IV. 内容相关层面的描写类型	描述性片段的对象
12. 选择性描写 vs 综合性描写	描写的指示和细节范围
13. 面向故事的描写 vs 面向话语的描写，以及表现性的或命名性的描写类型	描写主要指向的叙事层面和方面
14. 文本内描写 vs 互文描写或媒介间描写	描述性部分是否突出了叙述所属的文体和文本类型
15. 非自反性描写 vs 自反的 / 被突出的后设描写	描写被赋予的自反程度及范围
16. 肯定性描写 vs 削弱性描写	描述者对自身描述能力和自信的评估
V. 以接受为导向和由功能决定的描写类型	描述性部分的潜在效用和功能

续表

17. 透明的描写 vs 模糊的描写	由描写所带来的，读者尝试将描写具体化的困难程度
18. 与审美幻觉一致的描写 vs 破坏审美幻觉的后设描写	描述性部分与审美幻觉的一致程度或反幻觉程度
19. 装饰性描写 vs 解释性 / 功能性描写	描写的功能化程度

如果我们参考上面的分类，便可以对巴尔扎克式描写和格里耶式描写的具体样态有更系统的把握。在巴尔扎克作品的叙事层面上，描写通常都是由叙述者（即全知全能的作者）引导的描写（narratee-oriented descriptions）而不是由人物角色引导的描写（character-oriented descriptions），换言之，也就是一种外聚焦的描写（externally-focalized descriptions）；在语言及修辞层面，巴尔扎克常使用隐喻性描写（metaphoric descriptions）；在结构层面，这些人物与环境描写一般出现在小说的开篇部分，或者每个重要人物出场之前，抑或在场景转换之时，而且多是固定的集合式的描写（set/block description），每个细节都作为辅助成分与叙述合成为一体（integrated），并巩固了叙述的主导地位；在内容层面，巴尔扎克的描写多是累积的肯定性描写（affirmative descriptions），也即叙述者对自己的描写能力有充分自信，所描写的对象与"现实"世界的相似性保证了作家在写出事件、话语以及行动时的真实感；最后，在读者接受层面上可将其归为透明的描写（transparent descriptions），读者可以由此组成一幅相应的画面，同时这也是解释性、功能性的描写（explanatory/functional descriptions），服务于情节的展开。此外还应提及的是，这些描写的最终意图显然还是服务于塑造"典型"，个性鲜明的人物始终是处在小说舞台的中心。

与巴尔扎克式的描写相参照，格里耶式的描写在叙事层面上主要采用的是由人物角色引导的（character-oriented descriptions），即一种内聚焦的描写（internally-focalized descriptions），例如《在迷宫里》以士兵为主要描述者；在语言及修辞层面，格里耶排斥隐喻性描写（metaphoric descriptions），而只是满足于描述人及物的光滑平面，在他看来，“隐喻从来就不是一种天真的形象……显示出整整一个形而上学的体系”，[①] 上文所讨论的以“空白”为核心的《在迷宫里》正是作家力图通过非隐喻描写来清理形而上学的影子；在结构层面，格里耶的小说中基本都是散布式描写（distributed descriptions），广泛地渗透入小说之中，甚至达到了涵盖叙述的地步；在与内容相关的层面，格里耶式描写在多次重复之中倾向于变成一种削弱式的描写（undermining descriptions），“它们似乎总是在自我建构的同时怀疑自己，对自己提出异议。描述在原地踏步，在自相矛盾，在兜圈子”，[②] 所描写的对象与“现实”世界是否相似成为悬而未决的问题。最后，在读者接受层面，格里耶实现的是一种不透明的描写（opaque descriptions），虽然细节详尽，但读者却无法还原出一幅完整可信的画面，只有看不到内里看不到意义的“外面”，破坏了所谓的审美幻觉（aesthetic illusion）及真实效果（reality effect）。罗伯-格里耶这种非隐喻、散布式、削弱性、不透明的描写可以说是构成了一股合力，并集中体现在他以“空白”为核心的描写策略上。格里耶的目标是以“空白”来清理种种残余的遮蔽物，从而还原出一个自在的世界，更重要的是处在此世界中的人，作者自己也称“新小说只对人以及人在世界中的地位感兴趣”。[③] 综观之，格里耶式描写并不像巴尔扎克式描写一样是为了让人看见，它并不指示客体的真实与否，而是反回来指向了它自己，指向了文本中执行凝视动作的匿名者，因此这种描写

① 阿兰·罗伯-格里耶：《自然本性、人本主义、悲剧》（1958 年），选自《快照集　为了一种新小说》，余中先译，长沙：湖南文艺出版社，2001 年，第 119 页。

② 阿兰·罗伯-格里耶：《今日叙事中的时间与描述》（1963 年），选自《快照集　为了一种新小说》，余中先译，长沙：湖南文艺出版社，2001 年，第 225 页。

③ 阿兰·罗伯-格里耶：《新小说，新人》（1961 年），选自《快照集　为了一种新小说》，余中先译，长沙：湖南文艺出版社，2001 年，第 207 页。

是一种破坏性的创造，破坏了自身，从而创造出文本中人的精神世界。格里耶曾评论说他小说中的描写“并不是描写本身，而只是一个纯粹的‘无意义’的发生地”，他所感兴趣的是“萦回在人脑中的臆造的世界和他有条理的精神的不可调和性。因此，我所有的作品都建立在无法解决的矛盾的体系上”。[①]

① 阿兰·罗伯-格里耶：《旅行者》（下卷·访谈），余中先、宫林林等人译，长沙：湖南美术出版社，2012年，第552页。

“从解释到发现”的认知诗学分析方法*

——以 *The Eagle* 为例

熊沐清

一 导语

近年来迅速发展的认知诗学虽然声称是一种与文学批评紧密相关的新的文学理论和新的研究范式，但其研究目的却局限于“对读者如何在当时如此理解文本做出合理的解释”（Stockwell 2002: 7），是解释“（文本的）理解是怎样取得的”，而不是提出对文本的新的理解（Semino & Culpeper 2002: x）。对此，本文作者有不同看法，认为：任何新的理论和研究方法应该有可能因其独特的观照角度而对文本有新的发现。在“多元与统一：认知诗学学科理论的难题与解答”（熊沐清 2011：37）一文中，笔者提到：认知诗学的根本任务或存在根据是“从解释到发现”，就是要力求发现作品效果的新的原因、作品新的涵义或新的美感。所谓“发现新的原因”，即对人们业已感知的文学效果做出新的解释，或对读者的阅读做出新的解释；“发现新的涵义”则是要对文本读出新意，发现别的阅读方法未能读出的涵义或未曾关注的某一侧面；而“发现新的美感”则是对文学效果的进一步发掘，发现文本新的形式特征和美学价值，得到新的审美体验。本文尝试对此做实例分析。

为方便读者理解，本文选择了一首人所熟悉的小诗作为分析样本。一般而言，作品越是简短越是为人所熟知，越不好分析，越难出新意。本文刻意迎难而上，就是要借以检验认知诗学的实际分析效用。

* 本文为国家社科基金西部项目“英美文学界认知诗学研究”（11XWW003）的阶段研究成果。

原诗为英国19世纪维多利亚时期桂冠诗人阿尔佛雷德·丁尼森（Alfred Tennyson, 1809-1892）所作：

The Eagle

He clasps the crag with crooked hands;
Closed to the sun in lonely lands,
Ringed with the azure world, he stands.

The wrinkled sea beneath him crawls;
He watched from his mountain walls,
And like a thunderbolt he falls.

以往运用语言学理论解释文学作品时，多是找出其中有意味的语言形式，然后藉此解释作品的效果，这固然是必要且有意义的，但由于没有着力去探寻那些语言形式背后的美学价值，就文学尤其诗歌分析而言，未免有些美中不足，因为美学价值或美感毕竟是文学的基本属性之一。笔者在此将尝试把形式、意义、审美三者结合起来作整体分析，并着重探讨几个认知范畴与审美的关系。

传统分析方法在分析这首诗时，更多的是关注细节，即有关这只鹰的细节，比如它站得很高，接近太阳，大海在它脚下爬行；它威武有力，从高山之巅俯冲而下如同一道闪电。细心的读者可能注意到它即使是站立不动，clasps the crag with crooked hands 也显示出它的力量；还可能注意到：大海 wrinkled，在鹰的脚下爬行，显得老态龙钟，与闪电般的鹰相比形成了鲜明对照。但是，认知诗学可以使我们看到更多的东西。

二 形式、意义、审美三者的结合

文学文本是形式、意义、审美价值三者的结合。阅读一首诗与阅读一篇论文或一则消息不同，它并不仅仅是为了获得某种信息，而是要在寻求意义的同时进行审美，获得审美愉悦。这一点是读诗的原始出发点，也是任何文学分析、包括认知诗学分析必须谨守的基本原则。但诗又是语言艺术，有自己特定的形式要求（包括语言使用上的要求），"真正的诗歌体现着对于语言的探索性运用。而这种语言对于读者来说，则是让他去理解那些既是可认知的，又是新的体验的一个方面或诸方面，即'知解力的冲击'"。（瓦伦汀，1989：447）因此我们的审美以及相应的分析也必须从形式入手，进一步还应该是形式、意义、审美三者的有机结合，不能只管形式（如语言分析）而不顾其他；也不能只抽象、模糊地讨论美感，因为，离开了一定的形式，美感或美将无所依附。意义与美感就是这样在读者与作品围绕上述三者的互动中产生。

由于审美对象是由许多部分组成的有机统一体，由各个部分及其相互关系构成的整体结构体现着美的规律，因此，审美感知必须全面完整地把握它。这是一种融合了顿悟、审美情感和理解、想象的整体把握对象的心理活动。所以，实验审美心理学的开拓者之一瓦伦汀说："诗歌欣赏中的单个因素的最终价值标准必须依赖于它与作为整体的诗歌的统一聚合的程度"（瓦伦汀，1989：415）。

三　原型与审美态度

认知诗学中有一个惯例法则，认为诗学话语需要特定的认知过程和原则。根据该法则，读者可以选择各种与不同类型的话语文本相关的"阅读策略"（诗学的，非诗学的或报告性的等等），一旦给定话语文本的读者确认其所读为诗学或文学话语，他就会立刻转移到与之相关的阅读模式，即运用与这一特定类型话语相关的阅读惯例和原则。（Shklovsky, 1965: 12）这一法则的具体运用就是原型理论。

在以往的文学批评中，原型一般指人物，而在认知诗学中，它并不限于人物。首先，它可以指文学样式（genre）。当我们看到标题The Eagle时，“eagle”这个词会使我们马上想起日常经验中的“鹰”，一个关于鹰的原型就会涌现。紧接着我们看到的是诗行，认知诗学关于“诗”的体裁的原型理论使我们立即意识到这是“诗”而不是别的什么，日常心态开始向审美心态转化，就会出现审美心理学所说的“日常意识的垂直切断”，（今道友信 1983：157）我们开始摆脱日常意识的干扰，把自身的情感、记忆、想象等投注于审美对象，并着力通过对象的形式探究其意蕴。“审美态度乃是美的体验的基础”，（瓦伦汀 1989：5）由此出发，我们头脑中原有关于“诗”的脚本或图式就会开始被激活，我们就会按照诗的要求调动我们以往的读诗经验来读这首诗。接着我们会意识到：这里的“鹰”应该不是我们日常经验中的“鹰”了。于是，我们的日常意识中断，身心开始把“鹰”作为审美对象而集中于它的感性形式。我们会以审美的或简单说以“读诗”的态度来欣赏这只“鹰”。其它诸如太阳、蓝天、大海等，都是如此，一一在我们头脑中艺术地呈现，我们对它们的注意已从日常注意转换为审美注意，审美活动就此开始。这是审美活动的初始阶段。这里的“原型”其实就是文学的成规（conventions）。

另一方面，“鹰”也是一个原型。它是荣格所说的一种具有母性的原初意象（荣格 2009：378）。表现同样的寓意，诗人不可能去描写一只鸡或者一只孔雀。只有“鹰”，诗人想要表达的观念才可能从中衍生出来。作为原初意象的鹰具有什么样的“母性”呢？在西方文化中，鹰是太阳的化身或使者，只有它才敢于正视太阳。鹰击长空的气势反映出它那太阳的和天神的力量；而它往下飞行，在基督教文化中被认为是把光明带到人间。（参见谢瓦利埃、海尔布兰特，1994：1184）惟其如此，诗人才把鹰作为对象，并在诗中赋予其主体地位，使之成为“一种自身充满活力的有机体，‘被赋予了增殖的能力’”。（荣格 2009：379）

可以说，“原型”既是诗人创作的基础，又是引发读者一系列审美活动的必要条件。

四　图形–背景与审美注意

从形式上说，这首诗最突出的是图形–背景关系。从图形–背景关系来说，诗人把鹰置于一个广袤的空间之中，它不仅伫立在高山之巅，而且头顶蓝天（Ringed with the azure world），脚踏大海（The wrinkled sea beneath him crawls）。

诗人一开始就让鹰凸显在我们眼前，由近及远，首先是近景（He clasps the crag），然后是特写（with crooked hands），接着是全景：太阳、蓝天、大海；另一个维度是由上而下：高山、天空、（俯冲向）大海。最后收于鹰本身（he falls），又回归近景，这样全诗保持了一种完整与连贯，画面完整。而鹰始终处于中心和焦点位置，蓝天、大海、高山作为背景，突出了鹰的非同寻常，使之前景化了。第二行的 lonely 一词也值得注意，它给背景涂上了一层主观色彩，同时又具有客观依据，那就是目之所及，除鹰之外再无其它生物，于是再次强化了鹰的独一无二。这一节是以蓝天为背景，蓝天、太阳、高山、孤独等背景成分使鹰得到了衬托和前景化。

第二节主要以大海作为背景，天地合围，整个背景不仅显得宏阔，而且完整。在这一节中，大海是背景。而大海作为背景，必须处于附属的地位，于是，诗人让大海布满皱纹（wrinkled），蹒跚而行（crawls），相比之下，鹰则是疾如闪电！

图形与背景实际上形成了鹰与蓝天、大地及海洋的对照。蓝天浩瀚，大地广袤，鹰都不能与之相比，但诗人却将鹰置于其中，它“靠近太阳”（close to the sun），因此与蓝天比并不逊色；在广袤的大地上，它傲然独立（stands lonely），似乎独占了整个蓝天和大地，因此，它丝毫不显得渺小和卑微。按照审美对照原理，在量或质方面可以比较的两件事物往往能够给予审美主体（即读者）以深刻、强烈的印象，引起主体的审美注意（aesthetic attention）。诗人对“鹰”的刻画是一种科林伍德（1985: 54）所称的“恰到好处的夸张以产生情感上正确的逼真”。无疑，鹰的夸张形象使它得到了突出。

诗中背景和图形的关系又是清晰的。全诗并没有描述过多对象，除了宏阔而较为抽象的背景（蓝天、大地、海洋）外，剩下的只有鹰。“鹰”的形象在空旷的蔚蓝天空与海洋之间，造成了强烈的视觉刺激，迫使读者专注于它。整个画面背景宏大但模糊，而图形却鲜明清晰，清晰具体到鹰的爪子（crooked hands），这就符合审美清晰性原理。依照该原理，对于鲜明清晰的事物的直观会引起愉悦。也就是说，人对审美对象的选择会偏于明快、鲜明的事物，而疏远那些繁杂、混乱的东西。

这首诗在整个构图上还有另外一种讲究：先静后动。诗的第一节是静止的画面，鹰在高山上站立着（stands），是一种“静物”。诗人先从局部即鹰爪写起，再及其他。读者也逐步形成对“鹰”的完整意象。

第二节转为动态，大海爬行，鹰俯视着，然后俯冲而下。蓝天始终是静止的，大海虽然在动，但只是爬行，所以都不及鹰的勇猛有力。

图形相对背景而言应该是动态的，鹰在这里就是动态的。即使在第一节里鹰伫立不动，但 clasps the crag with crooked hands 这一细节描述中的 clasp 和 crooked 两个词（尤其后者），均蕴涵着很强的力量。设想：如果没有 crooked 一词，该是怎样的效果？鹰的英武形象将大为逊色。

这种动静结合的手法实质上是在调动审美注意转移。主体的某一审美感受可以持续一定时间，但是，如果超出一定的时间极限，主体就会产生疲惫感和随之而生的不悦感。此时，如果设法改换审美感受的类型，即改变审美对象的性质类别，仍有可能引起主体的快感，从而达到延续审美感受的目的。诗中的动静结合以及鹰与大海的对比，都体现了审美持续交替原理和审美多样性原理。根据实验审美心理学的研究，千篇一律的东西和错综复杂的东西都不会使主体产生愉悦的感受，只有既表现了多样性又表现了统一性的东西才会引起愉悦的感受。全诗中的背景与图形作为相邻成分，按 Gavins & Steen（2003: 15）的说法，可以被视为具有（多样）统一的关系（unified relationship）。全诗的多个意象构成了一个多样统一的整体。

现代注意理论认为，图形应该具有如下特征：图形相比同领域其他成分应该被给予更多细节，更多被聚焦；它应该处于顶部或前部，或高于、大于背景中的其他成分；相对于静止的背景而言它应该是动态的；它在时间或空间上先于背景等等（Gavins & Steen, 2003: 15）。这些特征，鹰作为图形都具备了，因此，鹰成为了读者注意的中心，让读者注意到鹰的不凡形象。同时，全诗以鹰的雷霆一击收尾，符合审美紧张的合理要求。这样的结尾也符合审美中注意转移的要求。注意转移性规律要求艺术家创作时，在构思情节、安排结构等方面，把最有审美价值、最精彩的部分放在其后。所以，图形-背景或前景化符合审美注意和审美清晰性诸多美学原理。

五 拟人手法与象似性

我们再次回到诗中。篇首的 He 也寓有深意，不可忽略。看到标题 The Eagle，我们意识中立即浮现自然界中鹰的一般形象。这时，它是一只猛禽。阅读开始，篇首的 He 首先使我们意识到它可能指的是鹰，接下去的话语 clasps the crag with crooked hands 印证了我们的猜想：He 的确是指鹰，诗人把鹰拟人化了。不过，诗人以 he 称呼鹰，固然是将其拟人化，但 he 的使用通常需要有一个先行词，这里没有（注意：标题中的“鹰”不等于先行词），这就产生了某种效果。按传统修辞分析，he 拉近了读者与对象的距离，这当然没错，但不止如此。He 的篇首位置使焦点一下子就集中在其后的信息（述位）上，因为 he 不仅是旧信息，而且至少是第二次提到（按照人称代词的一般使用规则），这样它就显得更“轻”，从而更突出了后面的信息，也使读者更急于了解后面的信息。从句法角度看，它符合 Langerker 指出的句法三原则，即具体、突出和视点。（Ungerer & Schmid，2001：197）所以，看似轻轻的一点（点题），实则为后面做了铺垫。

此外，对诗中的拟人化手法我们也可从认知角度重新审视：he 和 walls（人类居所才会有 walls）这些拟人化处理使观察者、读者和鹰等同起来了，三者处于同一世界（不是人类世界与动物世界），这有利于移情和情感的激发。这里的拟人化反映了一种标记象似性。也即 Freeman 所说的诗的象似性之一种。（参见 Brone & Vandaele，2009：170）

拟人手法其实涉及了视点的转换。诗的第一节是从某个观察者的视角来看鹰的。到第二节第一行，视点转换了，换成了鹰的视角。这种视角转换有利于读者对鹰由远及近的了解，有利于注意到图形-背景关系，同时，当诗行转换成鹰的视角后，进一步从心理空间拉近了读者与鹰的距离。第三行又回到了观察者视角，这样才能使读者“看到”鹰的雄姿，鹰本身是看不到自己的姿态的。

前面提到，诗中的拟人化处理使观察者、读者和鹰等同起来了，这一等司实际上可以视为我们采用了鹰的视角。像鹰一样，我们得以高踞山巅，俯视大海，因为，“作为感官动物，我们总是要受到焦点和视点转换带来的明显的约束，因为改变它们事实上就要求我们身体的移动”。（Turner,1996: 118）拟人化引起视点转换从而诱使我们去体验——从鹰的角度去体验。

形式与意义之间的象似关系是文学文本的定义性特征（Geeraerts & Cuyckens, 2007: 1188），所以我们有必要考察《鹰》中的诗歌象似性。一首诗的象似性可以从音韵、词汇、句法、语篇四个层面加以考察。不过，象似性不是均衡地存在于语篇（文本）的每一个层面，它可能有多有少，有隐有显。

在音韵层，这首诗是比较规则的三韵体（triplet）。完整的尾韵使全诗紧凑、完整。“格律的规整也便于注意力的集中”。（瓦伦汀 1989: 398）此外，诗的第一、二行还有头韵（alliteration）。从节奏上看，第一节着重突出鹰的英武形象，所以用的多是单音节词，铿锵有力。如第一行的 claps、crag、crooked 中的 /kl/、/kr/、/æ/，爆破音的短促、有力，形成了有力的声音形象，与鹰的威猛形象相映衬，使人对鹰油然而生敬畏之情。

而且，由于接连几个闭音节词，加上较多的爆破音，使头两行诵读起来不那么轻松顺畅，造成了一定难度，这就是艺术所要求的某种认知限制，正如 Shklovsky 所言，艺术技巧“就是要使对象陌生化，使形式困难化，并增加认识的难度和长度，因为认识过程就其自身而言即为一种美学目标，必须被延长”。（Shklovsky，1965: 12）因此，根据这个法则，诗歌话语体现了对认知过程“有规则的偏离”。这种语音上的困难实则暗示了鹰的桀骜不驯和超凡脱俗。设想这一行改为轻快、流畅的韵律，效果会很不协调。

第二节第一行描写大海的老态与迟缓，用了两个双音节词 wrinkled 和 beneath。这里的 wrinkled 是要作为两个音节处理的，以满足抑扬格节奏的需要。这种纾缓符合大海沉稳而老态这一意蕴。第二节的第二行 He watched from his mountain walls 也有一个双音节词 mountain，使节奏稍趋舒缓，因为鹰在俯视，寻找猎物，蓄势待发。最后，它如一道闪电俯冲而下直扑猎物，姿态威武而优雅，所以最后一刻（即诗的结尾）又是两个简短干脆的单音节词，使结尾有力，鹰的英武形象也跃然纸上。

诗歌中的句式和音节、分行和韵律等等，都内在地吻合既多样又统一的心理规律。比如，诗的第一节和第二节分别押不同的尾韵，这就在统一（三韵体）中有变化（第一节的 -ands 变为第二节的 -alls），“不然，韵律方面的极端规整化往往容易使人不愉快”。（瓦伦汀 1989: 400）同时，也符合审美安定性原理，即部分和整体的和谐可能映现生命力的协调，而由这种协调所产生的安定感可以产生审美的快乐。

它源自事物本身的合乎规律的过程，节奏、韵律等都使人感到愉悦。

词汇方面，这首诗没有象声词，也没有显著的声音象征（sound symbolism）。我们对此就不予讨论了。但在句法和语篇层面，至少顺序象似性是存在的，诗人对鹰的那种先静后动的描述就是一种顺序象似性处理。人们通常认为，语言是线性的。然而，现代心理学发现，“直线性并不是语言所固有的本质”，“语言只是在用来转达线性的事件时才是线性的”（阿恩海姆，1994：123）。这首诗中的“事件”（鹰击长空）就是一个线性事件，诗人的描述也是线性的，因此这里体现了顺序象似性即时间顺序（chronological sequencing）。其实，这里的顺序象似性也是空间的。

象似性整合了我们的感觉、知觉和情感，映现生命力的协调，鲜明、清晰而又多样统一，从而产生审美的快乐，也有助于深入把握作品的意蕴。

六　可能世界与想象

科林伍德（1985: 298）说，“艺术的任务就是建造种种可能的世界”。而读者的任务就是认识这一可能的世界。读者“对这个新世界的认识，也就是对他正在逐渐认识的这个新世界的创造”。（ibid）在认知诗学看来，读者通过想象，在诗人创造的可能世界即起始的文本世界（the initial text world）基础上创造出读者自己的亚世界（sub-world）。

想象作为人类特有的心理机能，它是艺术创造获得成功的一种推动力量，可以实现日常表象向审美意象的转化。所以康德（1985: 166）说：“美的艺术需要想象力，悟性，精神和鉴赏力”。“想象”可以是对具体素材的超越，对于生活经验的超越，对于现实现象的超越。这三个“超越”在《鹰》这首诗中都实现了。

诗中的 eagle 是对具体素材的超越，它已经不是日常经验中的那只鹰了；诗人对于鹰的观察——从而也使得我们既能够从一个广阔的空间去观察鹰（我们很难同时从高山、蓝天、大海三个不同环境中观察到鹰），又能够从极近的距离去观察鹰的细节（clasps the crag with his crooked hands），这是对生活经验的超越；另外，这首诗不是仅仅为了客观地描绘鹰的形象，而是另有深意，这就是对现实现象的超越。

这一切，都只能通过想象来实现。普雷斯科特在《诗心》一书中提出，诗的真正的检验标准就是“想象”，他把想象界定为“心灵的眼睛，肉体眼睛的观念或精神的复本”。意象本身也可以被解释为“精确的视觉想象”。（瓦伦汀，1989：414、450）在《鹰》中，诗人透过经验材料的表象（鹰及其特征特性），利用想象的组合作用，把鹰与蓝天、高山、大海等不同的感觉材料加以重新组合，形成一个整体，并且动态地勾画出它们的内部联系与关系，引发人们去把握那些不能为人们直接感知的事物的隐蔽涵义，塑造出一个全新的、典型的鹰的形象。这是一种创造性想象，它把各种知觉心象和记忆-心象重新化合，孕育成一个全新的心象即审美意象。这一切，只有通过想象和体验这条唯一的途径才能实现，因为，我们事实上既不能进入诗中的世界，也不能进入诗人的世界。所以，科林伍德说：“真正艺术的作品不是看见的，也不是听到的，而是想象中的某种东西。”（科林伍德，1985：146）

另一方面，读者此时得出的鹰的形象是再造想象的产物。诗人利用想象创造出诗中的鹰的形象，而读者根据诗人的言语叙述和文字描述对鹰再次进行想象，形成相应的新形象。人们在理解话语时——不管这话语是事实的还是虚构的，都会在头脑中建构一个心理表征（mental representation）诗歌欣赏也是如此，通过创造性想象，读者完成了概念的融合，产生了新的概念，即关于“鹰”的新的概念，或者说是一种关于“鹰”的艺术化的概念。前面谈到的图形-背景关系，也需要读者运用想象把诗中各种要素组合起来，即“大脑把分散的因素通过感觉组织起形象-背景关系”。（布鲁墨，1987：38）

时态在这首诗的文本世界建构中起了重要的作用，它是世界构建的要素（world-building elements）。这首小诗共用了5个限定动词，其中4个都是现在时，只有watched一个过去式动词。按照Gavins和Steen的说法，通过把现在时话语引入过去时叙事而改变了文本世界的时间参数。我们认可这一说法。问题是：诗人这样做有何意义？笔者认为，诗人在这里其实并不是讲述一个故事，而是在通过描述一种行为来描述一个形象。故事或叙事需要某种因果关系（叙事的行为或事件建立在因果链条上），而这里既没有出现也无需补出，它不是一个有影响力的参数，所以，全诗是描述性的而不是叙述性的。因此，诗人没有使用叙述时态（过去时是叙述的时态）。至于watched的使用，在于说明："鹰"的俯视观察在诗人描述之前业已发生，它存在于仅属于"鹰"的可能世界，而诗人描述的是当下的、诗人（观察者）作为旁观者参与其中的可能世界。这是两个可能世界。而两者统一于同一个文本世界中。这样做的意义，其一是强化诗篇的描述性而弱化叙述性，其二是增加描述的生动，其三则是强调诗作的真理性，暗寓某种永恒的意义。

七　移情、内摹仿与情感投射

所谓移情，即根据经验或以往的类似情境去知觉和理解当前情境的心理现象；或者说，移情是把主体内在的某种情感投射或迁移到他人或他物身上，使之也具有某种主观情感色彩。

不难看出，在这首诗中诗人是欣赏鹰的。但诗人是如何投射他的情感的呢？我们只能通过他留下的语言产品——这是他的情感证据——来加以推断。首先，诗人用于描述鹰的词语都没有否定性内涵。其次，语言所描述的鹰的行为是肯定性的。第三，鹰的姿态、位置也是正面的，处于中心的。第四，老态的大海成了它的陪衬，并且相形见绌。第五，尤其不能忽略的一点是：诗人将自己与鹰化而为一，称呼鹰为He，将全诗聚焦于鹰，又采用了鹰的视点。通过这些手段，诗人把他的肯定性情感投射到了鹰的身上。他把鹰拟人化，浓墨重彩描绘了鹰的力量、高傲、非凡。但是，诗人并没有在描述情感，更没有暴露情感，而是在表现情感。全诗除了一个明喻（like a thunderbolt）外再没有一个字眼直接表达甚或暗示了诗人的情感。他的情感需要读者自己去“认知”，去感觉去体味，这就产生了“认知张力”，也是一种艺术或审美张力。如果诗人明白无误地告诉我们他对鹰的情感，他就是在描述情感，诗的艺术魅力将大为减弱！

诗人的情感和描述影响着读者，吸引着甚至控制着读者，我们的视线和注意力为诗人所牵引，我们的情绪随着诗人的笔触而起伏而兴奋，由于诗人的导引，我们读这首诗时产生的移情也必然是沃林格（1987: 5）所称的肯定性移情。最终，我们会对鹰产生由衷的赞赏。

诗人创作时，需要调动自己的生活积累，通过想象和移情进入艺术幻境，全身心地投入到对象中去，从对象的角度感受、体味一切，与对象融为一体，力求准确地传达出对象的内在精神。而读者要正确地感知对象，深刻地把握对象、理解对象，就要进入诗人描述的可能世界。因此，在阅读和欣赏这首诗时，我们需要体验，需要某种内摹仿，即对“鹰”及其环境和行为在心中模写，进行心理再形成。比如，当鹰雷霆般俯冲而下（like a thunderbolt he falls）时，我们可能会有某种畅快、自由、豪迈等感觉，这种内摹仿就是通过移情而产生的审美摹仿。

八　意象、概念与诗的意蕴

意象“是诗歌语言的灵魂”（秦秀白 1986：218）；兰伯恩认为“诗之所以成为诗，必须把情感转化为音乐和视觉的意象”；皮尔斯指出，诗的观念“就包含在意象中”。（瓦伦汀 1989：414）在《鹰》这首诗中，诗人的可能世界的核心或典型形象是那只鹰。它已经从一个日常的意象转变为审美意象了。

牛津词典是这样描述“鹰”的：a large bird of prey with a sharp curved beak and very good sight，但作为审美意象，诗中的“鹰”经过了艺术处理，诗人突出了“鹰”爪的力量（crooked hands）和鹰眼的锐利（Closed to the sun），这是“鹰”的独特性。诚如科林伍德（1985:116）所说：“充分表现情感就意味着表现它的全部独特性”。如果诗人照相似地描述“鹰”的细节，从审美心理学角度看，反而可能限制读者的想象，“削弱由于晦暗和模糊而产生的崇高的效果”。（瓦伦汀 1989：421）而诗人在诗中如此表现鹰的独特性，肯定不是为说明、介绍一只鹰或一般意义上的鹰，他必然是借物咏志，抒发自己的情感或志趣。这时的“鹰”的意象，已经是荣格所说的那种“作为整体的心理情境的浓缩性表现”了。（荣格 2009：375）

就读者而言，读这首诗之前的“鹰”的意象，只是一种作为记忆沉淀的原初意象；“原初意象是观念的前身，它的母本”（参见荣格 2009：377）阅读之后，我们势必重新理解“鹰”的涵义，实际上就是诗人想要借鹰所表达的涵义。之前，“鹰”可能是凶猛、肉食、迅疾、视力极佳等某些抽象属性的原型（之一），而现在“鹰”可能成了另外一些抽象属性的典型代表，它可能又获得了新的原型意义。想象的过程，就是在原有的感性形象基础上深入体验、构成新形象的过程。这是某种形式的再范畴化。

同样，当我们看到大海 wrinkled 时，我们得对头脑中原有的“大海”概念重新审视，重新对“大海”范畴化（即再范畴化，re-categorisation）或“再认知”（re-cognition），这也就是文学中所说的“陌生化”。以前的那些原型或图式现在成为了认知参照点。读诗的结果，我们会发现诗人所描绘的符合我们固有的原型，同时又远远超越了已有的原型，更丰富，更生动，更深刻。诗人笔下的词语创造出了吸引读者注意力的、同时又仿佛是“现实的意象”，它超越了“词语本身所暗示的情感而另具情感内容”。（朗格 1986：284）这首诗构建起了一种新的意象图式（image schema），实际上成了某种象征，成了表达某种意义的隐喻。

那么，现在的“鹰”究竟有什么寓意呢？“一些真正的文学批评家都会同意，诗歌应该向读者传递点什么，尽管诗人本身不一定是有意的，不一定能感觉得到。”（瓦伦汀，1989：408）在不了解诗人真实意图的情况下（绝大多数读者不可能也没有必要去考证诗人 / 作者的创作意图），我们可以肯定诗人在这里必然是借物咏志，但到底是何种“志”？

以往有学者对这首诗的创作背景做过探讨，认为本诗是诗人为纪念好友阿瑟·哈勒姆（Arthur Hallam）而作。（孙华祥，1998：31）笔者认可这一说法，但依然认为：诗人是借题发论，哈莱姆只是诗人创作的触发。诗人笔下的鹰既是一种康德所说的自由美，又是一种附属于某个概念的附庸美，是“归于那些隶属一个特殊目的的概念之下的对象”，表现出一种令人“惊叹或崇敬”的“力学的崇高”，“在我们内心里唤起我们的力量”，“它提升想象力达到表述那些场合，在那场合里心情能够使自己感觉到它的使命的自身的崇高性超越了自然。”（康德 1985：67、84、100、102）所以我们说，诗人是要借鹰表达对力量、崇高、孤傲、自由的赞美，诗中的鹰就是一个超自然的、具有自由性和独立自主性的生命体。当然，也可更升华一步，是对某种理想人格的向往与憧憬。人达不到鹰的那种境界，但可以想象，可以憧憬。诗人就这样获得了心灵的自由。

其实，诗人想说什么或实际说的是什么，对一般读者并不重要。我们不能说“诗的意义与他（诗人）自己的意图是一回事，更不能说诗人的意图乃是一首诗的真正的意义”（布洛克 1987：361），重要的是我们作为个体从诗中得到了什么，虽然“我个人”的所得与他人的所得有所不同，那也无关紧要，因为一首诗“可以有无限种不同的解释”（布洛克 1987：363），这就是诗——或者说艺术——的魅力所在。

九　结语

以上探讨表明，认知诗学有可能对文学作品的效果做出新的解释，发现作品新的涵义或新的美感，实现“从解释到发现”的跨越。认知诗学所使用的一些范畴，大多具有程度不同的审美潜能，如“原型”涉及审美态度，是引发一系列审美活动的必要条件；图形-背景或前景化符合审美注意和审美清晰性等美学原理；象似性整合了感觉、知觉和情感，有助于激发审美快感；“可能世界”的建构本身就是艺术的任务，这种建构离不开想象，而想象既是一个认知范畴，又是一个美学范畴，“最杰出的艺术本领就是想象”（黑格尔 1979：357）；“移情”可以借助内摹仿而产生审美摹仿；一个日常的意象转变为审美意象后有可能获得新的原型意义，超越已有的原型而具有新的意蕴。

参考文献

阿恩海姆，1994，《艺术心理学新论》，郭小平、翟灿译，北京：商务印书馆。

布洛克，1987，《美学新解》，滕守尧译，沈阳：辽宁人民出版社。

黑格尔，1979，《美学》（第一卷），朱光潜译，北京：商务印书馆。

今道友信，1983，《关于美》，鲍显阳等译，哈尔滨：黑龙江人民出版社。

卡洛琳·布鲁墨，1987，《视觉原理》，张功矜译，北京：北京大学出版社。

康德，1985，《判断力批判》上卷，宗白华译，北京：商务印书馆。

罗宾·乔治·科林伍德，1985，《艺术原理》，王至元、陈华中译，北京：中国社会科学出版社。

秦秀白，1986, 文体学导论，长沙：湖南教育出版社。

荣格，1986，《心理类型》，吴康译，上海：三联书店。

让·谢瓦利埃、阿兰·海尔布兰特，1994，《世界文化象征辞典》，《世界文化象征辞典》编写组译，长沙：湖南文艺出版社。

苏珊·朗格，1985,《情感与形式》，刘大基等译，北京：中国社会科学出版社。

孙华祥，1998，论丁尼生的诗《鹰》中的意象创造，《外国文学研究》（2）：

31–34。
瓦伦汀，1989，《实验审美心理学》，潘智彪译，广州：三环出版社。
沃林格，1987，《抽象与移情》，王才勇译，沈阳：辽宁人民出版社。
熊沐清，2011，《多样与统一：认知诗学学科理论的难题与解答》，《外国语文》（1）：33–38。
Brone & Vandaele (eds.),2009. *Cognitive poetics: Goals, Gains and Gaps.* Berlin · New York: Mouton de Gruyter.
Gavins & Steen (eds.), 2003. *Cognitive Poetics in Practice*. London and New York: Routledge.
Geeraerts, Dirk & Cuyckens, Hubert (eds.), 2007. *The Oxford Handbook of Cognitive Linguistics.* New York: Oxford University Press.
Semino, Elena & Culpeper, Jonathan, 2002. *Cognitive Stylistics: language and cognition in text analysis.* Amsterdam/Philadelphia: John Benjamins Publishing Company.
Shklovsky, V. 1965. "Art as technique." In L. T. Lemon and M. J. Reis (eds), *Russian Formalist Criticism*, 3-12. Lincoln: Nebraska University Press.
Stockwell, 2002. *Cognitive Poetics: An introduction*. London and New York: Routledge.
Turner, Marker, 1996. *The Literary Mind: The Origins of Thought and Language*. New York: Oxford University Press.
Ungerer, F. & Schmid, H. J. 1996. *An Introduction to Cognitive Linguistics*. London: Addison Wesley Longman Ltd.

严厉与温柔

——《渴望》与伊夫·贝杰莱的诗歌艺术

张 博

法国当代诗人与造型艺术家伊夫·贝杰莱（Yves Bergeret），生于1948年，曾先后在苏联、希腊、捷克、塞浦路斯、西西里及马里等地生活、创作，精通俄语、捷克语、意大利语、古希腊语等多种语言。1978年至今，他已先后出版数十部诗集、散文集，参与了难以计数的诗画展会与艺术演出，并保留了大量未刊印的手稿与画卷。经历了如此漫长而丰富的创作生活，在现年67岁的伊夫身上，不但没有一丝衰老的痕迹，反而跃动出愈发强劲的创作力量。他精于词语与色彩的运用，每年在欧洲多国（法国、意大利、捷克等）持续举办他的诗画作品展以及各类诗会，拥有广泛的受众与影响。正是在一次巴黎的个人诗歌朗诵会上，我与诗人相识，其后多次拜访他于迪域与巴黎的住所，进行了许多细致深入的对话，近距离体察了他的诗歌创作过程，着手翻译了他的部分诗作并在一系列诗歌活动中进行了合作。借用其诗文集《火山》的封底介绍，“自其创作生涯伊始，诗人及造型艺术家伊夫·贝杰莱便完全在与诸多伟大空间的对话滋养中发展出了他的创作实践。阿尔卑斯、冰岛、马提尼克、马里、西西里、留尼汪等等，这些地方通过他而涌现出丰富厚重的诗意话语，并与场地保持着充分的共鸣。”① 对于人类生存空间的思考，始终是诗人一以贯之的创作主题，正如阿尔赛·坎恩（Arsène Caens）在为伊夫的法意双语版诗集《不合时宜的人》所做的序言中所说，“在当今思想中，关于人类未来新的可能性之基

① Yves Bergeret *et Alii, Volcans,* Edition Cadrans 2014，本文中所有引文皆系笔者由原文自译。

础这一问题，（贝杰莱的诗）是其中最积极的样式之一，而它与我们生活的空间和场地尤其相关。”[①] 本文的篇幅虽不足以容纳其庞大的创作历程，但选取笔者与其相识以来的一部重要作品作为切入，同样可以看到他始终勤思不倦的问题究竟为何，并管窥这位老诗人新近的诗歌探索。

在一部关于伊夫·贝杰莱的传记式批评作品《迪城的人》中，作者妮可·巴里艾尔（Nicole Barrière）曾这样写道：“为了避免世界的堕落与全球化的效应，从我们的时代中逃离是不够的，在生命的孤岛上不存在任何与他人相逢的避难所。”[②] 接着她便以此展开了对伊夫诗歌的评述，可谓精准。对于伊夫而言，他的诗作始终展现着一种朝向他人、朝向世界与朝向未知的开放，并在其中寄托了他对于人类生存强烈的伦理关怀。他从未逃离，而是以一种毫不妥协的严厉姿态发出深沉的低语，并在这低语中保持对生命质朴的温柔。2013年，伊夫·贝杰莱创作了一套四章十一节组诗《渴望》，全作由数十张大幅册页组成，长宽为150cm×35cm或215cm×60cm不等，泼洒丰富多变的色块于其上，并以毛笔与中国墨水将其诗文书写其中。2014年4月14日，在巴黎十五区艺术协会之家，伊夫·贝杰莱与单簧管乐手克莱蒙·卡拉蒂尼（Clément Caratini）合作，共同对组诗进行了公开演绎，从诗歌、绘画与音乐三重角度对作品展开了深度表现。它既是近几年来伊夫最大型的诗画作品，也是其里程碑式的典范之作，他本人亦表示这是他近几年最重要的创作之一。伊夫十分重视对色彩的运用，因为在他看来，语言必须克服在漫长的人类生活中逐渐固化的思维或表达之后方能抵达真正的言说，而色彩却直接从无意识中喷涌而出，不会受任何陈规的阻碍，它来自于对外部世界直接的反应与冲动，使思维得以回归人类未受污染的童年状态。哈维尔·勒梅特尔（Xavier Lemaître）

---

① Arsène Caens, *Preface*, in Yves Bergeret, *L'uomo inadeguato – l'homme inadéquat,* Edizioni Formr Libere, 2012, p.12.

② Nicole Barrière, *L'homme de Die,* Nicole Barrière, 2014, p.21.

曾这样评价伊夫的创作，“色彩占据了符号的领域，在册页的折痕和画布的纹理之间，为词语提供意义与生命。”① 所以在伊夫的诗画世界中，色彩不仅仅是一种与诗语的应和，而且成为了一种重要的矫正手段，帮助诗人摆脱因循的习惯，回到对世界一尘不染的凝视之中，继而捕获未经损耗的词语，保存世界原初的活力。《渴望》无疑延续着这种特点。组诗创作于法国东南部山区韦科尔高地一望无际的石灰岩山麓之间。诗人背负着行囊，在徒步行走数小时之后抵达高原上一处平缓的山坡，展开册页与画具，在野外一气呵成地完成他的诗画创作。这是诗人一贯的创作方式，走出书斋，迈向高山旷野。在南方强烈的阳光照射下，干燥的白色砾石似乎以一种粗犷的力度烘干了低处平原上的潮湿与泥泞，让诗人得以在高岗上强劲地呼吸。于是在一种刚健的节奏中，诗开始了：

在这不抵达自身的人性
的击打与推动下
严峻的高原
起伏绵延
——《渴望·第一章·第一节》

全诗在一种铁锤敲击般的质感中迈出了它的步履（法语原文以“击打与推动”开始），使其在节奏的强硬与石灰色高原的严厉之间达成了完美融合。诗人在这干燥的高原上感受到一种人性，一种“不抵达自身的人性”，换言之一种不囿于自身的人性，它的终点不在其封闭的内部，而是向广阔的世界延伸，保持着无限的开放性，并且寸步不让地坚持维护着这份开放。这便是伊夫眼中高原的人性，它的勇气、坚韧与强力使他感到一种内心的快慰。而当他提出这种“不抵达自身

① Xavier Lemaître, *Aphorisme n'est pas sophisme,* in Yves Bergeret et *Alii, Volcans,* Edition Cadrans, 2014, p.116.

的人性”，也就自然预设了在某处还存在着另一种与之相对的人性，一种封闭于自身的人性，一种诗人欲与之抗争的人性。正是这一此时尚未显现的隐秘战斗为诗节带来了一份严厉的色彩。与此同时，在这隐含的对照中，诗人也指明了他内心的“渴望”，一种呼唤高原之人性回归的渴望。它的回归将击碎一切贫瘠而虚弱的对话，并迎来真正创造性的词语，对于诗人的心灵而言那将是一种幸福。于是，在严肃的气氛中，一个温柔的时刻降临：

或者
风与阳光翻转着石灰的涌浪

或者
石板的裙边
鸣响

或者
一阵又一阵风把高原
推向它那
平和
人性的
第二张面庞

或者
岩沟猫步般应着合唱
——《渴望·第一章·第二节》

高原在静谧中开始了它的诉说。诗人聆听着，感到一种巨大的幸福。在高原的人性那一往无前向着无限与未知探索的勇力之外，诗人看见了他平和的另一面，向着内部轻柔地包容着它所拥有的一切，守护着它们言说的权利。在高原这温柔的怀抱中，诗的节奏也变得轻盈灵动，如谣曲般婉转回环。诗人向着这一切敞开双眼与心灵，他作为一个聆听者听见了高原的诉说，听见了丰沛的生命之歌。开拓与守候，在高原这向外与向内的两种人性之间，诗人找到了生存所必要的依托，它将成为一种拯救之力，在一个愈发颓败的世界上给予人类生存的信心。而在地平线的低处，在平原上缭绕的雾气中，诗人感到这两种人性对于艰难求生的人类是何其重要：

> 话语从瀑布飞落
> 落入原野的寂静
> 在那里另一种人性，我们的人性
> 在夜色受惊的温柔中
> 等待
> ——《渴望·第一章·第四节》

高原的话语落向麇集痛苦与躁动的人间，平原上的人也需要它的疗救，使他们自身受到伤害的人性得到补全。人们等候着、期待着、渴望着，希望改变看似写定的命运。但落入平原的话语，似乎尚未为人所知，它在寂静中消融了。而那里人们依然在等待，等待着一件本已投向他们的东西。在下落的话语与等待的人群之间，依然缺少一个连接的媒介，一位词语摆渡者，而这正是诗人需要承担的角色。对于诗人而言，虽然他在高原的人性面前感受到不竭的力量，但只有人间才是他唯一的牵挂与思虑。他并不是高高在上的发令者，而始终是芸芸众生中的一员，是一位人间的诗人，与众人共同分担着艰难而不安的生存处境，共同承受着“另一种人性，我们的人性”。虽然这“另一种人性”正是首节中所暗示的诗人意欲与之战斗的封闭的人性，但他依然将其称为“我们的人性”，因为它并非无足轻重地外在于诗人的自我，诗人与众人一样，都承受着它的重负。诗人在长久的自我追问与自我寻找中感到自己既是战斗者同时又是被斗争的对象，但他在“另一种人性”面前从未后退一步，包括当他面对自我之时。诗人把被寂静淹没的高原之音传递给众人，并与他们一起毫不妥协地自我克服与自我完成。这包含着人类生存的忧虑以及由此而来的一种反抗。正如法国学者托马斯·康坦斯（Thomas Cantens）在一篇评论文章中说的，“‘语言-空间’的实践是一种对于无穷无尽与不可理解之物以及对稳定与专横之物的安静抵抗，没有任何革命式的暴力，而是使用了语句、言辞与色彩的颠覆之力。”[①] 诗人以这样一种内敛的方式，暗示了他所要进行的抗争。他从未在沉睡中消极等待，他将承担起他的角色，把高原的话语带向人间。第一章在等待中停笔，却也预示了所待之物的必然来临。

第二章仿佛一段间奏，诗人在积蓄力量，在高原中心的岩洞中开始凝视，“这里 / 唯有一双昏暗的眼睛 / 朝向世界内部合拢 / 朝向在迷雾蒸腾的平原上厮杀的 / 另一种人性合拢”（《渴望·第二章·第五节》）这是诗人的眼睛，高原的秘密与人间的纷争被他尽收眼底，他意欲做出改变，用高原的力量完成对人性的拯救，而高原也同样在积蓄力量，“在干燥的石块间低语 / 寻找属于它的色彩”（《渴望·第二章·第五节》）。一切都在等待的间隙中做着准备，终于：

话语迸射
在纸页上飞奔
寻找属于它们的色彩
祖先与平原上
渴望温柔的人们
在我抬手时开始呼吸

① Thomas Cantens, *Marcher, écrire, peindre, parler quelque part : A partir de la langue-espace d'Yves Bergeret,* in Yves Bergeret *et Alii, Volcans,* Edition Cadrans, 2014, p.131.

话语，被山风重塑

——《渴望·第三章·第六节》

在诗人抬手之际，等待结束。诗人履行了词语摆渡者的使命，他开始传达。话语透过他的手在纸页上自发奔涌，此时此刻，不是诗人说出话语，而是话语借助诗人之口开始言说。正如马提尼克诗人蒙乔阿齐（Monchoachi）在一篇文章中写的，“行走，对于伊夫·贝杰莱而言，首先意味着倾听。因为世界就是话语，所有的一切都在此诉说。”[①]诗人是高原上伟大话语的聆听者与传递者。他以诗作的形式完成了对世界的介入行动，把高原的话语之音转交众人。而“在迷雾蒸腾的平原上厮杀的另一种人性”也将因此恢复平静。在暴力结束的地方，呼吸才能开始。人们感受到来自高原的气息，它净化着迷雾中浸染鲜血的空气，更净化着人们被仇恨与偏见蒙蔽的心灵。给予人类慰藉的高原之音，则在山风中不断地自我更新与自我创造，永不停息。至于诗人，他既满怀忧虑地看到人间的残酷与悲苦，亦从未忘记他在高原之上收获的欢乐与幸福，他全身的骨骼灌注着充沛的高原之音，在一种至乐中凌空欲飞：“轻盈的骨骼，温柔的肩膀／话语磨尖欢乐／在天空晦暗的深处／在我被阳光漂白的质朴的山中”（《渴望·第三章·第八节》）此时此刻，诗人全身所有的感官都被唤醒，使他对欢乐的体验愈发精微细腻，这是幸福降临的伟大时刻，也是他抵抗之力的源泉。平原上毫不妥协的战斗与高山间永不竭尽的幸福，这便是伊夫·贝杰莱的“反与正”，而在他诗歌的核心处，涌动的永远是喜乐而非悲苦。严厉与温柔，也在这样的心境下达成了统一。“黎明独自欢庆／不可抗拒的温柔”（《渴望·第三章·第九节》），第三章在“不可抗拒的温柔”中结束。而在幸福中，收获正呼之欲出，组诗也迎来了它壮丽的终章：

① Monchoachi, *Yves Bergeret à la recherché d'Ogo Ban*, in Yves Bergeret *et Alii, Volcans*, Edition Cacrans, 2014, p.8.

色彩流浪
涌回小小的洞穴
飞溅在我的纸页
成熟的果实不死
它的种子跃起
在炫目的卵石之间
在一个词中
——《渴望·第四章·第十节》

流浪的色彩在纸页上凝聚，找到了最终的栖居之所。流浪代表经历，代表对苦难的承担，代表“不抵达自身的人性”对于远方、未知与他人的寻找。从洞中出发，在人世的历练之后再次回到洞中，使高原获得它所寻找的真正的色彩，这是一种完成。诗人也迎来了收获的时刻。“成熟的果实不死”，“sans mourir”（笔者译为“不死”，直译为“不存在死亡”）不仅表示果实不会死去，而且从本质上消除了死去的可能：死亡不再存在。对于许多事物来说，成熟意味着成长的顶峰，却也同样意味着生长的停止，换言之暗示着衰败与死亡的开始。高原之音有能力避免这种危险，不仅因为它被山风永恒地重塑，而且更为重要的是，诗人的话语——诗——作为高原之音的种子，已经在高原与诗人心灵的相互应和之间开始发芽成长。正是从这个角度出发，秉承高原之音的精神，作为其聆听者与传递者的诗人走向了创造的时刻。诗人也以这样的方式委婉地表明了自己的诗学观念：对于空间与自然，不能执着于某种自然主义的机械复制，也不能将其处理为内心世界的单纯投影，必须在“世界”与“自我”之间找到令二者融为一体的方式，通过一种深层的呼应完成对二者的认知。唯有向空间敞开怀抱，它所蕴藏的美与力量才能真正抵达人心，诗人借助这股力量的奔涌而写作，在它的激发下寻找本真的词语，成为聆听者、传递者与创造者的三位一体，以此坚守诗歌对于人类生存的伦理关怀。

面对着在“另一种人性，我们的人性”中生活的人类及其生命中的诸多困境，诗人尝试着进行回答，继而以浓缩的意象融入了组诗的末节：

风暴云下
层岩躬身
为了倾听激流肃穆的歌

歌声被铸成孩子手心起舞的
轻盈骨骼
通过话语毫不妥协的美
——《渴望·第四章·第十一节》

作为一种对于人类生存状态的反思之力，高原的话语无疑具有庄严的音色，当它穿行生活的暴风骤雨，它为人们带去的绝不是一种轻佻的安慰，而是一种生命的厚重感以及由此而来的沉稳，它仿佛古代智者的低语，铿锵有力，掷地有声。这便是原文中“grave”（笔者译为“肃穆”）的含义：重要的、庄严的、低沉的。这是幸福的沉重。与此同时，“歌声被铸成孩子手心起舞的轻盈骨骼”，轻盈的骨骼意味着被欢乐充盈的身体，手掌皮肉下的骨骼被这种轻盈精神贯注，代表着人类回归一种未经触碰的纯真，轻柔宛若童年无忧的笑容。这是幸福的轻盈。轻与重，严厉与温柔，在这里完成了惊人的统一。从高原肃穆的精神中发现人类童年的天真，最终以一个新生儿般未被历史尘埃与积怨侵扰的姿态再一次开始生活，这不是遗忘过去，而是一种历尽艰难后的精神重生。这就是诗人的意愿与回答。达成这一切的途径只有一个“通过话语毫不妥协的美”。作为一位以写作行动履行其对世人伦理关怀的诗人，伊夫·贝杰莱把“美”放在了终极的高点，这使他与他的精神先驱勒内·夏尔（诗人曾多次无保留地强调这一点）达成了最高的一致，后者曾经在他抵抗运动时期的《休普诺斯诗稿》

中写道：“在笼罩我们的黑暗中，没有一个位置属于美。一切位置都属于美。”[①] 这种不畏艰险、庄重威严的美，令人闻之肃然。它蕴藏着一种令人震撼的伟大勇气，并充分地被伊夫·贝杰莱所继承。“通过话语毫不妥协的美”，这既是对组诗的有力归纳，也是对诗人创作生涯的精辟总结。在一个美急速商业化而艺术愈发观念化的时代，这一逆流而上的孤独呼声正在显示其不朽的价值。本文对《渴望》的分析到此结束，作为伊夫·贝杰莱诗歌在中文世界的首次译介，它只是一块小小的碎石，背后还有一片宽广的空间等待被发现。希望伴随着翻译的扩展与深入，中国的读者与学界能够逐渐认识到这位诗人身上不屈的热情，为我们当下的生活与创作提供启示。

① René Char, *Fureur et mystère,* Gallimard, 1962, p.143.

附录

渴望

〔法〕伊夫·贝杰莱　张博译

第一章

第一节

在这不抵达自身的人性
的击打与推动下
严峻的高原
起伏绵延

光石板的凸缘
为了挥舞一面面盾牌

剪刀般的岩沟
为了划破贫瘠的交谈

千百万块碎石
为了忘却反驳与辩白

第二节

或者
风与阳光翻转着石灰的涌浪

或者
石板的凸缘
鸣响

或者
一阵又一阵风把高原
推向它那
平和
人性的
第二张面庞

或者

《渴望·第四章·第十节》

岩沟猫步般应着合唱

第三节

万千白色的碎石
它们充沛的话语如空中雨水
奔流直至环绕高原的悬崖飞瀑

第四节

话语从瀑布飞落
落入原野的寂静
在那里另一种人性，我们的人性
在夜色受惊的温柔中
等待

第二章

第五节

在高原的中心
在一道凹隙中
一个岩洞，小而干燥

入口在三块紧贴的巨石之间
瘦长的双唇
高原的嘴

在岩壁上，颜料的痕迹
灰尘

这里一片侧影
一道光晕，一只手臂

那里
两条小腿，另一片侧影

这里
唯有一双昏暗的眼睛
朝向世界内部合拢
朝向在迷雾蒸腾的平原上厮杀的

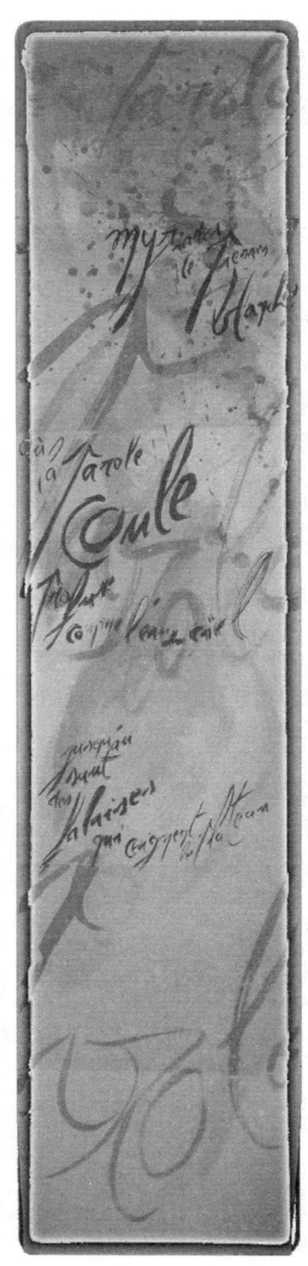

《渴望·第一章·第三节》

另一种人性合拢

如爪的双眼
把人性拉向清明的空地
那里话语风干暴力，
怒火，怜悯，另一种温柔

而那不抵达自身的人性
的简朴彩像
在干燥的石块间低语
寻找属于它的色彩

第三章

第六节
我在山尖上描画
平原与山峰
迫切向我诉说的一切
我溅湿了纸页外的
石堆与石板

话语迸射
在纸页上飞奔
寻找属于它们的色彩
祖先与平原上
渴望温柔的人们
在我抬手时开始呼吸
话语，被山风重塑

第七节
如果色彩飞溅
缘于它的喷射形成激流
在高原的斜坡上奔涌

卵石滚动
鸣响在
世界无边的喧嚣深处

《渴望·第一章·第四节》

第八节

我的髋骨是 G 调卵石
我的锁骨是 E 调卵石
我的头颅是回音
一切环绕着轻盈的骨骼
在彩色小岩洞中混响

轻盈的骨骼，温柔的肩膀
话语磨尖欢乐
在天空晦暗的深处
在我被阳光漂白的质朴的山中

第九节

不要忽视潮起潮落
色彩流浪
在黄昏的飞瀑之间
黎明独自欢庆
不可抗拒的温柔

第四章

第十节

色彩流浪
涌回小小的洞穴
飞溅在我的纸页
成熟的果实不死
它的种子跃起
在炫目的卵石之间
在一个词中

第十一节

风暴云下
层岩躬身
为了倾听激流肃穆的歌

歌声被铸成孩子手心起舞的
轻盈骨骼
通过话语毫不妥协的美

《渴望·第四章·第十节》

纪念罗兰·巴特百年诞辰

Centenaire de Roland Barthes

Commemorating the 100th Anniversary of the Birth of Roland Barthes

罗兰·巴特的“中国之旅”

张晓明

提起“罗兰·巴特的‘中国之旅’”，首先让人想到的，是巴特本人在20世纪70年代中期，作为当时法国著名学术团体“原样派”（*Tel Quel*）代表团成员之一，同菲利普·索莱尔斯、朱丽娅·克里斯特娃等人一道访问中国的那段经历。由于当时中国政治环境对涉外事件报道的限制，这次自“文化大革命”开展以来西欧知识分子对中国的首次访问，没有在当时的中国知识界产生反响。与巴特本人在地理空间上完成的这一几乎没有留下任何印迹的“中国之旅”相比，其著作和思想所经历的另一场始于20世纪80年代初的“中国之旅”，却对中国知识界产生了广泛而深远的影响。这便是在长达二十余年的时间里，其著作和思想在中文语境下被译介和接受的过程。作为一位才华横溢的思想家，巴特素以研究领域的广泛著称。其著述中既有专业艰深的理论著作，亦有文笔灵动且富于真知灼见的散文随笔。其中最能代表他不同时期研究兴趣和思想风貌的作品，目前基本上都已有中文译本。此外，二十多年来与译介活动交叉进行的，是中文语境下不同接受群体在各自范畴内对其思想进行阐释和在此基础上围绕某些理论进行本土化尝试的过程。其中影响最大的当属文学思想领域，巴特在该领域提出的某些标志性观点，如“零度写作”“作者死了”等，甚至为并不从事文学理论研究的普通读者所熟知。作为巴特学术思想在中文语境下“深入人心”的例证之一，这一现象反过来促使我们思考这样一个问题，即中国知识界对巴特文学思想的译介和接受到底经历了怎样一个过程？本文将首先从历时的角度概述其文学思想“中国之旅”的历程，然后通过对中国知识界吸收、消化其文学思想状况的分析，揭示其文学理论在“中国之旅”中留下的印迹。

一　历程

巴特的文学思想和理论，最初是在新时期中国知识界崇尚“方法论”变革的背景下，搭着译介“结构主义”的便车进入中文语境的。据我们目前掌握的资料，袁可嘉发表于《文艺理论研究》1980年第2期的译文《结构主义——一种活动》应该是国内学界第一次译介巴特结构主义思想的尝试。次年开始，有关巴特文论思想的介绍陆续出现于一些介绍结构主义文论的文章中。王泰来在发表于1981–1983年间的两篇关于结构主义文学批评的文章[①]中均强调了巴特对法国结构主义文学批评发展所做的贡献。很快，被视为巴特结构主义文学理论扛鼎之作的《叙事作品结构分析导论》（*Introduction à l'analyse structurale du récit*）被译成中文，刊载在《外国文学报道》1984年第4期上。

就在越来越多的研究者逐渐熟悉“结构主义者”巴特时，张隆溪发表于《读书》1983年第2期上的《结构的消失——后结构主义的消解式批评》一文却又揭示了巴特的“后结构主义者”身份。该文重点介绍了巴特提出的文学作品分为“可读的”与“可写的”两类以及“读者的诞生必须以作者的死亡为代价”等观点，突出了巴特后期文学思想的后结构主义色彩。今天的读者早已熟知巴特思想从结构主义向后结构主义的转变，因而能够理解这种表面上的“无逻辑性”只是译介过程在特定境遇下表现出的“无序状态”，而所谓“特定境遇”，即当年中国知识界在译介严重滞后的情况下希冀于短时间内尽可能多地引进西方思想，结果“结构主义”与“后结构主义”两种本属前后承接关系的思潮，竟是同时亮相于中国读者面前。

从1987年到1991年，《外国文学报道》《上海文论》《外国文艺》

① “关于结构主义文艺批评”，载《外国文学研究》1981年第2期；“一种研究文学形式的方法——谈结构主义文艺批评”，载《国外文学》1983年第3期。

《外国文学》等期刊总共发表了二十余篇巴特著作的译文，内容涉及文本理论、符号理论、文学批评理论以及具体的文学批评实践，分属结构主义与后结构主义范畴。其中，《外国文学报道》在 1987 年第 6 期上一次性便刊载了八篇，其中有七篇选译自巴特的《批评文集》（*Essais critiques*），折射出当时国内研究界在“方法论”热潮的推动下，十分关注以巴特为重要代表之一的西方结构主义文学批评这一事实。

与此同时，辽宁人民出版社于 1987 年率先出版了巴特 *Eléments de sémiologie* 一书的中译本，书名为《符号学美学》，由董学文、王葵转译自英文版。这也是国内第一次以单行本形式出版巴特著作的中译本。尤为引人注目的是，该译本正文前有一篇长达三十多页的“译者前言”，译者在其中对整个文艺符号学理论的发展史进行了梳理，并总结了西方现代文艺符号学的基本思想特征；在分析了巴特符号学理论的独到之处后，还顺带介绍了他的其他几部重要著作的内容。如果说《符号学美学》引领中国知识界认识了符号学家巴特，那么三联书店次年出版的《符号学原理——结构主义文学理论文选》（以下简称“《文选》”）则致力于“使我国读者了解巴特其人及其文学思想的一个概貌”[①]，通过对其“几种代表性作品”的译介“把巴特这位文学理论家、文学批评家和文化批评家以及符号学家的面貌展现出来”。《文选》译者李幼蒸多年从事结构主义哲学和美学研究，素以译文的忠实准确著称，其撰写的“译者前言”对巴特整个思想产生的根源及其在学术生涯中展现出来的各个不同立面进行了深邃而独到的剖析，代表了当时国内巴特思想研究的最高水平。

《文选》是“文化：中国与世界系列丛书”编委会编撰的“现代西方学术文库”之一种。该“丛书”另设有“新知文库”，收录各类介绍性译著，以与“学术文库”相互参照，互为补充。对应于《文选》，我们可以在“新知文库”中找到美国结构主义文论家乔纳森·卡勒尔

① 李幼蒸，“译者前言”，见《符号学原理——结构主义文学理论文选》（罗兰·巴特著，李幼蒸译），北京：三联书店，1988 年，第 1 页。

所著《罗兰·巴特》一书。该书凡十章，每章介绍巴特的一种文化身份，这种多立面的介绍显然十分契合李幼蒸编译《文选》的目的。作为国内第一部关于巴特的传记性著作，《罗兰·巴特》在与《文选》的配合下有力地推动了巴特思想在中国的传播。

进入 90 年代，巴特主要著作的中文全译本相继问世，某些著作还出现了复译与再版现象。其中，*Eléments de sémiologie* 继 1987 年的辽宁人民版和 1988 年的三联版后，又出现了两个新译本：一个是由黄天源翻译，广西民族出版社 1992 年出版；另一个是王东亮等人的译本，三联书店 1999 年出版。前者囿于出版社本身影响力不大，且印数又少，故未产生太大影响；王东亮等人的译本，则受到了某些学者的高度评价，被称作“迄今为止最好的译本”。[①]*Fragments d'un discours amoureux* 一书的中译本继 1988 年首次以《恋人絮语——一个解构主义的文本》为名出版后，1997 年和 2004 年又分别以《一个解构主义的文本》和《恋人絮语——一个解构主义的文本》为名再版。

在这一时期翻译出版巴特著作的过程中，上海人民出版社扮演了非常重要的角色。除上述三版《恋人絮语——一个解构主义的文本》外，该社 1997 年到 2002 年间又相继出版了《神话——大众文化诠释》《批评与真实》《流行体系——符号学与服饰服码》《S/Z》和《文之悦》等一系列巴特著作的中译本。此外，百花文艺出版社于 1995 年和 2002 年出版了由怀宇翻译的《罗兰·巴特[②]随笔选》和《罗兰·巴特自述》（*Roland Barthes par Roland Barthes*）。前者是国内第一部全面介绍巴特各个时期著作的选集，后者则由于原著本身体现出巴特陈述事实、阐发观点的独特手法——刻意地写作“断片”——而使得读者可以在加深对其个人认识的同时直观地感受到他的美学思想在实

① 参见“臧策评论”，http://www.chinaphotocenter.com/llypp/article/zangce/zangce-007.htm。

② 在巴特著述和思想的“中国之旅”中，其姓名的中文译名有作“罗朗·巴特”的，有作“罗兰·巴特”的，也有作“罗兰·巴尔特”的。本文根据约定俗成原则，统一作“罗兰·巴特”，但在引用相关文献时则照原文所选译名摘录，不做修改。

践层面的表露。

2008年伊始，巴特著作的“中国之旅”又进入了一个新的阶段——中国人民大学出版社着手出版《罗兰·巴尔特文集》（10卷）。《文集》由长期从事巴特著作和思想译介与研究的李幼蒸、张智庭（即上文所说的“怀宇”）等人翻译，除收录经过核校修订的各人旧译，总共12部作品中有半数以上为初次译介，如《新文学批评论文集》《符号学历险》《小说的准备》（讲演集）等，这将对中国知识界进一步认识和理解巴特其人其思起到积极的推动作用。

二 印迹

真正的幽灵是罗兰·巴特，他对当前中国文学思想的影响是怎样估价都不会过分的。[①]

——李洁非

罗兰·巴尔特的《符号学原理》一书的中译本在1989年以后，影响了中国一代知识分子。[②]

——吴晓东

随着各种译介文本的问世，一个多立面的罗兰·巴特最终呈现在中国读者面前。国内学界逐渐意识到，巴特“是一个具有多重面目的大师，用一副或两副面孔来指称他，总显不合适”[③]。当然，这种认识上的不断深化，主要应归功于中国学者在本土语境下对其文论思想的理解（研究）与接受（运用）。下文中，我们就通过一些反映这一理解与接受过程特点及存在问题的突出环节，折射巴特文论思想“中

① 李洁非：《文本与作者——一个小说叙述学难题》，《艺术广角》1989年第1期，第38页。

② 吴晓东：《从卡夫卡到昆德拉：20世纪的小说和小说家》，北京：三联书店，2003年，第7页。

③ 方珊：《形式主义文论》，济南：山东教育出版社，2002年，第298页。

国之旅”的印迹。

（一）“结构主义者”巴特与《叙事作品结构分析导论》

在巴特的众多著作中，《叙事作品结构分析导论》（以下简称“《导论》”）率先被译介过来，这是中国当代文学理论及其批评实践在意识到传统文学“殊多‘内容批评’而少有形式分析”①的缺陷后，试图通过发展形式结构批评来完善自身的必然结果。但是，在传统的社会历史文化批评模式中浸淫已久的中国文学批评实践，在缺失前期理论积累的条件下似乎很难在短时期内具备形式结构批评要求的思维方式和掌握其文本分析方法的真谛，以至于一方面《导论》中提出的观点被很多文章引述，另一方面却很少有人真正运用文中提出的方法去分析文学作品。此外，当时文学研究领域一些权威人士对结构主义批评的看法有失偏颇②，这些偏见的误导可能也是导致实践上无人响应的原因之一。据我们目前掌握的资料，有意识将《导论》中提出的方法运用于文学作品研究的学者屈指可数，此处仅举李劼的研究成果为例：在《论小说语言的故事功能》一文中，他将自己提出的小说语言的“故事生成功能”和“故事催化功能”两个概念分别对应于巴特在《导论》中所说的叙事作品的“功能层”和“叙述层”，借以分析小说《百年孤独》的开篇名句。③而在《论当代新潮小说的语言结构》一文中，他又以刘索拉、阿城、孙甘露和马原四位作家的作品为例，来论述“句法结构中的主语和宾语系统如何在叙事结构中分别展开为作者、叙述者和人物”④。在有些学者看来，这实际上是在演绎巴特在《导论》

---

① 康林：《本文结构批评的“拿来”与发展》，《文学评论》1987年第5期，第159–160页。

② 如伍蠡甫就曾在《现代西方文学批评的若干流派》一文（载《文艺报》1985年第3期，第59页）中指出，“（以巴特为代表的）结构主义批评只做了一桩事：完全否定文学和作家，它之所以如此荒谬，乃是由于非理性主义和形式主义的恶性发展啊！”这种观点完全抹杀了结构主义文学批评的积极作用，显然带有很大的偏见。

③ 参见李劼：《论小说语言的故事功能》，《上海文论》1988年第2期，第10–17页。

④ 参见李劼：《论当代新潮小说的语言结构》，《文学评论》1988年第5期，第118页。

中提出的“叙事作品是个大句子的论断”。[①]

也有一些学者在深入研究《导论》后提出了有别于传统解读的独到见解。这方面，韦遨宇的《明修栈道　暗度陈仓——读罗兰·巴特〈叙述分析导论〉》一文颇具代表性。作者认为，巴特“在建构自己的结构主义叙述学理论时，就已在准备摧毁这一理论并开始了向后结构主义的文本阅读理论与符号学理论的演进”[②]。在该文第二部分“对中心结构的内部颠覆”中，作者通过缜密的论证，揭示了巴特“对结构主义思维模式、对叙述作品中心结构、主导功能决定论”的怀疑立场，并由此而认定“一元论、决定论的结构主义思维方式让位于多元论、非决定论的解构主义思维方式的这一必然的趋势，早在1966年发表的这篇《叙述分析导论》中，就已明白无误地暗示给我们了”[③]。此外，韦遨宇还论证了“‘读者’对封闭式叙述结构从外部进行的冲击”与巴特“慧眼独具的结构游戏观”，最终他总结道：“（我们其实应该将《导论》视为）巴特明修结构主义叙述学之栈道，暗度后结构主义文本阅读理论之陈仓的语言式论著，视为巴特从结构主义转向后结构主义的一个理论转折点。”[④]

由于长期与文学批评实践脱节，随着国内学术热点的变换和研究的深入，《导论》逐渐淡出了人们的视野，也有学者试图结合《导论》本身的缺陷来分析这一“淡出”的原因：

> 对于一个理论家来说，尤其重要的是他的理论应能返回到实践之中，指导实践。可惜我们只看到他（巴特）在分析三大层次时零零星星地举了一些例子，却丝毫没有见到他这种理论系统地应用于实践的影子。这不得不给人留下这样一种印象，即他是在

① 赵稀方：《翻译与新时期话语实践》，北京：中国社会科学出版社，2003年。

② 韦遨宇：《明修栈道　暗度陈仓——读罗兰·巴特〈叙述分析导论〉》，《外国文学评论》1991年第1期，第32页。

③ 同上，第36页。

④ 同上，第39页。

为理论而理论，为结构而结构。①

这和怀宇对于为何没有将《导论》选入《罗兰·巴特随笔选》所做的解释②不谋而合。

（二）《符号学原理》与“符号学家”巴特

从1987年辽宁人民版的《符号学美学》到1999年三联版的《符号学原理》，巴特的这部著作在十二年的时间里出现了四个译本。如此高频率的复译似乎“昭示”着此书的经典性。那么实际情况如何呢？

《符号学美学》当年首印即达37 000册，这个数字是今天的文学理论类书籍所难以想象的。虽然该译本问世不久即在译文质量上遭人质疑，但借助于它的广泛流传，作为文学研究方法论革新者的符号学家巴特开始引起国内研究者的关注。这种关注随着一年后出版的《符号学原理——结构主义文学理论文选》而进一步加强。事实上，无论是《符号学美学》如此高的印数，还是国内学界对巴特符号学家身份的重视，都可以在当时中国文艺界掀起“方法论”热潮这一背景下找到合理的解释。杜任之在为《文选》撰写的“中译本序”中便明确指出：

> 大致说来，符号学所涉及的学科有哲学、语言学、文学理论、美学、历史学、社会学、人类学等，它已成为上述学科中十分有用的分析工具。……为了了解当代西方文艺理论研究中出现的新观点和新方法，掌握符号学的基本知识是必不可少的。法国作家巴特著述的《符号学原理》对于我国读者了解这一领域内的基本知识是十分有益的。③

---

① 王允道：《评罗兰·巴特的结构主义》，《当代外国文学》1996年第4期，第67–68页。

② 怀宇的解释是：“由于作者后来很少再应用这篇文章中确定的方法，因此没有选入。”见《罗兰·巴特随笔选》“译后记”，第372页。

③ 杜任之，“中译本序”，见《符号学原理——结构主义文学理论文选》（罗兰·巴特著，李幼蒸译），北京：三联书店，1988年，第1页。

可见，当年文艺界对《符号学原理》（以下简称“《原理》”）的重视，主要是将该书视作自身了解符号学基本知识的一本十分有益的启蒙读物；而以此为目的最终被选中的之所以是《原理》而非其他符号学著作，原因在于“就实际影响的大小和范围而言，巴特这本小册子竟然超过了许多语言学和哲学领域的符号学专著产生的影响，特别是在文学批评领域内”[①]，与该书本身是否经典并无关联。

非但与是否经典无关，在1999年三联版的“译后记”中，译者王东亮更是直言不讳地宣称：“《符号学原理》不是一部经典”，因为“在从索绪尔算起的西方符号学发展史上，罗兰·巴特的《符号学原理》一书并没有人们想象的那样重要。它没有像《普通语言学教程》那样，提出一些振聋发聩的革命性概念，做出一个极富远见的符号学构想；也不似格雷马斯的《结构语义学》，一举确定了符号学研究的基本规范与方法，成为开宗立派的奠基之作。一部符号学史可以忽略《符号学原理》的存在，一个符号学家也可以没有读过巴特的这本小册子，而照样应裕自如地从事他的学术研究。”[②]因此，王东亮认为该书书名不应该被译成“符号学原理”，类似“符号学基础”或者“符号学入门”这样的译名才更名副其实，“因为它实实在在涉及到的只是些符号学的……‘基础知识’或‘基本概念’。”[③]只是囿于约定俗成的原因，新译本才没有改弦更张。不过，王东亮同时也肯定了《原理》一书的价值正在于它的启蒙性和入门性。然而，在远离了20世纪80年代的“方法论”热潮后，特别是在国内研究者的理论知识水平已经跨越“启蒙”与“入门”阶段后，该书是否还有着与当年同等的重要性呢？

随着中国人民大学出版社《罗兰·巴尔特文集》的出版，由李幼

---

① 李幼蒸，“译者前言”，见《符号学原理》（罗兰·巴尔特著，李幼蒸译），北京：中国人民大学出版社，2008年，第2页。

② 王东亮，“译后记”，见《符号学原理》（罗兰·巴特著，王东亮等译），北京：三联书店，1999年，第124页。

③ 同上，第125页。

燕于1988年三联版旧译基础上核校修订而成的又一个《原理》译本面世了。在“译者前言”中，李幼蒸阐述了自己对这一问题的看法：

> “巴尔特符号学”在今日符号学研究中仍然保持着它的特殊启示性意义。……巴尔特将不同来源的各种知识进行‘搭配’的‘实用性’符号学策略，显示了今日符号学界所普遍忽略的两种重要观点。一者是，巴尔特的符号学“实用主义”表明他并不重视根据现有相关知识来匆忙搭建任何符号学理论体系，而是着重于方法论搭配的课题适切性。……再者，巴尔特的实用性符号学观点，还暗示着一种更具根本性的学术思想挑战。这就是，现存人文科学系统只是各种方法论的“工具库”，而非各自现成的独立运作系统。……（而）符号学的精义可以说是实践性大于原理性，即研究如何借取和运用各学科理论工具来处理各种具体的文本意义分析课题。……绝对不存在什么“符号学科学”一类的“灵丹妙药”。①

在巴特的符号学思想进入中文语境二十多年后，李幼蒸对其特点所做的这番总结，可以说分析了在符号学研究成为专深学科的今天，“巴尔特符号学”对符号学发展具有的启示和参照作用。相对于当年的“启蒙性”和“入门性”，这种“启示性”和“参照性”或许是《原理》一书对于今日中国学界之重要性的体现。

（三）“后结构主义者”巴特与“作者死亡论”

当年通过张隆溪在《结构的消失——后结构主义的消解式批评》一文中并不十分详细的介绍，国内读者在对巴特后结构主义文论的朦胧认识中依稀了解到，他在《S/Z》这部作品中对巴尔扎克的中篇小说《萨拉辛》所做的详细分析是实践其后结构主义批评理论的经典范

① 李幼蒸，“译者前言”，见《符号学原理》（罗兰·巴尔特著，李幼蒸译），北京：中国人民大学出版社，2008年，第3页。

例。对于当时的大多数国内读者而言，张文是他们了解巴特后结构主义思想的缘起。据乐黛云在《“批评方法与中国现代小说研讨会”述评》一文中的介绍，早在1982年12月于夏威夷召开的这次以“用各种最新的文艺理论与方法来分析中国现代短篇小说，从多方面试探这种结合的可能性和局限性”为主题的研讨会上，即有学者“用类似（巴特分析《萨拉辛》）的方法来分析茹志鹃的《百合花》，把这个短篇分解为十四个不同的形象系列，找出各系列的特点和相互关系以说明《百合花》的抒情特点与节奏感的来源”。[①] 遗憾的是，由于篇幅所限，乐文未能详细介绍研讨会上对这一“结合的可能性和局限性”进行讨论的结果。后来的事实证明，巴特的这种后结构主义批评理论在中文语境下同样遭遇了理论评述与本土实践的严重脱节。导致这种局面的原因一方面固然在于《S/Z》等相关著作长时期内没有中文译本，另一方面——也是更根本的一方面——则在于中国文学批评界中极少有人具有这种精细的文本分析所需要的耐心[②]。

虽然巴特的后结构主义批评实践没有在中国找到真正的志同道合者，但他提出的“作者死了”这一带有后结构主义色彩的观点却得到了文学评论界某些人士的认同。李洁非向我们描述了“作者死亡论”在20世纪80年代中晚期带给当时中国文坛的震撼：

> 由于意识到作者在其作品中的地位并非牢不可破，或者说作者对于作品的意义并非必然性的，今天的批评家已比过去任何时候都更加肆无忌惮地议论作家；王蒙、阿城、莫言、韩少功、张承志、残雪、刘索拉等等耀眼的明星纷纷受到尖锐的有时甚至是轻慢的挑剔，无疑表明一些偶像正在被拆除，而批评家则有勇气越过作者直接面对作品——并确认唯有后者才是自己的批评对象。[③]

① 乐黛云：《“批评方法与中国现代小说研讨会”述评》，《读书》1983年第4期，第123页。
② 孙绍振：《西方文论的引进和我国文学经典的解读》，《文学评论》1999年第5期，第24页。
③ 李洁非：《文本与作者——一个小说叙述学难题》，《艺术广角》1989年第1期，第38页。

面对这些“肆无忌惮的议论”甚或“尖锐的有时甚至是轻慢的挑剔”，某些作家奋起反击，甚至过激地将所有“越过作者直接面对作品”的批评视为“大逆不道”。作家与批评家的相互攻讦遂引发了国内学界对“作者死亡论”的探讨。在众多相关研究成果中，宁一中的《作者：是“死”去还是“活”着？》与兰珊珊的《也论“作者之死”》二文观点相对，颇具代表性。对“作者死亡论”持批判态度的宁文认为：“（这一理论）在为作品和读者的登场鸣锣开道的时候，采取了极端的态度，彻底否定了作者在作品中的存在，这样就否定了作品风格的存在，否定了作者应承担的道德、伦理、法律、政治等责任；也否定了仍然存在的某种意义上的作者的权威作用”①；而持赞赏态度的兰文则强调作者之死“代表的是一种理论转向，代表着传统的本体论与认识论的本质与权威在强大的语言学理论面前分崩离析的命运。……‘作者之死’并不是抹杀作者的存在，而是对作者存在的绝对权威提出质疑，对造就这种权威的社会意识形态提出质疑”②。兰文的观点实际上表明，如同传统的社会历史文化批评模式亟待文本结构批评带来清新空气一样，长期以来被文学批评界奉为圭臬的以作者意图为出发点的批评理念也需要借“作者之死”这样的先锋理论来实现自身的变革与完善。那么，中国文学界究竟应当如何看待“作者死亡论”呢？对此，李洁非在《文本与作者——一个小说叙事学难题》一文中提出了如下见解，可资借鉴：

> 我觉得罗兰·巴特“作者死了”这句话在中国当代批评中所起到的最好效果莫过于，评论家既因此改变了过去那种服从、论证作家的意识，又不致拿一些理论教条在自己与作家之间砌起一道无形的墙，而恰恰是借助于这种对“作者”的超越反过来建立我们真正的作家研究——这种研究并不是为树立作家权威而效劳

① 宁一中：《作者：是“死”去还是“活”着？》，《国外文学》1996年第4期，第31页。

② 兰珊珊：《也论“作者之死”》，《外国文学研究》1997年第4期，第24-25页。

的，毋宁说是我们尝试文学的现象描述与艺术分析的开端。[①]

（四）“零度写作”与中国当代文学

对于今天的很多中国读者而言，“零度写作”与“作者死了”一样，几乎已经成为巴特在中文语境下的代名词。相比于“作者死亡论”，“零度写作”概念对于中国当代文学理论与实践的影响恐怕更加明显。在浙江文艺出版社2003年出版的《二十世纪中国文学批评99个词》一书中，我们看到，“零度写作”已经被列为中国文学批评话语最重要的99个概念之一。“零度写作”的概念源于巴特的《写作的零度》（以下简称“《零度》”）一书，该书内容最早以节译的形式附于《符号学美学》书末，全译本则收录于一年后出版的《符号学原理——结构主义文学理论文选》。全译本的译者李幼蒸在讲述自己当年翻译此书的初衷时说道：

> 《写作的零度》……对于长期隔膜于文学形式和机制研究的中国文学理论研究者，具有直接的启示性意义。我们不仅应该研究文学思想的“内容面”，也应该研究文学思想的“表达面”，后者的构成分析相关于文学思想表达的背景、能力和目的等方面。这会有助于作家和文学研究者更深入地把握文学思想产生和运作的整体过程。[②]

按我们的理解，李幼蒸所说的这种“启示性意义”，首先在于《零度》一书所倡导的文学写作理念带给中国传统文学观的冲击。如王岳川所言，“在传统的话语中，写作是经天纬地的‘不朽盛事’，是人为寻求真理而获得的一种话语特权，……而巴特却将‘写作’的本质

---

① 李洁非：《文本与作者——一个小说叙述学难题》，《艺术广角》1989年第1期，第45页。

② 李幼蒸，“译者前言”，见《写作的零度》（罗兰·巴尔特著，李幼蒸译），北京：中国人民大学出版社，2008年，第7页。

和内涵加以根本性扭曲，使其不再是对真理的直接砥砺，不再是对不朽盛事的先行见到，而是一种现世的书写实践，一种非意向性的世俗行动，甚至是一种无所驻心的中性的‘白色写作’”[①]。这种“无所驻心的中性的‘白色写作’”以其对传统文学写作观的颠覆契合了当时国内文学创作力求摆脱占主导地位的、带有强烈政治色彩的创作原则并追求艺术创新和形式变革的意愿。有意使自身创作明显区别于传统的一批“先锋”作家很快便根据自身对“零度写作”的理解身体力行，其中最具代表性的当数余华。余华是最早尝试“零度写作”的作家之一，其早期作品如《世事如烟》《现实一种》《古典爱情》等，均通过一种冷峻的笔调不动声色地展示暴力、血腥和死亡，作者的主体性被刻意遮蔽，读者很难于作品的文字层面觉察到作者对人物的情感倾向，作品因此而打下了“零度写作”的烙印。

更大范围内的影响则表现为“新写实小说”体现出强烈的“零度风格”。陈思和主编的《中国当代文学史教程》对“新写实小说”的创作特点作有如下描述：

> （新写实小说）最基本的创作特征是还原生活本相，……复原出一个未经权力观念解释、加工处理过的生活的本来面貌。为达到这一效果，新写实小说在创作方式上有意瓦解了文学的典型性，以**近似冷漠的叙述态度**来掩藏作者的主观倾向性。[②]

所谓“近似冷漠的叙述态度”，也就是“叙事方式在主体性方面显得比较冷漠暗淡，即所谓‘消解激情’的写作，……取消了作家的情感介入，以一种‘零度情感’来反映现实”[③]。“新写实小说”的

① 王岳川：《作者之死与文本欢欣》，《文学自由谈》1998年第4期，第77页。

② 陈思和主编：《中国当代文学史教程》，上海：复旦大学出版社，1999年，第307页。文中黑体为笔者所加。

③ 同上，第308-309页。

代表作品如方方的《风景》、池莉的《烦恼人生》、刘震云的《单位》《一地鸡毛》、余华的《活着》《许三观卖血记》等，均借助于这种“零度情感”来凸显生活的“凡俗性”，再现“一个未经权力观念解释、加工处理过的生活的本来面貌”，通过取消典型环境中典型人物的典型性格，进而消解作品中所有可能牵涉意识形态的内容。

随着“零度写作”在20世纪80年代末90年代初对中国当代文学创作的影响与日俱增，也出现了一些针对这一“先锋”写作理念的质疑和反对声。这主要是由于评论界的某些人士对“零度写作”概念本身作了狭隘的理解，他们望文生义地将“零度写作”与传统意义上文学作品应该具备的道德评价功能完全对立起来，并以后者作为文学存在意义的基本参照，怀疑“零度写作”的价值，怀疑尝试“零度写作”的作家缺乏人文精神。对此，已有学者致力于从根源上澄清事实，如项晓敏在《对巴尔特零度写作理论的再读解》一文中就指出，认为巴特以“零度写作”来反对萨特所倡导的文学应当“介入”社会的观点，其实是对该理论的一种曲解，事实上，“（零度写作）在强调作者不介入、无动于衷的中性写作的同时，在消解主体的意识功能的同时，并不排除和否定作者对作品所起的作用”。[①]因此，有学者主张“在‘介入’和‘零度’的结合中认识写作”，认为“‘介入’理论所强调的写作社会责任感与‘零度’理论所体现出的关注个体的倾向，应该成为我们认识写作本质的一种有益参照”[②]。具体就“新写实小说”而言，可以这样认为，“零度写作”并非其话语目的，而仅仅是其话语方式[③]。按照某些学者的说法，“新写实小说”着力呈现的“零度情感”和“零度真实”，目的是为了追求“道是无情却有情”和“真

① 项晓敏：《对巴尔特零度写作理论的再读解》，《复旦学报（社会科学版）》2004年第4期，第137页。

② 孟建伟：《在“介入”和“零度”的结合中认识写作》，《山西师大学报》2004年第2期，第137页、第141页。

③ 王炜：《零度情感：新写实的话语方式而非话语目的》，《曲靖师范学院学报》2006年第2期，第45–47页。

作假时假亦真”[①]的效果，其成功之处正在于通过对“思想情感的表达”与“生存真实的审视”二者的零度把握“实现了传统与现代的完美结合，体现出它独具的审美意蕴”[②]。

另一方面，不可否认的是，“零度写作”概念在中文语境下也确实遭到了一定程度的滥用。林秀琴在《二十世纪中国文学批评99个词》一书中评述“零度写作”这一概念时说道：

> 在今天的文学现实中，我们不无随意地用零度写作来定义那些采用了外部聚焦、行为主义式的叙事规范，新写实小说就时常不乏贬义地被冠以零度写作的头衔。我们还时常把90年代被称作先锋写作，或那些不再承载某种主流意识形态，标榜无意义或消解中心的写作，或一些表现所谓后现代主义虚无态度的写作，也称为零度写作了。零度写作竟然变成类似于游戏的写作方式了。[③]

从这番话中不难看出，“零度写作”概念的使用面的确过于宽泛，其中难免有滥竽充数之属。那些并不符合“零度写作”理论要旨的作品，也往往将“零度写作”当成护身符和挡箭牌，以应对批评界的质疑，进而导致了后者对于“零度写作”的反感。

以上我们对巴特文论思想“中国之旅”的历程与印迹进行了描述和分析。作为一种异域理论，伴随其跨文化之旅的往往是接受语境一定程度上的误读。但是，无论是对元理论而言，还是对接受语境而言，误读并不总是只有负面效应，相反，它很可能为两者带来新的发展契机。本文的目的显然并不在于以此研究为巴特文论思想的“中国之旅”画上句号，而是希望由此激发更多的研究者关注其思想在中国的接受

① 顾梅珑：《“新写实”的零度审视及其审美意蕴》，《广西师院学报》2001年第4期，第37–39页。

② 同上，第36页。

③ 南帆主编：《二十世纪中国文学批评99个词》，杭州：浙江文艺出版社，2003年，第410页。

状况，共同探寻那些潜在的发展契机。

参考文献

罗兰·巴特:《符号学美学》,董学文、王葵译,沈阳:辽宁人民出版社,1987年。

罗兰·巴尔特:《符号学原理——结构主义文学理论文选》,李幼蒸 译,北京:三联书店,1988年。

罗兰·巴特:《罗兰·巴特随笔选》,怀宇译,天津:百花文艺出版社,1995年。

罗兰·巴特:《符号学原理》,王东亮等译,北京:三联书店,1999年。

罗兰·巴尔特:《符号学原理》,李幼蒸译,北京:中国人民大学出版社,2008年。

罗兰·巴尔特:《写作的零度》,李幼蒸译,北京:中国人民大学出版社,2008年。

吴晓东:《从卡夫卡到昆德拉:20世纪的小说和小说家》,北京:三联书店,2003年。

方　珊:《形式主义文论》,济南:山东教育出版社,2002年。

赵稀方:《翻译与新时期话语实践》,北京:中国社会科学出版社,2003年。

陈思和主编:《中国当代文学史教程》,上海:复旦大学出版社,1999年。

南帆主编:《二十世纪中国文学批评99个词》,杭州:浙江文艺出版社,2003年。

王泰来:《关于结构主义文艺批评》,《外国文学研究》1981年第2期。

王泰来:《一种研究文学形式的方法——谈结构主义文艺批评》,《国外文学》1983年第3期。

张隆溪:《结构的消失——后结构主义的消解式批评》,《读书》1983年第2期。

李洁非:《文本与作者——一个小说叙述学难题》,《艺术广角》1989年第1期。

康　林:《文本结构批评的“拿来”与发展》,《文学评论》1987年第5期。

伍蠡甫:《现代西方文学批评的若干流派》,《文艺报》1985年第3期。

李　劼:《论小说语言的故事功能》,《上海文论》1988年第2期。

李　劼:《论当代新潮小说的语言结构》,《文学评论》1988年第5期。

韦遨宇:《明修栈道 暗度陈仓——读罗兰·巴特〈叙述分析导论〉》,《外国文学评论》1991 年第 1 期。

王允道：《评罗兰・巴特的结构主义》，《当代外国文学》1996 年第 4 期

乐黛云：《“批评方法与中国现代小说研讨会”述评》，《读书》1983 年第 4 期。

孙绍振：《西方文论的引进和我国文学经典的解读》，《文学评论》1999 年第 5 期。

宁一中：《作者：是“死”去还是“活”着？》，《国外文学》1996 年第 4 期。

兰珊珊：《也论“作者之死”》，《外国文学研究》1997 年第 4 期。

王岳川：《作者之死与文本欢欣》，《文学自由谈》1998 年第 4 期。

项晓敏：《对巴尔特零度写作理论的再读解》，《复旦学报》（社会科学版）2004 年第 4 期。

孟建伟：《在“介入”和“零度”的结合中认识写作》，《山西师大学报》2004 年第 2 期。

王　炜：《零度情感：新写实的话语方式而非话语目的》，《曲靖师范学院学报》2006 年第 2 期。

顾梅珑：《“新写实”的零度审视及其审美意蕴》，《广西师院学报》2001 年第 4 期。

臧　策：“臧策评论”，http://www.chinaphotocenter.com/llypp/article/zangce/zangce-007.htm。

文化随笔

Essais
Cultural Essays

作为“第四世界”的美国：也谈美国例外论

林国华

一 罗斯主编的思路

美国《外交事务》（2015 年 9/10 月）杂志以“奥巴马的世界”为专题，刊发九篇主题文章，针对奥巴马外交政策得失进行总结和评价，评价结果是得大于失，主编吉迪恩·罗斯（Gideon Rose）亲自操刀，率先给出这一评价，为本期主题定了基调（“奥巴马做对了什么”）。

该期封面设计很有意思。主标题是“奥巴马的世界”，副标题是“评断他的外交政策记录”，背景配图是奥巴马弯腰屈腿扛着巨大的地球。这是在戏仿希腊神话里的阿特拉斯举天的典故，意味深长。阿特拉斯（Atlas）是泰坦神族的重要成员（他有个弟弟就是大名鼎鼎的普罗米修斯），宙斯分配他去把天空扛在肩上，天与地就分开了，这给宇宙万物秩序提供了生长空间。希腊神话权威文本[①]对阿特拉斯有一处重要刻画：他矗立在“大地边缘”（*peirasin en gaies*）。——他创造了一个秩序，其本人却不在秩序中，可这个秩序还需要他日夜守护。这可能是“美国例外论”的最佳隐喻。施米特说美国的海权存在样态是“无迹可求，但又无处不在”（nowhere and everywhere），令人费解地糅合了“缺席”（absence）与“在场”（presence），[②]说的其实也是一样的意思。

---

① 赫西俄德（Hesiod）：《神谱》，第 518 行，中译可参考吴雅凌编撰的《神谱笺释》，北京：华夏出版社，2010 年，第 294 页。

② Carl Schmitt, *The Nomos of the Earth in the International Law of the Jus Publicum Europaeum*, trans , by G. L. Ulman, Telos, 2006, pp. 281–301.

的确，从华盛顿总统在其告别演讲发出告诫以降，美国外交思想史贯穿着一个清晰可辨的精神传统，我权且戏称之为“圣灵外交”，它敦促美国不要轻易进入别国领土（肉身化），而是像圣经中记载的“圣灵”一样，“运行在水上”，姿态灵动飘忽，富有高度弹性与机动性。独立宣言、联邦党人对“联盟”的犹疑、门罗主义的保守态势、马汉的海权愿景（建立高度机动性的海上力量体系）以及威尔逊主义的攻击性都可以在“圣灵外交”中得到解释。水上的圣灵和美国的海权伸张似乎是一脉相承的，两者都拒绝依附土地。在其理想形态上，美国的外交不是土地性的，在其历史层面，当然存在不同程度的偏离和扭曲。

罗斯主编的文章认为，小布什的外交把美国人的命运与海外土地过于紧密地交织在一起，是对“圣灵外交”的偏离和扭曲，奥巴马则使美国抽身而出，这不是示弱，而是矫正前任失误，回归美国外交的传统思路：

> 奥巴马在外交政策方面取得成功的关键在于其对大局的把握：他激赏那种美国在过去七十年中一直加以培育的自由国际秩序，并且认识到，有必要从全球边缘地带中那种被误导的冒险和积怨中抽身而退，才能拯救那一秩序的核心……他是一名带有保守主义性格的观念上的自由派。

这段话是罗斯主编的点睛之笔，其中有两个问题需要澄清：第一，“自由国际秩序”是什么东西。第二，怎么界定“边缘”与“核心”。

第一，罗斯声称，奥巴马激赏并力图回归的“自由国际秩序”是诞生在“二战”中并发展至今的全球体系，这一秩序的核心成员是拥有混合经济的各个民主国家，他们彼此和平共处并贸易往来，同时偎依在美国的保护伞下。从布雷顿森林体系和联合国，到北约组织和欧洲联盟，再到数不胜数的双边与多边区域性组织，这一秩序中的核心部分牢牢根植于多重交叠的制度性架构中。罗斯看到，这一秩序的最大特点在于，它无法基于地理、种族、血缘、宗教或带有其他被给定的自然归属性特征得到辨识，它是一个纯粹人造的契约性自由共同体联盟。“任何想要加入并准备依规则行事的国家都会被允许加入，这令其成为一种具有潜在普遍意义且正持续扩展中的联盟。并且，因为这一秩序包含方方面面相当多的领域以及进入点，未准备好的立即签署全部协议的国家可以从边缘地带起步，依照他们各自的步调向核心地带前进，在一段时间内逐步加入”。总之，自由秩序的大门始终敞开着，要想进来，需要自己努力争取，美国则应该保持去留自便的弹性姿态，尊重潜在会员国的自由意愿，不宜强制他人入会。罗斯认为，小布什致力于进攻性姿态，致力于“铲除这个世界的邪恶”，其实只是斤斤计较于边缘性的积怨和冒险，置美国外交的核心任务——自由国际秩序——于危险境地。罗斯赞同奥巴马的撤离政策。以乌克兰政策为例，他说：奥巴马看到乌克兰并非北约成员国，它只是欧洲战略边缘的一部分而非核心，它是俄罗斯的核心利益，但对于西方来说仅仅是边缘地带，因此，让俄罗斯为其侵略付出代价固然是必要的，但是美国自身却没有必要为这一事态大动干戈。“美国并未介入 1956 年在匈牙利、1968 年在捷克斯洛伐克或者 1981 年在波兰发生的类似事件，何以人们期待美国介入 2014 年的乌克兰事件呢？就像其他国家经历过的那样，当形势允许，乌克兰大概最终加入自由秩序，但在那之前，出兵将其引入自由秩序却并非美国的责任”。罗斯这段分析包含两层含义：其一，对自由秩序的高度自信，就像他在文章最后宣称的，“时代潮流总的来说是站在自由秩序这一边的而非少数剩余的敌人一边”。其二，对与他国发生身体性（土地性）关系的怀疑和冷漠。这两层含义综合了美国外交固有的理想主义和保守主义两种质素，二者的融合催生了罗斯眼中的奥巴马式审慎。——“假如中东执意要在代价高昂的灾难中折磨自己——不幸的是，现在看来这似乎正是事实——那么，从侧面着手竭力发挥建设性作用而非直接卷入，就代表着审慎而非软弱”。

第二，边缘与核心问题。罗斯认为奥巴马的收缩政策并非全面撤退，更没有抛弃美国传统的自由秩序大战略，而是试图从小布什手中拯救这一战略。为了做到这一点，他甘于牺牲“功能和区域意义上的边缘地带”。罗斯在文章中花费很大篇幅试图辨认被奥巴马牺牲掉的“边缘地带”，其中就包括阿富汗、ISIS、利比亚、埃及以及前文提到的乌克兰和中东等等。也许是受罗斯主编的授意或者启发，本期《外交事务》专题的另外几篇文章也从不同的角度对罗斯命题提出辅证。华盛顿大学中东政治研究项目主管马克·林奇（Mark Lynch）以“奥巴马的中东：优化美国的地位”为题，为奥巴马的中东政策提出全面辩护和赞扬：“在过去二十多年的时间里，巴以冲突已经耗费多到令人惊骇的外交时间和注意力。同样的，与伊朗达成核协议或将令美国非但不需要借助战争就能瓦解一个危害国家安全的重大挑战，而且最终得以将外交重心转移到中东地区以外的其他问题上，在过去的十多年里，那些问题一直处于次要地位。”美国记者、普利策奖得主安妮·阿普尔鲍姆（Anne Applibaum）的文章甚至试图把欧洲视为美国的边缘地带。——“欧洲大陆被认为安全而又乏味，是个适合当着媒体合影留念而不是进行真正辩论的地方。”

随着布什政府的外交着力点（中东、非洲、欧洲）被奥巴马政府边缘化，人们不禁要问，美国外交的核心——尤其是区域意义上的核心——在哪里？会不会是毗邻太平洋西岸的亚洲区域？

二　马汉的亚洲问题

海战学院院长、美国历史学会主席阿尔弗雷德·马汉以倡导集中攻击力于一个主要方向而著称。他不仅在海战战术方面贯彻这一原则，而且还以此针对美国外交思路提出建议。在关于亚洲问题的系列文章中，他直言不讳地阐发了他的西太平洋视野。马汉认为，毗邻西太平洋的亚洲东方区域通过太平洋与美国大陆连接，这是天定的自然亲缘，美国对此应该在政治上有所作为。换言之，如果美国具有一脉相承的扩张逻辑，那么，亚洲问题——尤其是东部亚洲，其中又以中国为主——则是一节重要链条，位居终端，相比之下，其他问题都是次要问题。这是马汉针对美国外交走向提出的思路，时间是1900年。

马汉对美国的海权命运及其扩张本性洞若观火，他认为，扩张欲主宰着这个国家的幼年时代，并逐渐被强调成一种民族未来的自我意识。美国历史就是一部扩张历史，扩张是美国史的主线，但是这条主线常常被偶发事件打断，这些事件是紧迫的，但却是次要的。马汉认为，南北战争就是这种紧迫的、次要的偶发事件，它打断了美国扩张的主要进程。内战刚一结束，美国就立即重启扩张进程——坚持要求法国滚出墨西哥。马汉捕捉到了美国人的一个有趣特性：他们时刻准备"让长远的目标让位于短期目标的迫切要求，但是，迫在眉睫之事一旦结束，全国再度放眼远望，展望未来"。[①] 在辨别主次问题上，《外交事务》罗斯主编似乎也沿袭了马汉大刀阔斧的独断风格，以至于把美苏冷战指为美国历史上次要的边缘性内容。——"正因为冷战和苏联从来不是那段历史的核心内容，所以冷战结束和苏联解体改变世界的程度弱于很多人的预料"。

马汉对美国扩张进程的观察很难不让人想起美国史学界"边疆理论"创始人弗里德里克·特纳。特纳对美国边疆的研究与马汉的扩张理论多有呼应。在撰写于1893年的一份奠基文献《美国历史上的边疆的重要性》中，特纳指出，迄今对美国历史的研究都局限于美国的欧洲根源及其在新大陆上的发展，美国的日耳曼起源角度尤其左右着对美国的认识，而美国自身的因素没有得到关注，这就是美国的边疆。特纳敏锐地看到，美国的发展不单单是一条线性的、不断进步、不断文明化的轨迹，更是"在不断推进的边境线上向原始状态的回归和在该地区的重新发展"。从大西洋沿岸的垦殖园到

① 马汉《亚洲问题》，范祥涛译，上海：三联书店，2007年，第6页。

纵贯着阿巴拉契亚山脉的新英格兰森林，再到宽广肥沃的密西西比河谷，最后穿越大草原直到太平洋东岸，美国的社会发展不断在简单原始的边疆地带反复进行，这种不断回到起点、不断的重生、不断的定居与扩张、堪比中亚草原游牧民族普遍的流动生存习性培育了美国的性格和力量，使其免遭定居民族过度文明化之后所可能导致的安逸腐化。从东往西的边疆推进使美国人逐步改造了荒野，但改造所得的产品“既不是传统欧洲的模式，也不是简单的日耳曼模式的再现……事实上，这是一个美国式的新产品”。[①] 新英格兰地区是美国最早的边疆，这片区域可以看做是欧洲的边疆，其中的欧洲痕迹非常浓重，但是，越往西，欧洲的影响就越微弱，而美国特征就越明显。因此，朝向西部边疆的推进既是一个“去欧洲化”的过程，更是美国身份获得的过程。这是自东向西由垦殖、战争、征服与扩张构成的大历史。从这一宏观视角来看，南北战争似乎的确是一个突发的偶然事件插入呈东西方向行进的国家进程。——美国历史的主干是东西问题，而不是南北问题。[②]

特纳文章问世不到十年工夫，“海权之父”马汉就撰文开始考虑把美国人的视野朝更西的方向——太平洋及其彼岸——指引。他认为，边疆推进工作并没有随着太平洋横亘在眼前就终止了，“海洋是海权国家的家园和领地”，马汉这样说，同时他对海洋的“非领土性”特性也了如指掌，“海洋本身是一个不毛之地，只有作为巨大的公共领地，作为商业贸易的高速公路，作为交通的场所，它才具有独一无二的属性和价值”。[③]——马汉视野中的海洋和特纳笔下的边疆几乎没有实质性差别。作为海权国家的美国，守护海洋的这一独特属性和价值似乎是其天然使命。随着边疆向太平洋进一步推进，美国的身份特

① 特纳：《美国边疆论》，董敏、胡晓凯译，北京：中国对外翻译出版有限公司，2012年，第1–4页。

② 特纳在一个脚注里指出，废奴运动以及南北战争之所以在美国史上占据重要地位，也是因为它与西进拓殖运动有关。换言之，南北问题（内战）其实是东西问题（西进）。

③ 马汉：《亚洲问题》，前揭书，第29页。

征将发生天翻地覆的革命，“去欧洲化”不仅在精神意义上，而且更在地理意义上得到巨大强化。——美国离老迈的欧洲越来越远了，与此同时，离东部亚洲则越来越近。马汉认为，向太平洋西岸的边疆推进工作刻不容缓，这是美国的核心问题，与之相比，其他问题都是次要的。他的措辞与我们正在讨论的《外交事务》主编罗斯非常相似：“我们继续信誓旦旦地要在政治上和军事上保护那些对我们毫无爱意的国家，这是否会削弱我们在那里（东部亚洲）实施高效行动的力量。全神贯注于一点——目的的排他性——是国家政策中实施成功行动的一个条件，在军事计划中也是如此。如果得到正确的理解，那么东半球和西半球的南端暂时必须搁置一边，将其视为对其他地方所发生的更伟大的运动只具有次要意义。”①

从 1900 年的 3 月到 11 月间，马汉撰写了四篇优秀论文，从民族个性、历史地理、政治军事、战略战术等方面针对亚洲问题（尤其中国问题）展开讨论。限于篇幅，我们不能在此逐一检阅，只需记住他的中心思想——即亚洲问题是美国的主要问题——就够了。马汉去世当年，“一战”爆发，“二战”接踵而来，一晃半个多世纪，亚洲问题始终提不到美国外交的主要问题日程上，它长时间地遭到遮蔽与干扰，以至于当今人们（包括美国人自己）都很难辨认出这条被马汉勘定为必将构成美国历史主脉络的战略思路。

三　世界的第四部分

图 1 是德国地图绘制家 Martin Waldseemüller（1470–1520）在 1507 年绘制的世界地图，全称 *Universalis cosmographia secundum Ptholomaei traditionem et Americi Vespucii aliorumque lustrationes*，即“根据托勒密的制图传统与阿美利哥·维斯普奇等探险家的发现所绘

① 马汉：《亚洲问题》，前揭书，第 47–48 页。

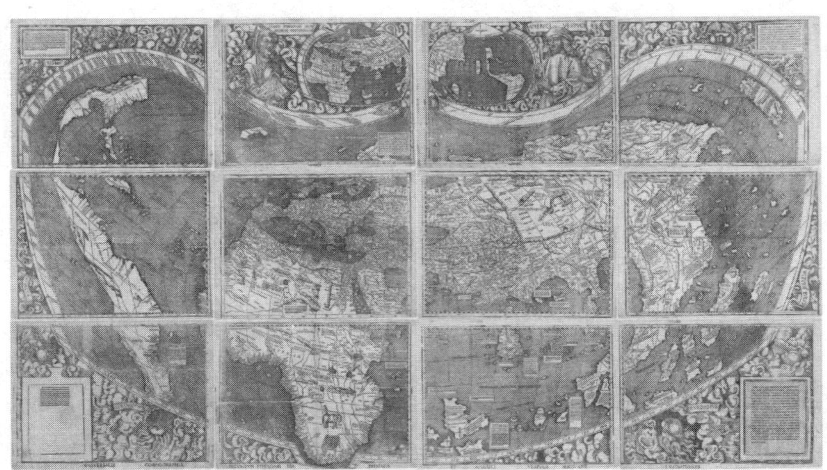

图 1　*Martin Waldseemueller*，*Universalis Cosmographia, 1570*

制的世界全图”。这幅地图最引人注目的地方在于它第一次使用了“AMERICA”这个词，意在对佛罗伦萨探险家 Amerigo Vespucci 表示敬意，后者纠正了哥伦布把美洲大陆当做亚洲东海岸的误判。这幅地图依据十二块半米见方的木刻绘制而成，最左侧的三副版块构成了美洲新大陆。

地理大发现之前，人们对陆地分布的构想始终受制于古代希腊罗马与希伯来圣经地理学传统，把世界分为亚细亚、欧罗巴和利比亚（即阿非利加）三块板块（见图 2），从古代到中世纪晚期的世界地图绘制史对此有生动反映。粗略地看，这些地图有如下特点：亚欧非三大板块组成已知世界；三大陆地板块仅限于环地中海区域，有时候个别地图延伸到了印度，但仍然十分有限（如图 3），中世纪制图师们则引入了“T-O”格式，把耶路撒冷置于中心地带，亚欧非依旧环绕排列（图 4、5、6）；三块陆地犬牙交错，以复杂态势紧密连接扭抱在一起，形成人类史上最大的“命运（恩怨）共同体”（图 7），这一点自希罗多德开始就被认识到，它构成了世界万国历史进程的基础平台和政治想象边界。

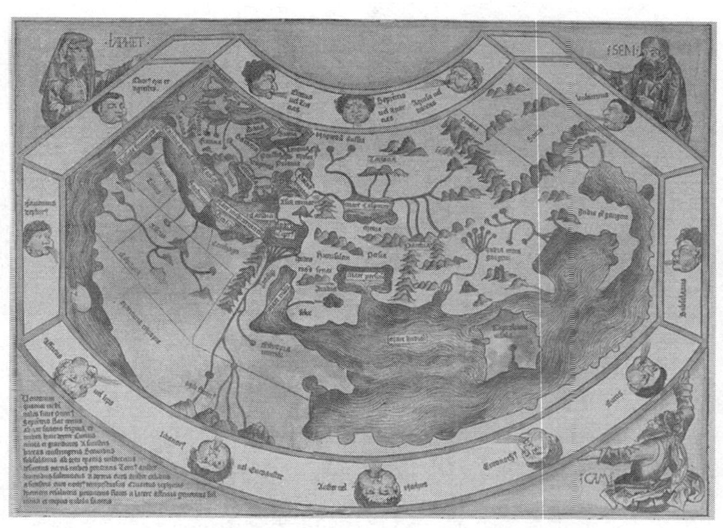

图 2　*Hartman Schedel, Secunda Etas Mundi, 1491.*

这幅地图再现了《圣经·创世纪》第 10 章诺亚的后代三分天下的故事，制图灵感则来源于古罗马地理学家 Pomponius Mela 的天文学名著 Cosmographia。

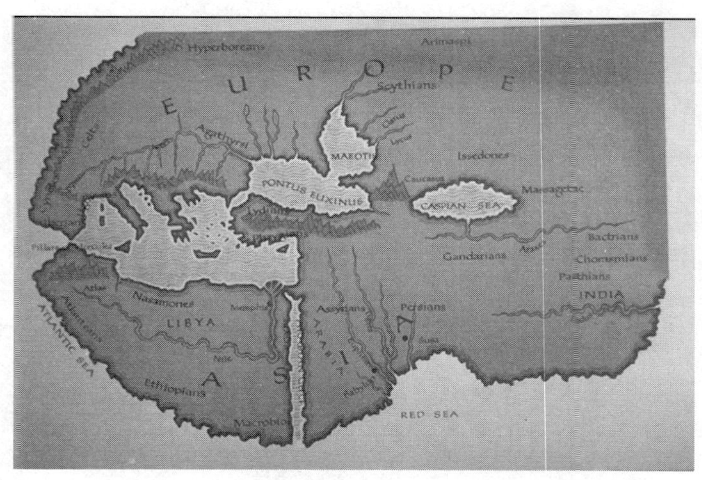

图 3　*Oikemene*

即有人居住的地方，或人间，这是近代绘图学家根据希罗多德的记载所绘制的古代世界地图。

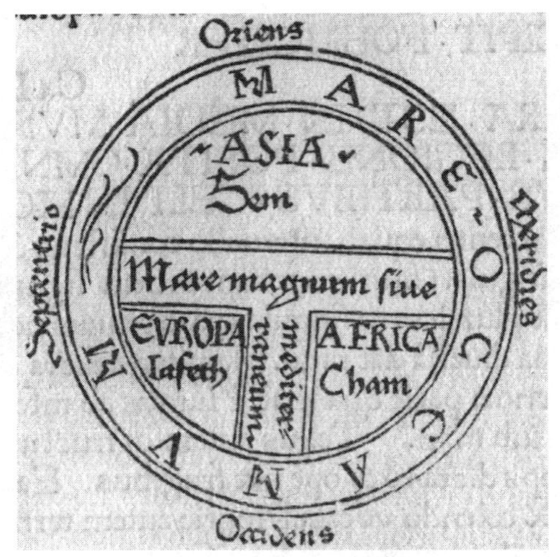

图 4　T-O 格式的世界地图

这是从中世纪神学家 Isidore of Serville 的《词源》中发现的，天下被三分为亚洲、欧洲和非洲，分别被诺亚的儿子闪、含、雅弗占有。

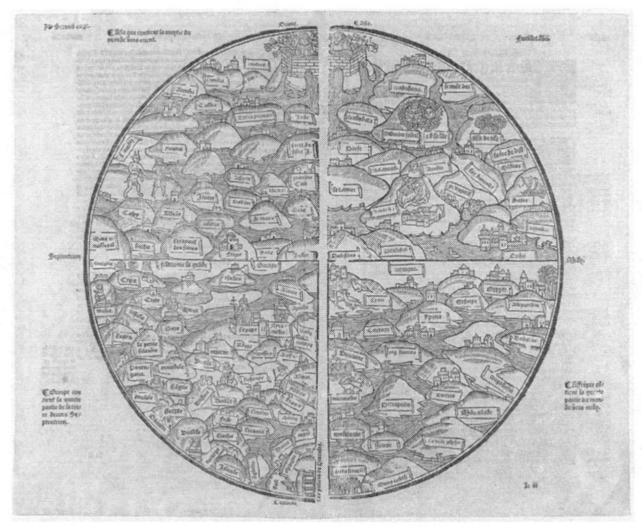

图 5　一幅 T-O 格式的地图

耶路撒冷居中，并朝上，三大陆呈拱卫之势罗列在圣城墙下。

图 6　*Mappa Mundi, Psalter world Map, 1260*

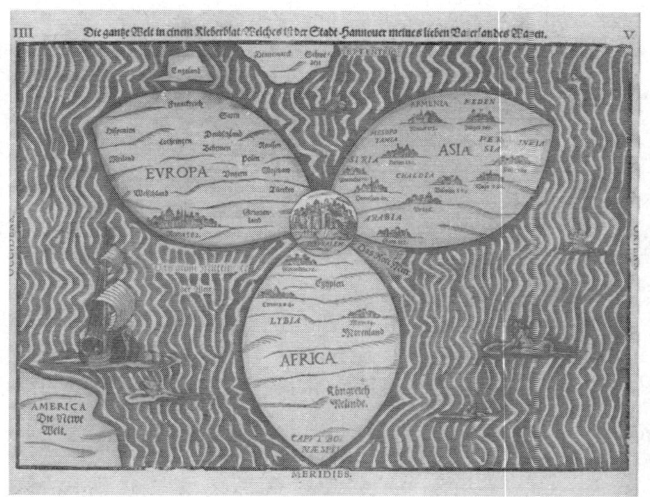

图 7　*Buenting Clover Leaf Map*，*1581*

这幅叶状地图是对 T-O 格式的微调，耶路撒冷依然位居中央，三大陆环卫在侧，值得注意的是孤悬海外的英格兰开始出现了。

“地理大发现”以后，诺亚后裔三分世界的基督教圣经图景发生了革命性改变，有一块被命名为“阿美利加”的巨大陆地出现在扭打成一团的亚非欧面前，世界的“第四部分”进入历史。

从 Waldseemüller 的新世界地图可以看到，“AMERICA”这个名称被用在这片陆地的南部，即西班牙卡斯蒂尔王朝统辖领域，而北部的广袤区域被审慎地标识为“遥远的未知之地”（*terra ulteri incognita*）。地图绘制者把“世界的第四部分”形象化地呈现出来，[①] 它纵贯南北，隔着辽阔的大海，远远地横在匍匐在地中海周边的三块旧大陆面前。大约三百年后，亚历山大·汉密尔顿阐释了新大陆的道德—政治意义：

> 全世界可以在政治上和地理上划分为四部分，各部分都有独特的利益。不幸的是，欧洲借助于自己的军队和谈判，借助于武力和欺骗，已在不同程度上对其他三部分施展统治。非洲、亚洲和美洲相继感到欧洲的霸权。欧洲长期保持的优势，诱使它想自诩为全世界的主人，而且认为其余的人类都是为它的利益而创造的……维护人类的荣誉，教育那个傲慢的弟兄谦虚一点，就是我们的事情了。联邦会使我们做到这一点……但愿美国人不屑于做大欧洲的工具！但愿十三州结成一个牢不可破的联邦，同心协力建立起伟大的美国制度，不受大西洋彼岸的一切势力或影响的支配，并且还能提出新旧世界交往的条件！[②]

汉密尔顿“四个世界”的理论修正了以往“三个世界”的陈旧格局，人类的政治想象与实践以及世界史的运行从此进入新时代。

---

① 关于美洲大陆的地图绘制与命名，Toby Lester 贡献了一份博学的研究：*The Fourth Part of the World: The Race to the End of the Earth and the Epic Story of the Map That Gave America Its Name*, Free Press, 2009。

② 汉密尔顿、杰伊、麦迪逊：《联邦党人文集》，程逢如、在汉、舒逊译，北京：商务印书馆，1997 年，第 57-58 页。

“世界的第四部分”或者“第四世界”是美国最原始、最自然的身份认同，相对于旧世界的三座大山（亚欧非），它既保持超脱，也构成莫大压制力，这是美国性格和力量的源泉，很可能也是美国建国以来重大政治决策的隐蔽（自明）前提，前文提到的所谓“圣灵外交”可以毫不费力地追溯到“第四世界”这种飘忽灵动、若即若离的存在方式上。在理解和把握美国政治实践与原则这一问题上，之前的理论范式都在不同程度上失效了。从亚里士多德以降的欧洲政治哲学观念史和问题史始终是连贯的，甚至在漫长的基督教中世纪都没有发生毁灭性的断裂，但是，在美国大陆面前，这条观念巨链似乎中断了，以至于托克维尔在解释美国体制的时候不得不抛弃那些恢弘的理论，深入美国乡镇基层，在鲜活的生活中重新归纳美国原则。同样，特纳则在荒野边疆中发现美国原则，马汉也认为，美国的力量和未来被命运安排在大海里。洛克所谓“太初有美洲”并非简单的模仿圣经修辞，而是指出了一个人类世界新开端的事实。[①] 也不能忘了卢梭，他为西洋政治哲学史贡献了一个伟大的观念——“自然状态”，象征着回归起点，以及一切重新开始，他是在美洲大陆的野蛮人身上找到最初灵感的。

四 结语：自由的边疆，自由的海洋

1904 年，伦敦政经学院创始人、地理学家麦金德（Halford J.

① 法国浪漫派文学领袖、出任过外交部长和欧洲各国大使的夏多布里昂（托克维尔的叔叔）曾游历过旧世界和新世界，并分别撰文记述游历过程，两部游记展示的是两个完全不同的世界：旧世界的旅行被奥斯曼帝国的阴影所折磨，充满艰辛和恐惧，所到之处都是废墟、坟墓、断垣、碑林，所表露的则是类似于吉本在罗马遗址前的怀旧与伤感，老气横秋。与之相比，夏多布里昂在新世界的游历则宛如爱丽丝闯入幻境，那时（1791 年）也正值他青春年少，他甚至为美洲游记添加了长篇序言，饶有兴味地把自己比拟于陆上的摩西和海上的奥德修斯，一切都是新鲜和富有生气的。如果为这两部游记配上插图，没有比柯尔（Thomas Cole, 1801–1848）的《帝国历程五联画》中的第一幅“野蛮时代”（*The Savage State*）和最后一幅“凋零”（*Desolation*）更合适的了。对这两部出自旧世界老贵族在两个大陆的游记的比较研究将对我们的论题具有生动的启示意义。参夏多布里昂：《从巴黎到耶路撒冷》（曹德明等译，上海：上海人民出版社，2002 年）和《美洲游记》（郎伟忠译，花城出版社，2004 年）。

Mackinder）在英国皇家地理学会宣读了一篇“地缘政治”的奠基文献“历史的地理枢纽”，重申了上文提及的人类历史上一个最基本的自然—政治事实：旧世界的三大陆在漫长的恩怨史中结成的命运共同体。麦金德的观察和主张异常犀利：

> 正是在外来野蛮人的压力下，欧洲才实现它的文明。因此，我请求你们暂时把欧洲和欧洲的历史看作隶属于亚洲和亚洲的历史，因为在非常真实的意义上说，欧洲文明是反对亚洲人入侵的长期斗争的结果。①

欧亚大陆恩怨交缠的宿命是被简单明晰的自然地理状况所注定的，没有人能改变这一事实。从上古时期荷马—希罗多德—维吉尔的诗史叙事、中古的圣战狂潮，到近代奥斯曼帝国对地中海的封闭，②直至今天“伊斯兰国”（ISIS）在欧陆边缘的异军突起，欧亚大陆一直被机运与暴力的轮回所困扰。——这种惨况不应该是美国大陆的未来。在《联邦党人文集》第一篇，汉密尔顿提出了一个大名鼎鼎的问题：“人类社会是否真正能够通过深思熟虑和自由选择来建立一个良好的政府，还是他们永远注定要靠机运与暴力来决定他们的政治组织？”③有理由认为，在汉密尔顿提问的那一刻，答案已经在胸，因为，对美国作为“第四世界”或者“世界的第四部分”的独特地位，他具有清醒的认识。——“去欧洲化”是美国两百年不曾改变的基本国策。马汉在评论“门罗主义”时说，这是对人所共知的基本原理的认识和遵从，即地理上的过度接近必然导致战争。辽阔的大海使美国大陆与世隔绝，这是神赐良缘，不可罔顾，因此，下定决心不去染指欧洲内部问题就

---

① 哈·麦金德：《历史的地理枢纽》，林尔蔚、陈江译，北京：商务印书馆，2007 年，第 52 页。

② 关于穆斯林势力封闭地中海及其对近代基督教欧洲历史产生的深远影响，参亨利·皮朗（Henri Pirenne）的史学名著《穆罕默德和查理曼》，王晋新译，上海：三联书店，2011 年，在其中作者提出了著名的“皮朗命题”。

③ 汉密尔顿、杰伊、麦迪逊：《联邦党人文集》，前揭书，第 3 页。

成了美国的首要选择。[①]

“去欧洲化”将带来众多福利，其中之一就是大幅度免除来自亚洲西部的直接压力。但是这并不意味着美国必须在战略上抛弃亚洲，正如美国的自我隔离与其主动干预的外交政策并不矛盾一样。[②]——上帝为美国保留着另一条与亚洲接触的通道，这条通道不需要穿越邦国林立的危险陆地，而是袒露在自由的太平洋上。

弗里德里克·特纳敏锐地捕捉到了美国边疆与欧洲边疆的不同：“美国边疆与欧洲边疆截然不同，后者是一条设防的边界线，从稠密的人口中间穿过。美国边疆最显著的特色却是，它位于一片自由区域的这一侧的边缘上。”[③]简言之，美国的边疆是自由的。特纳不无遗憾地指出，随着西进运动的推进，无人定居的区域逐渐被定居点占据，自由的边疆越来越狭窄，直到1890年，边疆区域被定居者消耗殆尽。然而，仅仅过了十年，海军学院院长马汉就开始告诉美国人，在太平洋上，我们还有另一片边疆，它取之不尽用之不竭，而且，它是彻底自由的。海洋与陆地的差异要求人类以不同的手段分别对待这两种原始元素，美国深明这其中的关键。如果陆地上的边疆用来垦殖、定居、建城、立国，那么作为边疆的海洋则永远是自由的。[④]守护并利用太平洋上这片新边疆的自由，可能是美国未来长期与核心的国策。这项国策根植于美国特有的“圣灵外交”传统，它顺应美国国民的意愿和性格，并符合自然法则及其背后的神意。[⑤]这项国策最终将致力于使

---

① 马汉：《亚洲问题》，前揭书，第10页。

② 参Carl Schmitt，*The Nomos of the Earth*，前揭书，第240–295页，关于美国部分的讨论。罗伯特·卡根：《危险的国家：美国从起源到20世纪初的世界地位》，袁胜育、郭学堂、袁腾飞译，北京：社会科学文献出版社，2011年，第4、8、10、11章。

③ 特纳：《美国边疆论》，前揭书，第2–3页。

④ 荷兰法学家格劳秀斯曾撰写檄文为海洋的自由特性辩护，在此可资参考。格劳秀斯：《海洋自由论》，宇川译，上海：三联书店，2004年。

⑤ 林国基博士贡献了一篇富有想象力的论文（“比希莫特与利维坦：美国建国的生死问题”），试图从陆地与海洋古老的神学—政治对抗的角度解释美国的天命，对本文论题具有启发意义，参《法意学刊》，第二辑，北京：商务印书馆，2007年，第73–99页。

美国从太平洋西岸接触亚洲大陆。在美国新一轮的边疆推进运动中，中国则是首当其冲的遭遇国。在前文展示的古代与中世纪世界地图中，我们看不到中国的影子。和美国一样，中国在古典与基督教时期的欧洲视野里是长期缺席的，在这个意义上，中国自成一统，构成了世界的另一部分，不妨称之为“世界的第五部分”或者“第五世界”，这是中国的例外论，它与“第四世界”的最大共同点是共享一片海洋。

在分析美国与亚洲接触可能产生的问题时，马汉为找不到一种双方可以共享的“共同精神”而苦恼。亚洲的力量逐渐消耗在维持一种冥顽不化的静态发展中，因而注定要经受来自外部的冲击才能出现进步与变革。马汉非常忧心“外部冲击”的来源，如果冲击来自北方斯拉夫民族，亚洲就会形成一种性格，如果来自日耳曼民族，则产生另一种性格。马汉不希望看到亚洲遭受剧烈的、天翻地覆的突发事件的冲击。外部冲击的过程将是渐进和漫长的，而且其目的不应该是消除亚洲种族的特性，而是“要将它们作为构成性要素引介到我们现存的文明之中，而它们在很多时代以来一直孤立于整体之外”。[①] 亚洲民族——“特别是中华民族”——终将在觉醒后意识到自己的力量，“并借助于欧洲的方法而组织起来，这样它们就能够产生一种与其领土范围成比例的影响，在世界整体利益中要求得到属于自己的份额”。这被马汉指为“一个不可避免的伟大未来”。[②] 马汉在蒙森的罗马史研究中，感到拉丁人与日耳曼人的完美融合在某种意义上堪称美国与亚洲未来走向的典范。马汉用专业史学家的眼睛看到，拉丁人与日耳曼人的融合可粗分为两个阶段：第一，由于凯撒大帝的远见卓识，罗马城的边疆得以向北方日耳曼区域推进，拉丁区域的外围得到巩固，这属于防御部署阶段；第二，拉丁人和日耳曼人由于长期的接触而互相影响，双方各自保存着自己的特性，并且在罗马法律和帝国观念中表达了双方充满活力的对抗，并最终统一在中世纪基督教共同体的神圣

① 马汉：《亚洲问题》，前揭书，第 49 页。

② 同上，第 51 页。

传统中。[1]

如果拉丁与日耳曼融合史的两个阶段能够适用于美国和亚洲未来的接触图景，那么，可以确定的是，如今双方的格局正处在马汉所说的第一阶段：美国通过缓慢的边疆推进，巩固其势力范围的外围区域。第二阶段何时才能出现？这是个未知数。也许明天，也许永远不会来。目前看来，有一个关键问题急需得到明确，那就是当事民族与国家都需要对以下定理有清晰的认识：从海洋上来的野蛮人与从陆地上来的野蛮人有着根本的不同。这最终意味着，“我来了，我看到了，我征服了”（*Veni, vidi, vici*）的“凯撒模式”基本上不太可能出现在西太平洋上。

在很大程度上，以上论述或许勾勒出了美国外交的主要脉络。《外交事务》主编罗斯先生认为，奥巴马的外交政策记录显示，美国正在朝着这条脉络靠近。

用欧陆式的“民族国家”思路来辨识美国及其外交思想是不靠谱的，威斯特伐利亚体系所激励的“主权国家”模式同样也无助于理解美国，罗马–马基雅维利式的陆地帝国–文艺复兴僭主小国的地主加小农意识与美国原则也有天壤之别，唯有新约福音书–温斯洛普式的“山巅之城”似乎把握到了某种本质。美国是全然例外的，首要体现就是地理学意义上的例外，“世界的第四部分”或“第四世界”是大自然的天赐身份，这是美国国家的第一自然法，也是美国的国家建构及其外交思路的起点和原教旨，它决定了这个国家进入旧世界恩怨史的方式。[2]

---

① 马汉：《亚洲问题》，前揭书，第 50–51 页。

② 本文写作源自 2015 年 10 月在华东师范大学世界政治研究中心举办的一次有关美国外交思想的研讨会论文，在此向参与讨论的同仁致以特别感谢。

说东道西

A tors et à travers
Miscellaneous Talks

文化身份的认同和构建多半是乌托邦

刘成富

当今，文化身份的认同和构建已经成为不同文化群体共同关注的热点话题，它与种族矛盾、民族仇恨、文化冲突、霸权文化、全球化等概念密切相关，成了人文社科领域一种充满活力的理论话语，也是外国文学研究一个重要的研究视角。在这里，我们重点探讨阿尔贝·加缪、玛格丽特·杜拉斯、米兰·昆德拉、勒克莱齐奥、让-克里斯托夫·胡方等五位现当代法国作家，旨在凸显文化身份的认同和构建与现当代法国文学的关系，但更重要的是为了揭示其非同寻常的认同和构建过程，堪称甜酸苦辣，而且多半具有浓郁的乌托邦色彩，"杂糅的"文化身份构成了作家们的宿命。

自古以来，在基督教和伊斯兰教之间横亘着一条无法逾越的鸿沟。在北非土生土长的加缪受到了基督教和伊斯兰教双重影响，长期处境尴尬，左右为难。他彷徨和困惑是完全可以理解的，作为"黑脚"一员，生活在一个"没有过去、没有祖屋、没有堆满信件和照片的阁楼的地方"。从民族身份上来说，他是法国人，但是他的文化身份是飘忽的、模糊的，细心的读者可以从《东道主》《第一个人》的作品中发现这一点。在《第一个人》中，加缪以自然朴实的文字表达了对现实生活的认识和内心世界的深切感受，带给了读者一次精神返乡的巡礼。他既没有以法国人的身份美化法兰西帝国的殖民行径，也没有站在阿尔及利亚人的立场控诉殖民强盗的罪恶，而是以"第一个人"的口吻，即没有身份、没有过去、从零开始的个人的角度对生命进行了探寻。主人公的寻根之旅，实际就是作者对自身文化身份的认同和构建。

在《东道主》中，“东道主”既没有勇气站在法国人这一边，也没有勇气走向阿拉伯人的那一边。面对穆斯林罪犯，主人公达鲁迷失在人迹罕至的荒漠上，期待并寻觅着在独立王国里能够行使绝对好客的权利，可是“在这片无法改变的土地上，人类、种族、宗教互相对峙，从来没有和解，从来无法承认共同的规矩，从来不向同一个上帝致敬”（Camus，1962: 1621）。阿拉伯人与法国人之间的和睦相处成了沙漠中的海市蜃楼。达鲁很无助，因而“仰望长空与荒原，还有那通向大海的无垠大地。面对他一往情深的大海，这又是何等难耐的孤独啊！”（柳鸣九，沈志明，2002：340）

加缪生活在基督教和伊斯兰教的夹缝中左右为难。他试图为自己构建一种所谓的“地中海文化身份”，因为他对法国的感情与生俱来，而阿尔及利亚也在他身上打下了深深的烙印。他亲身经历了殖民地的贫穷和苦难，对法国殖民制度深恶痛绝。在阿尔及利亚战争期间，殖民者与被殖民者的矛盾让他骑虎难下，莫衷一是。他既要维护阿尔及利亚的利益，又要站在法兰西的立场抵制反对穆斯林民族独立运动。加缪摇摆不定，最终选择了妥协。他希望为自己构建一种包容的身份，以此来消除隔阂，达成妥协。这种身份的认同和构建有一定的代表性，至少代表了绝大多数法国移民的心态，但是，难以调和的民族矛盾注定要让加缪的愿望化为泡影。

通过《抵挡太平洋的堤坝》《恒河的女人》《印度之歌》《广岛之恋》《情人》《来自中国北方的情人》等一系列文学作品，杜拉斯在东方创造了神话。童年和青少年的经历成了她创作的源泉，她巧妙地把创作与东方主题紧密地联系在一起。在《情人》中，她用独有的叙事方式向读者展现了自己成长于法属殖民地、最终又回到法国的不寻常的经历，其中包括文化身份的嬗变，这一过程其实是殖民帝国解体的必然结果。杜拉斯经历了不同的文化背景，在越南度过了十八个年头，之后回到法国，从文化的角度看，她的创作具有丰富而多变的内涵。她常常不惜笔墨描绘出一幅幅异国他乡的生活场景，换言之，也就是她童年、少年时期的经历。两种迥异的文化在她的笔下交相融合，她的作品中总是弥漫着浓郁的东方情结。“东方”这个在其作品中几乎缺席的词汇，却像一个幽灵无处不在、无时不在。作为在法属殖民地印度支那出生并长大的法国人，杜拉斯一方面试图逃避童年亲历的“东方事实”，另一方面又试图通过回忆和想象重构她所认识和理解的东方。可以说，杜拉斯的写作历程，也是寻求文化身份认同的过程，其中不乏痛苦和困惑。杜拉斯生活在回忆和想象之中，她的心总是在别处，她的身份既非东方也非西方，就像加缪的“地中海身份”一样，杜拉斯的东方身份认同和构建也是乌托邦。

加缪和杜拉斯是在国外长大的作家，从小受到“他者”文化的耳濡目染，以至成人之后出现了文化身份的危机，而昆德拉的经历则是反方向的，他是成年之后才流亡到象征“自由”“平等”“博爱”的法兰西。冷战时期，共产主义和资本主义成了两个不共戴天的死敌。为了弥合差异、从边缘走向中心，昆德拉皈依欧洲小说的创作传统，表现出对法国文化的依恋和守护，力图在精神上回归他心目中的欧洲。对文化身份的认同和构建几乎贯穿于他所有的作品之中，《无知》中身份的迷茫以及《生活在别处》中身份的模糊，都能够或多或少地折射出这位移民作家的心路历程。流亡的生活进一步强化了他对身份的敏感，昆德拉的文化身份是迷茫的、模糊的。但是，这种对迷茫模糊身份的追寻正是他留给我们的精神财富，不仅是其作品诞生的土壤和养分，而且是其笔下人物的灵魂。昆德拉加入了法国国籍，试图构建一种所谓的“欧洲文化身份”。但是，文化身份的构建谈何容易？他的作品多半与故土捷克关联，“去国怀乡”情结难以割舍。作为当代移民作家的典型代表之一，米兰·昆德拉是说不尽的。他究竟是“捷克之子”，还是“法兰西之子”？抑或是一位“法籍捷克作家”？作为一个承受过深刻历史之痛的移民作家，曾经的被迫流亡生活在他心中留下了抹不去的创伤，他从心理上拒绝，甚至抵触回归故国，但在情感上依然自觉或不自觉地牵挂着滋养他成长的故土，牵挂着捷克民族。具有某个民族的文化背景的人，在另一民族的土壤中要真正告别原有的文化身份是不容易的。昆德拉“欧洲文化身份”的构建注定是复杂的、痛苦的、难以实现的。

身在异乡，异化的痛苦无处不在。《不能承受的生命之轻》中的女主角特蕾莎曾经说过：“一个人生活在异国，就像在空中行走，脚下没有任何保护，而在自己的国家，不管什么人，都有祖国这张保护网，一切都颇具人情味，因为，在祖国，有自己的家人、同事、朋友，可以用童年时就熟悉的语言毫不费力地让人理解。”（昆德拉，2003：93）特蕾莎对异质文化感到的陌生与恐惧，其实就是昆德拉本人的切身感受。然而没有选择，只能硬着头皮顽强地应对。从《不能承受的生命之轻》到《不朽》，昆德拉的创作表现出了两个明显的特征：一是由以往对捷克题材的单一关注转向对西方题材的综合考量；二是对抽象的生命意义更为集中和直接的探讨。（李凤亮，2003：107-112）在异国的生存境况促使他的创作不可避免地发生了一些改变。昆德拉逐步把移居初期对故国的眷恋之情搁在一边，而把目光投向了更加深远、更加广阔的艺术空间，不断加重小说的哲理与思辨色彩。

勒克莱齐奥算不上是个“移民”作家，但是一生中有无数次的国外经历。他是个百分之百的白人，身上流淌着英国人和法国人的血液，但是童年时期的非洲之行让他与黑人文化结下了不解之缘，让他在内心深处成了一个真正意义上的“非洲人”。在他的作品中，我们能够读到他对非洲的大海、蓝天、草原的歌颂，也能够发现他对多灾多难的非洲同胞的理解和同情。无论是《沙漠》《流浪的星星》，还是《奥尼恰》《非洲人》，细心的读者都能够感受到作者文化身份上的焦虑和困惑。被誉为“另类的世界公民”的勒克莱齐奥始终关注“隐藏于主流文明的底部与外部”的人群，惟妙惟肖地描绘了强势的主流文明对弱势的边缘文明的侵略与欺凌，“都市文明人”对外来移民者的歧视与压迫，以及现代文化与原始文化之间的对立与冲突。勒克莱齐奥没有将矛盾的根源归结于“文明”必然替代“野蛮”的趋势，而是以一种冷静的，近乎“上帝”的视角深刻揭示了所谓先进文明对生态的破坏，以及对人性中质朴、善良与真诚等美好品质的摧残。工业化与城市化无疑极大地丰富了人类的物质生活，密切了人与人之间的物理联系，却不可避免地疏远了人与自然的关系，隔膜了人与人之间的心灵交流。唯利是图几乎成了“文明人”唯一的追求，城市就像是禁锢的牢笼。《沙漠》试图通过一个“化外之民”对都市文明的观察来揭示出现代文化的弊端。

从血缘关系上说，勒克莱齐奥不仅是白人的后代，而且接受的教育主要来自欧洲。但是在文化身份上，他则与弱势种族有着亲密的关系。他不止一次地有过成为“非洲人”的幻想，幻想自己是黑人的后代。在《奥尼恰》中，作者塑造了樊当那个人物形象，让他替自己在非洲完成了自我身份的追寻。勒克莱齐奥看到了世界的不公和残酷，他以一颗赤子之心描绘了未经现代文明污染的理想王国，以及那些挣扎在文明和社会边缘的苦难者。这种对弱势文化的颂扬和对白人文化身份的否定，正是其作品的魅力之所在。这就是勒克莱齐奥，一位具有强烈人文精神的法国作家。在文化身份上，勒克莱齐奥一直在做梦。在《非洲人》里，他一会儿梦见自己的母亲是非洲人，一会儿梦见自己是非洲人，一会儿又觉得自己的父亲才是真正意义上的非洲人。总之，文化身份的问题在他的笔下是不确定的，游移的，杂糅的，难以表达清楚的。

胡方的历史题材小说《红色巴西》对法国殖民侵略历史的反思是深刻的，是对西方逻各斯中心主义的解构。自文艺复兴以来，西方世界的文明史可以说是征服的历史。西方人希望对自然界不断的征服与改造来建立自己的文明，因此在构建和强化的过程中，“征服性”在他们身上凿下了深深的烙印。《红色巴西》不仅在于展现16世纪法国殖民扩张的生动画面，而且在于以人道主义的艰光和批判的姿态来直面和重审这段历史。女主人公科隆布第一次接触土著人，就觉得找到了真正属于自己的生活，毫无顾忌地融入到印第安世界中。

“文明”与“野蛮”的鲜明对比，实际是作者对欧洲文化的一次犀利讽刺，也是对印第安文明的一次公正解读。科隆布要逃离小岛，疏远欧洲文明，并心甘情愿被印第安人同化，习惯他们的生活方式。她放弃了殖民者为她设定的身份——翻译，转而尝试去寻求另一个身份，重塑另一个自己，不依附于任何人，也不受制于任何人。她拒绝与殖民者苟合。在她的眼里，“文明”小岛上充满了仇恨和斗争，“文明人”腐败堕落，残酷暴虐，把小岛推向了崩溃的边缘。相反，“野蛮”大陆却美丽富饶，宁静和谐，一片生气勃勃，丛林中的“野蛮人”和平相处，相安无事，守护着他们的家园。有着欧洲文明与印第安文明双重体验的科隆布在精神导师佩罗的指点下洞察了真相，对文明和野蛮做出了理性的判断，也在这块土地上找到了自己的文化身份。印第安文化以其独有的魅力吸引着科隆布。那是“一个彻底摆脱了种种疯狂行为的新世界，一个令人尊敬的世界……一切都是神圣的：花、悬崖、山中溪水。无数精灵附在物体、景色和人的身上，保护他们”。（吕芬，2007：389）“印第安人谦逊纯洁。他们的世界里没有占有，妻子们从来没有嫉妒和争风吃醋的丑陋嘴脸，全部和睦相处。他们广博的爱是文明人永远不想去理解也无法理解的”。（李焰明，2008）

在原始天地里，女主人公找到了远比欧洲文明更为真实的感受，而且在两种不同文明的冲突中确立了自己的身份。从一定意义上来说，她从欧洲文明社会的人变成了巴西原始丛林的印第安人。作为人道主义组织“无国界医生”的先锋，胡方在许多第三世界国家生活和工作过。遇到了不同文化、不同文明之间的矛盾和冲突，促使他对所从事的人道主义事业有了更为深刻的认识。他要表达的远不止对殖民主义的控诉，而是对历史的正视和反思。不同的选择，不同的走向，最终却殊途同归，这才是小说的寓意所在。胡方使我们重新审视文化认同中的“异”与“同”、“自我”与“他者”；因为“异”才有了“自我”与“他者”，而“同”便是那亘古不变的自然；“异”不能超越“同”，

“同”无法消除“异”，这便是自然界相克相生的轮回状态。

《红色巴西》通过描写女主人公对白人世界的否定、对印第安文化的认同，颠覆了西方传统的白人中心主义思想，揭示了殖民者给殖民地带来的灾难和破坏，促使我们对文化身份有了更深刻的认识。究竟是谁毁坏了南美洲印第安人的那片热土？又有谁才能拯救那里贫穷落后的民族？土著人的命运是靠自己还是靠他人才能得以改变？真正残暴的刽子手是吃人肉的人？还是天主教徒和基督徒？在这些问题的背后，隐藏着一个十分深刻的文化身份问题。胡方歌颂的是处在弱势地位的“他者”文化，试图解构的是西方的逻各斯中心主义，因为在介入中东、非洲和拉美的人道主义行动中，他在身份上感到很困惑，时常有种重新踏上了前殖民者足迹的感觉。

结　　语

总之，透过对阿尔贝·加缪、玛格丽特·杜拉斯、米兰·昆德拉、勒克莱齐奥、让-克里斯托夫·胡方等人创作倾向的研究和分析，我们发现这些作家以及他们笔下人物的文化身份具有流动性、模糊性和不确定性。尽管我们分析的文学作品创作于不同的作家、不同的历史时期，但是这些作品实际都围绕一个共同主题的存在而进行特别变奏，并且彼此之间进行着相互的补充。作品中的人物常常都怀着一种逃离意识，不断与原有世界进行决裂，不断地追寻自己存在的价值，在重新发现自我的过程中实践着对文化身份的再认识。显然，法国作家以独特的视角生动描绘了身处异质文化语境中的人物非同寻常的心路历程，深刻揭示了其内心的复杂矛盾，尤其是文化身份上的忧虑和困惑。所有这些其实也是作家本人经历和情感体验的艺术再现，是发自内心的文化诉求。一句话，“文化身份”为我们了解法国现当代文学提供了一个新的视角，感受到了艺术的伟大和人性的光辉，与此同时，也充分感受到这种认同和构建多半是乌托邦。

参考文献

柳鸣九、沈志明：《 加缪全集（1）》，石家庄：河北教育出版社，2002 年。

米兰 · 昆德拉:《不能承受的生命之轻》，许钧译，上海译文出版社，2003 年。

李凤亮:《遗忘·回忆·认同——从“昆德拉现象”看移民作家文化身份的变迁》，《天津社会科学学报》2003 年第 2 期。

让-克里斯托夫-吕芬:《红色巴西》，李焰明译，南京：译林出版社，2007 年。

李焰明：《用爱情小说讲那段法国霸权》，《中国图书商报》2008 年 4 月 15 日第 4 版。

Albert Camus. *Théâtre, Récits, Nouvelles*, Paris: Bibliothèque de la Pléiade, Gaillimard, 1962.

从具有个性到具有代表性的诗人：弗朗索瓦·维庸在民国（1917-1937）的译介 *

杨 振

弗朗索瓦·维庸是法国文学史中公认的中世纪最伟大的法国诗人。要想理解他为何会得到五四一代中国文学改革者的青睐并不难：几乎所有 19 世纪末 20 世纪初出版的法国文学史，都会把维庸作品中体现的个性作为诗人现代性的标志。为了强调这一现代性，在 1882 年出版的《法国文学简史》中，乔治·圣兹伯里（George Saintsbury）甚至将维庸从中世纪区分出来，专门放在“文艺复兴”一章中进行讨论。①

在出版于1923年的《法兰西文学》一书中，杨袁昌英明确将乔治·圣兹伯里的《法国文学简史》列为参考书目②。可是她不仅没有强调维庸的个性，甚至也没有将他视为法国中世纪最伟大的诗人。杨袁昌英仅仅将维庸的抒情诗与《罗兰之歌》《玫瑰传奇》同视为中世纪有名的作品，一带而过。她之所以会忽视维庸的特殊地位，与她对法国中世纪文学的总体印象有关。在她看来，这一时期的法国作家文风稚拙，既缺乏艺术雕琢，又缺乏历史眼光③。杨袁昌英的这一印象更多来自于她的臆测，而非她列出的参考书目。这些参考书目的作者们绝大部

---

* 本文为国家社科基金青年项目“法国文学在民国文学期刊中的译介”（项目号：15CWW008）的部分研究成果。

① George Saintsbury, *A Short History of French Literature*, Oxford, Oxford at the Clarendon Press, 1882.

② 杨袁昌英：《法兰西文学》，上海：商务印书馆，1923 年，p. 45。

③ 同上，p. 3。

分都认为维庸是一个诗艺大师[①]，并凸显他作为法国中世纪最伟大诗人的身份[②]。

发表于1924年10月《小说月报》上的“文学大纲”一文，以欧洲中世纪文学为主题，其中特别为维庸辟出一栏。郑振铎在文中一再重复维庸盗贼诗人的双重身份，并特别将英文poet-thief标注于中文相对应的短语之后。郑振铎认为，维庸将“新的生命与新的美”赋予古老的诗歌形式，但他并未明确分析何为“新的生命与新的美”。此外，郑振铎特别强调维庸诗中死亡和监禁这两大主题。和杨袁昌英一样，郑振铎并未突出维庸诗中体现出的个性。不过，他专门为维庸辟出一栏这一事实间接显示，他承认维庸在法国中世纪诗歌史上的特殊地位[③]。

魏龙　十五世纪的盗贼，同时是一个诗人。

---

① Émile Abry, Charles Audic et Paul Crouzet, *Histoire illustrée de la littérature française*, Paris, Henri Didier, 1912, p. 59–60;George Saintsbury, *A Short History of French Literature*, Oxford, Oxford at the Clarendon Press, 1882, p. 158–159; Giles Lytton Strachey, *Landmarks in French Literature*, London, The Home University Library of Modern Knowledge, p. 23.

② *The Oxford Book of French Verse*, éd. St. John Lucas, Oxford, Oxford at the Clarendon Press, 1908, p. x;Émile Abry, Charles Audic et Paul Crouzet, *op. cit*., p. 57; Giles Lytton Strachey, *op. cit*., p. 25.

③ 郑振铎：《文学大纲（九）》，《小说月报》XV-10，1924年，p. 22。

在1925年王维克译介的《法国文学史》一文中，作者将维庸奉为法国中世纪最伟大的诗人。他这样描述维庸："巴黎市上之浪游者，其生活则作恶犯罪也……其精神则诚恳而含个性，其用语则特创而有力。……常念及死，描写所及，深刻非常，且含有真理。"[①] 王维克凸显了维庸的几个特质：真诚、个人主义、现实主义、罪行累累、诗中充满死亡意象。这些特质在日后民国出版的法国文学史中，被不断重复[②]。

如果说1920年代的中国文学批评者强调维庸的个性，到了1930年代，批评者们则反其道而行，开始强调维庸的代表性。在1935年出版的《法国文学史》中，穆木天将维庸塑造成被压迫阶级的代言人。他写道："他虽受过相当的教育，但他始终是被压迫被剥削的，始终是他的阶级的一个代表者。他的诗歌，因始终是市民阶级的喊叫，始终是当代的反映了。"[③] 他举四首诗为例："绞刑犯之歌""布洛瓦赛诗之歌""往昔的妇人之歌""往昔的王侯之歌"。穆木天强调，第一首诗深刻表现了由维庸代表的受压迫社会痛苦而普遍的现实[④]，但他闭口不提诗中的宗教维度。事实上，诗中一再重复的副歌，即"请求上帝宽恕我们所有人"，揭示出叙事者的对话对象更多的是上帝而非社会。叙事者与其说是揭露、反抗社会压迫之人，不如说是挣扎于忏悔和犯罪之间的人。至于第二首诗，穆木天仅引用了一句话："我渴死在喷泉旁"，以此说明当时社会统治阶级和被统治阶级极大的贫富差距[⑤]。只要接着往下读数行，我们就会发现穆木天的评论完全是刻意制造的结果：如果维庸真有心揭露贫富差距，他就不会让叙事者

---

① PAUTHIER, H. et T.，《法国文学史》，王维克译，上海：泰东图书局，1925年，pp. 19–20.

② Maurice Baring,《法国文学》，蒋学楷译，上海：南华图书局，1929年，p. 9；徐霞村：《法国文学史》，上海：北新书局，1930年，p. 10–11；徐仲年：《法国文学ABC》，上海：ABC丛书社，1933年，pp. 12–13；张掖：《法兰西文学史概观》，广州：华文印务局，1932年，pp. 12–13。

③ 穆木天：《法国文学史》，上海：世界书局，1935年，p. 20。

④⑤ 同上，p. 21。

说自己“穿得像个皇帝却又赤裸得像条虫”。其实，这种对比很可能是由查理·奥尔良公爵发明的一种文字游戏。维庸曾亲手抄录该诗，手稿被收入查理·奥尔良公爵的私人诗集中[①]。该一史实恰恰反映了诗人与权贵阶层的合作而非对抗。在第三、第四两首诗中，维庸探讨了一个普遍的主题：死亡。穆木天不认为面对死亡的悲哀是人类普遍的处境，而将其视作15世纪所独有的现象[②]。穆木天强调维庸诗作的社会性和时间性，与其在1930年代加入左联、接受马克思主义文学思潮息息相关。左联在共产党指导下进行文学活动，而穆木天本人也于1932年加入共产党。

在发表于1936年的《法兰西文学史》中，夏炎德以与穆木天十分类似的方式制造维庸的形象。他所用于评论维庸的关键词与穆木天类似：“时代”“社会”“阶级”。夏炎德认为，死亡之所以成为诗人偏爱的话题，不是因为诗人善于对人的存在状态进行思考，而是因为死亡象征着大家共同步入平等之境。为了凸显维庸的阶级意识，夏炎德特意将《遗言集》第39首中人“不论何种境况”（总有一死），翻译成人“不论属于何种阶级”（总有一死）[③]。至于诗人作品中表现出的个性，夏炎德也将之归功于新兴资产阶级的发展[④]。

如果说穆木天在中国现代文学史上早已建立声名，对于作为法国文学批评家的夏炎德，人们所知甚少。从1943年起直至退休，夏炎德一直供职于复旦大学经济系。复旦档案馆所藏的夏炎德资料[⑤]显示，夏

---

① François Villon,*Œuvres complètes*, éd. Jacqueline Cerquiglini-Toulet avec la collaboration de Laëtitia Tabard,Gallimard, coll. Bibliothèque de la Pléiade, 2014, p. LX-LXI, 806.

② 穆木天：《法国文学史》，上海：世界书局，1935年，pp. 21-22。

③ François Villon, *op. cit.*, p. 50-51；夏炎德：《法兰西文学史》，上海：商务印书馆，1936年，p. 66。

④ 夏炎德：《法兰西文学史》，上海：商务印书馆，1936年，pp. 62-67。

⑤ 笔者查阅的复旦大学档案馆藏夏炎德档案如下：“上海市高等教育及学术研究工作者登记表”（1948年）；“政治教育工作者登记表”（1950年）；“思想改造学习总结登记表”（1952年7月19日）；“高等学校教师登记表”（1952年8月16日）；“复旦大学干部登记表”（1958年）；“干部简历表”（1960年）；“干部履历表”（1979年）。

既未曾加入左联，也未曾加入共产党。而且1936年版《法兰西文学史》标题由国民党大员于右任题写。这些现象表明，马克思主义文学思潮并非是1930年代制造维庸被压迫阶层代言人形象唯一可能的思想来源。

《法兰西文学史》由法国人邵可侣（Jacques Reclus）撰写的序言，为我们找到夏炎德笔下维庸形象的来源提供了可能。邵在序言中深情却又模糊地描述了他刚到上海劳动大学时感受到的精神力量。他说，上海劳动大学学子们为国家解放做出的努力让他感动[①]。安必诺（Angel Pino）的研究表明，邵可侣是在一个去巴黎学习的中国无政府主义者推促下来到中国的[②]。至少有两个原因可以解释他为何选择上海劳动大学作为落脚点：首先，该校是在一批无政府主义者推促下建成的。有分析指出，1927年蒋介石清党行动，让无政府主义者看到了发展无政府主义的契机，于是他们决定与国民党合作，建立上海劳动大学作为无政府主义的试验田[③]。学校的奠基人之一李石曾在法国时便与同为无政府主义者的邵可侣父母过从甚密[④]；其次，法语是上海劳动大学的第一外语。1927至1928学年的一张学分表表明，法语作为必修课程，占20个学分，而其他各门必修课仅占2至8个学分[⑤]。上海劳动大学对法语的重视与其缔造者（李石曾、褚民谊等）的法国教育经历，以及作为学校建设样本的比利时沙勒罗瓦（Charleroi）劳动大学有关。

其实，邵可侣并非是在上海劳动大学的课堂上遇见夏炎德的。复旦大学馆藏印制于1952年8月16日的“高等学校教师登记表”显示，夏当时在劳动大学中学部学习[⑥]。他在该档案“主要工作及活动”一

---

① 夏炎德：《法兰西文学史》，上海：商务印书馆，1936年，p. 1。

② Angel Pino, « RECLUS Jacques, Alphonse, René », *Dictionnaire des anarchistes*, http://maitron-en-ligne.univ-paris1.fr/spip.php?mot28.

③ Ming K. Chan & Arif Dirlik, *Schools into fields and factories – anarchists, the Guomindang, and the National Labor University in Shanghai, 1927-1932*, Durham and London, Duke University Press, 1991, pp. 7–8.

④ Angel Pino, *op. cit.*; Ming K. Chan & Arif Dirlik, *op. cit.*, p. 17.

⑤ Ming K. Chan & Arif Dirlik, *op. cit.*, pp. 80–82.

⑥ 复旦大学档案馆藏夏炎德档案：“高等学校教师登记表”（1952年8月16日）。

栏写道："（在劳动大学中学部求学时）学习文学，社会科学，法文等。当时受马列主义及无政府主义二种思想的影响"[①]。在印制于1952年7月19日的"思想改造学习总结登记表"中，他回忆当时的情景："（我当时）读法国文学，想成文学家。"[②]《法兰西文学史》写于夏炎德中学毕业后，该书还曾于1934年为其获得奖金和奖章[③]。

邵可侣作为夏炎德的法语和法国文学入门老师，对于该文学史的成书，自然有不小贡献。但没有证据显示，是邵可侣推促夏炎德用无政府主义视角来撰写法国文学史。邵可侣在他为夏炎德作品所做的序中，完全没有提到作者撰写此书所用的文学立场。而且，在一本由另一个上海劳动大学学生蒋学楷翻译出版的法国文学史中，译者虽然在序中通篇强调邵可侣的影响，却完全没有将维庸塑造成一个阶级和时代的诗人[④]。

然而，夏炎德制造维庸形象时所持的无政府主义文学立场是毋庸置疑的。他曾两次明确指出，自己在劳动大学中学部学习期间，同时受到无政府主义和马克思主义的影响。夏炎德笔下的维庸形象反映更多的是二者之间的共同点：两者均强调消除体力和脑力劳动的分野，实现不同阶级间的平等。我们引《劳动大学周刊》中"劳工学院一部分教员学生发起文艺研究团体"中的一段来说明无政府主义和马克思主义对夏炎德的影响："然而目前的阴森黑暗却是事实，没有光明，没有热力，四围的氤氲都渗透了臭铜的腐味，不平的事象，触目皆是；痛苦的呼声，振破了耳鼓，荡漾了心灵。……我们呀！我们的心血正在潮，心火还在烧，天赋的官感是又不容我们沉寂的静安下！"[⑤]这段文字反映了劳动大学学生对于社会问题的关注。《国立劳动大学周刊》里的绝大部分文学作品，都以十分直接的方式揭露资产阶级对劳

① 复旦大学档案馆藏夏炎德档案："高等学校教师登记表"（1952年8月16日）。

② 复旦大学档案馆藏夏炎德档案："思想改造学习总结登记表"（1952年7月19日）。

③ 复旦大学档案馆藏夏炎德档案："干部履历表"（1979年）。

④ Maurice Baring,《法国文学》，蒋学楷译，上海：南华图书局，1929年，p. 1–5。

⑤ "劳工学院一部分教员学生发起文艺研究团体"，《国立劳动大学周刊》n° 12, 1928年，p. 192。

动者的剥削[①]。对于革命时代的意识在这些作品中得到充分彰显[②]。这一意识可以用一篇名为《力》的戏剧中的一句话来概括。这句话出自一个具有革命意识的年轻女学生之口。她对试图逼迫她放弃革命立场、资本家出身的男友说："发脾气！你以为这手段——这十八世纪的手段，压制得了二十世纪的新女子吗？"[③]

除汉译法国文学史外，维庸的名字也出现在1917–1937年出版的中国现代文学期刊中。在1920年10月1日刊登于《少年中国》的"一八二〇年以来法国抒情诗之一斑"中，黄仲苏将维庸视为法国诗体改革的第一人。他说，维庸试图突破旧诗规范的约束，在诗中表现自己的思想和情感[④]。不过，在整个1920年代，提到维庸的期刊文章仍是凤毛麟角。

我们在《青年界》1931年4月10日号中，发现了一张署名"Van Wervere"的版画，版画题目为"魏龙宁可挨饿"。从版画的尺寸以及画中人物数量、画中女性人物的习惯性姿势（翘臀、背微躬）来看，这幅版画很有可能是George Van Werveke（1887–1952）的作品。他创作了一系列类似的作品，有时署名"Van Werveke"。《青年界》的编辑很可能将"Van Werveke"误认成"Van Wervere"。版画的注释文字这样描写维庸："魏龙（Villon）在Blois的时候，Charles d'Orlean公爵替穷诗人们盖了一所房屋，他觉得生活很乏味，所以整天都在厨房里过日子，不去阿谀公爵。他后来受了埋怨，便说：'我宁可忍饥挨饿，也不愿到奴仆的厅堂里去污辱我的灵魂。'"这段文字为我们展示了一幅遗世独立的知识分子形象，颇合中国读者的口味。尤其对于1930年代的年轻知识分子来说，国民党政府曾经的清党行动和对于高校学生意识形态管控的日益加强，使得五四时期那种自由、

① 管彦文：《啊！爸爸》，《国立劳动大学周刊》II-7，1929年，pp.58–75；管彦文：《忏悔》，《国立劳动大学周刊》II-20，1929年，pp.93–95。

② 喻仲民：《为了"革命"》，《国立劳动大学周刊》II-9，1929年，pp. 88–90；廖涧蘋：《胜利之歌》，《国立劳动大学周刊》II-10，1929年，pp. 72–74。

③ 姜彦秋：《力》，《国立劳动大学周刊》II-20，1929年，p. 100。

④ 黄仲苏：《一八二〇年以来法国抒情诗之一斑》，《少年中国》III-3，1921年10月1日，pp.8–9。

乐观的精神状态不复存在，加剧了知识分子和政府的对立感，也就加强了中国读者对于这幅版画的认同感[①]。

版画描述文字中特别提到作为故事发生地点的厨房，这一细节为我们探寻版画注释文字的来源提供了可能。在所有涉及维庸生活的法文作品（传记、小说等）中，有两本提到维庸在奥尔良公爵位于布洛瓦(Blois)的宫廷居住时，常躲在厨房里。它们是皮埃尔·达兰姆(Pierre d'Alheim）的《大学士弗朗索瓦·维庸的激情》[②]和弗朗西斯·卡尔哥（Francis Carco）的《弗朗索瓦·维庸传奇》[③]。在后者中，我们读到如下段落："布洛瓦的生活在维庸看来如此乏味，以至于他宁愿整日呆在厨房里，取暖，大口喝酒，也不愿参加公爵组织的赛诗会，讨公爵欢心。呆在厨房里，至少算是件有意义的事。有人告诉他，他不应混迹于仆人之中，如果他继续这样做，有可能会被剥夺俸禄。他却回答道，仔细思考一下仆人这个词的含义之后，他觉得宁愿做肚腹的仆人，也不愿做精神的仆人。"[④]这段话很有可能就是版画注释文字的来源。很明显，中国译者为了凸显维庸作为刚正不阿的知识分子形象，特意把"宁愿做肚腹的仆人"换成了"宁可忍饥挨饿"。

事实上，关于维庸在布洛瓦的生活，目前无史实可考。在最权威、也是最新的七星诗社丛书版《弗朗索瓦·维庸全集》中，作者确证的相关史实仅是维庸曾到过查理·奥尔良公爵位于布洛瓦的宫廷，并在奥尔良公爵私人诗集中亲手抄录了三首诗:《玛丽·奥尔良赞词》《双重叙事歌》以及《布洛瓦赛诗之歌》[⑤]。其他所有相关叙述，都来自于建立在文本分析基础上的推论或作者的想象。大多数作者都提到维庸在布洛瓦宫廷颇不自在。有的批评者认为，这是因为维庸命中注定是

---

① 叶文心:《民国时期大学校园文化（1919-1937）》，冯夏根、胡少诚、田嵩燕等译，北京：中国人民大学出版社，2012 年，pp. 230-287。

② Pierre d'Alheim, *La Passion de maître François Villon*, Librairie Paul Ollendorff, 1900, p. 211.

③ Francis Carco, *Le Destin de François Villon*, Paris, A la cité des livres, 1931, p. 224.

④ Francis Carco, *Le Destin de François Villon*, Paris, A la cité des livres, 1931, p.224.

⑤ François Villon, *op.cit.*, p. XI, XLVI.

闲云野鹤[①]；有人则认为，维庸因为和当时宫廷众臣之间社会地位、文学品味悬殊，而受到排挤[②]。与上文版画注释作者不同，维庸传记作者们不认为诗人爱好独立的性格是一种道德选择。在他们笔下，维庸也曾努力适应布洛瓦宫廷生活，学着像宫中其他幕僚那样穿着打扮[③]，学着“在王公贵族面前卑躬屈膝，为宫廷贵妇创作抒情诗”[④]；他也曾因为不能融入宫廷生活而忧愁[⑤]，并且他一旦发现自己失势，便不失时机地向公爵示好，企图重新获得恩宠[⑥]。同样提到维庸时常躲在厨房里不去觐见公爵的皮埃尔·达兰姆，在《大学士弗朗索瓦·维庸的激情》里记录了这样一段故事：“一个风清日朗，充满欢声笑语的六月的一天，当他（维庸）来到财务官身边时，后者对他说：‘我的朋友，我什么也没为你准备。’听了这话，弗朗索瓦颇受震动。他再次出现在公爵的图书馆中，将他的目光吸引到自己身上来。”[⑦]《弗朗索瓦·维庸与查理·奥尔良》一书的作者杰特·品克奈而（Gert Pinkernell）甚至宣称，他从维庸诗作的文本层面找到证据，证明维庸为了吸引奥尔良公爵的注意力所采取的种种手段。他说，维庸之所以用拉丁文而非法文撰写《玛丽·奥尔良赞词》一诗的题词，其目的就在于从诗的一开始便凸显自己的学识，以吸引奥尔良公爵的注意力[⑧]；品克奈而还说，在《布洛瓦

---

① Antoine Campaux, *François Villon, sa vie et ses œuvres*, A. Durand, 1859, p.115; Jean-Marc Bernard, «Villon à la cour de Blois», *Revue d'Histoire littéraire de la France*, n° 3, 1908, p.498; Jean-Marc Bernard, *François Villon (1431—1463) sa vie-son œuvre*, Bibliothèque Larousse, 1918, p.27; Jacques Castelnau, *François Villon*, J. Tallandier, 1942, p.163, 166.

② Pierre d'Alheim, *op.cit.*, p. 210; Henry de Vere Stacpoole, *François Villon, his life and time, 1431—1463*, New York, G. P. Putnam's Sons, 1917, p.96-100; Francis Carco, *op.cit.*, pp.37-38; Gert Pinkernell, *François Villon et Charles d'Orléans* (1457 à 1461), Heidelberg, Carl Winter Universitätsverlag,1992, p.42, 58, 60, 61, 64.

③ Pierre d'Alheim, *op.cit.*, p.210.

④ Jean-Marc Bernard, *François Villon (1431—1463) sa vie-son œuvre*, p.29.

⑤ Pierre d'Alheim, *op. cit.*, p.60。

⑥ Gaston Paris, *François Villon*, Librairie Hachette et Cie, 1901, p.59.

⑦ Pierre d'Alheim, *op. cit.*, p.211.

⑧ Gert Pinkernell, *op. cit.*, p.16.

赛诗之歌》中，维庸使用了一种较为复杂的韵脚，而在稍后创作的《谚语之歌》中，他却又重新使用创作《布洛瓦赛诗之歌》之前使用过的、较为简单的韵脚。品克奈而认为，“谚语之歌”其实是维庸再次落难时，为了向奥尔良公爵求救而发出的信号。之所以抛弃复杂的韵脚不用而转向他更为常用的简单韵脚，是为了让公爵能够迅速认出这是他的作品[①]。

维庸一生颠沛流离，居无定所，这种无产者的境遇为他赢得中国左翼批评家的好感。因此，1917 至 1937 年，中国文学期刊上唯一一篇专以维庸为题的批评文字，出自穆木天之手，并发表在左翼杂志《北斗》上，也就不足为怪。此文即刊登于 1932 年 1 月 20 日的“法兰西瓦·维龙——诞生五百年纪念”。文章开头便写道：“法兰西瓦·维龙（François Villon）（1431–1465?）是法国的第一个布尔乔亚诗人。他的诗是代表对新兴的资产阶级与中世的封建阶级斗争的反映[②]。”穆木天替维庸犯下的偷窃、杀人罪行辩护，认为这是社会问题严重使然[③]。像夏炎德一样，穆木天也认为，维庸钟情于表现死亡这一主题，正反映了他对平等的渴望和对现实社会的抨击[④]。此文的主要观点，与穆木天在《法国文学史》相关段落中表达的观点类同，在此不予赘述。但这篇文章的来源值得注意。穆木天在文中提到加斯通·巴里斯（Gaston Paris）的《弗朗索瓦·维庸》一书，还叙述了一个细节：百年战争时期，“巴黎街上野草生，巴黎近郊狼横行”，同样的细节也出现在巴里斯的上述书中[⑤]。这证明穆木天至少部分阅读过巴里斯的《弗朗索瓦·维庸》。穆木天的文章可以被视为唯物主义文学理论的运用成果。生产是这一理论的关键词之一。我们不妨以“生产”为线索，对比穆木天的文章和巴里斯的作品，说明穆木天在评价维庸时所特别

① Gert Pinkernell, *op. cit.*, p.88。

② 穆木天：《法兰西瓦·维龙——诞生五百年纪念》，《北斗》II-1，1932 年 1 月 20 日，p.222。

③ 同上，pp.226–227。

④ 同上，p.233。

⑤ 同上，p.224；Gaston Paris, *op. cit.*, p.19.

忽视的内容。

穆木天文章中关于生产，唯一讨论的是经济生产方式，即工商业发展对维庸创作的影响。但他忽视了对于知识的生产其实在诗人的成长过程中扮演了更为重要的角色。而且知识生产体系中也有纯粹物质的维度，如印刷、出版和图书馆的设立。在巴里斯看来，对于维庸这一个案来说，知识传播过程中的物质维度，有着特别重要的意义。如巴里斯所言，对于这一维度的研究，能够让我们更加准确地评价文学传统对于诗人的影响。巴里斯这样解释为何维庸从前代诗歌中获得的灵感甚微："我们不应当忘记，文学，尤其是诗歌，在那个年代，通常是由上层贵族并为上层贵族所创作，普通百姓很少有涉猎的机会。文学作品通常被记载在豪华的稿纸上，被呈送给皇帝、王公、侯爵，很少会流传出他们的'图书馆'外。教士们能够接触到的教会或修道院图书馆，只有在少数例外时刻才能够收藏此类作品[①]。"这一评论本可以为穆木天所用，纳入他的唯物主义批评框架内。之所以它被穆木天忽视，很可能因为一个作家身处的文学传统，以及他所受的教育对其文学创作的影响，并非当时穆木天关心的话题。

穆木天所忽视的另一内容，是《弗朗索瓦·维庸》一书中关于诗人个性的论述。穆木天认为，维庸所犯罪行是由社会不平等所致，因此可以理解而无可避免。巴里斯却认为，维庸所谓犯罪是为饥饿所迫的论据根本站不住脚。他以维庸描写理想生活的"反驳弗朗克·龚杰"为据，证明维庸天性懒惰而又好享受，认为这种天性是他日后犯罪的根源[②]。穆木天忽视了维庸的个性，因此他没有像巴里斯那样揭示出维庸和城市的关系。巴里斯认为，维庸是天生的城市诗人，尽管他因犯罪而被常年流放于郊野，乡间生活却难以在他的《遗嘱集》中找到踪影。大自然从来就不是维庸歌颂的对象。相反，《遗嘱集》中到处是对巴黎印象的书

① Gaston Paris, *op. cit.*, p.99.

② 同上，p.75-76.

写[1]。巴里斯认为，个性是维庸作品最难得的品质。因为维庸在大学里学习文学时并不用功，同时又没有受到很多诗歌传统的影响。因此，对于诗歌创作来说，他的真诚和个性就变得格外难得，这两者成为他超越同时代诗人的保障[2]。

不过，穆木天借助唯物主义文学理论译介维庸，并非只有失没有得。唯物主义观点让穆木天特别强调维庸作品的现实主义风格。他说："维龙的全作品里，都是充满着死的恐怖。他用一种写实的态度把人的肉体的死灭给描写出来。"穆木天的评论是中肯的。他翻译了《遗言集》中的几段诗作为例证[3]。其中第 39 首和第 60 首的片段，李思纯在 1925 年 11 月号的《学衡》中也曾用半文言翻译出版[4]。我们以第 60 首中的几句诗为例，比较穆木天和李思纯的译文，以说明唯物主义文学观所强调的现实主义风格如何让穆木天的译文更加接近原作的精神：

穆译	李译
他的气断了，他的血停了， 他的胆汁洒在他的胸脏之上。	忧患裂心呼吸止，
随即他出汗，他的汗味只有上帝知道！	毕生劳瘁盈汗泚。

穆译再现了原文[5]中所有与身体有关的细节：气、胆汁、胸脏和汗，还加入了一个原文没有的因素：血。而李译不仅没有增加相关细节，还抹去了"胆汁"这一元素。更为重要的是，穆译中的主语"他"反复再现，每一次均与一幅鲜明的身体形象相搭配，这逼迫读者去正视一具尸体。而李译中由于主语缺失，尸体的形象也不甚明显，死亡给

① Gaston Paris, *op. cit.*, p.63，160.

② 同上，p.159.

③ 穆木天：《法兰西瓦·维龙——诞生五百年纪念》，pp.231-233。

④ 菲农：《老与死》，李思纯译，《学衡》n° 47，1925 年 11 月，p.7-8。

⑤ François Villon,*op. cit.*, p. 51.

读者造成的震慑感也就大大减弱。这一效果的造成，与李思纯所选择的文字形式不无关系。他选择所谓苏玄瑛式，即自由化了的中国古诗形式作为翻译诗体，每句限定五言或七言，但不强求押韵[⑥]。这种诗体不利于再现原诗的现实主义风格，现实主义的基本要求，即写作主体对于描写对象要有精准地把握和描写，而一句话只有五言或七言这一限制，显然与现实主义精确描写的内在要求相悖。

被限定在七言绝句中的维庸，看起来像是一个中国古代诗人。李思纯对维庸抒情特质的强调，加强了这种印象，他用“哀生而悼逝”来总结《遗嘱集》中的第 29、第 39 和第 60 首诗，并这样描写维庸："其诗形美丽而伤感凄忧，蕴蓄情思，使人感动[⑦]。”不过，维庸的现代性特质也因此得到了彰显，如果说穆木天笔下描写死亡的诗人维庸是人民的代言者，具有一种为平等而呼唤、而斗争的气质；在李思纯笔下，描写死亡的诗人维庸则更具有个体性——多愁善感而顾影自怜。这一结论再一次证明了我们文章的主题：从 1920 年代到 1930 年代，维庸从一个具有个性的诗人变成了一个具有代表性的诗人。

维庸处于从中世纪向文艺复兴转变的过渡时代。他在创作中表现出的个性吸引了五四一代中国文学变革者的目光。五四时期是中国文学从古代向现代过渡的蜕变期，这一蜕变过程不仅反映在对现代性的追求中，还反映在古代性与现代性的交织中。具体到维庸的译介这一个案，译介者们既突出诗人的个体性，又为他塑造出传统中国文人的形象，并且采用半文言方式翻译他的作品，这些都是五四蜕变期的表征。维庸贫困的生活以及作为被流放者所处的社会边缘地位，使得他被 1930 年代受左翼文学思潮和无政府主义思潮影响的批评家塑造成人民代言人。然而不论是桀骜不驯的知识分子还是人民代言人，这其中都充满了中国译介者的刻意创造。

---

⑥ 李思纯：《仙河集自序》，《学衡》n° 47，1925 年 11 月，p.3。

⑦ 菲农：《老与死》，p.7。

宫体诗一瞥

顾　农

一

所谓“宫体诗”是南朝梁的中后期以太子萧纲（503–551）为领军人物的一批诗人大力推行的新诗，一时声势很盛，几乎形成了一个运动。

萧纲从小就接受过很好的教育，他有两位老师，都是讲究诗歌创作“新变”的著名人物，这就是徐摛（字士秀，471–551）和庾肩吾（字子慎，487–551），他们都给了小王子萧纲极深的教育和熏陶。

徐摛写诗讲究三条：一是把南齐永明以来对于诗歌声律之美的追求推向极致，其作品的对仗平仄，同后来唐代的近体诗已经相当接近；二是用词华丽，五彩缤纷，并试用种种新的技巧；三是多作咏物之诗，纤细入微，大有宫廷气息。他在当时的影响很大，被认为是一代新风的开创者。年纪较轻的庾肩吾同样讲究新变，他追求声律之和谐与辞藻之丽靡略同于徐摛，而更注意描写景物，咏叹美女。徐摛和庾肩吾的新诗，以及他们的骈体文和辞赋，当时被称为“徐庾体”。他们的下一代徐陵（字孝穆，507–583）和庾信（字子山，513–581）稍后也在萧纲的东宫里任职，由于年龄同萧纲相近，来往也更多。他们继承并发展了父辈的文风，所谓“徐庾体”，也包括这两位诗二代。

在徐摛和庾肩吾熏陶下成长起来的萧纲不但地位高，水平也高，他把诗歌创作的新变进一步推向高潮，于是就出现了一个新词：“宫体”，所谓“宫”就是太子的东宫。“宫体”就是东宫体或太子体。“宫体”这个提法比“徐庾体”更简明，更响亮，后来也更流行。

萧纲充当太子的时候，萧梁王朝正处于全盛时期，父皇萧衍相当长寿，“五十年中，江表无事”（庾信《哀江南赋》），于是他就有条件充分地享受生活，同手下的文人一起大写其风花雪月、美女歌舞，同时致力于试验种种新的艺术技巧。萧衍注意调动一切思想文化资源来巩固王朝的统治，而萧纲思想比较解放，他认为为人要讲传统道德，而为文可以不受传统礼法的约束，文学创作在题材、写法、措辞等方面都可以胆子大一些，自由一些。他写诗喜欢大谈女人，举凡女性的身体、容貌、心理、器物……都在他关心的范围之内，成批地形之于歌咏。太子地位极高，虽有“监抚”之责，而实际上没有太多的具体政务①，而东宫之内又聚集了大批美女，在这种环境和氛围中要走出一条“放荡”的写作路子来，实在是很自然的事情。

鲁迅先生在一篇讲演中说：“大凡要亡国的时候，皇帝无事，臣子谈谈女人，谈谈酒，像六朝的南朝，开国的时候，这些人便做诏令，做敕，做宣言，做电报，——做所谓皇皇大文。主人一到第二代就不忙了，于是臣子就帮闲”；他又说帮闲文学乃是“廊庙文学”亦即宫廷文学的一种，与帮忙文学很容易转换。“帮闲文学实在就是帮忙文学”②。萧纲正是萧梁皇室的第二代，他的太子当得很悠闲，很自然地借诗歌以消闲，其臣下则以同样题材和写法的诗歌来帮闲，于是宫体诗就大大热闹起来了。

二

海外汉学家有一个很好的提法：“宫体诗实质是一种富于创造性的诗歌，为中国后来的诗人们开创了很多的可能性；它的主题则涵盖

① 萧梁太子被赋予监国抚军的责任，但梁武帝习惯于大权独揽，太子的任务一向不重，他如果管多了反而不妥。参见杨恩玉《萧梁政治制度考论稿》（中华书局 2014 年版）第一章第二节《萧梁太子监抚制》。

② 《集外集拾遗·帮忙文学与帮闲文学》，《鲁迅全集》第 7 卷，北京：人民文学出版社，1981 年，第 382-383 页。

了贵族生活的方方面面。”[1] 在这方方面面之中，可以说有两大热点：一是女人以及与女人有关的种种，二是花花草草和优美的风景。前者主要写美女艳情，后者则主要写景咏物。即以萧纲为例，分别举出一首：

可怜称二八，逐节似飞鸿。悬胜河阳伎，与淮南同。
入行看履进，转面望鬟空。腕动苕华玉，衫随如意风。
上客何须起，啼乌曲未终。

——《咏舞二首》其二

年还乐应满，春归思复生。桃含可怜紫，柳发断肠青。
落花随燕入，游丝带蝶惊。邯郸歌管地，见许欲留情。

——《春日诗》

都没有任何社会政治方面的内容。“徐庾体”或曰“宫体”总是谢绝通常意义上的重大题材，只写上流社会的富贵生活和闲情雅兴。

萧纲有一个重要的观点：“立身之道，与文章异。立身先须谨重，文章且须放荡”（《诫当阳公大心书》）。所谓“放荡”指的是思想上可以不受传统的约束，写文章时，在题材、写法、措辞等方面都可以胆子大一些，自由一些。此说对于业已僵化的儒家诗教实在是一个有力的冲击。有这样一种另类的声音，对于诗歌的繁荣应当说益多于害。

当然，自由固然非常之好，可惜高层贵族的关心范围其实相当狭窄。所以用正统的眼光看去，这一派诗人的作品几乎没有多少社会意义。而按萧纲的意见，诗歌本来就可以不管什么社会意义，这样就势必会创造出一些虽美而不甚重要的作品来，并且很容易引来正人君子的严厉批评。

① 孙康宜、宇文所安主编：《剑桥中国文学史》（上卷），刘倩等译，北京：生活·读书·新知三联书店，2013 年，第 299 页。

三

但是题材的狭隘和特别尚非宫体诗的决定性因素，描写贵族生活的作品古已有之，热衷于表现女性甚至写得比较“艳”一点的创作路径亦源远流长，例如很容易追溯到颇有点帮闲气的大作家宋玉；至于讲究声律，早先的永明体即以此为安身立命之本，而揣摩对仗的工稳巧妙，更是多少代诗人始终不懈的努力。

宫体诗不仅是上述两点在萧梁中期以后文坛形势下的整合和新变，他在艺术上还有“美、空、细、碎”四大特色，表现出新的眼光、新的手法和新的审美趣味。

一曰美。宫体诗人专门注意生活中美好的事物与形象，诸如美景、美人、美舞、美酒……，而对痛苦和丑陋的东西则避之唯恐不远。传统的儒家文艺思想固然也讲美，但总是将它置于“善”与“真”之下，诗歌的意义一向将教化放在第一位，即所谓“诗教”，而萧纲把这个旧基础给挖掉了。诗既不必载道言志，则形式（词藻、声调、形象）上的美必然去全力追求，诗人自己由此获得情绪上的荡漾，并用这样的作品让读者得到艺术上的享受。萧子显《南齐书·文学传论》说：“文章者，盖情性之风标，神明之律吕也，蕴思含毫，游心内运，放言落纸，气韵天成。莫不禀以生灵，迁乎爱嗜，机见殊门，赏悟纷杂。”用这几句话来概括宫体诗人的创作心理，似乎是非常恰当的。萧子显年辈较高（487~535），但同萧纲很谈得来，萧纲在东宫常请他宴饮，称为“异人”。

宫体诗对美的追求和表现，在在皆是，举萧纲的两首来看：

北窗朝向镜，锦帐复斜萦。娇羞不肯出，犹言妆未成。
散黛随眉广，燕脂逐脸生。试将持出众，定得可怜名。
——《美人晨妆诗》

初桃丽新采，照地吐其芳。枝间留紫燕，叶里发轻香。

飞花入露井，交干拂华堂。若映窗前柳，悬疑红粉妆。

——《咏初桃诗》

前一首形容美人梳妆未成不肯见人的娇羞之态，后者则如一幅色彩丰富的花鸟画，这些都是可以得到普遍肯定的人体美、自然美；而女性的化妆尤其是宫体诗最热门的诗料——把人造的美推向极致，正是宫体诗的本质特点之一。

二曰空。宫体诗人大抵是佛教徒，萧纲同他的父亲萧衍一样笃信佛教，所以他们一方面深爱生活中一切美好的东西，但玩物而不丧志，对美好的物和人都持一种佛教式的“看破”，确认一切美好的存在都是空的，虚幻的，转眼即逝的。佛教本来是主张禁欲的，认为情欲特别是女性的情欲乃是不净的邪恶的，佛经里也写这种淫欲，为的是认识它的邪恶，远远地离开它。宫体诗之大写美色，也正是为了达此目的，其思路略近于鲁迅就自己的小说创作所说的“揭出病苦，引起疗救的注意”[1]。鲁迅是要揭发出社会的变态和国民性的弱点，而宫体诗则要揭发美女横陈之可爱和可怕，借以表达佛教的哲理。

所以宫体诗最喜欢写美女的舞姿，这无非是因为这里种种美好的姿态都是转瞬即逝的，如萧纲《咏舞》、刘孝仪《和咏舞诗》《又和咏舞》、何敬容《咏舞诗》等，无不如此，都是写在舞蹈过程中始终变化的姿态、动作、表情、气味和音乐，一切都是过程，没有任何稳定的东西。这正是表达佛教一再强调的如梦幻泡影的世界观。

萧纲又有一组专门发挥佛教之“空”观的诗，题作《十空六首》，诗中说一切皆如水中月、镜中花，终归一无所有。由此可知宫体诗中津津有味地加以描写的美景、美人、美舞、美酒……从根本上来说都是“不实”的东西，信佛者必须认清“实相”，了悟“真如”。

---

① 《南腔北调集·我怎么做起小说来》，《鲁迅全集》第4卷，北京：人民文学出版社，1981年，第512页。

三曰细。宫体诗人热衷于对人体特别是女性人体作近距离的仔细观察，对自然景物也是如此，不知疲倦地对物象之外形、色彩、光影做过细的描绘。例如萧纲《纳凉》诗云：

斜日晚骎骎，池塘生半阴。避暑高梧侧，轻风时入襟。
落花还就影，惊蝉乍失林。游鱼吹水沫，神蔡上荷心。
翠竹垂秋采，丹枣映疏砧。无劳夜游曲，寄此托微吟。

南朝的首都建康（今江苏南京）夏天往往持续高温，所以此时在首都的诗人作品中多有苦暑、避暑、纳凉一类题目。萧纲这首诗写夏夜乘凉时所见：落花就影，惊蝉失林，游鱼吹沫，小龟爬上了荷叶……一一加以描写。作者观察细致入微，琢句琐细纤巧。在一个很小的世界里把神经打磨得特别敏锐——这既是萧纲的路子，也是宫体诗人共同的特色。

萧纲非常注意雕章琢句，以表达其观察之深入细致，名句如“叶密鸟飞碍，风轻花落迟”（《折杨柳》）、“窗阴随影度，水色带风移”（《饯别》）、“渍枝花觉重，湿鸟羽飞迟”（《赋得入阶雨》）……无不精细入微。花枝是承接花朵的，花朵受雨变重，对此花枝已有感觉——这其实乃是诗人一种十分纤细的感受。后来杜甫的诗句“晓看红湿处，花重锦官城”（《春夜喜雨》），大约是从这里得到了启发。后一句“湿鸟羽飞迟”也是雨天常见的情形，而萧纲的形容非常简洁入神。

这种细写乃是宫体诗人共同的爱好，并且往往放射到其他题材的诗里去。例如萧子云有《落日郡西斋望海山》诗云：

渔舟暮出浦，汉女采莲归。夕云向山合，水鸟望田飞。
蝉鸣早秋至，蕙草无芳菲。故隐天山北，梦想日依依。

作者选取傍晚景观中的几个小镜头来细写：渔舟出浦，少女采莲，小鸟群飞，秋蝉吟唱，到处一片生机勃勃；最后说到自己无聊的官场生涯，那是只能靠做梦来打发日子的，诗兴突然跌落，见出诗人的个性。全诗平易流畅，基本不用典故，清新生动，琅琅上口。

萧子云曾经担任过晋安王萧纲手下的文学，是宫体诗早期的参加者之一。中大通三年（531）萧纲被立为太子后，他出为贞威将军、临川内史，这虽然是升迁了，却要走出首都。萧纲在《与萧临川书》中表达过恋恋不舍之情，而子云也对于充当地方官毫无兴趣，此意亦见于这首诗中。

又如刘孝绰的《太子洑落日望水》诗云：

> 川平落日迥，落照满川涨。复此沧波地，派别引沮漳。
> 耿耿流长脉，熠熠动微光。寒鸟逐查漾，饥鹈拂浪翔。
> 临泛自多美，况乃还故乡。榜人夜理楫，櫂女暗成妆。
> 欲待春江曙，争途向洛阳。

全诗写傍晚时的水边景色，落日照川，微光浮动，水鸟追逐着波浪翱翔，船工们整理舟楫，船妇则在暗淡的光线里草草梳妆——他们正在做准备工作，明天一早就开船去洛阳了。诗句平易切实，充满了民间生活的情趣，而其细描的手法，得益于他先前宫体诗方面的训练。

细描有时能出佳句，例如明少遐有一残佳句道：“灯花寒不结”，其全诗已佚，仅余此句（见《酉阳杂俎》卷十二），而确实精彩。以灯花不结来形容寒冷，虽想落天外而在情理之中——过低的气温逼得灯芯作彻底的燃烧，否则它就不能存活，然而这样也只能让它自己尽快烧尽。

四曰碎。宫体诗人在作品中多做碎片式的描写，不讲究一气贯注、浑成圆融，所涉及的诸多物象之间未必有多少内在的联系，“务为精密，襞积细微”（钟嵘《诗品·序》）。宫体诗中景与情之间亦多有跳跃，又喜欢安排一种出人意料的戏谑式结尾，更让作品显得相当细碎而不成系统。

在诗歌承担着教化作用的时候，它总是会清晰而连贯地叙事写景或者说理，而宫体诗是排斥教化的，所以朦胧和断裂就是被允许的，甚至是值得提倡的，唯其如此，它的外观往往会呈现出碎片化的倾向。例如庾肩吾的诗《奉和春夜应令》：

春牖对芳洲，珠帘新上钩。烧香知夜漏，刻烛验更筹。
天禽下北阁，织女入西楼。月皎疑非夜，林疏似更秋。
水光悬荡壁，山翠下添流。讵假西园讌，无劳飞盖游。

春天月夜的景色在诗人笔下显得极其柔和娟秀，芳洲、春牖、珠帘、熏香、疏林、流水……种种碎片拼凑出园林宫殿里的一派富贵气象。诗人的感知力在玲珑剔透的小天地里显得格外敏锐，不少宫体实以此种纤弱琐细式的并列为其特色。诗末提到"西园讌""飞盖游"则是应令体诗难免要用的语词，文学侍从的身份也就此和盘托出。

再看萧纲著名的《临高台》[①]：

高台半行云，望望高不极。草树无参差，山河同一色。
仿佛洛阳道，道远难别识。玉阶故情人，情来共相忆。

全诗迳写本题，开头两句写该台之高，接下来从侧面加以描写，说登此台后所见山河、草树都失去了差别，五六两句说这种无差别正同洛阳大道从远处看几乎全无差别的一样。最后两句忽然提起过去的情人，"情来共相忆"一句与上文不尽相应，而诗人的落脚点恰恰在此：台阶太高，上下相去甚远，虽然是有情人也只好隔阶相视。这种蛇足

① 此诗见于《文苑英华》卷二一〇、《乐府诗集》卷十八，但《玉台新咏》卷七录入此诗却题作梁武帝萧衍，其详待考。萧衍早年的诗相当艳丽，上台当了皇帝以后此调不弹久矣，而他的少作其实可以说正是宫体的先驱。

式的碎片把前文的气势完全给冲垮了，显得不尴不尬。

碎片化的写法自有其表现力，而一旦处理不好，也很容易穿帮，或雷同、单一。

宫体诗的上述种种特色，极大地丰富了诗人的审美经验和表现手法，对此后中国诗歌的进一步发展特别是唐代诗歌的大繁荣，做出了重要的准备。唐人零星地向梁陈宫体诗学习的例子不胜枚举，而李贺可以说是全面学习南朝的，李商隐、温庭筠沿此继进，宫体余风在晚唐大放异彩。

四

为了寻求“宫体”的历史依据，扩大其影响，萧纲安排徐陵特别编了一本以女性和艳情为主要内容的诗歌选本《玉台新咏》（或称《玉台集》），此事约在中大通六年（534），或其前后即中大通四年（532）至大同元年（535）之间，正是萧纲进入东宫，主持风雅的时候[①]。此书所选，皆为“艳歌”（徐陵《玉台新咏序》）；唐人刘肃在《大唐新语》卷三《公直第五》中称：“先是梁简文帝为太子，好作艳诗，境内化之，浸以成俗，谓之‘宫体’。晚年改作，追之不及，乃令徐陵撰《玉台集》以大其体。”此说大约是事出有因，而查有出入，编这本书的时间当不在萧纲的晚年，而且萧纲晚年也未见得就有什么觉今是而昨非的意思。所谓“以大其体”似乎应当理解成为他所倡导的宫体诗运动进一步做宣传造舆论而已。此书中所选萧纲的诗作甚多，完全是所谓宫体。徐陵本人对女性题材并不怎么热衷，如果没有太子的授意，作为一位文学侍从是不大可能别出心裁地来编这样一本诗歌选本的。

值得注意的是，“艳歌”的提法还表明《玉台新咏》所选作品与音乐的密切关系。徐陵在《玉台新咏序》中写道：“弟兄协律，生小

① 参见沈玉成《宫体诗和〈玉台新咏〉》，《文学遗产》1988年第6期；傅刚《〈玉台新咏〉编纂时间再讨论》，《北京大学学报》（哲社版）2002年第3期。

学歌；少长河阳，由来能舞；琵琶新曲，无待石崇；箜篌杂引，非关曹植。传鼓瑟于杨家，得吹箫于秦女。至若宠闻长乐，陈后知而不平；画出天仙，阏氏览而遥妒。至如东邻巧笑，来侍寝于更衣；西子微颦，得横陈于甲帐。陪游馺娑，骋纤腰于《结风》；长乐鸳鸯，奏新声于度曲……但往世名篇，当今巧制，分诸麟阁，散在鸿都。不藉篇章，无由披览。于是燃脂暝写，弄笔晨书，撰录艳歌，凡为十卷。曾无参于雅颂，亦靡滥于风人。”可见编这部集子的具体目的是为了便于宫中人度曲演唱，同时也便于她们观览。所以后来唐朝人李康成继承徐陵的事业，新编《玉台后集》时，就在序言中更明确地写道：“昔陵在梁世，父子俱事东朝，特见优遇。时承平好文，雅尚宫体，故采西汉以来所著乐府艳诗，以备讽览。”正是由于这前后两部诗选都是歌辞的总集，所以在晁公武的目录专著《郡斋读书志》中，《玉台新咏》与《乐府诗集》《古乐府》等并列，收入乐类之中，又在著录《玉台后集》时说：“唐李康成采梁萧子范迄唐张赴二百九人所著乐府歌诗六百七十首，以续陵编。”

既然内容是艳诗，又要能唱，所以徐陵在为宫体张大其体的时候，也选取了若干过去的歌谣和乐府诗中涉及妇女、爱情、婚姻、家庭的作品，其中颇有现在看上去并不能算“艳”而相当优秀的篇什，此中最大的贡献是首先录入了伟大的乐府名篇《孔雀东南飞》。但是这些作品并非《玉台新咏》的主体，作为主流的还是萧纲及其周围文人的宫体诗。

《玉台新咏》在保存前代文学文献方面的贡献是毋庸置疑的（详见《四库全书总目·集部·总集类一》关于《玉台新咏》的提要），但就其编选的初衷而言，它乃是宫体诗运动的一个组成部分，它所保存的文献最主要的还是梁代的大量宫体诗，人们从中可以看到这一派诗人的审美趣味和他们在诗艺上深入细腻的追求。

不过《玉台新咏》仍然产生过深远的影响，其中最引人注目的就是晚唐五代的曲子词选本《花间集》，明确表明是继承了玉台的传统。

花间词几乎全然是宫体诗的升级版[1]。

五

宫体诗在萧纲当太子期间显得非常繁荣，侯景之乱一度打断了它的发展；梁陈易代以后，其风未泯，到后主陈叔宝的时代，更形成空前绝后的高潮，简直是泛滥成灾。

陈叔宝其人以高度的腐朽著称。他当太子的时候即已大力网罗江总等一批文士，沉醉于艳诗美酒之中。到他上台的时候，国家的情形已经很不好，而他毫无励精图治的意思。当时陈家王朝内部军阀割据的局面没有得到根本改变，国土面积是南朝最小的，周隋禅代以后，隋文帝杨坚对陈一时没有采取什么行动，外交姿态甚至显得很客气，陈叔宝便觉得天下太平无事，放手享乐。史称："后主愈骄，不虞外难，荒于酒食，不恤政事，左右嬖佞珥貂者五十人，妇人美服巧态以从者千余人，常使张贵妃、孔贵人等八人夹坐，江总、孔范等十人预宴，号曰'狎客'。先令八妇人襞采笺，制五言诗，十客一时继和，迟则罚酒，君臣酣饮，从夕达旦，以此为常。而盛修宫室，无时休止。税江税市，征取百端。刑罚酷滥，牢狱常满。"（《南史·陈本纪下》）

后主陈叔宝率领着他手下那一帮垮掉的一代寻欢作乐，他本人"耽荒于酒，视朝之外，多在宴筵，尤重声乐"（《隋书·音乐志下》）。史称陈叔宝"每引宾客对贵妃等游宴，则使诸贵人及女学士同狎客共赋新诗，互相赠答，采其尤艳丽者，以为曲词，被以新声，选宫女有容色者以千百数，令习而歌之，分部迭进，持以相乐。其曲有《玉树后庭花》《临春乐》等，大旨所归，皆美张贵妃、孔贵嫔之容色也"。当时江总、孔范以及陈暄、陈叔达、袁权、王瑳、陈褒、沈瓘、王仪等一批"狎客"整天围绕着张丽华等美女大唱其赞歌，他们的领军人物就是今上陈叔宝。

---

① 参见顾农《〈花间集〉的意义》，《天中学刊》2015年第4期。

试举一点他们的作品来看——

丽宇芳林对高阁，新妆艳质本倾城。
映户娇凝乍不进，出帷含态笑相迎。
妖姬脸似花含露，玉树流光照后庭。
——陈叔宝《玉树后庭花》

腊月正月早惊春，众花未发梅花新。
可怜芬芳临玉台，朝攀晚折还复开。
长安少年多轻薄，两两共唱梅花落。
满酌金卮催玉柱，落梅树下宜歌舞。
金谷万株连绮甍，梅花密处藏娇莺。
桃李佳人欲相照，摘叶牵花来并笑。
杨柳青青楼上轻，梅花色白雪中明。
横笛短箫凄复切，谁知柏梁声不绝。
——江总《梅花落》

美酒、鲜花、妖姬、歌舞……一切都那样美丽而华艳，诗人们沉迷于其中不能自拔，内心深处又颇有些为欢几何的感伤。诗当然还是美的，普通文人唱唱这样的流行歌曲自无不可，但陈朝的宫廷里拿这样的东西当作主旋律，弥漫着腐败的空气，那么这样的政权除了走向衰败和灭亡之外，自不配有更好的命运。

六

陈王朝覆灭，中国重新归于统一，政治格局变化很大，而宫体仍然风行。隋炀帝就是一位重要而有成就的宫体诗人[①]，唐太宗那样的

① 参见顾农《诗人隋炀帝》，《书屋》2011 年第 5 期。

一代英主，写起诗来也还大有宫体的流风余韵。

在初唐诗坛上最能代表“宫体”余脉的是高官诗人上官仪（608？~664）。美国著名汉学家宇文所安（Stepfen Owen）就这位诗人的创作写道：

> 上官仪的作品是这一时期宫廷诗的代表。根据现存的二十首诗，上官仪完全属于宫廷传统，但是他的精妙雅致使得他获得了以其名字命名的风格称号——“上官体”，成为第一个获得此类称号的唐代诗人。……上官仪的才能最明显地表现在处理对联上，传统上他确实被认为提出了对联的六种和八种分类。……上官仪的诗有时显示出对自然小景及直观景象各种要素间的微妙联系的敏感。这位诗歌巧匠能够观察和描写它们，但他无法如同盛唐最伟大的诗人那样在全诗的浑融境界中深化它们。[①]

《旧唐书》本传说，上官仪“工五言，好以绮错婉媚为本，仪既显贵，故当时颇有学其体者，时人谓之上官体”。“上官体”无非就是初唐时代的“宫体”。上官仪对声律和谐的不懈追求，也是继承了老一代“宫体”诗人的事业，其直接的后继者就是新一代诗坛领军、近体诗的奠基人物沈佺期与宋之问。

“徐庾体”——“宫体”——“上官体”一脉相承，风靡文坛一百五十年之久。直到陈子昂出来大声疾呼地加以反对，才渐渐归于衰歇。可以划入宫体诗派的这一批处在社会顶层的诗人，在艺术上对美的追求和探索，为此后盛唐诗歌的大繁荣做出了重要的准备。明朝人胡应麟早就说过：“梁陈诸子，有大造于唐者也。唐之首创也，以梁陈启其端也。”（《诗薮》外编卷二）所谓“梁陈诸子”，主要正是指宫体诗派中的人物。

---

① 《初唐诗》，贾晋华译，北京：生活·读书·新知三联书店，2004年，第57–59页。

要籍时评

Commentaires actuels
Updated Comments on Key Bibliographies

休言女子非英物：阿伦特的侠骨与温情

——读《阿伦特手册》有感

王治河

在20世纪的思想星空中，闪耀着许多熠熠生辉的女思想家。汉娜·阿伦特（Hannah Arendt，1906–1975）无疑是其中大放异彩的一位。在对阿伦特的定位上，无论是中国学术界还是西方学术界都常常陷入一种纠结：阿伦特到底是现代的？还是后现代的？《阿伦特的不情愿的现代主义》一书的作者称阿伦特为“不情愿的现代主义者”，也有批评家称之为“具有乡愁情怀的反现代主义者”。[①]现代非此即彼的二元对峙思维的逼仄，由此可窥一斑。

其实，现实中的阿伦特是个复杂的多面体，一如我们每个人一样。终生都在为多样性张目的阿伦特，自身也是多面的，其思想更是一直处于变化之中的……她身上既有传统的东西，也有现代的东西，更有后现代的元素。但做学问又不得不进行抽象概括，这也是一切学问的短板和无奈。

一定要让我表态的话，我还是倾向称之为“后现代思想家”，确切地说是“建设性后现代思想家”。为了避免任何概念都有的“以偏概全”或“削足适履”，建议读者把这话阐释成：阿伦特的建设性后现代维度。如果说当年在编辑《后现代主义辞典》时，这一点尚不十分明确，那么今天面前这本厚实的《阿伦特手册》，则坚定了我们的判断。

如果后现代是指“对现代性的反思，批判和超越”，那你没听错，

---

① Seyla Benhabib，*The Reluctant Modernism of Hannah Arendt.* (Thousand Oaks, California: Sage, 1996)，p.162.

阿伦特是后现代的。众所周知，现代性的一个典型特征是“齐一化”，表现在思维上是“划一思维”，体现在态度上就是党同伐异，唯我独尊，尊崇“霸权”，处世“霸道”。因此，向形形色色“霸权”和“霸道”（包括我们自身的“法西斯”）说“不”就成为后现代的精髓，成为一切后现代思想家的共同特征。在这个意义上，阿伦特绝对是后现代的，这既体现在阿伦特侠骨上，又表征在阿伦特的温情上。既体现在阿伦特的“冷”上，又表征在阿伦特的“热”上。

所谓阿伦特的“侠骨”和“冷”，是指对于西方现代性，阿伦特一直横眉冷对，持犀利的解构和批判的姿态。她是“现代性的强烈批评者”。[①] 这既体现在她对各式各样的政治上的“威权主义”“极权主义”和“霸权主义”的批判上，又体现在她对“技术霸权”的挑战上，更体现在她对“进步”和“理性”等现代性的核心概念的解构上。

首先，对于现代性所津津乐道的“进步论”，阿伦特用后现代的手术刀进行了“解构”。阿伦特的解构表明，历史绝非一曲关于进步的赞歌，现在所发生的一切并不一定比过去发生的更好、更先进。“人们渐渐发现，这种发展进步带给人间的并非全都是福音，同时还有偏失、灾难、祸患，还有一时看不清楚的恶兆和噩梦。”[②] 正如用马尔库塞所说：“进步的加速似乎与不自由的加剧联系在一起。在整个工业文明世界，人对人的统治，无论在规模上还是在效率上，都日益加强……集中营、大屠杀、世界大战和原子弹这些东西都不是向‘野蛮状态的倒退’，而是现代科学技术和统治成就的必然结果。因此之故，进步的理念被证明是一个‘现代神话’，确切地说，是一个‘贬义的神话’。”（格里芬）如果理解这点有困难，可看一眼富士康的所谓先进的现代科学管理，不过是福柯早就批判过的18世纪的“圆形监狱”管理的变种而已。

---

① 白刚：《超越现代性的两条道路：马克思与阿伦特》，《人文杂志》2013年第1期。

② 鲁枢元：《关于文学与社会进步的反思》，《文艺争鸣》2008年第5期。

其次，通过揭露理性的功利性、算计性、冷酷无情和荒诞性，阿伦特对于现代人所尊崇的理性也进行了挑战。她揭露了美国政府如何利用“理性”散布谎言，对大众进行欺骗。（《手册》）要知道纳粹的大屠杀就是在理性步骤的安排下一步一步实施的。这既包括把自己要打击的犹太人和“阶级敌人”贬低为应该加以清除的“臭虫”“劣等民族”，消灭这些人不但不是犯罪，相反是遵循理性法则的正义行为，也包括理性地精心选择杀人的语言，他们“通过使用新的‘语言规则’来解说他们的反常行为：‘灭绝’‘杀掉’‘消灭’都由‘最终解决’‘疏散’‘特殊处理’来表达”。（《手册》）

再有，受其导师海德格的影响，阿伦特挑战了“技术的霸权”，深刻揭露了技术对我们生活的主宰。在阿伦特看来，我们所生活的时代的最大特征就是由于现代技术控制导致的人的“无思想”状况：我们变成了机器的奴隶，变成了“无思想的生物”。以至于在这样的社会里，人们已别无选择，对技术至上的现代性崇拜最终战胜了对目的和理想的盛赞。如果你对阿伦特的学术语言感到陌生的话，看看我们身边成千上万的“科学控”“技术控”以及数不清的网瘾患者，你就会懂得阿伦特在说什么了，就知道她并非在向稻草人吐槽。

最后，对于物质消费主义的霸权特别是消费主义对我们生活的宰制，大众对高消费的沉溺，阿伦特也丝毫没留情面。阿伦特的批判无疑有助于引起一众节衣缩食争买“驴”（LV）包的小白领们警觉，她使我们意识到我们在某种程度上已经沦为了包的奴隶，成了名副其实的“包”“衣”奴才。

尽管阿伦特将西方现代性的许多核心概念拉下了神坛，对它们进行了解构，将它们重新概念化，她称为概念性的“除霜”。但她并非为解构而解构。解构对她来说仅仅是手段，其目的是松动被齐一化长久碾压的僵硬的土地，从而为多样性、特殊性、偶然性和新颖性的生长营造宽松的土壤，为生命的张扬和人的自由拓展挥发的空间。用《阿伦特与海德格》一书作者的话说就是，“为自由和多样性保留空间”。[1]在这个意义上阿伦特当之无愧的是专制的狙击手，自由的守望者。

这既使她与“专务批评”的，没完没了进行颠覆的解构一派后现代主义区分开来，也显示了她的“热”与“温情”。

也就是说，阿伦特不仅是冷酷的、犀利的，也是温情的，充满人情味的。她的温情体现在她深沉的社会关怀，体现在对一切生命的关爱。在《黑暗时代的人们》的序言末尾，阿伦特如此表达她的信念："即使是在黑暗的时代中，我们也有权去期待一种启明（illumination），这种启明或许并不来自理论和概念，而更多地来自一种不确定的、闪烁而又经常很微弱的光亮。这光亮源于某些男人和女人，源于他们的生命和作品，它们在几乎所有情况下都点燃着，并把光散射到他们在尘世所拥有的生命所及的全部范围。像我们这样长期习惯了黑暗的眼睛，几乎无法告知人们，那些光到底是蜡烛的光芒还是炽烈的阳光……"（《手册》）阿伦特爱这个世界，她和她的著作，就是这样一种充满温暖的光辉，它使我们在黑暗中感受到人世的温情，人性的温暖。

你说她对这个世界满含爱意，那为什么她声称自己“从未‘爱过’任何民族或者集体和群体”呢？是的，她是说过下面的话：“在我的生命中，我从未‘爱过’任何民族或者集体和群体，既没有爱过德国人、法国人、美国人，也没有爱过工人阶级或者任何类似的组织。我真正爱的是我的朋友，我知道和相信的唯一一种爱就是对具体的人的爱。”（阿伦特访谈：《语言，只剩下语言》）显然，作为后现代思想家的阿伦特这里有意与所谓的现代人道主义者划清界限，她意在挑战人们对现代性所标举的“博爱”“普世之爱”“抽象之爱”的迷恋。正如诺贝尔和平奖得主、纳粹大屠杀的幸存者埃利·维瑟尔（Elie Wiesel）曾写的那样：

① Dana R. Villa. *Arendt and Heidegger: The Fate of the Political.* (Princeton: Princeton University Press, 1996), p. 25.

爱的反面不是恨
希望的反面不是绝望
精神健康的反面不是疯狂
记住的反面不是遗忘
所有这一切共同的反面是漠不关心。①

建设性后现代强调关爱他者，这个他者，既包括他人也包括大自然。而这个“他人”既包括远在非洲的食不果腹的儿童，也包括我们身边的同事和亲人。中国人喜欢讲人字的结构就是相互支撑，而按照建设性后现代的有机哲学，一切存在都是“互在”，生命在本质上是相互依存的，真正的现实是彻底患难与共的。既然如此，我们就必须责无旁贷地关心他者 / 她者 / 它者。② 阿伦特也说人只有在与他人的共同世界中才能经历自己的现实性，而与他人的“共在”是我们确认自我、关爱世界的唯一途径。在阿伦特看来，只有在与他者的共在中，在与具体他人的具体关系中，我们才能谈及爱，“才存在着真正的爱，当然是最重要的爱”。阿伦特自己对丈夫的一往情深也有助于我们理解她心目中的这种“具体的爱”，在丈夫病重期间，“只要工作计划安排的时间允许，她尽可能保证在家中陪伴丈夫布吕歇尔的时间。”“他曾是她的避难所，并且给予了她真正的家”。（《手册》）

与拒绝抽象的博爱相联系，阿伦特对现代人道主义者所津津乐道的“同情”也持否弃的态度。你或许觉得她是个没有同情心的冷酷无情之人。她关于审判屠杀犹太人的刽子手阿道夫 · 艾克曼审判的报道《艾希曼在耶路撒冷》，常常被人们指责为“冷酷无情”和“对大屠杀的受难者缺乏同情心”。③

① Charles Birch, *Feelings* (Sydney: University of New South Wales Press, 1995), p.5.

② 樊美筠：《时代需要“依存”哲学——“小悦悦事件”引发的哲学思考》，《粤海风》2012 年第 5 期。

③ Duco A. Schreude，*Vision and Visual Perception.* Richmond,Canada: Archway Publishing, 2014, P.109.

事实上，阿伦特并不反对对于具体个体的同情。她所反对的是普世的同情，抽象的同情，是居高临下施舍般的同情。她念兹在兹的是警惕“有人出于同情和对人类的爱而随时滥杀无辜”。(《手册》)

虽然对“同情”保有警觉，但与其他建设性后现代思想家一样，阿伦特对“共情”倾注了高度的热忱。所谓“共情”就是设身处地地去为他者着想，就是感同身受，这是一种人饥己饥、人溺己溺的高尚情怀。显然。对于救治弥漫于全社会中的戾气，共情心的存在是个必需。

阿伦特的温情，她思想的建设性还体现在她反对象牙塔政治，主张把政治从书房中解放出来，积极推动普通民众参与政治，鼓励民众与其坐而言，不如起而行。针对古典哲学家“沉思”的传统，阿伦特提出“积极的生活”的概念，认为哲学家不应闭门造车，而应该作为公民，积极地思考与评论公共事务。政治被她看作是每个合格公民的生活方式。按有些学者的分析，阿伦特的“公民”概念和中国古谚里所说“天下兴亡、匹夫有责”不乏相似之处。对阿伦特来说，人有两次出生，第一次是生理意义上的出生，参与政治生活、获得政治判断则是人的“第二次出生”。[①] 在这个意义上可以说阿伦特颠覆了西方现代哲学之父笛卡尔的“我思故我在”，她所欣赏和标举的是“我行故我在”。

所谓“积极生活”，就是一种行动的生活，就是实现由一个仅仅表达看法的“局外人”向“行动者”的转身。在阿伦特眼里，只有在与他人分享这个世界、共同拥有这个世界并在这个世界中积极行动，才能使人获得意义，“只有当人开始创新行为和开启行动的时候，他才获得了人的尊严”。(陶东风)与其老师海德格期盼某个上帝来拯救我们不同，阿伦特将救赎的希望寄托在个体的行动上，个体的开新上。

阿伦特离开我们已经有40年了，哲人虽逝，但其对个体参与政治的强调，对“平庸之恶”的抨击(在她看来“平庸的恶可以毁掉整

① 黄茜：《〈阿伦特手册〉新书发布：政治不产生在书桌前》，《南方都市报》2015年1月21日。

个世界”），其对个体的行动力和开新力的强调，依然掷地有声，启人深思。

后现代常常被人们妖魔化，后现代主义者更是常常被人们指斥为虚无主义者、悲观主义者。阿伦特的确曾经反对人们“鲁莽地一头钻进乐观主义”（《手册》），但我们无论如何从她身上也看不到虚无主义和悲观主义的痕迹。相反，无论是她的“积极生活”理念，还是她们的“行动理论”，无不透露出一种悲壮的乐观主义。这或许就是福柯所钟情的乐观主义。福柯说：有一种乐观主义认为事情不能比这再好了，我的乐观主义则在于说，有如此多的事情能够被改变。

所谓“悲壮”，是首先把自己摆上，先从改变自己开始。而这往往是最难的，但也是最能让人看到希望的。

新书快递

Expresse de nouveaux livres
New Book Express

寻找中法诗歌艺术的交汇点

——试读车琳法文著作《中国诗歌传统与法国象征主义诗歌的会通》

叶向阳

谈到中西方文学的比较，我们也许首先会想到钱锺书先生在其《谈艺录》序中的名句："东海西海，心理攸同；南学北学，道术未裂。"① 乐黛云先生曾在其《比较文学在中国》（*Comparative Literature in China*）一文中对此有所阐发："20 世纪三四十年代中国比较文学最杰出成就的代表作是朱光潜的《文艺心理学》（1936）和钱锺书的《谈艺录》（1948）。……钱先生的著作特色鲜明，旨在表明中国与其他国家有着类似的理论，因此存在着普遍的文学与文化规律。"② 然而，曾有不少学者，尤其是西方学者，对中西比较研究持怀疑甚至否定的态度，因为在他们看来，中西文化完全不同，是根本上的"互为他者"，毫无可比之处。例如，美国比较学者维因斯坦（Ulrich Weisstein, ）在其《比较文学与文学理论导论》（*Comparative Literature and Literary Theory: Survey and Introduction*, 1973)中指出"但[我]对于把平行研究扩展到两种不同文明之间持犹豫的态度。在我看来，只有在一种文明的内部才能找到在思想、感觉与想象方面有意

---

① 钱锺书：《谈艺录》（修订本），北京：中华书局，1984 年，序，第 1 页。

② Yue Daiyun,《比较文学报》，1997 年 10 月 22 日。原文如下："Works which present the most outstanding achievements of Chinese comparative literature in the 1930s and 1940s were Zhu Guangqian's *The Psychology of Literary Appreciation and Poetics* (1936) and Qian Zhongshu's *On Poetices* (1948). ... Qian's book is exceptional in the sense that his discussions sought to illustrate that China and other countries possess similar theories and hence there exist universal rules of literature and culture."

识或无意识秉承传统的共同之处”，[①] 维因斯坦不仅对不同文明之间的比较持保留态度，还反对所有“非历史性的平行研究（discussion of all ahistorical parallels）”，[②] 即非基于法国学派所谓“事实联系（rapport de fait）”的那些比较研究。也许正因为此种心态的较普遍存在，迄今在西方仍缺少有分量的中西比较研究的著作。但是，在中西文学、诗学乃至文化上寻求共通规律，却是半个多世纪尤其是近三十年来中国比较文学界努力的一个重要方向。孜孜于此方面的学者、论著也是时有问世，除了钱锺书的《谈艺录》《管锥编》《七缀集》外，还有王佐良（1916–1995）的英文著作《论契合》（*Degrees of Affinity. Studies in Comparative Literature*, 1985）、周珏良（1916–1992）收入其文集的《河、海、园——〈红楼梦〉〈莫比·迪克〉和〈哈克贝里·芬〉的比较研究》《中国诗论中的形式直觉》等文章、张隆溪的《道与罗各斯: 东西方文学阐释学》《中西文化研究十论》、《同工异曲：跨文化阅读的启示》以及英文著作《巨大的对立面：中国比较研究中的两分法到相异性》（*Mighty Opposites: From Dichotomies to Differences in the Comparative Study of China*, 1998），等等。此类研究虽然总体数量并不多，主题各异，研究水准也参差不齐，但它们有着一个共同的特点，即利用中西比较的方法，强调中西文学文化在各方面的契合与类同，旨在给中国文学文化研究者以新眼光和新机遇，最终目标是建立一种跨越中西的普遍诗学。车琳教授的法文专著《中国诗歌传统与法国象征主义诗歌的会通》（Che Lin, *Entre tradition poétique chinoise et poésie symboliste française.* Paris: L'Harmattan, 2011）正是这方面研究的一部力作，展现了一位中国

---

① Ulrich Weisstein, *Comparative Literature and Literary Theory: Survey and Introduction.* Bloomington, London: Indiana University Press, 1973, p.7. 原文如下：“ but [I] hesitate nevertheless to extend the study of parallels to phenomena pertaining to two different civilizations. For it seems to me that only within a single civilization can one find those common elements of a consciously or unconsciously upheld tradition in thought, feeling and imagination.”

② Ibid., p. 8.

学者在此方向上的新近努力。

《中国诗歌传统与法国象征主义诗歌的会通》分为三大部分共六章，每一部分将法国象征主义诗歌与中国诗歌的比较进行有机的交叉论述，根据主题分别侧重比较文学领域的接受研究、平行研究和影响研究，最终达到诗学比较的目的。考虑到该课题方向的接受研究与影响研究此前已有若干力作出版，[①] 笔者认为平行研究部分是本论著中最具独创性和最有价值的部分，也充分体现了作者的学术智慧。作者以平行类比研究为基本方法，以大量的中法文诗歌作品作为论述的基础，着重探寻了法国象征主义诗歌与中国古典诗歌这两种时空相隔遥远的诗歌体系在象征艺术上的异同。该部分第一章探讨了"象征"这一重要概念在两种文化中的内涵，由此进入诗歌修辞研究。作者不把象征局限于狭义的修辞格而是以宽阔的视野认为它体现了对世界的观察和反映并进行语言和艺术的再现，是一种联系宇宙、经验和语言的艺术手法，这一角度为论述提供了行之有效的基础。如果说象征是世界各国文学中一种普遍采用的创作手法，那么法国象征主义诗歌与中国古典诗歌中的象征手法便格外地突出显著，这也正是它们的可比性所在。然而，在不同的文化和诗歌传统中，它们的象征体系各有特色差异。中国古典诗歌的象征艺术源自古老的比兴手法，而且象征多取自自然意象，并且这些世代相传的象征表现出一种集体记忆的特征；法国象征主义诗歌则更加转向个人的、内心的记忆，梦幻、回忆和神话构成其象征的源泉。中国古诗中的象征体现了诗人与自然世界之间密切和默契的关系，而法国象征主义诗人创造的是物质和精神这两个

① 例如，孙玉石，《中国初期象征派诗歌研究》（北京：北京大学出版社，1987），孙玉石，《中国现代主义诗潮史论》（北京：北京大学出版社，1999），金丝燕，《文学接受与文学过滤：中国对法国象征主义诗歌的接受》（北京：中国人民大学出版社，1994）以及作者在参考文献中列出但笔者未能读到的相关中外著作五六种。对照其中较为权威的孙玉石、金丝燕著作与本著，笔者发现即便在法国象征派诗歌在中国的影响接受方面，本著也有上述著作忽视或未专门论述的内容：1925 年后法国象征派诗歌在中国的接受、卞之琳及其主智型诗歌、诗歌形式的丰富（十四行诗、自由体诗、散文诗）。

对立世界之间的感应，诗歌正是他们追求理想和绝对世界的途径。简单而言，中国古诗中表现的是一种自发的、传统的、情感的、集体的经验象征主义，而法国象征主义诗歌是一种更具个性特征的超验象征主义，表达了现代西方人在物质与精神之间的困惑。这两种在不同时空中各自衍生发展的诗歌虽然在精神本质上有所不同，但是在象征艺术的使用手法上有相通之处，这便是本部分第二章的主要论述内容。作者首先总结了两种中法共同的象征修辞，即应和理论（la théorie des correspondances）和暗示艺术（l'art de la suggestion）。在作者看来，法国批评家布鲁纳第尔（Brunetière）在其《象征诗人与颓废派》（*Symbolistes et Décadents*）中对应和理论的阐发，也完全可以用来描绘中国经典诗艺："我们想起了 Amiel 所说的 '景色即心态'……也就是说在自然与我们之间存在着应和、潜在的契合与神秘的一致性。这与其说是我们抓住了它们，毋宁说我们进入到了事物的内部，能够真正抵达心灵。这就是象征主义的原则。"① 而情景交融（或称触景生情、思与境偕）也正是中国古典诗人信手拈来的手法，是中国古典诗歌的显著特色！在此，作者举了二例：波德莱尔的《黄昏的和谐》② 与唐代诗人贾至的《春思》。③ 在《黄昏的和谐》中，黄昏、落日、鲜花、天空、小提琴等形象，香炉、大祭台、圣体等譬喻，对应着眩晕、死亡、下沉、遗痕等感觉，道出了心与境谐这一主旨。而后一首诗中

① 转引自 Che Lin（车琳），*Entre Tradition Poétique Chinoise et Poésie symboliste Française*. Paris: L'Harmattan, 2011, p.237.

② 那时辰到了，花儿在枝头颤震，/ 每一朵都似香炉散发着芬芳；/ 声音和香气都在晚风中飘荡；/ 忧郁的圆舞曲，懒洋洋的眩晕！ // 每一朵都似香炉散发着芬芳；/ 小提琴幽幽咽咽如受伤的心；/ 忧郁的圆舞曲，懒洋洋的眩晕！ / 天空又悲又美，像大祭台一样。// 小提琴幽幽咽咽如受伤的心，/ 温柔的心，憎恶广而黑的死亡！ / 天空又悲又美，像大祭台一样；/ 太阳在自己的凝血之中下沉。// 温柔的心，憎恶广而黑的死亡，/ 收纳着光辉往昔的一切遗痕！ / 太阳在自己的凝血之中下沉……/ 想起你就仿佛看见圣体发光！

（夏尔·波德莱尔著，郭宏安译评，《恶之花》，桂林：漓江出版社，1992，第 69 页）

③ 草色青青柳色黄，/ 桃花历乱李花香，/ 东风不为吹愁去 / 春日偏能惹恨长。转引自 Che Lin, *op. cit.*, p. 241.

国诗人就春立意，春的意象由“草”“柳”“桃花”“李花”烘托而出，以前两句反衬后两句，使所要表达的愁恨显得加倍强烈，正体现了诗人“谪居楚中”的心情。

如果说“应和”是目标或效果，那么暗示的艺术便是达到此目标或效果的手段，是应和的言语表达以及心与境的契合。诚然，中国传统美学中的“像外之象”“韵外之致”“不着一字，尽得风流”（司空图语）实际上也是法国象征主义诗人的美学追求。马拉美（Mallarmé）就曾指出：“指称一件事物，这就等于压制了诗歌四分之三的快乐。做诗就是要一点一滴地揭示：暗示之，这便是梦幻。象征就是通过完美地运用这种神秘：点点滴滴地唤起一种事物，以呈现一种心灵状态；或者相反地，选择一种事物，然后通过一系列的解读来脱离一种心灵状态。”① 接着，作者举了白居易的《花非花、雾非雾》② 与魏尔伦的《我熟悉的梦》，③ 认为它们有异曲同工之妙。

对于这首中国古代的“朦胧诗”，作者点评道：“在这首轻盈空灵的诗歌里无一明确。通过一系列的否定，诗歌的指向仍然是个谜。通过诸如‘雾’‘云’及‘梦’等意象，事物的不确定性、流动性与短暂性被完美地道出。”④ 接着，作者对魏尔伦的这首诗点评道：“诚然，我们知道该诗让人想起恋人。但这个女性的形象仅仅是梦幻，存在于念想的神秘氛围中。同样，一系列的否定表明了这个形象让人琢磨不透，因为我们对其相貌、名字、发色一无所知。她的目光漠然、声音悠远。所有这一切均让该女子与该诗具有了朦胧独特的魅力。”最后，

---

① 草色青青柳色黄，/ 桃花历乱李花香，/ 东风不为吹愁去 / 春日偏能惹恨长。转引自 Che Lin, *op. cit.*, pp. 248–249.

② 花非花 / 雾非雾 / 夜半来 / 天明去 / 来如春梦不多时 / 去似朝云无觅处

③ 我常常做这样奇怪的梦，难以忘怀，/ 梦见一位我爱而又爱我的陌生女郎，/ 而她在我每次梦中并不完全一样，/ 但也并非异样：她爱我，对我了解。// …… …… // 我不知道：她是褐色、栗色或是橙红的？ / 我只记得她有一个温柔、响亮的名字，/ 像那些被人世间放逐了的情人。/ 她的凝视有如雕像的凝视，/ 她的声音——遥远，庄严，平静，/ 而她那深情的声音，已经归于沉寂。（罗洛译，笔者略有改动）

④ 同上，p. 255.

作者总结道：“这两首诗均揭示了一种与其说是观察还不如说是感觉到的现实，通过暗示达到的朦胧与含混。”①

在感叹时空相隔遥远的法国象征主义诗歌与中国古典诗歌竟能如此相似的同时，作者也注意到了两者的同中之异：相对于法国象征派的理想主义倾向，中国古典诗歌大体上更注重人文性而非超越性，即中国诗歌更倾向于用具体的自然意象去暗示个人情感。在探讨象征理论的过程中，为了避免流于空泛，作者在本章以“习相近（Des tempéraments proches）”为标题的第三节提供了四位诗人的个案研究，着重挖掘了法国象征主义诗人魏尔伦（Verlaine）和马拉美诗歌中的“中国气质”，以及中国唐代诗人李贺和李商隐作品中独特的象征特色，从而论证了两种诗歌传统在象征艺术上的会通之处。

其实，关于魏尔伦诗歌与中国诗歌的相似性的论述由来已久，据作者称在20世纪初即象征派诗人被介绍到中国之初即存在。钱锺书在其《中国诗与中国画》一文中指出：

> 西洋批评家一般倾向于这种看法。例如有人说，中国古诗“空灵”（intangible）、“轻淡”（light）、“意在言外”（suggestive），在西洋诗里，最接近韦尔兰（Verlaine）的风格。另一人也说，中国古诗含蓄简约，韦尔兰的诗论算得中国文学传统基本原理的定义（taken as the definition of the principle of Chinese literary tradition）。又有人说，中国古诗抒情从不明说，全凭暗示（lyrical emotion is nowhere expressed but only suggested），不激动，不狂热，很少词藻、形容词和比喻（no excitement, no

① 我常常做这样奇怪的梦，难以忘怀，/ 梦见一位我爱而又爱我的陌生女郎，/ 而她在我每次梦中并不完全一样，/ 但也并非异样：她爱我，对我了解。// …… …… // 我不知道：她是褐色、栗色或是橙红的？ / 我只记得她有一个温柔、响亮的名字，/ 像那些被人世间放逐了的情人。/ 她的凝视有如雕像的凝视，/ 她的声音——遥远，庄严，平静，/ 而她那深情的声音，已经归于沉寂。（罗洛译，笔者略有改动）

ecstasy, little or no rhetoric, few adjectives and very few metaphors or similes)，歌德、海涅、哈代等的小诗偶有中国诗的味道。虽然这些意见出于本世纪前期，但到现在还似乎有代表性。……有趣的是，他们把中国旧诗和韦尔兰联系；韦尔兰自称最喜爱"灰黯的诗歌"（Rien de plus cher que la chanson grise），不着彩色，只分深浅（Pas de couleur, rien que la nuance），那简直是南宗的水墨画风了！①

钱先生在此主要转述了英国文学批评家里顿·斯特拉奇（Llytton Strachey, 1880–1932）和戴蒙德·麦卡锡（Desmond MacCarthy,1877–1952）的观点，除了提醒我们要意识到"习惯于一种文艺传统或风气的人看另一种传统或风气里的作品，常常笼统一概"② 外，他对于这两位域外批评家关于魏尔伦诗作与中国传统诗歌的相似性的看法还是认同的。

概括起来，作者认为魏尔伦诗作与中国古诗的形似性表现在以下方面：

（一）魏尔伦诗歌表现为一种情感上的直觉与即兴，而情感的即兴正是中国古诗的特性。在中国古诗中，这一类诗歌归为即景诗。③ 魏尔仑常将内心的情感投射到外部世界，并寻找与其内心情感一致的自然景物的诗歌形象。恰如大多数中国古诗作者，魏尔伦也来自农村，相对于其他象征派诗人，他并不喜爱大都市的景致，而把自己想象力的核心放到了大自然景物之中。作者举其《土星之诗》（*Poémes Saturniens*）跋诗第一首诗为例，分析指出：

该诗的系列自然形象——太阳、天空、风、秋天、玫瑰、花园、

① 钱锺书，《七缀集》，上海：上海古籍出版社，1988，第12–13页。

② 同上，第13页。

③ Che Lin, *op. cit.,* p. 265.

树木、地平线、鸟、云——与印象感相烘托，产生了一种平静、舒适的氛围。大自然被暗喻为完美女性、仙女的形象，下凡去亲近男性，抚摸之并获得宁静与力量。这种人与自然的亲近，与中国人对自然的感情相近，只是对于中国人来说，自然不像魏尔仑诗中所表现的那样带有居高临下的神情。[①]

（二）魏尔伦在“应和”修辞方面的诗学实践在大多数情况下接近于中国诗人的做法。他尝试着把景色与心灵紧密相连，常出现在对于一个景物的描绘中。与波德莱尔倾向于超验象征主义不同，魏尔伦的象征主义与中国的象征主义有着更大的相似性，重视直觉、人性与情感等方面是它们的共同特点。作者举了其诗作《神秘夜的夕阳》（“Crépuscule du soir mystique”）、《落日》（“Soleils couchants”）为例。在《神秘夜的夕阳》中，诗人用了视觉形象——夕阳彩云（在红彤彤火焰般的西方地平线上似鲜花怒放）与嗅觉形象——沉重而热烈的芳香，而所有这一切均熔化于醉意朦胧以及巨大的惊愕之中。作者认为，景色被内化，心灵沐浴在了仙境、超自然与半神秘的氛围之中或为之浸透。[②] 魏尔伦的《落日》[③] 以日暮为形象，但首句却点明诗人是在晨曦中想起落日。作者认为这种对于夕阳景象不能确定是晨曦还是日落，正体现了忧郁的情绪占据了诗人的心。[④]“我”与外部世界的相互渗透是中国诗歌的传统，也恰是魏尔伦诗歌的一大特色。当然，这方面最具代表性的无疑是其著名诗作《秋歌》（“Chanson d’automne”）。

---

① Che lin, *op.cit.* p. 267.

② Ibid., p. 268.

③ 暗淡的黎明 / 在田野倾下 / 落日的忧郁，/ 忧郁 / 用温存的歌摇晃着 / 落日下 / 我茫然若失的心。/ 奇妙的梦幻 / 象落日 / 照在沙滩，/ 络绎不绝的 / 鲜红幻影 / 宛如 / 磅礴的落日 / 照在沙滩上。（葛雷译）

④ Ibid., p. 269.

（三）魏尔伦诗歌的意象及其内涵与中国古诗有着许多的一致性。例如，两者都喜欢使用“悲秋”[①]“风”[②]“夕阳”[③]“月亮”[④]“夜莺”[⑤]等意象。虽然时空相隔遥远，但魏尔伦诗歌的意象与中国古诗的意象存在着诸多的一致性，而且均营造了忧郁、哀悼的气氛。然而，作者也指出，虽然悲伤是魏尔伦诗歌与中国古诗的常见主题，但两者也有所区别。魏尔伦笔下的忧郁伤感常与基督教信仰中的罪、堕落以及命运相连，中国诗歌中的同一主题仅涵盖日常生活，如别离、思念、青春消逝或仕途坎坷等。[⑥]

（四）作者还在诗学的层面上对二者进行了比较，并认为魏尔伦关于“色调”的艺术（art de “la nuance”，魏尔伦的诗学主张可见其诗作《诗艺》[“Art poétique”][⑦]）的论述，与其对于美妙的流动性（flou délicieux）以及对于不精确性（charme de l'imprécis）的推崇是一致的。在《诗艺》中，我们看到了如下陈述：没有比灰色的歌曲更可贵：/ 不定联接着确切。/ 这是面纱后面的秀目，/ 这是中午烈日的颤动，……作者认为魏尔伦的这种对于“日半（midi，中午）”“不（确）定”的偏好，恰与中国诗学中的“朦胧（l'ambiguïté）”“含蓄（la retuenue）”“冲淡（la fadeur）”等概念不

① 例如，魏尔伦的《不再》（“Nevermore”）、《秋歌》（“Chanson d'automne”）与李白的《秋风词》《秋浦歌》及杜甫的《茅屋为秋风所破歌》。

② 中国古诗及魏尔伦诗歌中均常表达忧郁的情感，如魏尔伦的《秋歌》（“Chanson d'automne”）、《三年之后》（“Après trios ans”）、《伤感的散步》（“Promenade sentimentale”）、《夜莺》（“Le Rossignol”）《马可》（“Marco”）。

③ 例如，魏尔伦的《落日》《神秘夜的夕阳》《伤感的散步》《巴黎夜》（“Nocturne parisien”）、《菲利普二世之死》（“La Mort de Philippe Ⅱ”）。

④ 例如，魏尔伦的《白色的月亮》（“La lune blanche”）、《巴黎速写》（“Croquis Parisien”）、《大海》（“Marine”）、《夜的效果》（“Effet de nuit”）、《恋人的时光》（“L'Heure du berge”）以及《佳节集》（*Fête galantes*）里的一些诗篇。

⑤ 如《傀儡》（“Fantoches”）、《夜莺》。夜莺在中国古诗与魏尔伦诗歌中均为忧郁之音的意象。

⑥ Ibid., p. 271-172.

⑦ 该诗创作于1874年，出版于1882年，出版后被年轻一代诗人看作是十足的宣言。然而，魏尔伦对于建立诗派从未有过兴趣，他声称这仅是一首诗歌。但这是诗人非常看中的对于诗歌音乐性印象主义的揭示。

谋而合。其实，“含蓄”并不止于中法诗歌，英国浪漫派诗人济慈即有名句：“听得见的音乐真美，但那听不见的更美。（Heard melodies are sweet, but those unheard / Are sweeter;…）”[①]关于魏尔伦与中国古代诗人在该诗艺的具体运用，作者举了大量的例子予以比较说明，如《恋人的时光》（“L'Heure du berge”）与李白的《黄鹤楼送孟浩然之广陵》、《三年之后》（“Après trios ans”）与崔浩的《题都城南庄》，等等。

（五）魏尔伦诗歌与中国传统诗歌在诗律节奏上的契合。魏尔伦诗作往往诗行短小，以四步至七步诗为主，类似于中国传统诗歌的五言、七言的绝句与律诗。其诗作中还有大量的像《秋歌》这种长短音步交叉的诗歌，类似中国的宋词（又称“长短句”）。

总之，法国象征派诗人魏尔伦的诗歌少有情感的直接宣泄、常以轻描淡写来营造言外之意、以平淡为修辞的常态、诗行短小长短穿插，而这些也正是中国传统诗歌的特征。作者在本节只谈两者的暗合，用的是平行或类比研究的方法，未明确提出其中可能存在的事实联系。但笔者注意到，魏尔伦至少对于法译的中国古诗是较为熟悉的。他就曾为朱迪特·戈蒂耶（Judith Gautier, 1845-1917）的《玉书》（*Le Livre de jade*，1867）写下了如下赞美之词：

> 在我们所有的文学中，除了贝特朗的《加斯帕尔夜》外，我不知道还有什么作品能与此书相比。但假如让我选择，我对《玉书》就更要喜爱得多。这是因为它更具有独创性，形式更纯美，诗歌更真实，更紧凑。[②]

---

① John Keats, “Ode to a Grecian Urn”, ll. pp. 11-12.

② Paul Verlaine, “Le Livre de Jade de Judith Walter,” *Oeuvre en proze completes. Gallimand,* 1972. 转引自孟华，《试论汉学建构形象的功能——以19世纪法国文学中的“文化中国”形象为例》，《北京大学学报》（哲学社科版），2007年第4期。

不过，读过《玉书》与这位诗人读者的诗歌创作受到中国古诗的影响，充其量只能说是一种“或然”联系。在找到更充分证据之前，作者强调魏尔伦诗作风格的“Immanence（本体内发）”而非需要以事实为依据的影响接受，不愧为明智之举。

与采用类比的方法探讨魏尔伦与中国传统诗歌之契合不同的是，作者在比较马拉美与中国古诗及传统文化时，主要强调马拉美诗歌创作与中国禅宗的关系，采用的是一种准文学关系研究的方法。虽然早有法国评论家指出“马拉美酷似中国古代的名士”，① 但马拉美与中国之间的事实联系迄今大都并未有实质性的发现。② 因此，笔者在此用“准文学关系”，意在提醒作者并非孜孜以求比较文学影响研究所需铁证如山的事实联系，而是多为勾勒历史文化氛围并重视美学探讨。

作者指出，在 19 世纪下半叶，肇始于耶稣会传教士来华的中法之间的人员往来已日渐密切，东西方之间的直接对话与交流也已开始。在文学领域，中国诗歌的丰富性与精巧性吸引了法国文人。法国浪漫派诗人雨果与巴那斯派诗人戈蒂耶（Théophile Gautier, 1811–1872）等还创作出以中国为主题的诗歌，如《中国瓷瓶》（“Vase Chine”）、《咏雏菊》（“A Marguerite”）、《中国之恋》（“Chinoiserie”）等。戈蒂耶还多年接待一位中国文人为门客，以便让其教授其长女朱迪特·戈蒂耶汉语与汉诗。朱迪特于 1867 年出版了《玉书》，一部以中国诗歌原著为蓝本的译文创作集。其实，前此若干年，法国已出版了著名汉学家德理文（Marquis d'Hervey de Saint-Denys, 1822–1892）翻译的《唐代诗歌》（*Poésie de l'époque des Thang,* 1863）。

---

① Charles Mauron, “Mallarmé et la Tao”,（〈马拉美与道〉）in *Introduction à la psychanalyse de Mallarmé*（《马拉美诗歌心理分析导论》）（Neuchatel: A la Baconnière, 1968）, p. 221. 转引自 Che Lin, *op. cit.,* p. 284。

② 马拉美在诗作中明确提到中国的仅有《苦眠之夜》（‘Las de l'amer repos”）一处，参见 Che Lin, *op. cit.* p. 284。

这些诗作译作在一定程度上参与建构了马拉美所生活与创作年代的社会文化氛围。

作者认为，马拉美所修炼的精神苦行类似于中国禅宗诗僧所修持的冥想，其与中国禅宗的邂逅可能对其诗歌叙述带来深层的影响。在1864–1865年间，即马拉美的诗歌创作处于低谷之时，他便沉浸于冥想之中。在此精神经历结束后，他获得了蜕变，并找到了适当的创作道路。自19世纪60年代的中后期开始，马拉美的诗歌便带有了虚空思想的烙印。马拉美关于虚空的观念显示了其辩证法的思想，有研究者从中看出了黑格尔的影响。马拉美读过黑格尔的著作，这确定无疑，而黑格尔对于中国哲学有比较全面的了解。1816年，黑格尔在海德堡讲授关于道教、佛教以及《易经》思想的课程。因此，作者设想马拉美的思想可能经由黑格尔以及当时法国文坛"帕纳斯"诗派的中国风而间接地受到了中国思想的影响。值得一提的是，马拉美的虚空思想可能是与释道融合的中国佛教思想相遇后的产物，而在中国思想中，虚空并非虚无，却是蕴含着某种创造性的动力。

另外，作者还指出马拉美的诗作中充满着缺失、缺席与虚空（死亡）的痕迹。这方面的例子很多，如《葬礼上的干杯》（"Toast funèbre"）、《爱伦·波的墓园》（"Le Tombeau d'Edgar Poe"）、《波德莱尔的墓园》（"Le Tombeau de Charles Baudelaire"）、《魏尔仑的墓园》（"Le Tombeau de Verlaine"），等。以上以葬礼、墓地为主题的诗歌，道出的是"缺席的在场"（une presence absente）：生与死、短暂与永恒、存在与虚无。所有这些矛盾在马拉美的笔下获得了统一。"虚空（Le néant）"是马拉美思想与诗作中的一个永恒主题，其最佳例证是《关于自我寓意的十四行诗》（"Sonnet allégorique de lui-même"）。在此诗作中，缺席（"l'absence"）的观念统领全篇。在作者看来，这种"缺席"的诗学是马拉美本体经验的产物，是一次与"道"的辩证思想相关的精神邂逅。作者认为，马拉美在创作其唯一的一首直接提及中国的诗作《苦眠之夜》（“Las de l’amer repos”）[①] 时，是自觉地感受到了此种事实的联系的。

接着，作者分析了王维的《鹿柴》《辛夷坞》与唐代永嘉诗僧玄觉（665–713）的《永嘉澄道歌之二》内含的浓厚禅味。其纯净、稀疏、虚空、镜像等意象与马拉美的诗作如出一辙。不仅于此，作者还比较了马拉美《白睡莲》（“Le Nénuphar blanc”）与贾岛《寻隐者不遇》中共同的“不迎之乐”，以及马拉美的诗作往往不用或少用标点，而中国古诗从不用标点等相似契合之处。然而，作者并未进一步挖掘马拉美与中国古诗可能存在的影响接受关系的证据。

在谈论了法国象征派两位代表性诗人与中国古典诗歌的关系后，作者转而揭示中国两位唐代诗人诗歌创作中的“现代性”以及与法国象征派诗歌的貌似神合的关系。这两位诗人分别是有诗鬼之称的李贺（791–817）与李商隐（812–858）。一般地说，中国古典诗歌表现的是一种直觉的象征主义。如果采用作为文学运动与创作潮流的法国象征主义出现以来的“象征派诗人”称号来衡量中国古典诗人，那未免

① 该诗直接提到中国或与其思想相关的部分如下：
Je veux délaisser l’Art vorace d’un pays
[...]
Imiter e Chinois au Coeur limpid et fin
De qui l’extase pure est de peindre la fin
Sur ses tasses de neige à la lune ravie
D’une bizarre fleur qu’il a sentie, enfant,
Au filigrane bleu de l’âme se greffant.
Et la mort telle avec le seul rêve du sage,
Serein, je vais choisir un jeune paysage
Que je pendrais encore sur les tasses, distrait.
Une ligne d’azur mince et pale serait
Un lac, parmi le ciel de procelaine nue.
Un clair croissant perdu par un blanche nue
Trempe sa corne calme en la glace des eaux,
Non loin de trios grands cils d’émeraude, roseaux.
该句笔者试译如下：我愿抛弃这国度贪婪的艺术 / 模仿那中国人，心明澄如镜

显得太轻率。但在作者看来，中国古典诗人中有两位——李贺与李商隐，大致上是可以被冠以这个称号的。①

事实上，李贺诗作呈现的是中国古典诗歌的一种奇异之声。在作者看来，这位“诗怪”似乎表达了法国诗人洛特雷阿蒙（Comte de Lautréamont,1846–1870）所定义并为法国象征派诗人的创作实践所证明的一些现代性特征：焦虑、不安、失意、彻底的失真、奇特、异常、总体的晦涩、对想象力的蹂躏、昏暗与邪恶、极端反差间的撕裂、对虚空的偏爱，等等。李贺诗作所发出的第一个奇异之声是忧伤。这一情绪类似于 19 世纪下半叶法国颓废诗人与象征派诗人所罹患的世纪末病（fin de siécle）的症状。但李贺的忧伤源自于晚唐的衰败，其个体人生的不幸又加重了这一情绪，诱使其诗作透露出病态的情感。在作者看来，这与魏尔伦所指的“魔鬼诗人”相契合。李贺诗作中大量出现的忧郁、厄运与病态还让人联想到波德莱尔式的忧伤（Spleen baudelairien），以及其诗作中的冷雨、颓阳的意象与魏尔伦的诗作《无语的浪漫》（*Romances sans paroles*）以及拉弗格（Jules Laforgue, 1860–1887）关于厄运的哀歌相一致。②

李贺以死亡与衰老为主题的诗歌，常用以下充满哀伤的词语：骨、死、寒、霜、衰、老、残、悲、哭、涕。例如，其诗作《秋来》，通过秋坟、衰灯、寒素、雨冷等意象，表达了一位孤独、幻灭的诗人的悲怆、哀婉的情绪。其另一首诗《公无出门》充斥着在中国古典诗歌中难得一见的鬼魅般的凶险动物，与波德莱尔诗作《下贱的动物展览》（“la menagerie infãmé”）相类似。恰如我们在波德莱尔的作品中所见，李贺同样喜用夜色、惊恐、神秘的意象与措词。诚然，两位诗人在主题与用词上均表现出类似的偏好。在作者看来，李贺与中国传统诗歌创作格格不入之处，恰是其契合于西方现代诗之所在。

与波德莱尔类似，李贺的笔下也有两极的世界：一个是寒冷、黑

① Che Lin, *op. cit.,* p. 302.

② *Ibid.,* p. 305.

暗、焦虑的悲惨世界，另一个是奔放、阳光、快乐的理想天国的世界。李贺的《天上谣》《梦天》与波德莱尔的《巴黎的梦》（“Le Rêve parisien”）、《西提尔之旅》（“Un Voyage à Cythère”）同样表达了对于理想世界的赞美。虽然在具体的意象上略有差异，但均借表现天国的光明来隐含人间的阴郁。另外，“恨”成为了李贺与波德莱尔诗作的一个共同主题。李贺诗中的“碎片”“爆裂”意象还让人联想起兰波的诗歌《渴的喜剧》（“Comédié de la soif”）《这对我们意味着什么，我的心》（“Qu’est-ce pour nous, mon Coeur…”）《醉舟》（“La Batueau ivre”）等。经过比较后，作者指出，李贺是一位用“心灵之眼”看世界的诗人。他所致力的与其说是对现实的描绘，不如说是让现实变形。同时，他颠覆了中国传统诗歌的时空结构。所有这一切，均与现代象征派诗人的追求相契合。

李贺与波德莱尔都很重视对色彩的描绘，如李贺的《四月》与波德莱尔的《浪漫派的夕阳》（“Le coucher de soleil romantique”）。李贺诗中常有非同寻常的色彩与限定词的搭配，如“老红”“静绿”“暗紫”“冷翡翠”等。这又让人联想起兰波的类似意象：蓝色的水田芥（“du cresson bleu”）、蓝色的牝马（“des juments bleues”）、绿色的钢琴家（“des pianistes verts”）、绿色的笑或蓝色的月亮，等等。另外，李贺笔下的色彩还常被用作动词，赋予了动态性，如“恨血千年土中碧”（《秋来》）等。作者认为，李贺对色彩的这种“陌生化”处理与法国象征派诗人所主张并实践的陌生化诗学如出一辙。诚然，自波德莱尔始，西方诗歌的一个永恒特点是探索跨语义场组合的可能性，即建构由完全矛盾的元素拼接而成的形象网络：美与丑、雅与俗。或简言之，创造出一种传统规范无法想象的搭配组合。李贺似乎也热衷于从一系列的词语搭配中创造出令人震惊的效果。其貌似突兀的形象，类似于西方现代派诗人的创作，并为中国古典诗歌增添了一种神秘、独特的美。或许我们可以进一步说，李贺诗歌创作的这个独特性价值或“超前意识”，是时空相隔千年万里的法国象征派诗歌的“远亲”，是波德莱尔、魏尔仑、兰波一代的先声。

李商隐的诗作向来被认为给中国古典诗歌带来了富于感伤情调和象征暗示色彩的新诗风。《文心雕龙》把文学美归结为“秀”与“隐”两个方面。中国文化中的“隐”，在诗歌中表现为间接的写作方式，即用典、含蓄与象征的方式。李商隐的大部分诗作正体现了“隐”的特点，因此晦涩难懂，而西方的现代诗的特色也正是晦涩（obscurité / hermétisme）。作者在本节将李商隐与马拉美进行比较，来探讨“晦涩”这个象征派诗歌的重要特征。

虽然并非所有的李商隐的诗作均晦涩，但每当他希望躲在隐晦的诗作背后来表达其两大主题——无法公开的爱以及对政治的失望时，某种不透明性即应运而生了。前者如《嫦娥》，后者如《无题二首》之一。朦胧性（或称不透明性）在马拉美的诗作中表现得同样强烈。然而，李商隐同马拉美之间也有本质的区别：导致李商隐晦涩的外部因素——社会与政治状况，在马拉美时代的法国并不存在。马拉美把诗歌提升至一个更高的境界。他宣称：“所有神圣或意欲神圣之事物均包裹于神秘之中。”① 他拒绝诗歌的大众化，坚持要让诗歌精英化。对马拉美来说，晦涩乃一种美学的探索，是与大众分离或驾临其上的一种手段。

象征（le symbole）与典故（l’allusion）构成了晦涩诗歌的基本要素。不过，晦涩并非法国象征派诗歌的一个独立存在的方面。它总是与类比（analogie）、暗示（suggestion）、朦胧（ambiguité）、失谐（dissonance）等象征派诗学的其他方面密切相关。象征派诗人还通过“远取譬”来模糊诗歌的意义。当诗人创设大胆而个人化的形象时，就割裂了新创事物与清晰语义系统的联系，晦涩便产生了。另外，简洁（或者说过简）风格也是诗歌晦涩的一个源泉，而马拉美诗歌的这些特性恰也是讲求语义浓缩凝炼的中国古典诗歌的特色。

① Che Lin, *op. cit.*, p. 324.

李商隐的晦涩表现为朦胧（或称歧义性）的晦涩，尤其在其著名的无题诗中，以及大量的以诗作头几个字为题的诗作中。作者举《锦瑟》为例，指出其至少有三种解读方式：一、诗人的人生遭遇，二、对逝去爱人的悼念，三、关于诗歌创作的隐喻（allégorique）。李商隐大量诗作的特点与《锦瑟》相似，由于每个意象均为多义性的单元，这种诗作用词的非精确性必然造成了诗意的不确定性。因此，某些李商隐的诗歌成为了千古之谜。在李商隐的诗中，一个常见的词往往都有言外之意。作者举其诗作《夜雨寄北》《落花》为例。前一首的"涨"字，既表示雨后池涨，也道出了诗人心中的忧愁往上涨。后一首的"沾"字，既表示落花沾满诗人的衣裳，也透露出诗人在暮春时节感时伤怀而泪沾衣襟。另外，李商隐还善于巧用同音词来传递一语双关，如"春蚕到死丝方尽"中的"丝"与"思"同音而语意双关。

通过以上中法各两位诗人的对比分析，作者得出了以下结论：法国象征派诗歌与中国古典诗歌在诗艺上虽发展时空迥异，但具有深层次的相似性或可比性。按西方的视角，中国古典诗歌展现了其创作手法的现代性，即绝妙地阐释了人与世界之间的神秘而自然的无形关联。中国古典诗人与法国象征派诗人一样，善于发现物质与精神之间的类比性。同时，作者也明确意识到了两者的"同中之异"，即中国的象征手法更重直觉与人文性，而法国象征派的追求更具理想化与超越性。中法诗歌的意象与表现手法的相异性可以追溯至各自的文化传统与思想方法或世界观。[①] 该著通过法国象征主义诗歌与中国诗歌的比较研究，同时呈现了东西方不同国家的文学在发展历程中的潜在规律。在文化空间的概念上，法国象征主义诗学与中国诗学之间的会通表明中西方文学不是绝对迥异和对立的，至少文化上的东西方的概念具有相对性。同时，在研究中国古老诗学传统与西方现代诗歌之源的过程中，该著揭示和论证了现代性也是一个相对的或渐进发展的概念，它不完

① Che lin, *op.cit.*, p. 339.

全是现代条件下横空出世的产物，它的一半是时代的、新颖的、变化的，另一半仍然可以从传统中找到根源。①

在笔者所能见到的现有中国（包括海外华人）学者的相关研究，大致集中在法国象征派诗歌对中国现代诗发展的影响或中国文学文化界对其的接受上，基本不涉及或只是较为简略肤浅地涉猎法国象征派与中国古诗及中国传统文化的比较。车琳本著通过大量的实证研究较为深入地揭示了魏尔仑、马拉美等法国象征派诗人与中国传统诗学的应和关系，以及李贺、李商隐等中国古典诗人对于现代意义上的象征主义技巧的娴熟运用，可谓是开了该领域研究的风气之先。长期以来，中外文学间的平行类比研究常受人诟病，往往被认为是在牵强附会，但作者在本著中避免了一般性的类比，在论述中注意“求同存异”与发掘“同中之异”、“异中之同”，兼顾宏观与微观，既注重理论阐发也注意文本分析，同时娴熟地穿插运用了比较文学的影响研究与接受研究等实证方法，提出了中西文学比较的一些新问题与新思路，最终令人信服地导向了中西诗学的会通。

① Che lin, *op.cit.,* p. 474.

福柯的“异托邦”思想研究 *

张 锦

阅读博尔赫斯所引用的中国某百科全书中的“动物分类”是福柯发明“异托邦”概念的重要触媒事件，中国如何构成了福柯的“异”，如何具有力量使福柯看到语言与社会机制、社会空间中的各种异质关系是如何运作的是本书建立思考的前提。“异托邦”这个概念虽然在福柯的文本中主要处理的是西方社会内部的时空、权力、话语、主体和社会机制运作方式批判的问题，但这一问题一开始就是在跨文化的语境中，在中西强大的二元关系中，在民族国家的体制与意识中才成为可能的。因而“异托邦”不仅是福柯思想的一个重要概念，也是启发当代跨文化的理论思考与实践和当代哲学研究的一个重要范畴。福柯本人虽然并没有建立一种“异托邦”哲学，但他对该概念的论述足以启发我们去思考“异托邦”哲学成立的可能性。本书的研究目的正是要在哲学范畴和思维方式的层面，在哲学、文学、历史等各学科综合的意义上全面研究福柯的“异托邦”概念和思想。参照“乌托邦”这个已经被普遍认可的哲学术语，本书旨在说明，正如“乌托邦”不仅指明了一种想象的空间，更表征了一种哲学思考方式一样，“异托邦”不仅是指真实存在的文本和社会空间，它也表征了一种不同的哲学领域和哲学思考方式。建构本书逻辑的核心是福柯关于“异托邦”的两处功能性定义，即“异托邦是扰乱人心的，可能是因为它们秘密地损害了语言，是因为它们阻碍了命名这和那，是因为粉碎或混淆了共同的名词，是因为它们事先摧毁了‘句法’，不仅有我们用以构建句子的句法，而且还有促使词与物‘结成一体’（一个接着另一个地，

---

* 张锦：《福柯的“异托邦”思想研究》，北京：北京大学出版社，2016 年。

还有相互对立地）的不太明显的句法”[①]和“文化中，在所有文明中，都存在着这样一些真实的场所、有效的场所，它们被书写入社会体制自身内，它们是一种反位所的场所，它们是被实际实现了的乌托邦，在这些场所中，真实的位所，所有能在文化内被发现的其他真实的位所被同时表征出来，被抗议并且被颠倒；这些场所是外在于所有的场所的，尽管它们实际上是局部化的。因为这些场所全然不同于它们所反映，它们所言及的所有位所，所以，与乌托邦相对立，我称它们为异托邦”[②]。但本书不止于研究福柯关于“异托邦”的“表征、抗议和颠倒”正常空间运作逻辑和策略的功能性定义，也不止于研究极限思考、异质关系以及主体的形成方式和过程这些具体问题，而是要借着这个概念同时总结福柯哲学的特征，并借助福柯“思想肖像”确立一种“异托邦”哲学和理论。所以，本书既是福柯研究，又是理论与哲学新思路的思考。本书既要实现对福柯著作中关于“异托邦”概念表述的研究，即福柯的“异托邦”研究，又要实现我们关于福柯的“异托邦”式研究，即“异托邦”的福柯研究，这样以福柯为圆心我们将确立“异托邦”思想和哲学的世界观、方法论、认识论和伦理观。

本书的基本结构如下：

绪论部分主要通过对福柯一些生平事件的描述，以逝去的距离给予他一种可以被想象的诗歌“形象”，同时以诗人与哲学家不分的双重身份展示福柯的诗人才华——他的思想资源、他的行文风格还有他尼采式的哲学气质等。

第一章主要以“经验形式”的历史性研究为线索，说明我们研究福柯“异托邦”概念的思想背景、基础和论域。要介绍这个论域，不免牵涉对福柯哲学思想与其他学派、学人思想关系的一些比较说明。本章主要以尼采“伪装”的概念说明福柯对绝对真理的破除，以“主体”

① 〔法〕米歇尔·福柯：《词与物》，莫伟民译，上海：上海三联书店，2001 年，前言第 5 页。

② 〔法〕米歇尔·福柯：《其他的空间》，收入《激进的美学锋芒》，周宪译，北京：中国人民大学出版社，2003 年，第 22 页。

是先验预设还是在过程中形成为题说明福柯与现象学哲学的不同研究理路，以及他与法兰克福学派相似的哲学任务，以法国科学史批判学派的研究方法说明福柯哲学倾向的思想资源，并解释“经验形式的历史性”研究的含义及它与主体的合理性形式研究的关系问题。

第二章以福柯的两篇直接论及“异托邦”概念的重要文本为细读对象，展开对福柯所言及的“异托邦”概念的分析和整理。这两篇文章一篇讨论的是文本空间中语言、语法本身的“异托邦”“异位”性质，即词与物之间的聚合方式。语言背后的组织者语法，以及作为大的隐喻的语法、句法是具有建构性的，故而失语症患者就是不能按照已有建构原则对事物进行持续有效分类的人。词与物这两个异质性的存在如何能在语言与文本的空间里共存，中国的动物分类为福柯思考这种异质共存即“异托邦”问题提供了关键性灵感。对于社会空间而言，常规的社会空间与那些特殊的空间如精神病院、监狱、海洋、墓地、图书馆、尤巴草屋、市郊贸易会等之间构成了呈现、表征、抗议甚至颠倒的关系，究其根本就是那些“异托邦”“异质空间”表征了常规空间的运作逻辑及其权力关系，进而表明常规空间的非自然性，这一点可以启发我们去思考各种社会空间之间的表征与反应关系。阿甘本关于“机器”的主体化过程的论述可以被视作对此观点的发展。

第三章以“异托邦”为视角，以福柯的主要著作为基础，观视福柯哲学的一些特征，如福柯真正实现了历史和问题的空间、外在和之间的研究；福柯极其关注实证性机制和经验对知识的意义；他还实现了对权力、真理、知识等各种异质因素的相互生产性关系的分析，在这个过程中“主体”这个中介又成为一个关键的需要被讨论的要素。

第四章在福柯“异托邦”概念论述的启发下，尝试确立一种“异托邦”哲学。我们将从哲学对象、方法论、伦理观等传统哲学分类层面说明建构“异托邦”哲学的可能性。“异托邦”哲学的研究对象主要为关系性的异质空间，而其方法论主要为考古学和谱系学，“异托邦”的伦理思考将表明伦理的等级与实证性的科学、知识、体制的情况有关，不是伦理的规则规定了我们的行为，而是反过来，科学、知识等的实证性秩序内在地规定了我们社会的伦理秩序和结构。

第五、第六章是用“异托邦”哲学分析福柯两个有代表性命题的例证。第五章以“异托邦”哲学为基础考察福柯最惊人的命题“人之死”作为现代知识型的“生死”含义，详细分析这一问题是弄清楚我们现代知识处境和知识化方式的关键。“人之死”是“诸神”离去后，人类重构知识的重要方式，虽然“人之死”最早是解剖学的科学命题，但与这个科学命题对人“生”的秘密揭示相关的是人的对象化、科学化和历史化，正如黑格尔所说“人之死”是人获得历史性存在的基础和前提。所以这个命题是近代以来哲学最根本的问题，近代哲学中最重要的问题如限定性、自我与他者、我思与非思、起源的退却与返回等都与此相关，它同时还是现代文学书写的内在核心与焦虑。

第六章从“异托邦”的考古学和谱系学视角，分析在不同的词与物关系中，在不同的书写、评论、批判和话语地位中，福柯“文学的诞生”命题的具体含义。这里的“文学”是指作为特定的现代含义的“文学”。我们现在一般理解的文学是虚构的、想象的，文学是自足的、本体的、无功利的，这种文学的定义与想象并不是自古有之，这种文学概念是在现代才形成的，它的诞生与语言功能在现代的功能和地位的变化有关，它的形成也适应了“民族国家”这个概念和体制对自我身份与传统的想象性认同，这一点可以启发我们在今天思考文学的社会与历史功能，思考文学中编织的社会与民族发展的“情感结构”，进而使我们发现最“纯”的本体论文学观也蕴含着与之相应的社会诉求。

“余论”部分首先总结了“异托邦”思想本身的“条件、之间和外在”的关系研究特征；其次从以“条件和关系”为特征的“异托邦”哲学出发，思考跨文化对话和比较文学新的思考路径以及文学与比较文学新的关系，比如比较的可能性在哪里？比较的条件和比较的代价何在？我们将不再思考直接进入内容的类比，而是要思考建立比较的“连接”条件是什么？如何使得某种“连接”成为可能？而且在“异托邦”思想的基础上我们将重新定义文学与比较文学的关系，即现代文学与比较文学的产生都与民族国家体制相关，它们是像自我和他者一样共生的。

信息窗

Actualités
Information

“追随艾田蒲的脚步，重温一位世纪学者的历程”：跨文化对谈在法国大使馆文化中心举办

2016年3月31日，法国驻华使馆文化处特邀法国作家、批评家，文学政治批评杂志《查理》（*Charles*）主编阿尔诺·维维昂先生和《跨文化对话》执行主编钱林森教授，就世纪学者艾田蒲的创作与影响为中心话题，在北京法国文化中心联袂对谈，并与现场听众交流互动，收到了热烈欢迎。《北京法文周报》（*Beijing Information*）记者雅克·傅力叶（Jacques Fourrier）对这场别开生面的跨文化对谈做了现场报道，撰文《世纪文人艾田蒲》，刊发在《北京法文周报》2016年4月，我们征得傅力叶先生赞同，将之译成中文，发表于此，以飨《跨文化对话》广大读者。

——法国驻华使馆文化处，图书与思想辩论部，张琦、周梦琪（Clémentine Blachère），2016/7/1，北京

世纪文人艾田蒲

3月31日，法国驻华大使馆在北京法国文化中心组织了一场由阿尔诺·维维昂先生（Arnaud Viviant，法国文学批评家及作家）和钱林森教授主讲的讲座，谈论法国汉学家艾田蒲的著作和思想。

艾田蒲，说起来也许是法国一位被遗忘的知识分子，仅仅这个名字可能会让人猜想他是启蒙时期的一位哲学家，就像伏尔泰、霍尔巴赫、萨德侯爵，而不会想到他是一位不起眼的老师、曾经巴黎高师的寄宿生、汉学家、作家，他的文笔被整个20世纪独占鳌头的让·波朗（Jean Paulhan）所掩盖。正是这位艾田蒲，这个有着矛盾命运的文

人，成为了维维昂先生和钱林森教授谈论的对象，讲座的主题是：世纪文人艾田蒲——追随艾田蒲的脚步，重温一位世纪学者的历程。

命运悖反的文人

艾田蒲肖像

艾田蒲出生于 1909 年，他像同时期的一些杰出人物一样，很快地完成了基础教育阶段，于 1929 年进入巴黎高师，师从杜夫海纳(Mikel Dufrenne，哲学家）和雅克·苏斯戴尔（Jacques Soustelle）。因为对东方的向往，他在东方语言学院学习中文。通过教师资格会考之后，艾田蒲一度三年寄宿在梯也尔基金会（Fondation Thiers），潜心研究中国，其科目仍还保密。1934 年，这位年轻的共产主义者与马尔罗（André Malraux）和保罗·瓦扬（Paul Vaillant）共同建立了“中国人民友人”协会（Les amis du peuple chinois）。当时中华苏维埃政权正面临国民党的打击，即将开始长征。在 1964 年发表的《我们是否了解中国？》一书中，艾田蒲表达了他对毛泽东的钦佩以及其对其思想的青睐。那个年代，毛泽东思想在法国正大受欢迎，到 1974 年如日中天，尤其是因为原样派（*Tel Quel*）的索莱尔斯、罗兰·巴特、克里斯蒂娃等一行人来到了中国。比利时汉学家李克曼（Simon Leys）倒是在早两年前就对毛泽东思想进行了严厉的批评，并且遭到了屈辱;

只有艾田蒲还在《新观察家》中发文为李克曼声援。1974 年艾田蒲发表了《我的毛主义 40 年》这本文集，他在这本书中进行了“自我批评”（如维维昂先生所言），推翻了当年“误入歧途的知识分子”，尤其是波伏娃。

因为艾田蒲早就了解中国，即便这些了解大部分是书本上的知识，并且理性之余还夹杂着不少热切的情感。讲座开始时，维维昂先生播放了一段 1958 年的视频，是在“大众阅读（Lectures pour tous）”栏目中，主持人对艾田蒲的采访。通过这段视频，我们可以看出艾田蒲对中华人民共和国的热情，他前一年去中国旅行了一周，而那时候正是“百花运动”全面开展的年代。艾田蒲对中国的热情尤其体现在他对中国传统文化的爱，他非常欣赏中国文化给欧洲带来的影响——两卷本的《中国之欧洲》就是明证，他还写了关于道教和儒教的书，以及探讨过关于中国古代情色作品、中国的耶稣会教士等多种主题。

维维昂先生同样也讲述了艾田蒲的文学贡献，其作品都在伽利玛出版社出版。他发起了对兰波的研究，并主编了“认识东方”系列丛书。但正如维维昂先生所说，尽管艾田蒲写了小说和诗歌，“这都不是他的作品中延续长存的部分，……他没有能像他想的那样成为一名作家”。在艾田蒲的前面，一直有让·波朗这位《新法兰西评论》主编，有这位伟大的作家在扮演文学之父的角色。维维昂先生如此描述了他们之间的复杂关系：“让·波朗是一位艾田蒲永远杀不死的父，而让·波朗可能成功地杀死了作家艾田蒲。”

艾田蒲的成名更多是由于他 1964 年出版的《您说法语吗？》（*Parlez-vous franglais* ?），这是一本捍卫法语地位的畅销书。他捍卫法语语言价值，为这种价值的丢失感到遗憾。在其自传《生命线》（Ligne d'une vie）一书的第一卷中，艾田蒲提到他在 40 年代去过亚历山大大学，那里的“穆斯林、犹太人、基督徒、无神论者、希腊东正教信徒可以自由交流，……多亏了有法语传递的价值。”

艾田蒲在中国

钱林森教授和维维昂先生（傅加叶先生、张琦女士摄）

维维昂先生提到，艾田蒲也是比较文学研究的发起人，并且在中国非常著名，大学里的学者都将艾田蒲视为比较文学之父。北京大学1991年建立的中法文学文化交流研究中心，1995年更名为艾田蒲中心。

钱林森教授提到了他与艾田蒲作品的初次接触。80年代末期，他得到了一份两卷本《中国之欧洲》的复印稿。他说："我和许钧老师于是决定翻译这本书。我们给艾田蒲写信，他很快就回复了，并给我们寄来了法语原版书。那时候正是改革开放初期，很少有外文书被引进中国。我们得到了法国驻华大使馆的支持，他们鼓励我们翻译这部作品。"《中国之欧洲》的中文版于1995年出版。在这部先驱译作的影响下，直到今天，艾田蒲都是中国比较文学研究者绕不过去的一位大家。该书出版之际，艾田蒲的身体状况已经不允许他答应中国大学的邀请来华，也无法在法国收一些中国博士生为弟子。钱林森教授在法国教过几年书，他非常遗憾没能见到艾田蒲，没能和建立通信联系以久的人当面谈谈。“2002 年，艾田蒲去世，在孟华教授的支持下，北大为纪念艾田蒲举办了一场研讨会，在学界产生了很大的影响。”

钱林森教授继续坚持他的研究，并出版了许多中文作品，尤其是《中国文学在法国》和《法国作家与中国》。他以维维昂先生的话做总结：“人们死去，但思想长存。”

维维昂先生和钱林森教授现场对谈（傅力叶先生、张琦女士摄）

（原文出处：http://french.beijingreview.com.cn/Culture/201604/t20160405_800053816.html. 作者：Jacques Fourrier - Beijing Information，译者张琦、周梦琪）

“民国时期的中法文学交往”国际研讨会在复旦大学举行*

杨　振

2016年5月30至31日，复旦大学外文学院法文系和复旦大学法国研究中心联合举办了“民国时期的中法文学交往”国际研讨会。来自法国、日本和中国的十几名学者相聚复旦，围绕民国时期中法文学交流进行了为期两天卓有成效的研讨。

会议源起于组织者如下思考：民国时期大量法国文学作品被译介成中文，这一时期的中国经验也影响了一些法国文学家，这两种现象均促成了许多值得研究的跨文化交流个案。近年来，越来越多的学者，特别是具有法文和法国文学教育背景的学者，开始关注民国中法文学关系，并取得了一定的研究成果。然而，专门以民国中法文学关系为主题的研讨会尚不多见。如果能够将相关学者聚集到一起，为他们提供展示各自研究成果和研究思路的平台，无疑可以进一步揭示民国中法文学交流的丰富性和复杂性，帮助学界了解民国中法文学交流研究的最新成果和研究趋向。

此次与会者关注的一个重点，是法国文学被引入民国文学语境后如何以及为何发生改变。其中有对戏剧文本改编的研究（马晓冬：“革命与爱情：萨尔都作品在中国的译介与改编（1909-1946）”；罗湉：“西哈诺的幻灭——现代中国一部浪漫剧的翻译改编研究”；徐欢颜：“顾仲彝对法语戏剧的转译与改编——以《生财有道》为中心”）；有对传统译本译者主体性的研究（袁莉：“民国三李同译‘包法利’——

* 本文为国家社科基金青年项目“法国文学在民国文学期刊中的译介”（项目号：15CWW008）的部分成果。

李劼人、李青崖、李健吾的译者主体性研究”）；还有对罕见译本——译文校注本的研究（邹振环：“伍光建译《侠隐记》与茅盾的校注本——兼谈西学译本校注之副文本”）。会议的另一个关注重点，是法国文学译介如何促生中国现代文学文本（段怀清：“活法国的姿态：清末民初文学文本中的法国形象”；欧嘉丽：“翻译与创作的边缘：戴望舒诗歌中的法语诗意象”；韩一宇：“周作人与法国文学”），如何帮助构建中国现代文学批评话语（杨振：“病态与颓废的诗人：民国时期（1917–1937）波德莱尔批评的一种趋向探源与反思”），如何推动确立中国现代文类的经典地位（Véronique Bui：“傅译以前的巴尔扎克——《人间喜剧》、现代小说与批评”）。一些较少为前人注意的法国文学译介载体和媒介对汉译法国文学形态的影响也受到关注（雷强：“《法文研究》（1939–1943）评介”；王建开：“英译本——法国文学在现代中国传播的重要媒介”）。同样受到关注的，还有法国哲学思想在民国的译介（志野好伸：“翻译柏格森：在中国和在日本”），以及民国游历和民国思想对于法国文学和哲学产生的影响（Emmanuel Lincot：“民国法国文学外交成果的继承人：吕西安·博达尔”；合田正人：“面临虚空的眩晕　一面沉默的　一面喧闹的：梅洛–庞蒂对克洛岱尔和马尔罗的读解”）。

整理会议取得的成果同时，我们也在反思：民国中法文学关系在何种程度上能够构成一个相对独立的研究对象？民国文学史是一段充满转型和变化的历史。许多对中国文学转型和变化产生深刻影响的新观念之引入，并非法国文学译介者一家之功。若将研究起点和落点始终局限在两种国别文学关系中，则有可能限制思考格局，甚至会让我们失去观察和评价历史大势的合适视角。但从另一方面来看，每一个中法文学交流个案，都与当时的历史情境息息相关。有些个案还较为典型地体现了现代与传统对话和博弈的过程。如果我们能够将中法文学交流个案始终置于历史发展趋势的框架下去观照，也许能够避免个案研究所可能具有的只见树木不见森林的危险。深入细致的个案研究，也为我们以切实的证据突破已有历史论述框架提供可能。

民国中法文学交流研究不仅隶属于宏大的中国现代文学发生史叙事，同时也必然包括对中法文学个体心灵对话的研究。每一个法国文学文本背后都蕴藏着丰富的历史故事，都承载着作者的心灵对世界无时无刻不在进行的感悟。民国的文学文本亦然。揭示法国文学家及其中国阐释者各自的精神深度，是民国中法文学关系研究应有的题中之意。此次会中，已有相当一批与会者从文本发生学角度，对相关中法文本进行了细致比对。我们有理由期待日后读到更多揭示中法文学灵魂深度交流的作品，为我们正确评价法国文学在民国被接受的角度和程度提供参照。

最后值得一提的是，民国是封建帝国教育和现代共和国教育的交接点。“五四”时期萌芽发展的自由、平等和尊重个体的观念，冲击着古老的伦理道德，也一再遭遇各种话语和建制的压抑。但这并不妨碍自由、平等和尊重个体的观念始终激动着相当一部分法国文学译介者的心灵，让这一时期的中法文学对话充满了为现代公民社会所普遍认可的人性之力。这份力量，也是此次会议学术价值之外的现实意义所在。

中法“汉语桥”上的一颗新星

——阿尔多瓦大学孔子学院参加第 15 届“汉语桥”世界大学生中文比赛法国预选赛蝉联冠军纪实

第 15 届“汉语桥”世界大学生中文比赛法国预选赛在鲁昂诺欧商务孔子学院举办。阿尔多瓦孔子学院选手陈争峰（Christopher Dorchies）以其优异的笔试成绩、出色的演讲和丰富的才艺一举夺得桂冠，这是继第十四届法国预选赛该孔院选手周帝博（Thibault JOURDAIN）之后蝉联冠军。

比赛现场，陈争峰首先朗诵了中国古典文学著作《文心雕龙（节选）》（南北朝刘勰），语音准确，声如洪钟，情绪饱满，加之配以与朗诵同步展示的隶书书法和中法文字幕的幻灯片以及古琴曲伴奏，使得古文朗诵不仅通俗易懂，而且富有深厚的中国文化审美韵味，听得现场观众静气凝神。在才艺表演环节中，陈争峰为大家展示的是穿插了吉他弹唱的脱口秀《数酒谈天》，表达幽默、自然从容，张弛有度，吉他弹唱的三个歌曲片段既有富于藏族风情的《高原红》，又有通俗清新的流行歌曲《朋友》，而最后一段《酒神曲》更是粗犷豪放，把整场比赛推向了高潮，赢得观众的阵阵喝彩和评委一致好评——最丰富、最全面、最精彩的表演。加之优异的笔试成绩，陈争峰最终在 26 名选手中脱颖而出，毫无悬念地夺得了桂冠。

参加本届“汉语桥”比赛，陈争峰有着强烈的动机、谦虚的态度和执着的信念。陈争峰学习了 5 年的汉语，期间还作为交换生在南京大学学习了一年汉学专业课程。2015 年，在了解了阿尔多瓦大学汉学系和孔子学院的情况以后，陈争峰果断转学到离他的出生地杜埃很近的这所大学，继续攻读应用外语专业，主修汉语。无独有偶，陈争峰刚入阿尔多瓦大学，就与已经参加过上届“汉语桥”比赛并获得法国赛区冠军的周帝博同学结缘，成为好朋友。经周帝博的推荐，陈争峰又结识了他的“师父”——其上届“汉语桥”比赛的指导老师、孔子学院汉语教师魏文科老师。魏老师为陈争峰良好的品质和诚恳的态度所感动，也鼓励他积极参与孔院各类文化活动，帮助他树立参加“汉语桥”比赛的信心和勇气。自此，陈争峰便走上了参加“汉语桥”比赛的夺冠梦想之旅。他曾断言：“我要成为继周帝博之后的下一届冠军！”

在阿尔多瓦大学学习的一年，陈争峰被各门汉学课程深深吸引，他也以实际行动向老师和同学们证明了自己的努力，上课从不迟到缺勤，认真完成作业，虚心接受老师和中国同学的学习建议，每学期期末考试门门都是“优”，汉语水平提高很快。同时他还积极参加孔院举办的各类中国文化活动，注册了太极课程，跟随师父魏文科老师学习太极拳，领悟中国文化内涵。2016 年猴年的春节联欢晚会上，他还表演了吉他弹唱、太极拳、小品等节目。

转眼间，每年一届的“汉语桥”比赛即将举办。还未接到确切通知时，陈争峰便和他的师父魏文科老师早早开始了准备。结合以往经验和“徒弟”自身的优势和特长，综合汉学系、孔子学院各位老师的指导建议，魏老师为陈争峰设计了比赛的各个环节，按照不同的节目类型，从情绪、动作、眼神、语气、节奏和韵味等不同的舞台表现力要求进行具体指导，同时还改掉了一些坏毛病，摒弃了多余的动作。陈争峰虚心接受老师的指导，勤学苦练，克服种种困难，每一天、每个星期都有一点一滴的进步，直到达到自己满意和得到师父认可。就这样，在“汉语桥”比赛现场，陈争峰厚积薄发，完美呈现，最终斩获大奖。

陈争峰的成功是个人努力的成果，也是师生们的集体智慧和力量凝聚的结果。孔院法方院长金丝燕教授向他提出了篇章朗诵的建议，中方院长吴朝阳老师把他朗诵的文字写成了书法呈现在幻灯片上，周小珊、罗曼、刘曼老师时常关注他的学习，魏文科老师在具体指导上精雕细琢，孔院团队成员杨竞、江爱群、陈金秋、杨雅欣、宝林帮助他彩排了多次并在比赛现场担任剧务。

通过参加“汉语桥”比赛，陈争峰首先心存感激，也感触良多：天下没有免费的午餐，努力拼搏获得的成果才更有滋味！在法国的比赛结束了，陈争峰收获了知识，经受了洗礼，更为未来找到了自信，而且重要的是，他深切感受到了在这所大学里与众多汉学系和孔子学院结下的深厚情谊，而让这情谊落地生根的正是孔子的理念：“有朋自远方来，不亦乐乎”，“己所不欲，勿施于人”。秉持这一理念，争峰将通过自己的努力，为接下来的中国之行——“汉语桥”总决赛继续迈出更加坚定的步伐。

“汉语桥”，是连接中法文化和友谊的桥梁和纽带，是跨文化对话的优秀平台，而汉语和中国文化就是这桥上的每一块砖、每一寸钢，那些搭建这座桥梁的就是孔子学院的中法双方的建设者们，他们是推动和平友谊进步的使者。

作者简介

Liste des auteurs/List of the Authors

〔法〕金丝燕　法国阿尔多瓦大学汉学系教授
Jin Siyan, professeur du département de chinois à l'Université d'Artois
Jin Siyan, Professor at the Department of Sinology, University of Artois, France

〔法〕米歇尔·艾斯巴涅　法国社会科学研究院主任
Michel Espagne, Directeur de recherche CNRS
Michel Espagne, Director of the National Center of Scientific Research (CNRS), France

钱　爽　北京行政学院哲学教研部硕士研究生
Qian Shuang, étudiant en Master de philosophie à l'Institut d'administration de Pékin
Qian Shuang, Master's Student at the Department of Philosophy, Beijing Administrative College

王博君　对外经济贸易大学外语学院博士生
Wang Bojun, doctorant de l'institut de langue étrangère à l'Université de commerce international et d'économie de Pékin
Wang Bojun, Ph.D. Student at the School of Foreign Languages, University of International Business and Economics

妮　莎　对外经济贸易大学外语学院博士生
Ni Sha, doctorant de l'institut de langue étrangère à l'Université de commerce international et d'économie de Pékin
Nishah, Ph.D. Student at the School of Foreign Languages, University of International Business and Economics

刘天南　国际关系学院外语学院法语系讲师
Liu Tiannan, lecteur de l'institut de langue étrangère à l'Université de relation internationale
Liu Tiannan, Lecturer at the Department of French, University of International Relations

〔美〕小约翰·柯布　美国中美后现代发展研究院院长
John B. Cobb, Jr, Président de l'Institut de développement de postmoderne de Chine, USA
John B. Cobb, Jr., President of Institute for Postmodern Development of China, USA

钱林森　南京大学比较文学与比较文化研究所教授

Qian Linsen, Professeur de l'institut de littérature et culture comparées à l'Université de Nankin

Qian Linsen, Professor at the Institute for Comparative Literature and Cultural Studies, Nanjing University

〔法〕雅克·攀芭诺　当代法国资深汉学家

Jacques Pimpaneau, sinologue français contemporain

Jacques Pimpaneau, Distinguished Sinologist of Contemporary France

戴锦华　北京大学比较文学与比较文化研究所教授

Dai Jinghua, Professeur de l'institut de littérature et culture comparées à l'Université de Pékin

Dai Jinhua, Professor at the Center for Cross-Cultural Studies, Peking University

王　瑶　西安交通大学人文社会科学学院讲师

Wang Yao, lectrice de l'institut humanités et sciences sociales à l'Université Jiaotong de Xi'an

Wang Yao, Lecturer at the School of Humanities and Social Sciences, Xi'an Jiaotong University

林　品　北京大学比较文学与比较文化研究所博士生

Lin Pin, doctorant de l'institut de littérature et culture comparées à l'Université de Pékin

Lin Pin, PhD Candidate at the Institute of Comparative Literature and Comparative Culture, Peking University

赵柔柔　中央民族大学少数民族语言文学系讲师

Zhao Rourou, lectrice du dé partement de littérature et langue minoritaires à l'Université centrale des minorités

Zhao Rourou, Lecturer at Department of Minority Languages and Literatures, Minzu University of China

车致新　北京大学中文系博士生

Che Zhixin, doctorant du département de chinois à l'Université de Pékin

Che Zhixin, PhD Student at the Department of Chinese Language and Literature, Peking University

乔修峰　中国社会科学院外国文学研究所副研究员

Qiao Xiufeng, Chercheur associé de l'Institut de littérature étrangère à l'Académie chinoise des sciences sociales

Qiao Xiufeng, Associate Research Fellow at the Institute of Foreign Literature Studies, Chinese Academy of Scocial Sciences

叶　隽　中国社会科学院外国文学研究所研究员
Ye Juan, Professeur recruté-spécial de l'institut humanités et sciences sociales à l'Université de Tongji
Ye Jun, Invited Professor at the School of Humanities, Tongji University

户晓辉　中国社会科学院文学研究所研究员
Lu Xiaohui, Chercheur de l'institut de littérature à l'Académie chinoise des sciences sociales
Hu Xiaohui, Research Fellow at the Institute of Literary Studies, Chinese Academy of Scocial Sciences

周荣胜　复旦大学中文系教授
Zhou Rongsheng, professeur du département de chinois à l'Université de Fudan
Zhou Rongsheng, Professor of Chinese Language and Literature, Fudan University

王涣若　哈佛大学东亚系博士生
Wang Huanruo, doctorant du département des langues et civilisations d'Asie orientale à l'Université Harvard
Wang Huanruo, PhD Student at the Department of East Asian Studies, Harvard University

熊沐清　四川外国语大学教授
Xiong Muqing, Professeur à l'Université des études internationales du Sichuan
Xiong Muqing, Professor, Sichuan International Studies University

张　博　巴黎索邦大学法国文学博士生
Zhang Bo, Doctorant de lettres modernes à l'Université de Paris Sorbonne
Zhang Bo, Zhang Bo, Ph.D. Candidate in French Literature, Paris-Sorbonne University, France

张晓明　南京大学外国语学院法语系讲师
Zhang Xiaoming, Lecteur de l'institut de langue étrangère à l'Université de Nankin
Zhang Xiaoming, Lecturer at the Department of French, Nanjing University

林国华　华东师范大学政治学系及世界政治研究中心副教授
Lin Guohua, Maître de conférences du département de politique à l'Université normale de la Chine de l'Est
Lin Guohua, Associate Professor the Department of Politics and the Center for World Politics, East China Normal University

刘成富　南京大学外国语学院教授
Liu Chengfu, Professeur de l'institut de langue étrangère à l'Université de Nankin

Liu Chengfu, Professor at the School of Foreign Languages, Nanjing University

杨 振 复旦大学法文系讲师
Yang Zheng, Lecteur du département de français à l'Université de Fudan
Yang Zhen, Lecturer at the Department of French, Fudan University

顾 农 扬州大学文学院教授
Gu Nong, Professeur de l'institut de littérature à l'Université de Yangzhou
Gu Nong, Professor at the School of Literature, Yanzhou University

王治河 美国中美后现代发展研究院常务副院长
Wang Zhihe, Vice-président de l'Institut de développement de postmoderne de Chine, USA
Wang Zhihe, Vice President of the Institute for Postmodern Development of China

叶向阳 北京外国语大学国际中国文化研究院副教授
Ye Xiangyang, Maître de conférences de l'institut de culture chinoise à l'Université de langue étrangère de Pékin
Ye Xiangyang, Associate Professor at the International Institute of Chinese Studies, Beijing Foreign Studies University

张 锦 中国社会科学院外国文学研究所《外国文学评论》编辑部副编审
Zhang Jing, Éditrice de la rédaction *Critiques de littérature étrangère* de l'institut de littérature étrangère à l'Académie chinoise des sciences sociales
Zhang Jin, Editor of *Foreign Literature Review* at the Institute of Foreign Literature Studies, Chinese Academy of Scocial Sciences

（本辑目录和作者简介法文部分由萧盈盈女士翻译，英文部分由刘超先生翻译）

《中国比较文学》2016 第 3 期目录

《跨文化对话》组稿、投稿须知及来稿撰写体例

一、组稿、投稿须知：

1. 来稿作者或译者，均请提供邮政通讯地址、联系电话和电子邮件地址。

2. 凡来稿为中文，务请用英文或法文分别注明论文题目和作者情况（作者姓名、工作单位和职称）。

3. 凡来稿为译文，务请附上原文，以便审稿时查核，同时请用英文或法文分别注明论文题目和原作者情况（作者姓名、工作单位和职称）。

4. 来稿请寄送 Word 格式电子文档一份。

二、来稿格式体例：

1. 稿件正文请使用 Word 文档，5 号宋体，1.5 倍行距。

2. 标题级别顺序为："一、""（一）""1.""（1）"。

3. 文章中的引文务请核对准确。一般引文以页下注形式注明出处；大段引文可采用仿宋体，上下各空一行，左缩进两字。

4. 正文中的注释采用页下注连续编码（各篇文章独立计码）的形式，注码排在所注文字的右上角，按数字序号（①、②……）排列。译注请特别注明（如：雅克·勒芒尚，法国戏剧评论家。——译注）。

5. 如有参考文献，可按音序排在正文后，中、外文文献分列。

6. 对于翻译文章，或原创文章有引用外文文献的情况：（1）注释若只是注明文献出处，则不必译成中文，全部保留外文内容即可。（2）注释中若有作者的论述性或说明性文字，那么这部分文字应译成中文，而涉及原始文献的出版信息（如作者名、书名或文章名、出版社名称等），应括注在相应的译文后面，以便读者溯源原始文献。

7. 中文书籍注释格式为：作者、书名、译者、出版社、年代版次、页码（如：〔美〕伯克：《法国革命论》，何兆武等译，北京：商务印书馆，1988年，第47页）；期刊格式为：作者、论文篇名、刊名、年代期号、页码（如：〔美〕成中英：《论〈周易〉作为本题诠释学的全面的"观"及其意义》，《国际易学研究》，1995年第1期，第156页）。

8. 中文书刊名和文章篇名均使用书名号；外文书名、期刊名均使用斜体，文章名用双引号。

9. 西文书籍和文章注释格式如下：

专著类：

Raymond Williams, *Keywords* (New York: Oxford University Press, 1984), pp.184–186.

Herbert Spencer, *Principles of Sociology*, vol. I, 3rd. ed. (New York: Appleton, 1895), pp. 44, 437.

篇章类：

William Wordsworth, "Lines Composed a Few Miles above Tintern Abbey," in *William Wordsworth*: *The Poems*, vol. I, ed. John O. Hayden (New Haven: Yale University Press, 1981), p.361.

编辑类：

Henry D. Thoreau, *Walden*, ed. J. Lyndon Shanley (Princeton: Princeton University Press, 1971), pp.12, 112–114.

Frederick L. Gwynn and Joseph Blotner, eds., *Faulkner in the University* (New York: Vintage, 1965), p. 199.

翻译类：

Henri Lefebvre, *The Production of Space*, trans. Donald Nicholson-Smith (1974; Oxford: Blackwell, 1991), pp.222–225.

期刊类：

Louise Westling, “Virginia Woolf and the Flesh of the World,” *New Literary History*, 30 (Autumn 1999): 855–876.

James C. McKinley, Jr., “A Tiny Sparrow Is Cast as a Test of Will to Restore the Everglades,” *New York Times*, June 5, 1999, sec. A, pp. 1, 19.

重印书：

John Muir, *Our National Parks* (1901; rpt., Madison: University of Wisconsin Press, 1981), p.125.

资料来源：

Lawrence Buell, *Writing for an Endangered World: Literature, Culture, and environment in the U.S. and Beyond* (Cambridge, Massachusetts, and London, England: The Belknap Press of Harvard University Press, 2001), pp. 267–340.

10. 译名采用学界或国内读者熟悉的通译或惯用译名，若无通译或惯用译名，请参照《大英百科全书》（中文版）、《世界人名翻译大辞典》、《世界地名译名手册》以及商务印书馆出版的人名、地名译名手册等工具书。工具书上未见的译名，可根据上下文情况，或保留原文，或由译者自行翻译，但应在第一次出现时，把原文用括注在中译文后，处理方法要全文统一。

《跨文化对话》编辑部

编辑部地址：

南京大学（仙林校区）文学院 404 室

地址：南京市栖霞区仙林大道 163 号

邮编：210023

Email: jqtang57@hotmail.com

http://chin.nju.edu.cn/kwhdh.html